国家社科基金项目成果 *经管* 文库

Study on Logistics Service Innovation for the Linkage between
Manufacturing Sector and Logistics Sector

制造业与物流业联动的物流服务创新研究

骆温平／等著

中国财经出版传媒集团
经济科学出版社
Economic Science Press

图书在版编目（CIP）数据

制造业与物流业联动的物流服务创新研究/骆温平等著．
—北京：经济科学出版社，2019.8
（国家社科基金项目成果经管文库）
ISBN 978 - 7 - 5218 - 0578 - 9

Ⅰ．①制⋯　Ⅱ．①骆⋯　Ⅲ．①制造工业 - 物流 - 研究 -
中国　Ⅳ．①F426.4

中国版本图书馆 CIP 数据核字（2019）第 103843 号

责任编辑：崔新艳
责任校对：郑淑艳
责任印制：李　鹏

制造业与物流业联动的物流服务创新研究
骆温平　等著
经济科学出版社出版、发行　新华书店经销
社址：北京市海淀区阜成路甲 28 号　邮编：100142
经管中心电话：010 - 88191335　发行部电话：010 - 88191522
网址：www. esp. com. cn
电子邮件：espcxy@ 126. com
天猫网店：经济科学出版社旗舰店
网址：http：//jjkxcbs. tmall. com
北京季蜂印刷有限公司印装
710 × 1000　16 开　26.25 印张　480000 字
2019 年 9 月第 1 版　2019 年 9 月第 1 次印刷
ISBN 978 - 7 - 5218 - 0578 - 9　定价：95.00 元
（图书出现印装问题，本社负责调换。电话：010 - 88191510）
（版权所有　侵权必究　打击盗版　举报热线：010 - 88191661
QQ：2242791300　营销中心电话：010 - 88191537
电子邮箱：dbts@ esp. com. cn）

国家社科基金项目成果经管文库

出版说明

我社自 1983 年建社以来一直重视集纳国内外优秀学术成果予以出版。诞生于改革开放发轫时期的经济科学出版社，天然地与改革开放脉搏相通，天然地具有密切关注经济领域前沿成果、倾心展示学界翘楚深刻思想的基因。

2018 年恰逢改革开放 40 周年，40 年中，我国不仅在经济建设领域取得了举世瞩目的成就，而且在经济学、管理学相关研究领域也有了长足发展。国家社会科学基金项目无疑在引领各学科向纵深研究方面起到重要作用。国家社会科学基金项目自 1991 年设立以来，不断征集、遴选优秀的前瞻性课题予以资助，我社出版了其中经济学科相关的诸多成果，但这些成果过去仅以单行本出版发行，难见系统。为更加体系化地展示经济、管理学界多年来躬耕的成果，在改革开放 40 周年之际，我们推出"国家社科基金项目成果经管文库"，将组织一批国家社科基金经济类、管理类及其他相关或交叉学科的成果纳入，以期各成果相得益彰，蔚为大观，既有利于学科成果积累传承，又有利于研究者研读查考。

本文库中的图书将陆续与读者见面，欢迎相关领域研究者的成果在此文库中呈现，亦仰赖学界前辈、专家学者大力推荐，并敬请经济学界、管理学界给予我们批评、建议，帮助我们出好这套文库。

经济科学出版社经管编辑中心

2018 年 12 月

本专著为国家社会科学基金重点项目"制造业与物流业联动的物流服务创新研究"（编号：13AJY010）的成果；并受上海海事大学资助

前言

Preface

本书是国家社会科学基金重点项目"制造业与物流业联动的物流服务创新研究"（编号：13AJY010）的结项成果经过精简、重新编排而成。

本书包括绪论及四篇共 17 章。第 1 篇（第 2~5 章）是产业层面研究，第 2 篇（第 6~9 章）是企业层面双边联动研究，第 3 篇（第 10~13 章）是企业层面多边联动研究，第 4 篇（第 14~16 章）是物流服务创新研究。其中第 1 章、第 2 章由骆温平负责；第 3~5 章由骆温平、张季平负责；第 6~9 章由孙晓波、骆温平负责；第 10~13 章由戴建平、骆温平负责；第 14~16 章由王坤、骆温平负责；第 17 章由骆温平负责。

本研究从 2013 年立项，经历 4 年时间完成。从课题开题、形成研究思路，到具体企业调研及行业调研、研究方法的探讨等，都得到各方面的大力支持。参与本研究讨论的老师与学生包括高永琳、刘伟、袁象、张锦、吴旸、钟俊娟等，在此不能全部罗列，一并表示感谢。在 4 年多的研究中取得了一定的学术研究成果，共发表相关论文 27 篇，其中 CSSCI 论文 19 篇，人大复印资料转载 3 篇，论文被引用 62 次。论文《物流企业与供应链成员多边合作价值创造机理研究》获得无锡市人民政府颁发的 2017 年无锡市哲学社会科学优秀成果二等奖。

本研究在制造业与物流业联动研究方面有一定的创新与突破，包括提出产业层面联动研究需要细分物流产业、企业层面双边联动研究需要从双边到多边及供应链层面展开等。然而，研究中还存在较多的不足，如物流产业细分后的统计与数据获得方面。在现实中，出现了数字化平台及生态合作的新模式，企业层面联动需要进一步研究。另外，由于营商环境在不断改进，调研样本量也存在局限，所以本成果也会存在一定的局限性。

由于结项报告篇幅较大，为突出主要研究成果，本书出版时做了部分调整。第2篇至第4篇的引言部分（包括研究背景、问题及技术路线等）做了删减，调查问卷设计及部分章节也做了删减。第2篇至第4篇的文献综述及结论与展望分别整合到了第1章及第17章。

总之，由于研究以及编排的局限，本书的不足之处恳请读者批评指正。

骆温平

2019 年 1 月

目　录

Contents

第3篇　企业层面多边联动研究

第4篇 物流服务创新研究

第1章 绪 论

1.1 研究背景与存在的问题

1.1.1 制造业与物流业联动的研究背景

1. 制造业视角与背景

制造业既是一个国家的立国之本，同时也是一个国家的兴国之器。制造业是我国国民经济中的主体。随着"中国制造2025"规划的不断推进，我国正在由制造业大国向制造业强国转变。

国务院2015年5月发布的纲领性文件《中国制造2025》指出，当前世界经济和产业格局正处于大调整、大变革和大发展的新的历史时期。一方面国际金融危机的影响仍在持续，经济复苏缓慢，发展的不确定因素增多；另一方面，全球新一轮科技革命和产业变革酝酿新突破，新一代信息技术与制造业深度融合，以及新能源、新材料、生物技术等方面的突破，正在引发影响深远的产业变革。发达国家纷纷实施"再工业化"战略，强化制造业创新，重塑制造业竞争新优势；一些发展中国家也在加快谋划和布局，积极参与全球产业再分工，谋求新一轮竞争的有利位置。面对全球产业竞争格局的新调整和抢占未来产业竞争制高点的新挑战，我们必须前瞻布局、主动应对，在新一轮全球竞争格局中赢得主动权。

《2016全球制造业竞争力指数》报告指出，中国为全球最具竞争力的制造业国家。1990年我国制造业占全球的比重为2.7%，居世界第九；到2000年上升到6.0%，居世界第四；2007年达到13.2%，居世界第二；2010年为

19.8%，跃居世界第一。按照联合国统计，500 多个产品中，220 个产品中国的规模全球第一。不过，该报告预测，未来五年中国的竞争力将有所下降，到 2020 年排名将下滑至第二位。美国将超越中国成为全球制造业最具竞争力的国家，德国仍将占据第三的位置。

我国制造业转型升级的任务仍然非常繁重，包括有效需求不足，使得产能过剩问题凸显；有效供给不能完全适应消费结构升级的需要。结构性改革有三个最重要的任务。第一个任务是去产能。工业和信息化部（简称工信部）在加速推进工作，出台了政策措施。第二个任务是降低工业企业的成本。一方面，要把影响到工业企业成本的外部环境营造好，把制度性交易成本的税费、能源价格、物流成本、社保费率等进一步降低。另一方面，引导和支持企业加强内部管理创新，通过内部管理的强化降本增效。第三个任务是补工业领域的短板。

物流产业作为生产性服务的重要组成部分，对制造业的促进作用体现在降低生产制造的成本方面，通过供应链服务、基于信息技术的服务、个性化的服务等，在制造业结构转型、国际竞争力提高等方面发挥重要作用。

党的十八大提出，到 2020 年要基本实现工业化和全面建成小康社会，作为实现这一战略目标的主导力量，我国制造业肩负着由大变强的新历史使命。制造业是国民经济的支柱产业，是工业化和现代化的主导力量，是国家安全和人民幸福的物质保障，是衡量一个国家或地区综合经济实力和国际竞争力的重要标志。大力发展制造业，对我国实施创新驱动发展战略、加快经济转型升级、实现百年强国梦具有十分重要的战略意义。

2. 物流业视角与背景

物流业贯穿制造业的各个环节，是典型的生产者服务业，与制造业有着天然的联系。2014 年 8 月国务院《关于加快发展生产性服务业促进产业结构调整升级的指导意见》（简称《指导意见》）指出，我国生产性服务业发展相对滞后、水平不高、结构不合理等问题突出，亟待加快发展。生产性服务业涉及农业、工业等产业的多个环节，具有专业性强、创新活跃、产业融合度高、带动作用显著等特点，是全球产业竞争的战略制高点。加快发展生产性服务业，是向结构调整要动力、促进经济稳定增长的重大措施，既可以有效激发内需潜力、带动扩大社会就业、持续改善人民生活，也有利于引领产业向价值链高端提升。

我国物流业虽然发展较快，但许多深层次的矛盾和问题尚未解决。"大而全""小而全"的企业物流运作模式还相当普遍，社会化的物流需求不足；物流企业"小、散、弱、差"，物流服务质量不高、恶性价格竞争，创新与高端的物流服务不足，处在价值链的低端，专业化的供应链服务能力不强。粗放型的增长是不可持续的，物流产业必须转型升级。

《指导意见》在涉及物流产业（第三方物流）方面指出：优化物流企业供应链管理服务，提高物流企业配送的信息化、智能化、精准化水平，推广企业零库存管理等现代企业管理模式。加强核心技术开发，发展连锁配送等现代经营方式，重点推进云计算、物联网、北斗导航及地理信息等技术在物流智能化管理方面的应用。引导企业剥离物流业务，积极发展专业化、社会化的大型物流企业。完善物流建设和服务标准，引导物流设施资源集聚集约发展，培育一批具有较强服务能力的生产服务型物流园区和配送中心。加强综合性、专业性物流公共信息平台和货物配载中心建设，衔接货物信息，匹配运载工具，提高物流企业运输工具利用效率，降低运输车辆空驶率。提高物流行业标准化设施、设备和器具应用水平以及托盘标准化水平。继续推进制造业与物流业联动发展示范工作和快递服务制造业工作，加强仓储、冷链物流服务。大力发展铁水联运、江海直达、滚装运输、道路货物甩挂运输等运输方式，推进货运汽车（挂车）、列车标准国际化。优化城市配送网络，鼓励统一配送和共同配送。推动城市配送车辆标准化、标识化，建立健全配送车辆运力调控机制，完善配送车辆便利通行措施。在关系民生的农产品、药品、快速消费品等重点领域开展标准化托盘循环共用示范试点。完善农村物流服务体系，加强产销衔接，扩大农超对接规模，加快农产品批发和零售市场改造升级，拓展农产品加工服务。

物流业是融合运输业、仓储业、货代业和信息业等的复合型服务产业，是国民经济的重要组成部分，涉及领域广，吸纳就业人数多，促进生产、拉动消费作用大，在促进产业结构调整、转变经济发展方式和增强国民经济竞争力等方面发挥着重要作用。

3. "两业联动"的相关政策背景

如表 1-1 所示，2009 年以来，我国政府等相关部门对两业联动一直比较关注，在一系列相关文件中多次强调并给予高度关注与指导。早在 2009 年 3 月 10 日，国务院发布《物流业调整和振兴规划》，指出物流业在高速发展的同时所面临的运行效率不高、需求和供给不匹配、基础设施不完善等问题。同时结合当时的形势提出一系列的主要任务、重点工程、政策措施，其中包括

"制造业与物流业联动发展工程"：在对物流的需求方面，制造业要加强对现有物流业务的外包，通过物流企业对其进行流程再造，提高企业的物流运行效率，从而专注于自身的核心业务发展；在物流的供给方面，第三方物流企业要提高自身的专业技能水平，引进专业人才，扩大业务范围，更好地为制造业服务；宏观方面，通过促进两业联动的政策，在重点企业进行试点并不断推行成功的经验，达到两业融合、互惠互利的双赢局面。

表 1 - 1　　　　　　　　　　"两业"联动相关政策文件

日期	相关文件	发布机构
2009 年 3 月	《物流业调整和振兴规划》	国务院发布
2010 年 4 月	《关于促进制造业与物流业联动发展的意见》	全国现代物流工作部际联席会议办公室
2014 年 6 月	《物流业发展中长期规划（2014～2020 年)》	国务院
2014 年 8 月	《国务院关于加快发展生产性服务业促进产业结构调整升级的指导意见》	国务院
2015 年 5 月	《中国制造 2025》	国务院

资料来源：根据相关国家政策整理。

2010 年 4 月 9 日，两业联动正式提出。全国现代物流工作部际联席会议办公室发布《关于促进制造业与物流业联动发展的意见》，指出制造企业要积极分离出物流业务，一是"引进来"，即把物流业务外包给物流服务提供商；二是"走出去"，即本公司的物流部门不再只处理本公司的相关业务，而是面向全社会服务，形成社会化的物流需求。鼓励物流企业改变以往传统的只提供基础服务的经营模式，把定位向供应链集成商转变，积极参与到制造企业所在的供应链中，与供应链合作伙伴建立战略伙伴联盟关系，提供一体化的物流服务。

2014 年 6 月 11 日，国务院通过《物流业发展中长期规划（2014～2020年)》，提出制造业物流与供应链管理工程：鼓励物流企业搭建物流信息平台、提供共同使用的外仓、建立有效的仓储配送设施。在服务对象上，物流企业要改变之前传统的服务模式，要培养供应链的视角，对供应链资源进行整合，通过一个直接客户向供应链的上游和下游延伸。在业务层面，由于物流企业通过货物的运输等与供应链中的上下游企业都有相关联系，因此鼓励物流企业首先对整条供应链物流进行顶层设计计划和资源整合，然后为供应链上的企业提供从采购物流到出厂物流的一系列物流服务。不仅提供实体的实物流，更要向第四方物流发展，着重提高供应链管理水平，进行供应链物流的设计，并针对各个企业提供咨询类的服务，提供增值服务，创建供应链的一体化服务体系。

2014 年 8 月 6 日，国务院印发《国务院关于加快发展生产性服务业促进产业结构调整升级的指导意见》，指出第三方物流作为我国重点发展的生产性服务业，要提升供应链管理的水平，优化自身所提供的供应链管理服务，打造信息化、智能化、精准化的物流配送服务体系，推广企业零库存管理，即准时式生产（just-in-time）等现代企业管理模式。不断完善基础设计、建立高效快捷的物流园区的同时，提高物流行业机器设备的标准化水平，充分利用信息技术的发展形成智能化、高效率的运作模式。另外，物流业与制造业联动发展仍然是未来发展的重点，通过两业联动促进制造业的转型升级，使物流业获得更好更快的发展。

1.1.2 存在的问题

总体来说，我国制造业与物流业联动发展近年来有了很大进步。这一方面得益于我国政府与行业协会的重视及外部营商环境的改善，同时，也得益于我国近年来"互联网＋"驱动物流服务创新的发展。制造业与物流业联动发展，一要改善传统制造业与服务业发展中的营商环境；二要调整物流产业的结构，发展创新性的高端物流服务；三要着眼未来，特别是在"制造业 2025"的发展背景下，着眼于两业联动的新动力与新目标。

我国两业联动发展存在的问题，可以从宏观产业层面与微观企业层面来分析。

1. 宏观产业层面

（1）对物流产业的认识不足及高端物流服务发展缓慢。从 20 世纪 90 年代中期开始，我国政府、学术界与企业对物流发展与物流产业一直都相当重视，这是有目共睹的。但是，对物流与物流产业的理解有时还停留在传统的物流服务上，例如，政府对物流的重视多体现在进行物流产业的规划及物流园区建设等传统的运输、仓储功能上；学术界在讨论、研究有关制造业与物流业联动时，大部分采用"交通运输、仓储与邮政"统计指标作为物流产业的统计量来分析；在实业界，大部分物流公司主要还是提供运输、仓储、货运代理等传统的物流服务,① 以价格竞争为主,缺乏创新与对制造业的价值创造。高端物流服务②发展相对迟缓,与制造企业联动程度不深,对制造业的供应链竞争力贡献不大。

我国多数物流企业仅能提供运输、仓储等物流基础环节服务,缺乏提供高端的、根据制造企业特点创新设计的供应链整合服务的能力。我国物流企业在服务于制造企业过程中,提供的是可替代性强的运输、仓储环节,由于低层次竞争,总体处于被动局面,物流企业缺乏主动为制造企业提供物流与供应链设计、优化方案的能力,在合作方案确定、运营管理等方面,单方面确定为主,双方互动少。

虽然我国物流产业规模急剧膨胀,现在已有大量物流企业,但是很多企业都存在功能单一、规模较小的问题,服务多集中在传统的运输、仓储等领域,且往往采取粗放的经营模式,无论是产品还是服务都存在严重的同质化问题,行业整体处于低水平无序竞争状态,普遍缺乏创新服务模式。而制造企业则更多地需要创新的供应链服务及增值物流服务,尤其是供应链的设计、优化以及物流一体化服务等层面。在社会化需求不足的情况下,专业的物流企业受限于服务水平不足,难以有效地对接制造企业。

(2)物流业及两业联动发展的外部营商经营环境需要进一步改善。政府比较重视我国物流产业的发展,出台了一系列相关文件。我国企业界及学术界对物流产业的研究也非常重视,然而,一直以来我国物流产业"小、散、乱、差"的基本状况并没有得到根本性改变。一方面物流企业在传统的服务方面竞争趋于无序与恶性竞争,企业缺乏创新服务的意愿与能力,另一方面,高端物流服务发展缓慢,供给不足,造成物流产业中物流服务供给的结构不合理。同时,由于能够促进制造业转型发展的高端物流服务供给不足及与制造业联动合作程度不深,物流业对制造业的促进与结构转型作用得不到充分发挥。

---

① 传统物流服务指的是提供比较单一的传统运输、仓储、货代等物流环节的服务。我国传统物流产业的基本状态是"小、散、乱、差",长期以来没有根本性的改变。传统物流企业数量多,市场集中度低。同时,传统物流产业低价竞争突出,以低层次服务为主,并且竞争不够规范,特别是公路运输超载的问题比较突出,超载等不正当竞争普遍存在。

② 高端物流服务是指制造业与商业企业(货主企业)集中主业,进一步外包物流服务,包括供应链咨询、牵头与第四方物流服务(LLP/4PL)、信息技术服务等战略与基于 IT 的服务,以及部分计划、管理等增值服务。高端物流服务一般与制造企业建立长期战略联盟关系,分担风险与分享回报。高端物流服务提供商具有物流与供应链管理专长,服务以知识与信息为基础,具有先进技术能力;能够根据客户的不同情况,创新服务内容与方法;具有适应性、灵活性、合作性等个性化服务的特点。促进"高端物流"发展的重要因素是创新,包括供应链创新、信息技术应用创新与双方关系管理创新。

以上的基本情况与物流业的外部营商环境是密切相关的。物流业以及"两业"联动的外部营商与经营环境，与其他行业类似，需要进一步改善，包括政府行政管理、市场化及信用体系建设等方面。

（3）两业融合程度不高。在两业联动的众多问题中，两业融合程度不高是最具代表性的问题。现有两业联动研究的文献已经反映了"交通运输、仓储与邮政"的传统物流与制造业的协调度问题。但是，这仅仅是在传统物流与制造业联动的方面，更深刻的协同问题体现为传统物流服务过剩，高端物流服务能力不足。对制造业的贡献主要表现为物流成本的降低，在对制造业的价值创造及供应链竞争能力提升方面还比较少。

（4）物流服务需求没有充分释放。我国物流业发展存在着不均衡的情况，物流服务的需求和供给难以有效对接。长期以来，我国的制造企业在运作上传承了"大而全"或是"小而全"的传统管理模式，制造业中物流业务的自营比例大，其物流需求大量分布在企业内部，没能够更好地完成物流业务社会化的需求转化，企业物流外包的意愿和程度较低，导致物流的社会化需求不足，限制了行业的资源整合与高效率运转。对于制造企业而言，由于物流服务是一项时间跨度长的服务，且服务的需求方往往难以参与其中，因此普遍存在对物流企业的不信任，且难以采取有效的监督机制，从而也导致了监督成本的居高不下。

2. 微观企业层面的互动合作

从本书的文献综述可以看出，[①] 我国对制造业与物流业联动的研究和推动，较多地在宏观产业层面进行。国际上，制造业与物流业的联动（互动）研究较多的是在微观企业层面，研究物流服务提供商与物流服务使用方（制造企业）如何建立联动与合作，创造价值（绩效）。在实践中，物流企业与制造企业建立长期战略联盟，互动合作发展也比较好。我国两业联动在微观层面存在的主要问题如下。

（1）制造业与物流业双边合作不紧密，物流服务提供方处于被动状态，合作以降低物流成本作为主要目的，创新及为客户创造价值不显著。当前我国制造企业与物流企业的合作一般都以短期的交易型合作关系为主，双方合作关系比较松散，制造企业与多个物流服务供应商进行合作，并根据价格不断选择与切换供应商。双方的合作关系不是着眼于长期的战略合作（战略联盟）关

---

① 见1.2节。

系，为制造企业创造客户价值。双方合作的内容主要集中在运输、仓储等传统的运作环节，高端物流服务内容还比较少。

同时，物流企业在服务客户（制造企业）时，大部分还比较被动，一般是被动地询问制造企业需要什么服务，而不能主动地为制造企业提供量身定做的解决方案。对制造企业的客户（客户的客户）一般不太了解，需要什么服务标准及达到的绩效也只是被动地从制造企业得到。物流企业没有主动、系统、深入地研究客户的物流与供应链改进的空间，不能创新及对制造企业的物流与供应链进行不断优化，创造价值。这些状况与我国物流企业的创新能力与专业能力普遍不高有关。我国物流企业不能主动与制造企业互动，还体现在物流服务项目前期的设计、运作流程、绩效指标及实施中的运营管理等方面。

我国制造企业本身也较少主动寻求物流企业物流项目设计、运营管理及专业的物流与供应链服务，双方的互动比较缺乏。

我国物流企业与制造企业合作中，以价格导向为主，较少以客户价值创造为导向。创造客户价值是企业获取竞争优势的重要途径，物流企业与制造企业合作创造客户价值可为双方企业带来竞争优势。对于制造企业来说，可以通过与物流企业的合作优化企业自身的资源和能力配置结构，聚焦于核心竞争力的培养；对于物流企业来说，可以通过与制造企业的合作获得专业领域的物流运营经验。

（2）物流企业与制造企业合作中，没有形成与制造企业的上下游企业的多边合作关系，没有考虑制造企业的供应链竞争力。市场中的竞争是供应链与供应链的竞争，供应链成员间的合作不仅仅是制造企业与物流企业双边（双方）的合作与协同，而是涉及物流企业与制造企业及其上下游形成的多边（多方）合作与协同。合作的理念正在发生变化，已经由单边关系发展到双边关系再到供应链的一体化。这种多边合作关系涉及组织间广泛的协作，组织间协作趋势愈来愈强，对于供应链成员间多边合作的层次也从运作层面提升到了战略层面，从组织内部拓展到整个供应链层面。

我国物流公司在与制造企业的合作中，还没有主动推进与整合制造企业上下游的需求，很少主动地调查与满足客户的物流需求，还停留在让制造企业满意的层面，并没有到达使制造企业的供应链绩效提高、使制造企业成功的层面。

（3）物流企业与制造企业还不能很好地协作创新物流服务，共同创造供应链价值。我国物流服务的创新，较多的还是封闭式创新，由物流企业或制造企业单独进行。由于物流与供应链的运作管理需要跨越包括物流企业与制造企业的多个企业，每个企业有自己专长的方面，也有自己不熟悉的方面，因此，需要结合各企业的优势进行物流服务创新。物流企业与制造企业合作创新物流服务是两业联动的重要方面，服务创新的重要途径是双方合作，共同创新。

1.2　国内外研究综述

对国内外有关制造业与物流业联动的文献检索结果进行梳理、对比与分析可以发现以下事实。

（1）国际学术文献产业层面研究只有生产性服务业与制造业联动研究，物流业与制造业联动从产业层面探讨较少，主要集中在企业层面联动的研究。

产业层面，生产性服务业是比较确认的一个研究领域，查到国际文献 160 篇。物流作为产业研究比较少，基本还没有确立物流作为一个产业研究的普遍认同与研究基础（统计数据缺乏），共有英文文献 18 篇，都是国内作者的论文。在有关供应链与物流的重要国际学术期刊中，没有发现产业层面的物流业与制造业两业联动的文献。

（2）国内近年来有相当多的宏观产业层面的物流业与制造业联动文献，企业层面的物流企业与制造企业联动研究较少。

国内研究在生产性服务与制造业联动及物流业与制造业联动方面都比较多，分别为 743 篇与 844 篇，产业层面物流业与制造业研究形成了研究的热点。国内企业层面的研究偏少，有 36 篇，并且以定性与描述性的研究为主。

以上的文献差距可以反映出国内外对物流产业认识与研究的差距。国际上很少把物流产业（logistics service industry）作为一个独立的产业进行研究，而较多地将运输业作为产业进行研究，其中包括公路、水运、铁路、航空等各种运输方式的产业研究。究其原因，本书认为是"物流产业"并没有行业的统计数据，而运输业作为一个传统产业，统计数据是清楚与完整的。国外研究的角度多从企业层面进行，从物流服务提供方（LSP）与客户（包括制造企业、商贸企业）的合作关系层面进行研究。

1.2.1　国外相关研究综述

由于国外学者对于物流业与制造业联动的研究主要从企业层面展开，探讨物流企业与制造企业之间的互动合作问题。而产业的层面的研究可以查到的是生产性服务业与制造业的关系的研究。因此，国外相关文献综述主要涉及两方面，一方面是产业层面的生产性服务业与制造业联动，另一方面是企业层面的物流企业与制造企业联动研究。本书对企业层面多边联动主要应用的相关理论和物流服务创新中的概念发展等进行了简要梳理。

1. 生产性服务业与制造业联动

产业层面，关于生产性服务业与制造业联动，主要形成了四种观点。第一种是需求遵从论，认为生产性服务业的发展依赖于制造业（Cohen and Zysman，1987；Rowthom and Ramaswamy et al.，1999；Klodt，2000）；第二种是互动论，认为生产性服务业与制造业相互作用，相互依赖（Park and Chan，1989；Hansen，1990；Shugan，1994）；第三种是供给主导论，认为生产性服务业是制造业效率提升、竞争力增强的保障（Sheehan and Tegart，1998；Karaomerlioglu and Carlsson，1999；Eswaran and Kotwal，2002；Markusen，1989）；第四种是融合论，认为信息技术使两者关系更紧密，呈现渗透发展趋势（Coffey and Bailly，1992；Francois，1990；Guerrieri and Meliciani，2005；Tien，2011）。对于生产性服务业与制造业联动的研究，具有代表性的作者及主要观点如表1-2所示。

表1-2　　　　　　　国外生产性服务业与制造业联动代表性文献

主要观点
生产性服务业分布是制造业分布的函数，同时制造业分布是生产性服务业分布的函数，这种联动效果取决于二者的"投入—产出"关系（Andersson et al.）
一国生产性服务业的效率与该国制造业产业结构有密切的关联（Guerrieri et al.）
在生产性服务业与制造业不断整合的背景下，生产性服务业在提高劳动生产率方面起到了巨大作用（Hansen et al.）
随着竞争压力的不断增大，物流业与制造业协调发展在降低成本和提高效率方面具有重要作用（McGinnis et al.）
生产性服务业的发展源自制造业服务外包，提高生产性服务业服务质量会促进制造业的发展（Shouming et al.）
生产性服务已越来越参与经济发展的各个方面，对经济发展起到重要的推进作用（Thomas et al.）
制造业增加购买外包服务，会增加就业并带来制造业生产效率的提高（Thijs et al.）

资料来源：根据相关文献整理。

2. 企业层面"两业"联动

在企业层面的研究主要集中在供应链管理、第三方物流等方面（Mortensen，2008；Bowersox，1991；Yazdanparast，2010），探讨的问题主要是制造企业是否需要外包物流服务、制造企业如何与物流企业建立亲密合作关系等。研究视角有单边视角、双边视角，采用的方法主要包括实证研究和案例分析，其他方法所占比重较小，包括仿真优化、归纳描述和演绎描述等。研究开始主要是单边视角，逐步出现了双边视角。单边视角研究和双边视角研究所使用的主要方法所占比例有较大差异，单边视角下的研究大多采用实证方法，双边视角下的研究大多采用案例分析方法。这部分的文献从合作关系及理论研究、互动合作研究、企业整合创造客户价值研究三个方面进行梳理。

（1）物流企业与制造企业的合作关系及理论研究。

第一，物流企业与制造企业的关系研究梳理。物流企业与制造企业合作具有二元性、双向性的特点，以客户价值创造为合作的导向。客户需求的多样性和易变性使双方企业的合作面临很大的不确定性和风险性，企业间的合作关系需以相互信任和承诺作为前提，通过契约的优化以共同应对不确定性，物流企业与制造企业的合作更关注双方互动和关系契约的作用。现有文献更多地从单边角度（货主企业）研究企业外包决策（Bagchi et al.，1998；Bolumole，2001；Stank et al.，1997）、伙伴选择（Van，2000；Bhatnagar et al.，2000；Caniëls et al.，2009）、外包收益（Berglund et al.，1999；Lieb，2002），而从双边角度（货主企业和3PL企业）研究的文献较少（Murphy，2000；Logan，2000；Stank，2003；Vickery，2004），但物流企业与货主企业合作的深化以及物流企业主动性的增强，使得双边关系具有演进性、动态性的特点。本书认为，物流企业与制造企业的合作关系是双方企业以客户价值创造为导向的、在物流领域的双方互动合作协议，企业间合作关系是一个从松散型关系到紧密型关系的连续体。关于松散型的合作关系，理论界的认识比较一致，而对于紧密型合作关系，学者们则给出了不同的理解，具体可参见表1-3。松散型合作关系与紧密型合作关系，是企业间合作关系统一体的两端，可从多个方面加以区分，理论界和企业界在此方面已进行了大量论证，具体可参见表1-4。企业间如何从短期松散型的合作关系转变为长期紧密型的合作关系成为理论界研究的重点，并且开始逐渐探究影响企业间合作关系发展的因素和作用机制。

表 1 - 3　　　　　　　　　紧密型/伙伴型/联盟型合作关系的界定

紧密型/伙伴型/联盟型合作关系
基于信任和确定的共同目标的一种长期关系（Partnership Sourcing Ltd, 1993）
长期、紧密的合作关系，当发生不可预见的事件时，企业之间能够通过协调有效应对（Baker, 2002）
双方合作企业在互惠承诺下的互动关系（Anderson et al., 1990）
基于企业彼此的相互信任，风险共担、收益共享的一种特定的关系（Douglas et al., 2004）
伙伴型合作关系是指双方企业拥有共同的目标，为共同的利益而努力，并且高度相互依赖的一种战略关系（Murray et al., 2005）
双方企业达成的长时间合作的协议，包括信息、资源、利益的共享和风险的共担（Robert et al., 2004）

资料来源：根据相关文献整理。

表 1 - 4　　　　　　　　松散型合作关系与紧密型合作关系的比较

比较因素	松散型合作关系	紧密型合作关系
合作项目	简单/重复/标准化	复杂/个性化
沟通、信息交流	单向、专有信息	双向、信息共享
风险与回报	自身风险最小、收益最大	风险共担、利益共享
合作层次	运营层面	战略层面
参与度	单方主动	双方互动
合作基础	成本/价格	信任、承诺
关系特征	短期、不稳定、合同契约	长期、稳定、关系契约
利益导向	短期、自身利益	长期、整体利益

资料来源：根据相关文献整理。

第二，物流业与制造业关系资本研究的梳理。企业间关系资本的概念并非简单地将关系资本的概念移植到企业之间，而是更为强调企业在运营过程中与其他企业的紧密关联，企业不再作为一个独立的个体存在，而是成为企业网络中的一个结点。由于研究视角和目的的不同，对企业间关系资本的界定也不同。学术界对企业间关系资本的界定大体可归结为三个视角：企业间关系视角（Bontis, 1998；Edvinsson et al., 1998；Johnson and Dalton et al., 1999）、关系资本构成视角（Aulakn and Kotabe et al., 1996；Pablos, 2005）、资源视角（Singh and Lee et al., 2000；Moran, 2005）。企业间关系资本的核心就是合作企业之间相互信任、相互尊重的关系（Dyer and Singh，1998；Kale et al.，2000），能够为企业带来关系性租金。企业间关系资本的特性包括公共性和双向性、专属性、黏合性、易逝性和延展性（Dyer and Singh，1998）。本书认为，企业间关系资本的核心是企业间的信任和承诺，本质是一种无形的生产性资源，价值在于创造关系租金，由此给出企业间关系资本的定义：企业间关系资本是企业间互动与合作的过程中，产生一种能够带来关系性租金的无形的生产性资源，其核心要素包括企业间的信任和承诺。

第三，互动研究的主要基础理论梳理。关于物流外包的研究缺乏系统的理论基础和分析框架（Selviaridis，2007；Marasco，2008；Mentzer，2004），现有研究多集中于案例研究和实证研究，理论基础薄弱，双边视角下的理论分析更加离散不系统，货主企业和物流企业的主要关注点不同，双边角度分析所应用的理论将存在不同的理论视角，研究货主企业与物流服务提供商的互动过程，货主企业和物流企业所应用的理论不一致，理论结合就显得尤为必要。在研究物流外包的文献中，经济类文献倾向于采用交易成本理论（Large，2011）、契约理论（Hofenk，2011）、委托代理理论（Logan，2000；Whipple，2010），管理类文献多选取资源基础理论（Gulbrandsen，2009）和核心竞争力视角（Halldórsson，2004），但若仅从经济理论或管理理论视角研究物流外包，会忽视外包主体间的相互关联和影响，不利于揭示外包的实质以指导企业实践，近年来，从社会交互理论视角来解释外包受到许多学者的关注（Moore，1999；Kern，2000）。双边角度分析物流外包采用单一理论很难有效解释整个过程，多个理论相结合的方法为很多学者所使用。应用交易成本理论与其他理论的结合较多，例如，应用交易成本理论、委托代理理论和网络分析理论研究货主企业与物流企业之间的关系（Halldórsson，2004）；应用交易成本理论和资源基础理论，通过案例研究物流外包决策问题（Gulbrandsen，2009），分析双边各自构建跨组织关系的因素（Selviaridis，2007）等。也有学者从其他视角进行考虑，例如，采用工业网络模型从整体上分析物流外包（Gadde，2009）；以社会交换理论为基础，研究有效的双边关系与货主企业和3PL之间的平等、承诺、信任关系（Moore，1999）；将市场营销理论引入合作关系分析的理论框架中（Knemeyer，2003；Knemeyer，2004，2005）；将社会交互理论引入合作关系分析的理论框架中（Kern，2000）。

（2）物流企业与制造企业互动合作研究。

第一，企业单方主动参与合作的研究。随着制造企业价值链驱动力由产品驱动转变为客户需求驱动，客户价值实现方式及价值创造的需求推动制造企业重构其能力组合（Lambert et al.，1999）。制造企业在权衡物流成本控制与客户服务质量这一悖反组合时，越发倾向于提高客户的服务质量，希冀从物流企业那里寻求更有针对性的专业物流服务。制造企业与物流企业的合作，已不再将成本作为唯一的考量因素。对于物流企业在未来提供的服务，制造企业很难判断是否以其利益为出发点（Kim et al.，2009）。同时，随着制造企业所需物流服务的复杂程度和服务水平要求的提高，制造企业希望他们的物流服务提供商（LSP）能够采用先进的物流技术和服务理念，以有效降低物流服务成本，提高物流服务水平，不断进行服务创新（Flint et al.，2005）。物流企业应主动参与同制造企业的合作，聚焦于制造企业物流需求的变化，调整自身的运营（Ulaga and Eggert，2006）。由此说明，物流企业主动适应客户的具体要求，是提高客户忠诚度进而提升企业绩效的先决条件（Large et al.，2011）。现有关于物流企业主动参与合作的研究文献大多是从物流企业角度分析其主动参与的行为，该行为能够为给企业自身带来收益，对合作伙伴的满意度、忠诚度、绩效的提升有促进作用。然而这种单方的主动改变是基于物流企业自身的调整，很难触及双方企业的深层次合作，而且忽视了最终客户的价值创造。物流企业和制造企业的收益皆源于最终客户，双方企业的合作应以最终客户价值的提升为目的，单方的主动参与合作难以有效地为最终客户持续创造价值。相较而言，依客户需求的企业双方互动合作将更具针对性和现实作用。

第二，企业互动合作的研究。企业互动合作包含多个层面，表1-5归纳了企业互动合作研究的相关理论视角和主要维度划分。社会资本理论视角下研究企业互动合作时，互动维度的选取多为结构维度（Capaldo，2007；Wynstra et al.，2006）和关系维度（Cousins et al.，2006；Johnston et al.，2004），或这两个维度共同在同一模型中（劳森等，2008；Villena et al.，2011；Autry and Griffis，2008）；市场营销理论和供应链管理理论视角下研究企业互动合作时，互动维度的选取多为关系维度（Kim et al.，2009）和过程维度（Hertz and Alfredsson，2003；Judith and Joseph，2010；Deepen et al.，2008），或结合交易成本理论和委托代理理论将这两个维度置于同一模型中（Large et al.，2011）。企业互动合作的不同维度综合在一起能够较为全面地反映企业互动合作的本质，物流企业与制造企业合作过程中，单方主动参与合作和双方互动合作在多个方面有明显的差异，具体如表1-6所示。

表 1 - 5　　　　　　　企业互动合作研究的理论视角和维度划分

维度划分	具体维度	理论视角	主要文献
单一维度	结构维度	网络结构理论（Capaldo，2007） 关系管理视角（Wynstra et al.，2006）	
	关系维度	社会资本理论（Cousins et al.，2006） 供应链管理理论（Johnston et al.，2004） 市场营销理论（Kim et al.，2009）	
	过程维度	战略管理理论（Hertz et al.，2003） 委托代理理论（Judith et al.，2010） 市场营销理论（Deepen et al.，2008）	
双维度	交互强度；执行程度	市场营销理论（Gadrey et al.，1998）	
	互动频率；互动密度	创新理论（Yam et al.，2011）	
	结构维度；过程维度	关系管理视角（Van der Valk W.，2008）	
	结构维度；关系维度	社会资本理论（Lawson et al.，2008） 供应链管理理论（Autry et al.，2008）	
	关系维度；过程维度	市场营销理论（Large et al.，2011） 供应链管理理论（Large，2011）	
三维度	项目协同；信息交换；协同战略	市场营销理论（Liu et al.，2009） 组织管理理论（Villena et al.，2011）	
	结构维度；关系维度；规范化	社会资本理论（Hughes et al.，2011）	

资料来源：根据相关文献整理。

表 1 - 6　　　　　　　单方主动与双方互动的比较

比较因素	单方主动	双方互动
企业行为	孤立运营	双方行为互为回馈
合作强度	激励、协调	信任、互惠
合作深度	运营层面	战略层面
合作频率	低	高
合作特征	简单/重复/标准化	动态/复杂/个性化
合作过程	单方自行调整	双方主动适应对方

资料来源：根据相关文献整理。

　　第三，单方主动向双方互动合作发展的研究。双方企业优势互补可为客户创造更多的价值。企业互动合作是一个不断修正、反馈的动态过程。互动合作的动态性特征决定了企业互动合作的形成需要物流企业提升自身的动态能力。创新能力是企业的一种动态能力（Teece et al.，1997），创新能力的提升可以增强物流企业自身的运营能力，扩大可提供的物流服务范围，提高物流服务质量，推进物流企业与制造企业互动合作的形成。由于研究人员的目的和视角的不同，使得文献中对物流企业创新能力的界定和衡量有很大的差异，具体可参见表1-7。

表1-7　　　　　　　　　　　物流企业创新能力的分析维度

作者	技术创新能力	过程创新能力	市场创新能力	服务创新能力
恩戈等（Ngo et al.，2009）	√	√		√
杨（Yang，2012）	√	√		
帕尼斯（Panayides，2006）		√	√	
詹森等（Jenssen et al.，2002）		√	√	√
刘易斯等（Lewis et al.，2007）	√	√		
王等（Wang et al.，2004）		√	√	√
格鲁（Grawe，2009）				√
马文多等（Mavondo et al.），2008		√		
霍根等（Hogan et al.，2011）	√		√	
卡兰通等（Calantone et al.，2002）				√

资料来源：根据相关文献整理。

（3）企业整合创造客户价值研究。

市场经济的快速发展加剧企业间的竞争，企业间竞争的焦点随着技术的革新和管理理念的进步而动态变化。客户经济时代业已到来，企业需以客户为核心，聚焦客户的价值创造（Seybold et al.，2001）。现有文献关于客户价值的研究大体可分为两个方向：从企业的视角研究客户价值（Gale，1998；Rajago-pal，2005；Wolfgang Ulaga，2001）和从客户的视角研究客户价值（Jawarki and Kohli，1993；Woodruff，1997；Naumann，1995）。物流企业与制造企业合作应以客户价值创造为基准，重构双方企业合作的价值链。关于价值创造的研究最初是集中在企业组织的内部，研究企业自身的资源和能力的有效配置与优化组合。随着竞争的激烈和行业分工的深化，单一企业的价值创造逐渐转变为企业合作创造价值。学术界的研究重点亦从组织内部资源、能力的整合转向组织间合作共同创造价值。企业的战略重心在于价值创造系统（value creating system），而非只限定在某些特定行业或企业，关键在于系统中的不同行为主体合作为客户创造价值（Normann and Ramirez，1993）。企业整合客户创造价值中主要包括企业间资源整合（Dyer et al.，1998；Wernerfelt，1984）和能力整合（Richardson，1972；Teece et al.，1997；Kothandaraman et al.，2001）。

3. 企业层面多边联动

随着知识经济的兴起，企业正面临市场的全球化及客户需求个性化的挑战，供应链之间的竞争逐渐成为企业竞争的主流。物流企业为制造企业提供增值服务的同时，应该考虑到从单边到双边互动，进一步发展到基于供应链的多边合作，帮助制造企业不断提升供应链的运作效率和效益。本书对多边联动的研究主要基于组织学习理论、协同理论、社会资本理论、供应链价值创造理论这四个理论展开研究。

（1）组织学习理论。

坎杰洛西（Cangelosi，1965）最先提出组织学习的概念，其后阿吉里斯（Argyris，1978）首次从管理学视角提出组织学习的完整定义，它指出组织学习是一个自然的过程，组织的学习往往需要经历问题的探索、发现并求解问题的过程。主要的研究视角包括过程论、结果论、方法论、系统论。如何对组织学习进行测度一直以来都是学术界关注的焦点，国外学者对组织学习的测度有：①通过 21 个题项设计了组织学习李克特量表，指出组织目标、领导承诺、创新激励、知识共享以及解决问题五个测量层面（Goh，1997）；②通过 23 个测量指标四大导向测量了组织学习，涵盖了记忆、团队、系统以及学习四个维度（Hult，1997）；③基于对学习的承诺、共同的愿景以及开放的心智三个层面设计了 11 个指标来测量组织学习（Sinkula，1997）；④测评模型主要包括知识的获取、共享以及运用三个维度，这一模型与当前组织间学习的结构、过程模型匹配度较高，具有很强的可操作性（Nevis，1995）。

随着世界经济一体化进程的不断加快，组织所处的外部环境不断遭遇新的变化，组织的快速发展需要不断汲取新的知识和信息资源，为此，组织仅仅通过开展内部学习已经远远不能满足组织快速发展的需求，组织间学习的研究也受到关注。组织间学习的概念最早是源于哈默尔（Hamel，1991）他分析并指出影响组织间学习的决定性因素，他认为相对于学习结构而言，学习过程更能决定学习的成果。组织间学习是一种双边或多边学习的过程，可以使不同的组织在供应链中实现各自不同的目标（Knight，2002；Hartley，2002）。从网络的视角将组织学习看作企业与外部网络间的学习，可以将组织间学习分为知识获取和知识利用两个子过程，并探讨组织学习在企业经营模式与技术创新绩效间的中介效应（Hu，2004）。

通过文献梳理，组织学习研究层面的发展演变，组织学习经历了"个体—团队—组织内—组织间—组织内"的一个循环，是一个由简单到复杂的过程。各研究层面具有代表性的学者如图1-1所示。

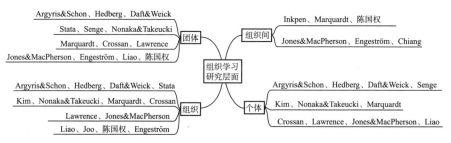

图1-1　组织学习的研究层面

资料来源：根据文献整理绘制。

（2）协同理论。

安索夫（Ansoff，1970）认为企业生产经营中运用协同的真正目的是实现企业整体效益大于各分支的收益，他的这一观点主要基于经济与管理的角度。随后，哈肯（Haken，1983）教授正式提出协同学理论，有别于安索夫（1970）的研究视角，他主要从自然科学视角指出系统内部或系统之间各组成部分通过相互合作，实现其他单个个体无法形成的系统新结构。

协同理论主要包括序参量和涨落这两个概念。哈肯（2000）在协同论中提出了系统序参量这一核心概念，他指出系统中存在着一种现象，组成系统的各子系统之间在一定的条件下状态会发生改变，这种突发状态改变的临界现象称为相变，用来描述这一现象发生的标志性参量被称为序参量，其本质源于各子系统间的协作，一个系统的最终结构很大程度上由序参量控制，它对系统的演化具有举足轻重的作用，也是衡量系统有序程度的重要指标。涨落用来表示系统起伏变化，系统中的各分支始终存在独立的运动状态，与系统整体的状态（有序、无序）无关，在环境随机波动因素的影响下，子系统之间在耦合过程中会出现瞬时脱离均值，而将在均值上下发生波动的这一状态称为涨落。涨落出现于系统两种平衡状态间进行切换的过渡阶段，子系统间具有较高的耦合活跃度，这会不断加大涨落发生的频率。在开放式复杂系统中，由于子系统之间非线性相互关系经多边合作形成协同，促使系统的状态按某种规律发生从无序到混沌的循环演变（见图1-2）。

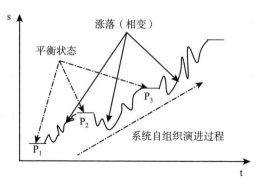

图1-2　协同理论原理

资料来源：根据文献整理绘制。

协同理论具有获取协同效应、降本增效、提升企业专业化水平（Guson，2011）的作用。供应链流程的研究热点主要集中在业务流程的再造、改进以及管理等层面，但是在供应链层面的研究还比较欠缺。在企业供应链的实践中其业务流程已拓展至全供应链，流程协同无论内容还是范围都得到了很大的拓展（Bonabeau，2001；Anne，2007；Lambert，1998）。在产业不断趋于融合的大背景下，供应链参与方在专业分工上不断趋于细化，物流产业服务外包发展迅速，涌现出了各类不同的物流业态，其中在物流产业中出现了一类以终端客户需求为出发点，对物流中各环节加以整合而形成的一个完整的多级物流供需服务链，因而物流服务供应链流程协同已作为重要研究分支之一（Yan，2005；Gong，2014）。

（3）社会资本理论。

社会资本历经百余年的发展，虽然已取得了众多研究成果，但至今学术界仍未就其概念达成共识。国外学者们从不同的学科背景出发，多角度对社会资本进行了研究。社会资本理论现已得到了广泛应用，其表现出的强大解释力已经得到越来越多学者的关注，相关方面的文献呈指数级增长。社会资本理论具体发展情况见表1-8。学术界对于社会资本的研究存在多个研究视角，不同学科领域之间存在显著的区别，可将社会资本的研究视角分为外部视角（Hagedoom & Duysters，2002；Cooke & Wills，1999）、内部视角（Landry et al.，2002；Porers et al.，1993；Tsai & Ghoshai，1998）、网络视角（Anand et al.，2002；Quimet，2004）、资源视角（Leana & Harry，1999）以及整体视角（Burt，

1992；Schiff，1992；Putnam，1994）等。在科尔曼和伯特等人观点的基础上，将社会资本的概念界定为：社会资本是组织内外部网络关系、资源以及能力的总和，通过对组织内外部资源及能力的有效整合帮助组织把握机遇，获取和学习新知识，实现组织创新。

表 1 - 8　　　　　　　　　　社会资本概念发展历程

社会资本观点及代表性学者
从社会网络的角度出发，社会关系网络是解决社会问题的重要资源，并向成员提供集体所有的资本（Bourdieu，1986）
社会资本不是一个单一体，而是有许多种，根据其功能而有不同的含义，与其他形式的资本一样，社会资本也是生产性的（Coleman，1988）
社会资本是比基础社交更加广泛的一种关系，通过它能够获得其他资本的机会，并以此为基础，发展出结构洞理论，突出强调管理者在关系密集地区结构洞的重要作用
社会资本属于一种非正式的规范，此种规范有助于个体之间的合作，并且大部分可以用具体的示例进行说明（Fukuyama，1995）
社会资本产生于双方之间的信任及合作，以相互连接的关系网络为特征（Newton，1997，2001）
社会资本是存在于关系网络中个人或组织所有的资源（Nahapiet，1998）
社会资本是有助于实现企业目标、通过企业社会关系获得的有形或无形资源（Gabbay，1998）
社会资本是一种关系，是人与人之间自然形成的关系，它能够促进或帮助获得有价值的技能、知识等其他形式资本（Burt，1993；Loury，1977）
社会资本具有结构型和认知型两种类型（Uphoff，2000）
社会资本是一种投资于社会并希望得到回报的一种资源（Lin N.，2001）
社会资本是个体依靠拥有一个持久的关系网络而能够取得（或者动员）的资源的集合（Yli - Renko，2002）
社会资本是影响个体的社会关系网络（Brehm，1997）

　　资料来源：根据相关文献整理。

　　目前学术界对于社会资本结构的划分尚没有统一的认识。通过综述前人的研究后发现社会资本有三大要素得到学术界的高度认可，即关系网络、信任以及规范（Irena，2011）。学者哈皮特（1998）对社会资本三维度（认知、结构、关系）的划分原则具有一定的普适性，得到了国内外学者的广泛认可及引用，具体如图 1 - 3 所示。

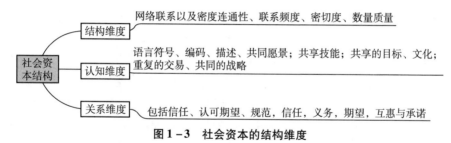

图1-3 社会资本的结构维度

资料来源：根据文献整理绘制。

由于隐性特征是社会资本独有的一大重要特征，因此如何对其进行准确测度一直以来都是研究的热点。社会资本测量中出现频率较高的指标如图1-4所示。

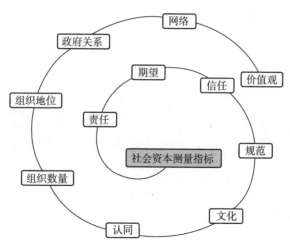

图1-4 社会资本测量指标图谱

（4）供应链价值创造理论。

价值创造最初由波特（Porter，1985）提出，他在对企业价值链研究的过程中发现，企业价值创造是通过企业价值链中各价值环节的协同和流程优化来实现的。本书将供应链成员多边合作中的价值创造定义为供应链各成员为了实现共同目标，在多边互动基础上通过对供应链中异质性资源与能力的整合，共同创造产品或服务的过程。例如，从供应链伙伴间合作关系的视角指出稳定的供应链合作关系更容易实现价值创造（Chatain，2011）。一些学者分别从供应链服务水平、服务质量以及供应链柔性等维度对供应链价值创造进行了实证研究（Simatupang，2005；Ramdas，2000；Nyaga，2010）。

学术界对于价值创造主要围绕两大层面展开。一是研究企业层面的价值创造，该层面关注企业自身的价值创造，代表性的理论有竞争优势理论、资源（能力）理论。二是供应链层面的研究，典型的有组织理论、价值网络等。这一层面研究的核心是供应链中各成员如何通过合作、互补、共享等价值活动进行价值创造。虽然不同的视角对于价值创造研究的侧重点不同，但无论是供应链上的成员企业还是整个供应链网络，其价值创造的本质都是关注超额利润——租金的实现，图1-5从不同的租金理论视角梳理了研究供应链价值创造来源及代表性的学者。本书将基于租金理论视角对价值创造原理加以剖析。

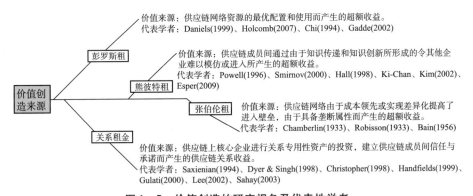

图1-5 价值创造的研究视角及代表性学者

资料来源：根据文献整理绘制。

4. 物流服务创新研究

根据本书研究内容需要对协作关系、服务创新及开放式服务创新研究这三个方面进行相关梳理。

（1）协作关系。

协作关系（collaboration relationship）是指部门之间或企业之间为了协调各方活动、寻求共同利益或实现共同目标而建立的合作关系。客户—供应商关系往往是非对称的，并具有冲突（conflict）、权力（power）和依赖（dependence）等鲜明特征。其中，权力和依赖是影响关系非对称性的重要因素（Johnsen & Ford，2008）。此外，关系特征及其离散性也对非对称关系有重要影响（Munksgaard et al.，2015）。对协作关系的管理，从协作关系的质量来看，关系亲密并不等同于关系"好"（Anderson & Jap，2005）。而且，协作关系创造价值也非易事，关系资本过多过少都会导致价值创造的目标难以实现（Villena et al.，2011）；从协作关系的作用来看，供应商往往可以从信任以及长期协作关系中受益（Goffin et al.，2006）。此外，企业间资源、能力、关系特征的有效组合能够促进他们之间的关系深入发展（Tu，2010）。现有研究主要包括协作关系的概念内涵、协作的属性与特征以及协作关系管理。现有研究的局限主要体现在以下几个方面：一是组织间协作被视作一个整体的概念进行研究，没有识别与细分协作的不同类型；二是跨组织协作对双方绩效的作用机理研究非常罕见，有待进一步深入剖析；三是不同类型协作对绩效影响路径的实证研究尚处于空缺状态，有待进一步拓展和深化。

（2）服务创新。

这部分的文献梳理主要从物流服务创新的理论方法、物流服务创新的研究视角、物流服务创新驱动力、物流服务创新研究展开四个方面展开。目前国外物流服务创新的研究理论方法上主要基于扎根理论（Flint，2005）、资源优势理论（Glenn，2005）、网络理论（Dhanaraj，2006）对物流创新进行了研究。物流服务创新的研究，国外学者主要从顾客导向视角、知识视角、组织学习视角、吸收能力视角展开（见表1-9）。对于物流创新驱动力的研究主要集中在推动或者影响创新的主体、环境、组织等方面（见表1-10）。物流服务创新的研究主要集中在物流服务创新的重要性、物流服务创新的促进因素、创新现状、生态创新等方面（见表1-11）。国外学者对于物流创新管理的研究主要集中在核心竞争力维度、创新管理的概念模型、网络管理、创新管理的影响因素等方面（见表1-12）。

表1-9　　　　　　　　　　国外物流创新研究视角代表性文献

研究视角	主要观点
顾客导向视角	一个以维系顾客关系为中心的组织往往更具创新能力（Panayides，2006）
	以顾客为导向的3PLs可以创新性地延伸服务，包括各种增值服务（Power et al.，2007）
知识视角	知识是能够提升企业核心竞争力的资源，合适的知识管理是创新的前提条件（Chapma et al.，2002）
	知识（供应链知识发展）与物流创新之间具有紧密联系（Autry et al.，2008）
	实证研究了知识和物流创新之间的关系，结果表明供应链学习对于物流创新具有显著的直接正向影响（Flint et al.，2008）

续表

研究视角	主要观点
组织学习视角	供应链内部资源的整合和相关学习活动创造了一个适宜创新的环境，合作引致创新（Ha-kansso et al.，2004）
	组织学习导向对企业创新具有很大的影响，尤其在技术和流程创新方面，进而提升LSPs的供应链效率（Panayide et al.，2006）
吸收能力视角	吸收能力不仅影响创新，还对R&D有间接效益，即通过更好地学习和理解外部知识，来弥补向第三方的知识溢出对创新可能产生的抑制作用（Lichtenthaler，2009）

资料来源：根据相关文献整理。

表1-10　　　　　　　　　　**国外物流创新驱动力研究代表性文献**

研究主题	主要观点
主体驱动	运用扎根理论方法研究物流创新以及如何在为客户提供物流服务时更具创新性，并指出物流相关的改进主要是由物流服务供应商的客户推动的（Flint et al.，2005）
	强调了与其他企业建立合作关系的重要性，认为这是促进企业创新的重要途径（Haus-man，2005）
	LSPs在长期外包关系中比短期更具创新性，而且他们要建立关系资本作为创新的先决条件（Busse，2011）
环境驱动	将影响物流创新的因素归为三类：技术层面因素、组织层面因素、环境层面因素（Lin，2006）
	内部搜索和发展、外部搜索和发展、基础设施投资、资本货物、知识获取以及培训和教育是促进物流服务提供商创新的重要活动（Wagner，2008）
组织驱动	资金资源、管理资源是逆向物流创新的驱动力（Richey，2005）
	以欧洲企业为样本，研究了企业规模与创新指标之间的关系，研究表明二者之间具有显著的关联性，但是规模效应对物流企业创新的影响并没有它对制造企业的影响那么显著（Tether，2005）
	信息和通信技术的运用对于LSPs是否能够提供新的服务至关重要（Evangelista，2006）
	发现小微型企业（SMEs）更加注重渐进式创新，而非突破式创新（Oke et al.，2007）
	实证检验了影响LSPs绿色创新的六个因素，包括技术、组织及环境三个维度（Lin，2008）
	研究了中国和中国台湾、中国香港地区3PL物流创新案例，认为成本、时间、员工能力是阻碍3PL创新的主要因素（Cui，2012）
	那些开放组织边界、吸收有价值的外部知识源的企业往往更能够实现创新，并指出客户、供应商和竞争对手（降序）有助于物流企业改善服务，尤其是客户对于企业发展新服务具有重要作用；相比而言，大学及咨询机构作为创新源并没有立即影响到运输和物流服务行业的创新绩效（Wagner，2013）

资料来源：根据相关文献整理。

表 1 - 11 国外物流服务创新研究代表性文献

研究主题	主要观点
物流服务创新的重要性	研究了物流服务在园艺行业的创新，并以荷兰园艺生产和贸易为例说明物流服务创新的重要性（Van，2004）
	在 RBV 视角下分析了资源、物流服务能力、创新能力和绩效之间的相互关系。指出资源对于物流服务能力、创新能力具有显著正向作用（Yang，2009）
	创新对于外包关系中的任何一方（不论是 LSPs 还是客户企业）都成为一种必需，是实现双方成功的关键；然而，物流领域创新的重要性被长期忽视（Patricija，2011）
	TPL 应当与顾客高度整合，建立与有新服务需求的顾客间的紧密联系；用于合作关系的专项投资、利益共享协议对于企业创新及绩效具有显著影响；物流服务创新是 TPL 获得持续竞争优势的源泉（Wanger，2012）
物流服务创新的促进因素	研究了 LSPs 向供应链合作伙伴企业植入员工对其服务创新的影响，评估了组织间相互依赖性、关系型社会资本及知识交流对物流服务创新的中介作用，研究发现关系型社会资本和知识交流能够促进物流创新（Grawe，2014）
	协同合作关系可以为创新提供商业方法和解决方案，建立外部联系已成为许多组织优先考虑的策略；跨界合作使从客户那里感知到的外部组织支持会发展成为对客户的承诺，这反过来又会驱动知识交流和物流创新（Grawe，2015）
	检验了组织结构因素（分权、规范化、专业化）对企业物流服务创新能力及企业绩效的影响；发现分权和规范化均对企业物流服务创新具有正向影响，专业化对物流服务创新的影响并不显著，物流服务创新能力对市场绩效的正向影响十分显著（Daugherty，2011）
	物流服务能力包括以下四个方面：物流服务可靠性、物流服务灵活性、物流信息服务能力、增值物流服务能力；创新能力、物流服务可靠性、物流服务灵活性对于企业绩效具有显著正向影响，创新能力对物流服务能力及企业绩效具有调节作用（Yang，Ching - Chiao，2012）
创新现状	物流服务创新和一般行业的服务创新截然不同，尽管创新给他们带来的收益相当，但是物流创新成本更高，这就解释了为何目前物流服务创新不足（Busse，2010）
	建立了一种针对温度敏感和易腐产品的特殊供应链管理模式，即冷链管理。并提出了一个食品冷链模型，这一模型能够促进物流服务的创新，是物流企业获得竞争优势的重要因素（Kuo，2010）
	提出一个矿业企业物流服务创新战略，探讨如何将其运用到与关键供应商建立长期联盟关系之中（Felisa，2012）
生态创新	探索了物流服务供应商实现供应链生态效益需要怎样的创新战略和学习能力；将物流服务供应商、生态效率和物流创新放在同一个研究框架中，并基于案例研究及深度访谈探索未来发展模式和研究方向（Rossi，2013）

资料来源：根据相关文献整理。

表 1 – 12　　　　　　　　　　　国外物流创新管理研究

研究主题	主要观点
核心竞争力维度	核心竞争力不一定是"低成本"，从供应链的角度来看，核心竞争力可以包括研发、产品质量、物流技术、供应链关系、战略管理等；研究了核心竞争力的相关维度，包括战略规划、生产工艺创新、供应链管理、物流管理、质量管理和研发（Yu – Fen Chen，2006）
创新管理的概念模型	从宏观及微观视角构建了一个 LSPs 创新管理概念模型，指出尽管创新对于 LSPs 意义重大，目前实施创新的 LSPs 却仅有 30% 左右，尤其缺乏结构创新（Wagner，2008）
网络管理	指出随着环境的快速变化，创新已然成为 21 世纪诸多物流企业的战略选择；认为创新是一个由六个部分组成的系统，并在系统理论视角下研究了这些元素之间的相互关系；并提出物流企业管理企业创新系统（EIS），以实现系统创新和可持续创新，进而获得竞争优势（Shen，2009）
	指出网络已经成为很多领域创新和创新传播的重要组织形式，创新网络能够帮助企业更好地应对变化迅速、竞争激烈的市场环境；分析了 DHL 是如何组织开展与网络伙伴协作创新的案例，解释了 DHL 的网络管理以及网络创新为企业建立的竞争优势（Wirtz，2011）
创新管理的影响因素	认为新服务发展（NSD）可以促进创新，指出大多数物流企业行为具有随机性，而且缺乏新服务管理的技能。研究结果表明，NSD 过程能够有效地提升物流企业创新管理的效率（Zhou，2012）
	通过调查对影响 LSPs 创新管理的环境因素进行实证分析，研究发现影响 LSPs 创新管理的环境因素主要有以下几个：组织规模、技术重视程度、增长潜力、客户依赖、分散程度、员工创新思维（Busse，2014）

资料来源：根据相关文献整理。

（3）开放式服务创新研究。

开放式服务创新联盟（open service innovation alliance）属于企业战略联盟的一种，通常是指服务创新企业与外部主体建立联盟型合作伙伴关系并进行联盟治理，通过资源、信息、知识等资源的整合利用，实现服务创新的一种新型的开放式创新组织关系与合作范式。基于现有研究成果，综合资源基础观和组织学习等研究视角，可以构建一个全新的研究框架——开放式服务创新联盟"环状"概念模型（见图 1 – 6）。合作伙伴被视为服务创新的关键驱动力，为了吸收知识，服务企业往往会与外部主体结为联盟（Theoharakis，2009），包括顾客、供应商、竞争者、大学、研究机构，见表 1 – 13。其中，由内向外依次为主体结构层、互动作用层与创新成果层。本书对现阶段开放式服务创新联盟研究的研究空缺以及未来研究主题进行了梳理总结，具体见表1-14。

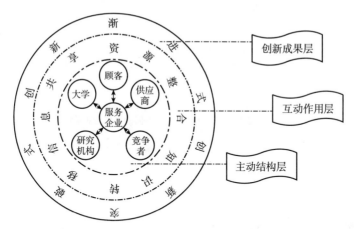

图 1-6 开放式服务创新联盟"环状"概念模型

资料来源：作者绘制。

表 1-13   **开放式服务创新联盟主体与作用**

主体	作用
顾客（Blazevicet et al.，2008）	经验分享、提供想法（Kristensson et al.，2008；Matthing et al.，2006；Carbonell et al.，2009；Melt et al.，2010）
供应商（Van Den Ende et al.，2008）	知识源（Van Den Ende et al.，2008）
竞争者（Leiponen，2005；Linnarson，2005）	知识源（Love et al.，2007）
大学（Lööf et al.，2008）	对服务企业突破式创新至关重要（Segarra - Blasco et al.，2008）
研究机构（Koschatzky et al.，2009；Segarra - Blasco et al.，2008）	对服务企业突破式创新至关重要（Segarra - Blasco et al.，2008）

资料来源：根据相关文献整理。

表 1-14   **现有开放式服务创新联盟研究空缺及未来研究方向**

现有研究的主要议题	研究空缺及未来研究主题
联盟主体及互动	1. 不同主体如何以及基于何种条件促进服务创新 2. 合作伙伴互动过程的动态研究
顾客参与的重要性	1. 不同类型顾客（领先用户和普通用户）的作用是否有区别 2. 顾客伙伴关系如何随着时间的推移而发展

续表

现有研究的主要议题	研究空缺及未来研究主题
联盟治理的重要性	1. 不同的治理模式（例如联盟合同与协调机制）是如何影响知识流进而影响服务创新的 2. 如何交互运用正式的与非正式的治理来促进服务创新 3. 联盟结构和治理在互动服务创新过程中的作用和方式 4. 在创新生命周期中不同的联盟治理模式有哪些
服务创新管理	1. 其他方面的探讨，包括创新流程和创新管理 2. 如何在联盟生命周期中使用不同的创新管理策略 3. 关系管理的作用，在什么条件下机会主义行为可能涌现 4. 关系管理是否能够促进或加速知识流动 5. 对机会主义、冲突和关系规范的研究

资料来源：根据相关文献整理。

国外开放式服务创新联盟组合研究脉络与分析框架如图 1-7 所示。可以看出，相关研究集中于组合概念界定、组合产生、组合结构及组合管理四个维度。

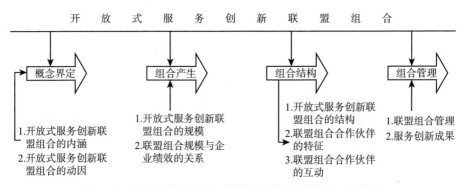

图 1-7　国外开放式服务创新联盟组合研究脉络与分析框架
资料来源：作者根据现有研究成果整理绘制。

1.2.2　国内相关研究综述

1. 生产性服务业与制造业联动

（1）生产性服务业与制造业联动关系研究。

在借鉴了国外学者对于生产性服务业与制造业联动研究的基础上，国内学者对于制造业与物流业联动的研究也提出了以下四种理论：需求论、供给论、互动论、融合论，如表 1 - 15 所示。随着对生产服务业与制造业认识的深入，越来越多的学者开始认同后两种观点，即"互动论"和"融合论"。

表 1 - 15　　　　　　　　国内生产性服务业与制造业联动关系研究

理论	主要观点	学者
需求论	生产性服务业的发展依赖于制造业，制造业是生产性服务业发展的前提和基础	江小涓等、刘培林等
供给论	生产性服务业是制造业效率提升、竞争力增强的保障	高传胜等
互动论	生产性服务业与制造业相互作用、相互依赖	陈宪等、郑吉昌等
融合论	信息技术使得两者关系更紧密，呈现渗透发展趋势	植草益、周振华、杨仁发、周振华、朱瑞博、马健

资料来源：根据相关文献整理。

（2）生产性服务业与制造业联动机理研究。

对于生产性服务业与制造业机理的研究，学者们采用的理论主要有分工理论、价值链理论、融合共生理论。分工理论是研究生产性服务业与制造业联动的理论基础之一。斯密定理指出，在市场经济条件下，需求增长会通过规模经济性的提高来促进生产性服务业的发展，因此，原来在制造业内部的生产性服务业会逐步外部化。根据波特的价值链理论，生产性服务业活动在整个价值链中发挥着重要作用，占据着价值链的核心环节，我国代工制造企业的制造环节需要现代生产服务业来支撑，生产性服务业是先进制造业的高级要素投入，延长了全球价值链在国内的环节。融合共生理论认为，在信息技术和网络越来越发达的条件下，制造业与生产性服务业之间出现了融合，表现为产业间的功能互补与延伸，主要有两种形式：产品与服务融合，服务融入产业。具体研究成果及代表性文献如表 1 - 16 所示。

表 1 - 16　　　　　　生产性服务业与制造业联动机理研究代表性文献

理论	作者	主要观点及贡献
分工理论	高传胜等	根据迂回生产与加强的专业化理论，生产性服务业的发展通过专业化分工的深化与泛化促进制造业生产效率提高竞争力提升
	陈宪等	从分工的角度研究了服务业与制造业之间关系的动态演进
	高觉民等	在要素产业视角内分配的基础上，从产业整体与内部结构的关系方面解释生产性服务业与制造业的相互关系

理论	作者	主要观点及贡献
分工理论	黄莉芬	外包是社会分工深化背景下企业由内部提供转向外部购买的理性选择，是生产性服务业专业化服务于制造业的组织形式和途径
	高峰	现代制造业企业必须把资源配给到关乎企业未来发展的核心竞争力的核心生产过程上，而把生产过程的其他方面特别是生产性服务环节占有的资源释放出来交由专业化企业完成
	吕政等	从外包的角度，分析外包在生产性服务业不同发展阶段的特征以及趋势
	刘明宇等	分析了生产性服务业如何作用于制造企业，提出为了保持生产经营活动的连续性和协调性，物流服务等生产性服务嵌入到制造企业的价值链中
价值链理论	路红艳	生产性服务业活动在整个价值链中发挥着重要作用，占据着价值链的核心环节
	郑吉昌等	构建了价值链模型，从将企业的生产活动分为上中游三个环节，认为上游和下游两个环节基本属于生产性服务业
	王晓萍	生产服务业与制造业协同发展产生的联动效应，是本土企业依托国家价值链来实现在全球产业链上升级的有效驱动力
融合共生理论	孔德洋等	认为制造业亚群落和生产性服务业亚群落之间是相互交融的
	胡晓鹏等	借助共生理论的研究框架对生产性服务与制造业之间的关系进行了实证研究
	徐学军等	研究了基于交易成本的制造业与生产服务业的共生模式

资料来源：根据相关文献整理。

（3）研究方法。

生产服务业与制造业联动的研究涉及经济学、管理学等多门学科。在研究方法上，国内的学者多采用计量经济学、回归分析等统计方法。数据主要来源于国内外政府或行业组织发布的统计报告（见表1-17）。

表1-17　　　　　生产性服务业与制造业联动定量研究代表性文献

作者	主要观点及贡献
汪德华等	用投入产出法对北京、上海、江苏、浙江四地进行对比研究，表明四地外部服务业的发展有利于制造业劳动生产率的提高
陈伟达	采用四年的投入产出表研究制造业细分行业与生产性服务业细分行业之间的关系
程大中	采用投入产出法对生产性服务业与制造业进行国际比较研究
魏作磊	利用美国、英国、日本不同时期的投入产出表分析了制造业对服务业依赖度的变动情况，并与我国进行了对比

续表

作者	主要观点及贡献
马卫华	采用回归分析和协整检验相结合的方法，利用 1985～2010 年的统计数据，对苏沪浙三地生产性服务业与制造业之间的联动关系进行研究
顾乃华	以随机前沿函数为基础构建模型，证明生产性服务业可提高工业企业的获利能力
高觉民	以柯布—道格拉斯生产函数为基础进行研究，结果表明生产性服务业促进了制造业的增长，同时，制造业的增长也促进了生产性服务业的发展
胡际等	引入教育水平、政府规模等外部环境变量，考察了生产者服务业分行业对第二产业全生产要素的作用

资料来源：根据相关文献整理。

2. 物流业与制造业联动研究现状

本书从"两业"联动机理、"两业"联动营商环境、"两业"联动程度进行文献梳理。

（1）物流业与制造业联动机理研究。

对于物流业与制造业联动的机理研究，学者采用的理论与方法主要有交易费用理论、博弈论、产业集群理论、价值链理论、协同理论、共生理论等（见表 1－18）。

表 1－18　　　　　　　　　**两业联动机理研究代表性文献**

作者	理论方法	主要观点及贡献
娜仁图雅	交易费用理论	运用交易费用理论，指出内蒙古制造业与物流业联动滞后的原因主要有：内蒙古物流企业大多为传统物流企业，制造企业仍采用传统生产管理方式，物流企业无法满足制造业需求
欧伟强	共生理论	通过对两业联动发展的共生单元和共生环境的分析，指出两业联动的共生行为模式表现为寄生和偏利共生，共生组织模式为点共生和间歇共生，应积极营造良好的综合环境，加快推进制造业与物流业有效联动发展
彭本红等	协同理论	运用协同学序参量演化方程探讨了物流业与制造业的演化机理，研究结果表明只有两者协同时系统才是整体稳定的，对整个社会经济的贡献也达到极大，而且两者的共生与协同是产业演化的必然结果，这种结果促进了现代物流业与先进制造业发展，也增强了产业的竞争力

续表

作者	理论方法	主要观点及贡献
王珍珍等	产业集群理论、价值链理论	分析了制造业与物流业联动发展背后的经济学、管理学以及生态学动因，并揭示这些动因之间的内在本质联系及对未来制造业与物流业联动发展的启示
王晓艳	博弈论、组织管理理论、核心竞争力论	运用交易费用理论、博弈论、组织管理理论和核心竞争力理论，分析和讨论了制造业与物流业有机融合、联动发展的机理，并分析了我国制造业与物流业联动发展的现状及重要意义
李壮阔等	博弈论	构建了物流业与制造业联动发展的进化博弈模型，指出在构建良好的信息交流平台前提下，采取合理调整双方资本投入和收益分配比例以及规范违约成本等措施，将推动制造业与物流业长期稳定的联动发展
刘丹	价值链理论、供应链理论	从供应链管理、价值链管理和服务差异化策略角度分析和探讨了现代物流业促进制造业发展的机理，并根据统计数据分析了福建省现代物流业促进制造业发展的现实意义，提出了现代物流业促进制造业发展的四个路径

资料来源：根据相关文献整理。

（2）物流业与制造业联动的营商环境研究。

关于物流业与制造业联动的营商环境的研究，目前只局限在理论层面的探讨，缺乏定量方面的研究（见表1-19）。

表1-19　　　　　两业联动外部环境研究代表性文献

作者	主要观点及贡献
魏静等	指出东北地区制造业与物流业联动发展政策支撑体系存在的问题：东北地区两业联动系统性政策较少、地方保护性强、政策协调性不强、各级政府部门缺乏沟通，提出应加快政策制定与政策实施，打破地方保护主义，大力发挥协作用，加强东北三省之间的协调发展
施学良	对金华市的制造业与物流业联动发展的基础和政策进行了分析，指出金华市存在物流观念落后、联动发展肤浅和园区建设不精等问题，提出应遵循政府、制造业、物流业和科研机构多赢的两业联动发展模式
王伟	从政府的角度分析政策保障机制的作用和特点，得出政府部门要积极推动制造企业与物流企业的协同发展，为两业的联动发展创造有利的环境
梁红燕等	将制度环境作为物流业与制造业联动发展的基础性决定因素，利用中国30个省（区、市）2004~2010年的统计数据，对制度环境的调节效应进行经验分析得出结果，为如何增强物流业对制造业效率的提升提供了经验证据

资料来源：根据相关文献整理。

（3）物流业与制造业联动程度研究。

对于物流业与制造业联动程度的研究，学者们通常采用建立数学模型等定量方法进行实证分析。采用的理论与方法主要有投入产出法、灰色关联度分析、耦合协调度分析、协同学、系统动力学等。虽然存在测量方法、测量地区的不同，但是得出的结论大多为物流业与制造业发展不协调（见表1 - 20）。

表 1 - 20　　　　　　　　　　两业联动程度研究代表性文献

作者	主要观点及贡献	理论方法
王珍珍等	建立了制造业与物流业联动发展的 Logistic 模型，分析其在各种模式下的稳定性均衡点及均衡条件，得出制造业与物流业联动发展中存在着三种模式且这三种模式不是一成不变的，指出制造业的发展需要物流业相关技术系统的支持，需要政策导向、支持手段以及加强管理	Logistic 模型
朱莉等	建立制造业与物流业协调联动的超网络模型，分析模型中各决策者的利润最大化目标及其竞争合作关系，以及求解整个网络达到均衡状态的条件	超网络理论
莫鸿等	构建灰色关联模型对中国物流产业与经济发展的关联度进行了实证研究，分析中国物流产业与经济发展不相适应的因素，并提出可行建议	灰色关联理论
王珍珍等	运用灰色关联理论，对我国不同经济区制造业与物流业联动发展的关联度及协调度进行实证研究，指出：不同经济区两业发展的协调因素不同且协调度存在时空演化差异，我国制造业与物流业联动发展关联度与协调度不一致	灰色关联理论
闫莉等	运用种群演化原理提出制造业与物流业协同演化的基本假设，通过建立制造业与物流业种群协同演化定量模型，揭示了制造业与物流业联动发展的协同演化规律	协同理论
陆端等	提出将系统动力学的思想引入制造业与物流业低碳联动的研究，建立高效动力机制，促进低碳物流模式在制造业物流中推广应用	系统动力学
陈宇等	以 2003 ~ 2013 年京津冀区域的相关数据为基础，运用数据包络分析（DEA）将物流业和制造业的数据互为输入与输出，分析了该区域近十年以来物流业与制造业的协调发展状况；结果显示两业在这十年间的整体发展并不协调，据此提出了相关的改进建议	数据包络分析

资料来源：根据相关文献整理。

3. 企业层面"两业"联动

我国学者在企业层面"两业"联动的研究以定性研究为主，且视角多为单边。研究内容上多为探讨物流企业与制造企业的合作模式（见表1 - 21）。

表 1 – 21   我国企业层面"两业"联动代表性文献

作者	主要观点及贡献
郭淑娟等	制造业与物流业联动发展的合作模式可以分为一次性合作模式、短期合同合作模式、基于实物运作的合作模式、基于管理活动的合作模式和物流战略联盟合作模式五种
汪标	指出物流战略联盟是 SCM 环境下制造业与物流业联动发展、合作共赢的理想模式
王见喜	提出了基于资源未整合的物流外包模式、基于资源整合的物流外包模式、基于 3PL – HUB 的物流外包模式、战略联盟四种联动模式
刘正平	将物流服务模式分为链式模式、网络组织模式、专业模式、专业联盟模式、功能集合模式、综合代理模式、单功能模式和缝隙模式

资料来源：根据相关文献整理。

4. "互联网 +" 驱动的物流创新研究

目前学术界有关"互联网 +"驱动的物流创新研究处于起步阶段，大多是理论层面的探讨，总结起来可以归纳为三个方面。一是不同主题的创新研究，根据创新研究的主题不同，可以分为技术创新研究、机制创新研究、运行模式创新研究、商业模式创新研究（见表 1 – 22）。二是颠覆传统模式的创新模式研究，主要有平台模式的创新研究、生态圈模式的创新研究、众包众筹的创新模式研究（见表 1 – 23）。三是不同层面的创新研究，这部分研究主要集中在物流环节的服务创新研究、供应链服务创新、供应链金融服务创新等方面（见表 1 – 24）。

表 1 – 22   "互联网 +" 驱动的不同创新主题研究代表性文献

主题	作者	主要观点
技术创新	吉峰等	指出依托大数据平台，应用人工智能的深度学习算法，可以形成销量预测与自动补货系统覆盖供应链各个环节的人工智能系统
	郑瀚宸	提出可以用移动互联网技术进行技术创新，实现物流企业内部各环节的协同以及运输流程的智能化
机制创新	谢莉娟	认为创新的供应链逆向整合机制是传统流通组织突破盈利模式局限、寻求创新发展的方向
运作模式创新	苏培华	分析了"智慧物流"这一创新的物流运作模式，认为可以利用先进的物联网技术和科学管理方法提高物流运作效率、降低物流运作的成本
	刘敬严等	认为将互联网思维中的众筹模式（资本、资源的众筹）应用到物流业，将会产生巨大价值

续表

主题	作者	主要观点
商业模式创新	梁红波	通过对云物流和大数据提高物流效率的机理分析，提出在大数据和云物流平台的驱动下，可以产生三种新的模式，即物流联盟模式、供应链物流一体化和虚拟无水港模式
	曹旭光	认为互联网物流时代复合式商业模式是未来的物流企业商业模式发展的趋势
	梁红波	以互联网技术中的具体技术作为切入点，分析了大数据技术引领物流业智慧营销的机理和运行模式，列举了三种模式，为"互联网＋"物流开拓了新思路和新想法

资料来源：根据相关文献整理。

表 1 – 23　　　　**"互联网＋"驱动的颠覆式创新模式研究代表性文献**

模式	作者	主要观点
平台模式	王柏谊等	大数据物流信息平台是指将多方参与者的海量物流数据信息收集、整理，形成信息资源，并通过互联网交互传递以提供物流服务的平台
	张鹏飞	认为将虚拟化技术运用到物流云计算平台的开发中可以实现物流企业间、部门间和区域间的横向整合，提高物流企业竞争力
	贡祥林等	利用"云计算"可集成众多物流用户的需求，形成需求信息集成平台，实现所有信息的交换、处理、传递，整合零散的物流资源，使物流效益最大化
生态圈	刘晓华	指出"互联网＋运输＋互联网"生态圈的构建可以带来传统运输行业技术手段、资本构成、盈利模式、商业模式的变革
	李卫华	认为将物联网、云计算、大数据等互联网基因注入物流产业领域，可以为物流服务提供商、内容服务商和用户提供多方面服务，形成生态服务圈
众包	黎继子等	认为众包供应链创新模式发展思路可分为基于制造商、零售商和第三方主导的三种创新模式
众筹	刘敬严等	认为无论是资本众筹模式还是资源众筹模式应用到物流行业，产生的创新模式都会产生价值，值得探索

资料来源：根据相关文献整理。

表 1 – 24　　　　**"互联网＋"驱动的不同层面创新研究代表性文献**

层次	作者	主要观点
物流环节服务创新	刘小明	指出移动互联网可以对道路运输进行整合，从而提供标准化、组织化的服务，对运输服务模式、企业经营组织、政府监管产生影响，推动运输服务行业转型升级
	赵光辉	认为移动互联网将推动交通服务产业链重构与生态圈再造，个性化、多样化、平台化将成为交通服务发展趋势

层次	作者	主要观点
物流环节服务创新	刘晓华	指出运输行业应树立移动互联网思维、用户至上思维和大数据产生大价值的思维，从而满足运输服务对时效性要求，建立运输业的新业态
	杨申燕	认为物流服务创新在局部改良和革新阶段应进行运输、仓储等环节的服务创新；而在集成化创新阶段要形成终端客户驱动的集成化供应链物流服务
	刘阳威	提出物流云创新的服务模式，认为该模式是一种在网络技术支持下，通过物流云服务平台整合资源，并按照客户需求进行智能管理和调配，为客户提供个性化物流服务的创新模式
供应链服务创新	黎继子等	认为众包供应链是指供应链企业以众包为平台，大众群体自主参与，通过互动，共享信息，形成产品从服务采购到配送的一体化运作，让消费者参与其中并获得全过程完美体验的管理模式
	宋华	认为将互联网、物联网、云计算、大数据融合进产业供应链管理中，可以解决传统物流问题，并创造出以高度智能化和服务化为特点的智慧供应链体系
	吉峰等	认为大数据可应用于供应链从需求产生、产品设计到采购、制造、物流乃至多方协同的各个环节，从而更清晰地把握库存量、订单完成率、物料及产品配送情况等
供应链金融创新	赵昕	认为产业金融创新的未来趋势包括线上线下结合、应用大数据手段控制交易场景；更多的跨界组合催生创新金融产品
	孙爱丽	认为互联网供应链金融创新的实质是将"物流—资金流—信息流"在互联网平台上进行联合
	刘斌等	提出依靠大数据和共享信息创新的两种互联网供应链融资模式，即"P2P供应链金融"模式和"线上供应链金融"模式
	苗丽	认为互联网供应链金融是传统供应链金融和互联网金融的结合，应充分发挥供应链金融和互联网金融融合的协同效应

资料来源：根据相关文献整理。

1.2.3　现有研究评述与进一步研究的空间

1. 总体评价

（1）物流业与制造业在产业和微观层面的研究述评。

国内外对制造业与物流业联动研究，在研究角度、重点、内容与方法等方面存在较大的差异。国外重点从微观企业层面研究物流服务提供商与客户（制造企业或商贸企业）的合作关系，以及如何共同创造供应链价值。从20世纪90年代开始，研究重点从单边角度进入双边角度（联动），进一步提出多边角度。我国研究制造业与物流业联动，重点在宏观产业层面，研究国家、地区制造业与物流业的协调程度，但是，以"交通运输、仓储与邮政"的统计数据代表物流产业还不够严谨，并且忽略了现代物流产业的高端物流部分。

（2）物流业与制造业双边联动研究述评。

①企业合作关系研究述评。现有关于企业间合作关系的研究文献大多是将企业间良好的合作关系作为企业绩效提升的前因变量，专注于企业间合作关系本身的研究文献较少，且多为定性的分析和理论层面的讨论。企业合作关系研究存在两个特点。一是研究视角选取单方视角。现有关于企业合作关系的研究绝大多数都是选取单方企业视角。二是理论基础不全面。现有关于企业合作关系的研究，多采用经济学和管理学中经典理论，虽然能够很好地解释企业合作关系提升的多个方面，但忽视了对企业间动态交互作用的研究。社会学理论的引入将有助于这一类问题的解决。

因此，关于企业间合作关系研究尚有空间。一是选取双方研究视角，以更准确地把握问题的实质，使研究更为系统、全面。二是经济管理类理论与社会学理论综合应用。从社会资本角度研究企业间关系资本影响企业形成紧密的合作关系，尚未得到足够的重视，缺乏系统的机理探讨与实证研究。三是研究企业间关系资本的权变性和非对称性等特征的作用。权变性和非对称性对企业关系资本的研究非常重要，企业间关系资本并不是任何时候都是企业的资本，只有在创造价值或和其他资本一起创造价值时，企业间关系资本才是企业的资本。

②企业互动合作研究述评。企业互动合作的研究存在两点不足。一是企业互动合作的研究缺乏系统性。市场营销和供应链管理领域关于企业互动合作的研究与社会学中的研究各成一派，没有充分整合形成对企业互动合作研究的系统性分析框架。二是缺乏对企业互动合作形成路径的研究。现有文献大多关注企业互动合作的作用，即企业互动合作对绩效（双方企业的合作绩效或单个企业的绩效）的影响，而忽视了对企业互动合作形成路径的研究。

基于此，提出关于企业双方互动合作尚有的研究空间。一是以多个理论共同作为理论基础，对企业互动合作的构成维度进行系统性补充。综合考虑每个领域对企业互动合作研究的侧重点和倾向，对企业互动合作进行系统全面的分析。二是系统分析企业互动合作的形成路径。从企业合作的特点和外部环境分析入手，探寻具体的两个行业（物流业和制造业）中企业互动合作的形成路径。

③企业整合创造客户价值研究述评。理论界对价值创造的研究是一个逐步

发展、逐渐深化的过程。最初的研究集中在企业内部，研究组织内部资源和能力的积聚与优化配置、不同部门间的协调与运作流程的调整，以更有效地创造价值。随着科技的进步和产业分工的深化，企业间合作成为企业战略选择的必然，由此价值创造研究的重点转为企业之间合作，聚焦于企业间资源和能力的整合与共享。竞争的加剧触发了现代企业运营逻辑的转变，企业运营以客户需求为起点替代以自身能力、资源为起点。基于此，以满足客户需求变化为目的的中间组织形态的价值创造机制逐渐成为研究的重点。这方面的研究刚刚起步，关于这一领域的研究存在三点不足。一是缺乏针对具体行业的实证研究。综观现有的研究文献，发现定性分析多于实证研究、一般性研究多于具体的行业分析。现有研究大多为定性的说明和理念上的阐释，对企业实践的指导有限，针对具体跨行业的企业间合作（例如物流企业与制造企业）的实证研究更是凤毛麟角。二是企业合作创造客户价值方面缺乏系统的研究。企业间合作形成中间组织，中间组织通过整合合作企业的资源和能力为客户创造价值，整合的程度与客户价值创造之间的关系只是线性促进，没有深入分析可能存在整合过度的情形。对企业合作创造客户价值的主要手段和前提条件的研究亦有所忽视。三是研究多为一方企业视角下的静态分析。企业间基于客户价值创造的合作具有双向性的特点，企业基于客户价值创造调整各自的合作行为具有动态性的特点，而现有研究未充分考虑这两个方面的特点，进行的多为企业单方的静态分析。

基于此，提出关于企业间合作创造客户价值研究存在的空间。一是具体行业间实证研究。物流企业与制造企业合作源于双方企业客户价值的互补，这一领域的实证研究对理论发展和指导实践都有较为重要的意义。二是使用双方对称数据进行实证分析。基于客户价值创造的企业合作涉及双方企业，具有二元性、双向性的特点。使用双方对称数据可以将双方企业的影响因素置于同一模型中进行分析，获得更为稳定的研究结果。三是动态曲线拟合分析。企业整合与客户价值创造是一个动态的过程，通过曲线拟合所呈现出的动态交互画面，可以更为直观、有效地分析客户价值创造与企业整合之间的关系。

（3）物流创新研究述评。

①协作关系研究述评。现有研究主要包括协作关系的概念内涵、协作的属性与特征以及协作关系管理。其研究局限性主要体现在三个方面：一是组织间协作被视作一个整体的概念进行研究，没有识别、细分协作的不同类型；二是跨组织协作对双方绩效的作用机理研究非常罕见，有待深入剖析；三是不同类型协作对绩效影响路径的实证研究尚处于空缺状态，有待进一步拓展与深化。

②开放式服务创新联盟的研究述评。开放式服务创新联盟是企业开展服务创新的重要途径和组织范式，笔者在系统梳理国外学者有关开放式服务创新联盟研究成果的基础上，综合资源基础观、组织学习等视角，创新性地构建了开放式服务创新联盟"环状"概念模型，并针对模型结构中不同层次的关键要素进行分析，在一定程度上为大家提供了一个更直观的开放式服务创新联盟分析框架和理论解释。尽管目前国外开放式服务创新联盟研究已经取得了一些成果，但是仍然有较多空缺之处，而且国内相关研究尤为缺乏。本书对现阶段开放式服务创新联盟研究的主要成果、研究空缺以及未来研究主题进行了梳理总结。

③开放式服务创新联盟组合的研究述评。企业通常通过培育动态能力来建立异质性联盟，战略联盟规模越大，企业能够提供的服务范围就越广，而且开放式服务创新联盟组合是非常关键的知识创造和交流源。作为战略联盟与开放式创新研究的新领域，开放式服务创新联盟组合引起了热切关注，国外学者对其进行了一定的研究，并形成了一些最新的研究成果。然而，国内的开放式服务创新联盟组合研究尚处于空缺状态（见表1-25）。

表1-25　　　　　　　　　　开放式服务创新联盟组合研究空缺

序号	研究空缺
1	缺乏解释创新不同发展阶段的研究
2	缺乏针对替代性服务创新成果的研究
3	缺乏感性探索和理性推理相结合的综合研究
4	缺乏对不同合作伙伴之间知识采购行为的研究
5	缺乏对不同创新阶段联盟组合中知识互动的研究
6	缺乏对实现服务创新所需的联盟协调机制的研究
7	缺乏不同联盟组合结构与不同创新成果关系的研究
8	缺乏借鉴其他领域（战略联盟、组织学习等）成果的研究
9	缺乏联盟组合结构如何互动协调以实现服务创新目标的研究

资料来源：根据相关文献整理。

2. 本书进一步研究的问题

根据国内外文献综述及现有研究的评述，结合我国制造业与物流业联动中存在的问题，本书提出我国制造业与物流业联动进一步研究的方向与研究问题。

（1）宏观产业层面。

问题 1：物流产业如何划分？传统物流和高端物流与制造业联动的机理是什么？

我国理论界与实业界对物流产业的理解还停留在比较传统的物流服务上。

国内有关制造业与物流业联动的学术论文大部分采用"仓储、运输与邮政"统计指标作为物流产业的统计量，研究与制造业的协调程度。这样的研究忽视了物流产业的不同层次对制造业贡献的不同，特别是忽视了高端物流服务的重要性。在实业界，虽然我国物流产业规模急剧膨胀，现在已有大量物流企业，但是很多企业都存在功能单一、规模较小的问题，服务多集中在传统的运输、仓储等领域，且往往采取粗放的经营模式，无论是产品还是服务都存在严重的同质化问题，行业整体处于低水平无序竞争状态，普遍缺乏创新服务模式。

因此，物流产业或物流产业中的具体物流服务需要进行研究与划分，需要依据不同的物流服务在与制造业联动中的投入要素、创造价值的途径、与制造业联动的机理的区别，进行一定的划分，详细、对应性地研究物流产业与制造业联动的状态，并提出相应的理论与政策。

问题 2：营商环境如何影响物流业及两业联动的发展？

物流业以及"两业"联动的营商与经营环境与我国其他产业的营商与经营环境类似，在政府行政管理、市场化及信用体系建设方面，还需要改革与提升。

2014 年，国务院出台《关于促进市场公平竞争维护市场正常秩序的若干意见》，提出了简政放权、依法监管、公正透明、权责一致、社会共治的基本原则；2014 年出台《社会信用体系建设规划纲要（2014～2020）》，提出以推进政务诚信、商务诚信、社会诚信和司法公信建设为主要内容；2014 年七部委印发了《关于我国物流业信用体系建设的指导意见》，意见提出，加强物流信用服务机构培育和监管、推进信用记录建设和共享、积极推动信用记录应用、开展专业物流领域信用建设试点、加强物流信用体系建设的组织协调等措施。

目前学术界还没有系统对营商环境进行研究，如何系统与定量衡量我国物流业及"两业"联动的营商与经营环境？营商环境包含哪些维度？如何影响物流业及两业联动发展？这些问题需要深入的学术研究。

（2）微观企业层面。

国外对两业联动的研究着眼于微观企业层面，但仍然存在不足。大多数的研究仍是基于单边的视角，要么以物流企业的角度，要么以客户（制造企业）角度，双边视角研究虽然开始有所增加，但是研究有待深入。

我国物流企业与制造企业合作的现状是双方关系不平衡，表现在物流企业处于被动状态、能力弱、以价格竞争及服务于物流环节为主、创新与高端物流服务比较少。如何使我国物流企业在双方合作关系得到提升，进一步提供高端的物流服务，为客户创造价值，而不是以价格竞争作为唯一的争取市场与发展的途径，是两业联动的当务之急。

问题 1：制造企业与物流企业如何互动与形成双边紧密合作，为制造企业创造价值？

以客户价值创造为导向是当今企业生存与发展的基本要求，创造客户价值是企业获取竞争优势的重要途径。物流企业与制造企业合作创造客户价值可为双方企业带来竞争优势。对于制造企业来说，可以通过与物流企业的合作优化企业自身的资源和能力配置结构，聚焦于核心竞争力的培养；对于物流企业来说，可以通过与制造企业的合作获得专业领域的物流运营经验。

围绕物流企业与制造企业合作创造客户价值的这一研究，需要具体研究三个相互关联的研究问题。

一是物流企业与制造企业如何形成长期紧密型合作关系？企业间紧密的合作关系是双方企业互动合作基础，是企业以创造客户价值作为目标进行合作的前提。随着制造企业物流业务外包选择的常态化和物流企业服务功能的扩展，企业界的精英和学术界的学者们，已经意识到物流企业与制造企业建立长期紧密合作关系的必要性，并已经开始对此进行了大量的探讨。如何有效地形成、推动、管理、优化物流企业与制造企业之间的关系是物流企业和制造企业亟待解决的基础性问题，也是本书研究的第一个子问题。

二是物流企业与制造企业互动合作的形成路径是什么？互动合作是企业合作创造客户价值的有效方式。目前我国物流企业与制造企业之间的合作多为一方企业积极主动，而另一方企业缺乏主动合作的动力，双方企业较难形成反馈与调整。基于此，物流企业与制造企业的合作如何由单方主动参与合作发展为双方互动合作，即成为本书研究的第二个子问题。

三是物流企业与制造企业合作创造客户价值的本质是什么？物流企业成功的前提是制造企业的成功，制造企业成功的前提是客户的成功，客户的成功即客户价值的提升，因此，物流企业与制造企业合作的目标即创造客户价值。现有关于企业合作创造客户价值的研究多关注于企业之间如何有效合作，而忽视了企业内部的调整与外部合作之间的相互作用。企业内部调整即企业内部整合，企业间深入合作即企业外部整合。基于此，物流企业与制造企业内部整合与外部整合的交互作用如何作用于客户价值创造，即成为本书研究的第三个子问题。

问题 2：物流企业如何与制造企业及上下游形成多边联动，创造供应链价值？

国内外学术界已经开始对制造业与物流业如何建立紧密的互动合作关系、创造客户价值进行研究，但是还没有从供应链整体绩效提升的角度，把合作关系扩展到物流企业、制造企业及上下游企业的多边联动角度。事实上，随着全球化及客户需求个性化的挑战，供应链之间的竞争逐渐成为企业竞争的主流，供应链效率是企业终极竞争的焦点。

物流业与制造业在合作实践中，仅仅满足制造企业的物流需求还远远不够，还必须为其上下游合作伙伴提供服务，这样才能使制造企业及其所在的供应链形成核心竞争力。当前的企业实践中，多数物流企业在物流服务战略的制定及运营等方面仍处于被动合作状态，主动参与制造企业物流战略制定的还不多，达成长久紧密战略伙伴关系的更是凤毛麟角。

一方面，作为生产性服务业重要组成部分的物流企业，其存在的价值与发展的空间主要取决于能否为制造企业创造更有价值的服务；另一方面，物流企业为制造企业以及其供应链上下游客户创造更多的增值服务，是我国物流业摆脱低层次价格竞争局面的一条有效途径。

物流企业必须紧紧抓住与制造企业及其供应链上下游企业多边合作的机会，建立战略联盟。物流业从与制造业两业联动到与供应链上下游企业多边合作的拓展，可进一步促使制造业的产业升级，这样既能增强物流企业的核心竞争力，又能形成供应链整体竞争优势，最终达到改善供应链整体绩效的目的。物流业与制造业双边联动，进一步与供应链上下游企业多边合作进行价值创造给物流企业的发展带来了不可多得的机遇。

具体研究的问题可以包括：多边合作中供应链价值创造的各种影响因素与机理；多边合作中各种影响因素的关系；多边合作中各种因素对供应链价值创造的综合影响及作用机理；多边合作价值创造的实现及保障机制研究。

问题 3：制造企业与物流企业协作对服务创新与绩效有什么影响？

随着物流业务外包需求的增长，制造企业对物流企业也提出了更高的要求。制造企业不再满足于传统的物流环节服务，而是希望从物流企业合作伙伴那里获得创新的物流服务和系统性解决方案，从而获得更多的价值。创新构成了企业价值创造能力的关键。

一方面，物流企业不仅可以通过优化物流过程降低物流成本，从而提高企业价格竞争力，而且能够借助服务创新更好地服务于制造企业，进而基于客户价值来获取和维持企业竞争力。另一方面，物流企业逐步从运输、仓储、配送等功能性物流服务向一体化综合性物流服务转变，根据客户的需求开展新服务，从而为客户创造更多的价值。我国物流企业服务创新能力与国外物流企业相比仍存在很大差距，由于物流企业以低价竞争为主，用于服务创新的投入也是少之又少。此外，服务创新过程中的封闭也制约了其创新能力的提升。由于我国物流产业尚处于起步发展与快速成长阶段，传统运输、仓储、货运代理企业还未实现转型，物流企业整体上来看还存在规模较小、服务功能单一、增值服务薄弱、市场竞争力不足、服务能力难以满足社会化物流需要等问题，同时，其在企业规模、运作能力、服务水平等方面与先进的国际化物流企业相比明显处于弱势。

近年来，我国物流业企业也普遍呈现增长乏力现象。究其原因，主要是由于现阶段物流企业与制造企业更多的是短期的交易型关系，没有形成稳定的联盟型关系。一方面，物流企业尤其缺乏服务创新的渴求和能力，制造企业应对全球供应链复杂性的能力也较为薄弱，进一步导致服务供需的不匹配和物流业务需求不足。另一方面，物流企业与制造企业的协作层次较低，没有最大限度地支撑和实现价值共创，制约了两业联动的开展。

通过系统分析物流企业与制造企业协作对服务创新与绩效的影响，能够提出切实促进物流服务创新与价值共创的对策建议，因而具有重要的理论与实践意义。具体研究问题包括：物流企业与制造企业协作是否可以细分为不同的类型；相应的识别方法或依据是什么；物流企业与制造企业协作对服务创新与绩效的作用机制如何；服务创新在物流企业与制造企业协作与绩效关系中发挥着怎样的作用；不同类型的物流企业与制造企业协作对服务创新与绩效的作用路径是否存在显著差异。

1.3　研究目的与意义

制造业是国民经济主体，是立国之本、兴国之器、强国之基。我国制造业规模世界第一，拥有联合国产业分类中全部工业门类，在 500 多种主要工业品中，有 220 多种产量居世界第一。然而，我国制造业在低成本国家的竞争和发达国家再制造业化的国际环境下，面临去产能、降成本、补短板的转型升级任务。

物流业是典型的生产者服务业，与制造业有着天然的联系。我国物流业发展较快，深层次的矛盾和问题尚未解决。"大而全""小而全"的企业物流运作模式还相当普遍，导致社会化的物流需求不足；物流企业"小、散、弱、差"，运作模式粗放，运行效率低下，多数只能提供以价格竞争为基础的传统的物流环节的运作服务，专业化的供应链服务能力不强，导致制造企业得不到专业的物流与供应链服务，高端物流服务需求达不到释放。

对制造业来说，制造业与物流业的联动发展能降低制造企业的物流成本，高端与创新的供应链物流服务更能够促进制造业转型升级，并提高我国制造业在全球供应链竞争中的竞争能力。

对物流业来说，制造业与物流业的联动发展是物流需求释放的重要手段。制造业是物流社会化需求的主要来源。联动发展是促进物流企业向高端与专业化的供应链服务发展的手段，与制造企业实施联动发展，物流企业可以通过创新物流服务产品、合作与管理模式、运作方法，提高制造企业的物流与供应链运作效率。

没有物流业的发展，传统制造业很难向现代制造业升级，而没有现代制造业的物流需求释放，物流业就无法实现规模化、全球化经营。只有联动发展，互为补充，才能提高各自的竞争实力。

当前产业层面两业联动的研究，因为采用"交通运输、仓储与邮政业"作为物流产业，只能代表传统物流业的部分，物流产业中高端部分对制造业的促进与联动具有更大的空间，但是，由于没有相关统计数据，当前还是空白。研究拓展到高端物流与制造业联动，探讨其与传统物流业的区别，探讨如何获取现有高端物流的数据，或采用什么维度测量高端物流发展状态，是理论上的新探索。

现有物流企业与制造企业微观企业层面联动研究，多从某一方的角度进行，双边与多边角度的研究还比较少，相关框架与机理目前还缺乏研究。该领域的理论与基础研究，有助于理解、解释双边与多边联动创新的机理，包括影响因素与变量，特别是物流业主动的作用等。

在政府政策方面，通过分析我国物流业在与制造业联动创新方面的内外部阻力、推动与促进因素，比较发达国家物流业创新的实践，可以提出加快物流业服务创新的政策建议。通过研究行业本身存在的联动创新物流服务的阻力及形成原因，可以为行业协会提供推进物流企业联动创新的具体途径与措施。通过研究，也可以为物流企业寻找与制造业双边、多边联动的新方法。

1.4　研究思路与技术路线

从两业联动的现实背景出发，首先分析两业联动的现实问题。产业层面的问题有：（1）对物流产业的认识不足及高端物流服务发展缓慢；（2）物流业及两业联动发展的外部营商经营环境需要进一步改善；（3）两业融合程度不高；（4）物流服务需求没有充分释放。微观企业层面的问题有：（1）制造业与物流业双边合作不紧密、物流服务方处于被动状态，为客户创造价值不显著；（2）物流企业没有与制造业及上下游形成多边合作，创造供应链价值；（3）物流企业与制造企业还不能很好地协作及创新物流服务。

梳理国内外文献发现，国内外对制造业与物流业两业联动研究重点不一样。国内注重宏观产业层面的联动研究，国外重点在微观企业层面协同研究。我国研究制造业与物流业联动，重点在宏观产业层面，研究国家、地区制造业与物流业的协调程度，但是，以"交通运输、仓储与邮政"的统计数据代表物流产业，还不够严谨，并且忽略了现代物流产业的高端物流部分。国外物流业与制造业联动研究体现在研究第三方物流（3PL）与客户（制造企业或商贸企业）的合作关系，以及如何共同创造供应链价值。

通过以上对问题的分析与文献的梳理与评述，提出了本书的研究问题。宏观产业层面的研究问题包括：物流产业如何细分，传统与高端物流服务与制造业联动的机理有何区别，营商环境如何影响物流产业与两业联动。企业层面双边联动的研究问题包括：双方间如何形成紧密的合作关系，双方间如何互动合作，双方企业如何整合创造价值。企业层面多边联动的研究问题包括：多边合作中供应链价值创造的各种影响因素与机理，多边合作各种影响因素的关系，多边合作中各种因素对供应链价值创造的综合影响及作用机理。物流服务创新的研究问题包括：制造企业与物流企业协作对服务创新与绩效的作用机制，制造企业与物流企业协作是否可以细分为不同的类型，相应的识别方法或依据，不同类型的物流—制造企业协作对服务创新与绩效的作用路径是否存在显著差异，服务创新在制造企业与物流企业协作和绩效关系中的作用。

根据研究问题，分别分为四块进行研究，其中产业层面的研究与我国物流产业（包括传统部分与高端部分）、两业联动（包括双边与多边联动）的现状调研结果，作为后三块的现实问题的基础。后三块根据理论与机理分析，提出概念模型，发放调查表收集数据，进行实证研究（见图 1-8）。

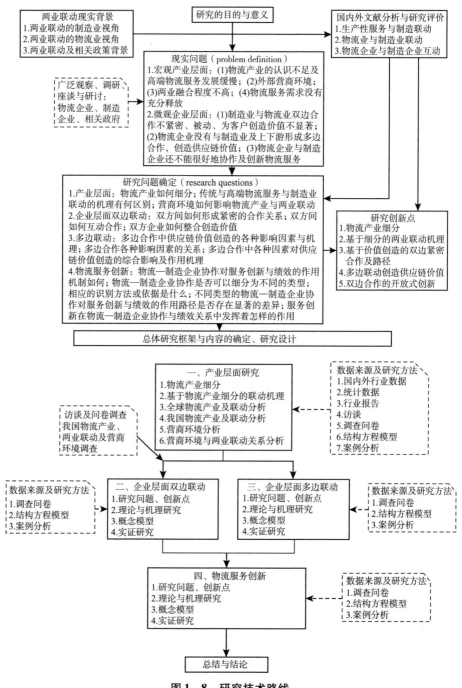

图 1-8　研究技术路线

1.5 研 究 方 法

第一，确定本书针对的现实问题（problem definition），包括物流产业中传统物流与高端物流及制造业与物流业联动存在的主要问题，并确认相关营商环境存在的问题。采用的主要方法是：实地调研、座谈与研讨（包括问卷调查），调研对象包括物流企业、制造企业、相关政府部门。

第二，确定研究问题（research questions）的依据是存在的现实问题，包括宏观产业层面问题、企业层面双边联动问题、企业层面多边联动问题、物流服务创新问题。文献范围主要包括：生产性服务与制造联动、物流业与制造业联动、物流企业与制造企业互动、物流服务创新等。

第三，产业层面研究，包括：（1）物流产业细分；（2）基于物流产业细分的联动机理；（3）全球物流产业分析；（4）我国物流产业、联动、营商环境分析；（5）营商环境与两业联动关系分析。采用的数据与方法包括：（1）国内外行业统计数据；（2）研究机构、咨询机构行业报告；（3）访谈；（4）调查问卷；（5）结构方程模型实证。

第四，企业层面双边联动研究，研究问题包括：（1）双方间如何形成紧密的合作关系；（2）双方间如何互动合作；（3）双方企业如何整合创造价值。采用的数据与方法包括：（1）理论与机理研究；（2）概念模型；（3）调查问卷；（4）结构方程模型等实证。

第五，企业层面多边联动研究，研究问题包括：（1）多边合作中供应链价值创造的各种影响因素与机理；（2）多边合作各种影响因素的关系；（3）多边合作中各种因素对供应链价值创造的综合影响及作用机理。采用的数据与方法是：（1）理论与机理研究；（2）概念模型；（3）调查问卷；（4）结构方程模型等实证。

第六，物流服务创新研究，研究问题包括：（1）物流—制造企业协作的不同的类型与识别；（2）各类型协作对服务创新与绩效的作用路径；（3）服务创新在企业协作与绩效关系中的作用。采用的数据与方法包括：（1）理论与机理研究；（2）概念模型；（3）调查问卷；（4）结构方程模型等实证（见图1-9）。

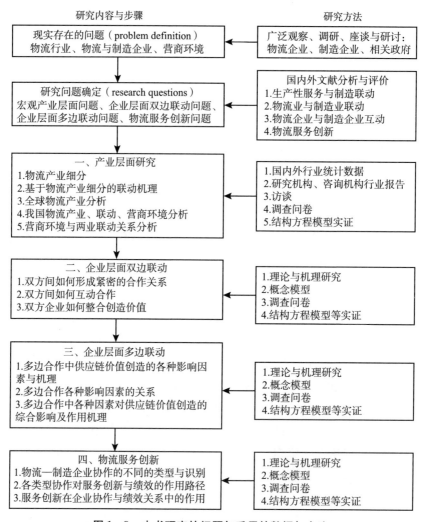

图1-9　本书研究的问题与采用的数据与方法

1.6　本书内容

本书由绪论、第1篇产业层面研究、第2篇企业层面双边联动研究、第3篇企业层面多边联动研究、第4篇物流服务创新研究以及结论与展望组成。

第1章绪论，首先分析两业联动物流服务创新研究的研究背景与现实存在的问题，通过国内外文献梳理与评述，结合我国两业联动存在问题，提出进一步研究的空间与主要研究问题，同时，确认本书研究的突破点与创新性，进一步介绍本书的研究思路与技术路线、研究方法、内容及局限性等。

第 1 篇，产业层面研究（第 2~5 章）。

第 2 章，物流产业的细分及基于产业细分的两业联动机理。针对我国两业联动研究中采用"交通运输、仓储与邮政"作为物流产业进行研究的局限性，系统讨论了物流及物流产业的发展与本质，回顾物流产业的演变动态，提出物流产业的分层与划分，并根据两业联动研究的要求，把物流产业分为传统物流服务与高端物流服务，并从投入要素、产出的价值及价值创造机理等方面讨论了传统物流、高端物流与制造业联动的机理。

第 3 章，全球物流产业分析。首先收集梳理了国际上有关物流产业的报告与数据，利用国际上可得数据，分析、比较了全球各大洲及主要国家的传统物流市场规模（以社会物流成本为最接近传统物流服务规模的可得数据）与效率（物流成本占 GDP 比重），以及高端物流市场规模（第三方物流营收为最接近高端物流服务规模的可得数据）。并分析了第三方物流的发展状态与趋势，包括按具体物流服务的 18 个种类，分析传统与高端物流服务在市场中的供需关系及差异原因。在给出全球前 50 位的第三方物流公司之后，对全球高端物流的行业集中度进行分析。最后分析国际物流绩效指数，并比较了相关国家的国际物流绩效。

第 4 章，我国物流产业总体分析及深度调研。本章分两部分，分析我国物流产业发展与两业联动及营商环境。第一部分运用我国关于物流产业的宏观数据，从物流产业的规模、效率、市场结构等方面对我国物流产业的宏观发展现状进行分析。由于物流产业的定义及统计数据的局限性，宏观数据并不能多层次与深度地反映物流产业及两业联动的状态，因此设计了深度反映我国的物流产业及两业联动状况及营商环境的调查问卷，对我国传统物流发展状况、高端物流发展状况、制造业与物流业联动发展状况及营商环境等进行了调研与分析。

第 5 章，营商环境对物流业及"两业"联动影响的研究。本章在第 4 章的基础上，进一步分析营商环境对物流产业及两业联动的影响与作用机理，构建我国营商环境对"两业"联动影响的概念模型，利用结构方程模型对其进行检验，得出相应结论及管理启示。

第 2 篇，企业层面双边联动研究（第 6~9 章）。

第 6 章，理论基础与机理分析。分别以交易成本理论、资源依赖理论、社会资本理论、社会交换理论对研究的三个问题进行理论解释，在此基础上通过对四个理论的综合，构建本篇研究的理论框架，阐释所研究问题之间的内在逻辑，并基于理论框架对所研究的三个问题进行机理分析。

第 7 章，物流企业与制造企业形成紧密合作关系研究。在前述理论研究框架与机理分析的基础上，构建企业间形成紧密合作关系的研究模型，确定研究变量，提出研究命题，设计双向问卷，运用 SPSS 软件对数据进行信度和效度检验，使用 AMOS 软件对研究模型分别从物流企业视角和制造企业视角进行路径分析，基于实证结果对假设模型进行修正，并以此实证结果为基础进行路径差异比较分析。分别从物流企业视角和制造企业视角，对路径分析和路径差异比较分析的实证结果进行分析、讨论。

第 8 章，物流企业与制造企业互动合作的形成路径研究。在前述理论研究框架与机理分析的基础上，构建物流企业与制造企业互动合作形成路径的研究模型，确定研究变量，提出研究命题，设计双向问卷，运用 SPSS 软件对数据进行信度和效度检验，在此基础上，对物流企业创新能力的四个维度与企业互动合作的三个维度进行相关分析和多元回归分析，基于实证结果对模型进行修正，对实证结果进行分析。

第 9 章，物流企业与制造企业整合创造客户价值研究。在前述理论研究框架与机理分析的基础上，构建企业整合创造客户价值的研究模型，确定研究变量，提出研究命题，设计双向问卷，运用 SPSS 软件对数据进行信度和效度检验，在此基础上，通过 MATLAB 软件分别从物流企业视角和制造企业视角，对模型进行拟合分析，基于拟合结果对模型进行修正，对实证结果进行分析。

第 3 篇，企业层面多边联动研究（第 10~13 章）。

第 10 章，多边合作中供应链价值创造机理研究。本章是本篇的核心内容，从流程协同、组织间学习、社会资本三个视角详细分析三者对于供应链价值创造的作用机理。

第 11 章，研究模型及假设。本章探讨了组织间学习、社会资本、流程协同与供应链价值创造之间的关系，以此为基础构建概念模型及相关假设。

第 12 章，实证分析。本章对研究中涉及的潜变量及观察变量的来源及选取情况进行了说明，检验了总量表及各分量表的信度、效度。重点采用结构方程模型对前一章节中构建的理论模型及假设做进一步的拟合与检验。

第 13 章，实证结果分析。全面讨论了实证结果，结合管理实践，提出启示。

第 4 篇，物流服务创新研究（第 14~16 章）。

第 14 章，物流企业服务创新的内涵、特征与类型。论述了物流服务的构成要素、物流服务创新的概念内涵、主要特征和类型。

第 15 章，研究假设与概念模型构建。在机理分析的基础上提出本篇的概念模型与假设命题。

第 16 章，概念模型的实证检验。一方面，运用多元线性回归模型和结构方程模型等方法检验物流—制造企业协作对服务创新与绩效的影响以及服务创新在协作与绩效关系中的中介作用；另一方面，采用多群组分析比较物流—制造企业不同类型的协作对服务创新与绩效的作用路径。

最后是结论与展望（第 17 章），从上述四个方面对本书结论进行总结，并对未来深入研究的方向做了展望。

1.7 本书价值

1.7.1 创新点

本研究的主要创新点可以归纳为五点。

创新点 1：传统物流到高端物流。

我国现有研究中，统计上可得的"运输、仓储与邮政"数据，只能近似地代表传统物流部分（运输、仓储），研究的结论只能说明传统物流业与制造业联动，有很大的局限性。制造业与物流业的联动研究需要将传统物流业与制造业的联动拓展到高端物流业与制造业的联动层面，高端物流业为制造业创造的价值更具有潜力。

创新点 2：单边与双边联动为主研究，扩展到多边联动。

国外对制造业与物流业的联动研究中比较多的是从制造企业单边角度，或者是物流企业单边角度进行，双边互动（双边）角度研究开始出现，但是还有待进一步深入，物流企业与制造企业及上下游企业（多边）联动的研究还非常少。图 1-10 显示制造业与物流业两业联动的现有研究及本项目的主要创新与拓展。

创新点 3：制造业与物流业联动的价值取向。

从注重物流成本（价格为主）到注重为制造企业（客户）创造价值，进一步到创造供应链价值。

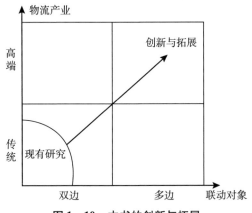

图 1 – 10　本书的创新与拓展

　　现有制造业与物流业联动，企业层面较多地注重降低制造企业物流成本。仅仅考虑降低成本，有时会有失偏颇，会损失服务水平。对制造企业的物流来说，成本与服务水平都很重要，在这两者之间权衡利弊，达到最佳状态才最有价值。

　　创新点 4：从以制造企业或物流企业封闭的单方面的物流（服务）创新，到研究制造企业与物流企业合作（开放式）创新。

　　我国由于物流企业总体创新能力弱，物流创新多由制造企业主导（也有一些有实力的物流公司可以提供物流服务创新方案，但是大部分是单独进行的）。由于物流是跨企业与跨地理区域的活动，对物流的创新，需要结合制造企业与物流企业双方的专长。合作与开放式创新是结合双方专长的一个很好的方法。

　　创新点 5：研究方法。

　　本书将营商环境分成不同维度进行测量，运用结构方程模型研究营商环境与物流产业发展及两业联动的关系。在制造企业与物流企业双边联动及多边联动中，通过机理分析，构建概念模型，寻找潜变量与调查问卷测度，并进行结构方程模型定量分析。

1.7.2　突出特色

　　产业层面研究的突出特色：（1）系统挖掘了有关全球物流产业的数据与资料，全面分析了全球（包括中国）的"传统物流"（以社会物流成本表达）、"高端物流"（以第三方物流营收表达）的市场规模与效率等，进行横向（国家之间）与纵向（时间）的系统比较分析（国内首次把这些数据综合运用与分析）；（2）创新性地设计了反映我国传统物流、高端物流、两业联动及营商环境发展状态的调查问卷，并运用结构方程模型进行分析。

企业层面研究的突出特色：（1）系统提出联动研究需要从单边到双边到多边拓展，研究价值取向需要从成本到客户价值到供应链价值提升；（2）在企业层面双边、多边及物流服务创新研究中，通过机理分析，然后构建概念模型，寻找潜变量与调查问卷测度，并进行结构方程模型等方法定量分析。

1.7.3 主要建树

（1）通过国内外文献梳理与分析，发现国内外研究差别，并指出差别的原因。国外并没有对物流产业与制造业在宏观产业层面进行联动研究，研究是在企业层面展开的。我国产业层面的研究使用"交通运输、仓储与邮政"作为物流产业的数据，具有很大的局限性，其参考价值有限。我国在物流企业层面两业联动还没有系统展开。

（2）对物流产业进行理论分析，并梳理国内外现有的反映物流产业的统计量与研究数据，对这些数据进行分析与运用。

（3）全面分析了全球和我国的物流产业以及物流业与制造业的联动现状，区分传统物流与高端物流。

（4）理论上区分了传统物流产业与高端物流产业的区别，以及与制造业的联动原理，根据我国实际情况，提出相应的对策建议。

（5）对营商环境进行深入分析，确定营商环境的维度，并用观察变量进行数据收集及定量分析。

（6）对物流企业与制造企业微观层面如何建立紧密合作与双边互动关系进行了理论、机理分析，并构建概念模型与实证，丰富了企业合作的理论，并为制造企业与物流企业双边合作提供指导意见。

（7）对物流企业如何与制造企业及上下游形成多边企业联动、创造供应链价值进行理论与机理分析，并构建概念模型与实证。为企业多边联动从理论上进行指导及决策参考，并提出实际指导建议。

（8）研究了开放式服务创新，丰富了服务创新的理论，为制造企业与物流企业合作创新提供理论与实际指导。

1.7.4 学术价值

本书在宏观产业层面，通过国内外文献梳理与对比，指出了我国现有以

"交通运输、仓储与邮政"作为物流产业研究的局限性，提出了对物流产业进行细分，区别传统物流和高端物流与制造业的联动机理，有利于我国学术界在该领域进一步深入研究。

本书在企业层面，提出物流企业与制造企业联动研究需要拓展到双边建立紧密的互动关系，进而拓展到包括制造企业上下游的多边联动。联动价值取向需要从为制造企业降低成本到为客户创造价值，进而到为制造企业供应链创造价值。这有利于我国微观层面的制造业与物流业联动研究，明确研究方向与价值取向。

在双边联动研究中，通过多个理论的综合运用，构建了基于客户价值创造的物流企业与制造企业合作研究的理论框架，丰富和拓展了企业合作领域研究的理论体系。在多边联动研究中，构造了一个较为完整的多边合作价值创造研究的分析框架。发现这一价值创造的机理有助于我国物流企业走出低层次竞争，为物流企业主动参与整个供应链的价值创造活动、进一步主导供应链的价值创造提供了理论支持。

1.7.5　应用价值

本书研究在宏观产业层面与微观企业层面都具有应用价值。

宏观产业层面：指出物流产业是非均质与复合性产业，需要细分研究与制造业的联动。本书指出，传统物流与高端物流对制造业联动的投入、价值创造机理、产出、发展阻力不同，需要不同的推进政策。这对于政府、行业协会的工作具有指导价值。

微观企业层面：物流企业与制造企业双边联动研究对物流企业与制造企业提升联动与协作水平、加强服务创新、实现价值创造都具有重要的管理启示。物流企业与制造企业及上下游多边联动的研究，为企业通过多边合作获取竞争优势，提升供应链价值创造能力提供了理论指导与决策依据。

第1篇 产业层面研究

第2章 物流产业的细分及基于产业细分的两业联动机理

　　物流企业与制造企业如何联动与相互促进，不仅是制造业向价值链高端发展的需要，也是物流业提升服务层次的机遇。物流业与制造业联动发展是当前理论界与各级政府热议的课题之一。但是，研究主要集中在产业层面，包括两业联动的机理与实证研究、发展模式与政策等研究。① 现有的研究还缺乏对"物流产业"进一步分类分析，对不同类型的"物流产业"与制造业联动的机理、作用、障碍、政策进行的研究还不多。对比国内外物流业与制造业两业联动的文献，发现国外的研究主要在企业层面。② 研究已经从物流企业或制造企业"单边"，发展到企业"双边"互动的研究。我国"产业层面"的定量研究中，一般都采用"交通运输、仓储与邮政"统计量代表"物流产业"的规模，未能体现现代物流中重要的、在传统统计中无法体现的"高端"物流服务部分，如供应链咨询与整合、基于 IT 的服务等。而这些"高端"服务对制造业提升具有重大作用，因此，当前国内的研究还具有局限性。物流产业已经从仅仅满足制造业物流环节运作与降低成本要求的服务，发展到了以整合物流环节、为制造业创造价值的供应链服务。"交通运输、仓储与邮政"统计指标仅能够反映传统物流中的部分，而物流业促进制造业将更多地体现在以知识、技术与管理的创新投入为特征的现代物流服务中。因为传统与现代物流服务与制造业联动过程中，投入的要素不同，价值创造的机理不同，面临的困难与障碍不同，推动与促进的因素及相关政策也不同，这就需要对物流产业进行细分，分别研究各细分物流产业与制造业的联动问题。

---

　　① 2016 全球制造业竞争力指数 [EB/OL]. https://www.deloitte.com/cn/zh/pages/manufacturing/articles/2016-global-manufacturing-competitiveness-index.htm.

　　② 国务院. 国务院关于加快发展生产性服务业促进产业结构调整升级的指导意见 [R]. 北京：国务院，2014.

2.1　物流产业的本质分析

2.1.1　从物流定义的演变看物流发展的本质

二战以后，物流在工商领域受到重视。随着对物流认识的不断深入，相应的物流定义也在不断修正。肯特和弗林特（Kent and Flint, 1997）认为物流概念最早可追溯到 1927 年，那时物流仅限于运输及仓储。40 年后，在管理学大师杜拉克关于物流是经济领域"最后的黑暗大陆"的经典评价后，美国物流管理协会[①]对物流的概念进行了明确定义，这以后每隔一定的时间对定义进行更新，更新的时间间隔也越来越短（见表 2-1）。

表 2-1　　　　　　　　　　　　　　物流定义的演变

年份	定义	时间间隔
1927	物流这个词有两种用法必须加以区分，一是用来描述如运输、仓储等的实物配送，二是最好用市场营销来描述	开始
1967	物流是在制造业和商业企业中所使用的术语，用来描述一系列较广的有关产成品从生产线终端到消费者之间的有效流动的活动，有时还包括原料从供应地到生产线的流动	40 年
1976	物流是两个或多个活动的整合，目的在于计划、实施与控制原料、半成品以及产成品从生产端到消费端的有效流动	9 年
1985	物流是为了满足消费者需求而进行的对原材料、在制品、产成品及相关信息从起始地到消费地的有效率与效益的流动及存储的计划、实施与控制过程	9 年
1992	物流是为了满足消费者需求而进行的对货物、服务及相关信息从起始地到消费地的有效率与效益的流动与存储的计划，实施与控制过程	7 年
1998	物流是供应链运作中，以满足客户需求为目的，对货物、服务和相关信息在产出地和销售地之间实现高效率和低成本的正向和反向流动及储存所进行的计划、执行和控制的过程	6 年

资料来源：根据肯特和弗林特（Kent and Flint, 1997）整理。

物流定义的不断修正反映了理论上对于物流理解的深入。定义背面，不难

---

① Council of Logistics Management, CLM, 当时是美国国家配送协会：National Council of Physical Distribution, 2005 年 CLM 改名供应链管理专业委员会（CSCMP）。

发现其内在本质：物流运作以及对物流理解已经从物流环节的分离状态逐步走向了整合，最终实现跨越企业功能部门及跨越供应链的整个物流活动的整合。从物流定义的演变，可以看出物流的概念及思想在不断发展，"物流"已经从运输、仓储等物流环节的运作，发展到供应链过程中包含的更广泛的活动，并重视整合优化、信息与服务（见图 2 - 1）。

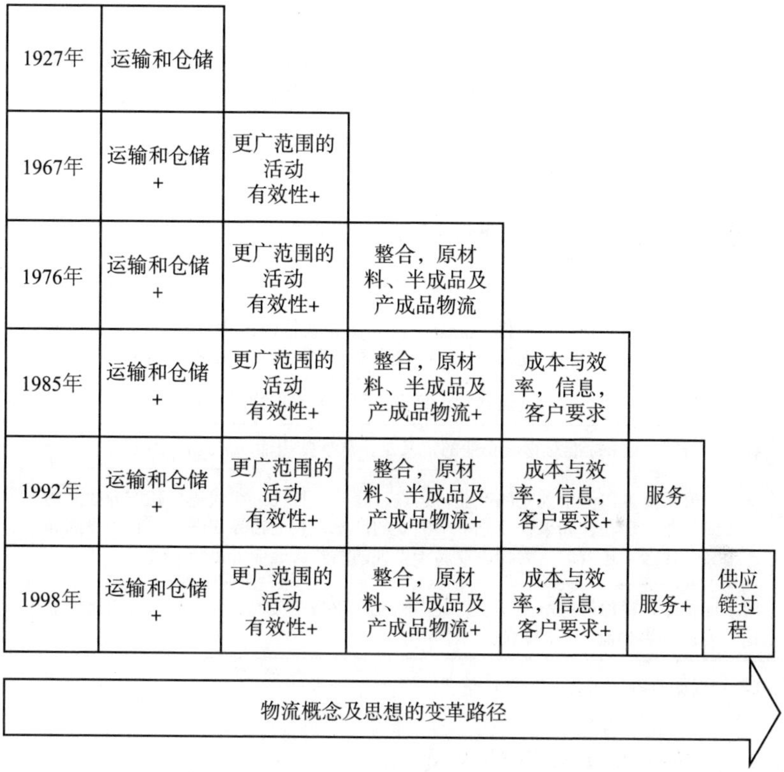

1927年	运输和仓储					
1967年	运输和仓储 +	更广范围的活动有效性+				
1976年	运输和仓储 +	更广范围的活动有效性+	整合，原材料、半成品及产成品物流			
1985年	运输和仓储 +	更广范围的活动有效性+	整合，原材料、半成品及产成品物流+	成本与效率，信息，客户要求		
1992年	运输和仓储 +	更广范围的活动有效性+	整合，原材料、半成品及产成品物流+	成本与效率，信息，客户要求+	服务	
1998年	运输和仓储 +	更广范围的活动有效性+	整合，原材料、半成品及产成品物流+	成本与效率，信息，客户要求+	服务+	供应链过程

物流概念及思想的变革路径

图 2 - 1　物流概念及思想的深入与发展

资料来源：作者绘制。

2.1.2　物流产业的发展与本质

1. 关于"物流产业"的讨论

随着对物流认识的不断加深，制造企业物流管理的实践从较低级阶段向较高级阶段发展，把物流外包给物流企业是制造企业物流实践中的一个重要方面。这个现象在 20 世纪 80 年代时首先在发达国家大量出现，之后，全球各经济体都沿着这个趋势发展。

国际上对物流外包与物流服务的研究较少从宏观产业角度进行研究（logistics industry），较多地从微观企业角度进行研究，传统的运输、仓储环节服务的企业称为类物流企业，现代整合物流外包服务一般称为第三方物流，类似的名称有合同物流（contract logistics）、物流外包（logistics outsourcing）、全方位物流服务公司（full-service distribution company，FSDC）、物流联盟（logistics alliance）。[①]我国更多地从宏观产业的角度进行研究，物流的产业属性得到了强调，反映了政府对经济活动的作用较大（资源配置、政策支持等）。事实上，物流是否可以作为一个产业，在我国的争论由来已久。其中比较普遍认可的是物流业是一个复合产业，它包含了较多不同质的物流服务，需要分别对待，分别研究（见表2-2）。

表2-2　　　　　　　　　　　　　关于物流产业的不同观点

种类	物流产业的认识	观点
1	认为单纯的运输、仓储和货代等企业不是物流企业，因为物流的运作是管理服务；只有那些能够为客户提供一体化物流服务的3PL企业才能够算作物流企业	狭义论
2	也有的认为传统的运输、仓储和货代等企业都应当算作物流企业	广义论
3	《物流术语》国家标准对物流企业的定义是：从事物流活动的经济组织	标准论
4	认为物流不能算作一个独立的产业，运输、仓储、货代、船代等早就作为独立的产业或行业而存在；如果物流是一个独立的产业，它的边界在哪里，它的投入和产出又是什么；还有的认为物流业属于更大的商贸流通业的范畴	不可定论
5	国家计委综合运输研究所的汪鸣则提出物流产业是"复合产业"，认为物流产业是"专门从事物流活动的企业集成"	复合论

资料来源：根据资料（王佐，2003）整理。

2. 物流产业在实践中的发展

企业集中主业，把物流外包给第三方，传统类物流企业发展成为专业的物流公司，形成所谓的"物流产业"或第三方物流。物流产业的实践发展可以从物流企业提供的服务以及物流企业与制造企业（客户）的合作程度两个维度来分析。

（1）物流企业提供的服务品种与价值不断增加。传统的物流产业是通过专业分工的原理，从制造、流通企业（货主企业）中分离出来的。主要提供

[①]　国家发展和改革委员会. 关于促进制造业与物流业联动发展的意见［R］. 北京：国家发展和改革委员会，2014.

的是各种运输服务（包括国际运输、国内运输等）、仓储与配送及货运代理服务等（包括国际货运代理服务中的海关通关代理等）。这些物流环节或活动的特点是可以重复执行，并处于运作层面，货主企业通过这些环节的外部化，可以获得规模经济性，降低物流环节的成本，提高运作效率。

随后，传统物流服务过程中的一些原先货主企业自己执行的辅助活动，如包装、贴标签、组装及加工等所谓的增值物流（value added logistics）也越来越多地在物流环节外包中打包给了物流企业，物流企业承担传统物流环节服务的同时，能够最为贴近与方便地承接这些增值服务，进一步使货主企业集中自己的主业。其他的增值活动包括运输计划与管理、存货管理等，属于高端的物流服务。

随着对物流环节的整合及企业注重供应链竞争，同时信息与通信技术在物流与供应链整合中的作用显现，物流企业中的部分提供商开始提供战略性与基于IT的服务，包括供应链咨询、牵头与第四方物流服务（LLP/4PL）、信息技术服务、客户服务、车队管理、售后零部件物流、客户服务、订单管理与执行、运费审计与支付、可持续与绿色供应链服务（见图2-2）。图2-2中的数据是采用该服务的货主企业的百分数（Cohen S. S.，1987），其中，传统的运作与重复性的活动比例较高，增值服务次之，战略与基于IT的服务是近期发展的新型服务。

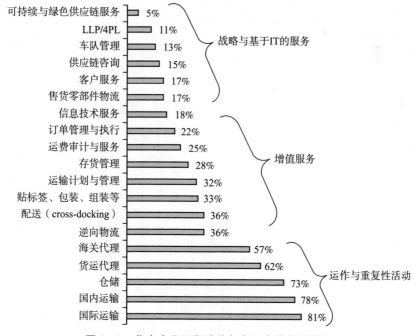

图2-2 货主企业不断地外包各层次的物流服务

资料来源：2014 18th Annual Third Party Logistics Study。

表2－3的数据包括物流企业提供及货主企业使用的各种物流服务百分比。由表2－3可知，有较多的物流公司愿意提供战略性与基于IT的服务，但是使用这些服务的公司比例要明显小于可提供服务的比例。

表2－3　　　　物流企业提供的与货主企业使用的物流服务比较

外包的物流服务	物流企业提供的服务（%）	货主企业使用的服务（%）				
		总体	北美	欧洲	亚太	拉美
国际运输	71	78	64	86	79	82
国内运输	88	71	67	81	76	61
仓储	83	63	61	72	59	51
货运代理	64	53	54	60	46	47
海关代理	54	52	52	57	44	57
逆向物流	60	26	27	31	23	19
配送（C－D）	64	25	29	31	18	19
贴标签、包装、组装等	65	25	25	31	21	20
运输计划与管理	70	22	24	27	19	15
存货管理	64	19	16	15	21	17
运费审计与支付	34	18	32	13	11	5
订单管理与执行	65	16	20	18	16	9
信息技术服务	50	13	16	16	14	9
零部件物流	39	12	11	14	12	12
客户服务	56	10	14	7	9	9
供应链咨询	56	10	14	7	9	9
车队管理	26	8	8	8	8	9
牵头/4PL	39	8	8	17	4	4
可持续与绿色供应链	31	6	3	7	6	6

资料来源：2014 18th Annual Third Party Logistics Study。

（2）物流企业服务于制造企业的程度加深。随着物流企业提供物流服务的种类越来越多，物流企业开始认识到与制造业（客户）建立双赢的紧密合作关系的重要性。特别是现代的战略性与基于IT的服务，需要物流企业与制造企业双方有相互信任与长期合作的关系。传统的短期交易性关系虽然在运作层面能够通过规模经济性为制造业降低物流环节成本，但是战略层面要求的不仅仅要为制造企业降低物流成本，还要提升服务水平及战略层面的竞争力，这就需要双方有长期、紧密的合作。

表 2-4 是传统的运作性关系结构与现代物流服务的战略性结构的比较。传统的运作层面的物流服务正朝着现代战略层面的物流服务发展。

表 2-4　　　　　物流服务从传统的运作层面向现代战略层面发展

	传统运作层面服务	现代战略层面服务
服务的特征	注重物流成本节约 标准的服务产品	注重价值创造 创新与个性化服务
对制造业的作用	运作层面的物流环	战略层面的物流定位
关系	交易性（输赢）	战略合作（双赢）
竞争焦点	基于成本	基于价值
关系取向	对立、竞争	信任、合作
合同期限	短期	长期（5 年以上）

资料来源：作者整理。

2.2　物流产业的层次与分类

物流产业可以从不同角度进行分类，一般较笼统地可分为传统物流与现代物流。传统物流公司包括各种运输、仓储、货运代理等公司，包括计划经济体系形成、后来转型的公司以及后起的民营、外资公司。而现代物流公司是指以具有现代物流理念、提供物流与供应链整合与个性化服务的物流公司，也统称为第三方物流。20 世纪 90 年代后期，我国兴起了传统物流公司向现代第三方物流公司转型的趋势。

物流服务提供商有不同的分类方法，国际上根据不同维度有不同的划分。例如有学者把物流公司分为三种基本类型（Sheffi，1990）。（1）资产型：资产型的公司通过使用它们的资产，包括运输工具与仓储设施等提供物流服务。（2）管理型：管理型的公司主要将精力放在与提供物流服务有关的管理和技术服务上，这些公司主要利用其他组织（物流公司）的资产和人力资源提供服务，它们本身没有运输或者仓储资产。（3）整合型：整合型公司采用合同的形式获得物流服务的资产，将自己的服务与其他分供方服务相补充；整合型公司可以是资产型的或者管理型的。

2.2.1 物流产业的演变

从演变发展来看，物流产业大致可以分为 4 个阶段。（1）传统物流服务阶段（logistics service provider，LSP）：双方合作关系往往是短期交易性的，提供基本物流环节的细分市场服务，注重降低物流环节的成本。（2）第三方物流阶段（third party logistics，3PL）：双方建立合同关系，加强各环节的服务能力，提供广泛的物流服务。（3）牵头物流服务（lead logistics provider，LLP）：双方关系更加牢固，加强项目与合同管理，与客户建立"一站式"服务关系，注重信息技术整合。（4）供应链服务（fourth party logistics，4PL）：更重视价值的创造，双方建立长期双赢的战略联盟关系，具有供应链咨询专长，提供以知识与信息为基础的服务，建立分享风险与回报的安排，具有先进技术能力和服务理念。提供的服务具有适应性、灵活性、合作性。表 2-5 归纳了物流产业演变的路径。

表 2-5   物流产业演变路径

名称	主要特征	
供应链服务 4PL	双方建立长期战略联盟关系；具有供应链专长；服务以知识与信息为基础；分享风险与回报；具有先进技术能力；服务具有适应性、灵活性、合作性	物流产业演变路径
牵头物流 LLP	加强项目与合同管理；与客户建立"一站式"服务关系；信息技术整合	
第三方物流 3PL	加强各环节的物流服务能力；提供广泛的服务	
传统物流 LSP	提供基本物流环节的细分市场服务；关注所服务的环节成本	

资料来源：作者根据 2004 8th Annual Third Party Logistics Study 整理。

2.2.2 基于两业联动的物流产业分类

细分物流产业要考虑它们与制造业联动时有下列方面的区别：（1）投入的要素；（2）创造价值的方式；（3）促进发展的因素；（4）推动发展的政策着力点等。

为研究的展开不过于复杂，可以简单地把物流产业分为两个层次：第一个是"传统物流"，以物流环节服务为主，通过规模经济获得物流环节运作效率与成本降低；第二个是"高端物流"，主要对物流与供应链环节整合服务，提供制造业供应链与物流整合的战略层面的价值（见图2－3）。

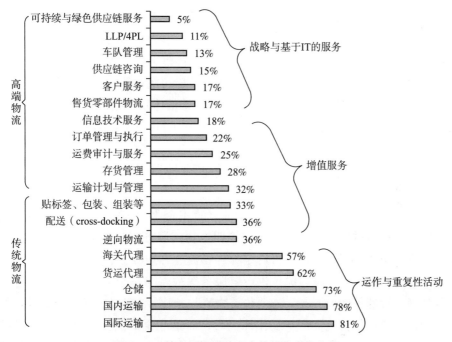

图2－3 基于两业联动研究的物流产业分类

注：图中数据为采用该服务的货主企业的百分数。
资料来源：作者绘制。

2.3 产业分类下两业联动的机理

2.3.1 "传统物流"与制造业联动的机理

如前所述，"传统物流"主要提供物流环节服务，如运输、仓储、货运代理等，也包括部分运作性的增值物流，公司投入的要素是运输、仓储与增值服务等资产，或者是基于运作服务的劳动力资本。传统物流环节原本是制造业的基本业务活动环节，因为存在规模经济性与专业化的利益，这些活动环节逐步从制造业分离。"传统物流"存在的价值及与制造业互动机理，第一主要是通过规模经济性，降低这些物流环节的成本，第二是通过物流环节的专业化，提高这些环节的运营效率。

国际上从 20 世纪 70 年代开始，各个国家（地区）运输、仓储、货运代理等行业的管制开始放松，总体来说，目前进入传统物流产业市场的门槛低，竞争激烈。在我国，"传统物流"市场存在的主要问题有：（1）市场不够成熟：由于宏观管理"条块分割"、行政审批（变形审批）及准入许可的存在，市场上存在地区与行业垄断；（2）市场主体行为不规范：市场参与者还存在不诚信与不依法经营、不公平与不正当竞争现象；（3）政府市场监管：还存在不到位与执法不公正、不依法现象；（4）监管执法体系与诚信体系不完善；（5）社会监督与行业协会作用不健全。第（3）、第（4）、第（5）条又会影响第（2）条。

2.3.2 "高端物流"与制造业的联动机理

"高端物流"是指制造业与商业企业（货主企业）集中主业，进一步外包物流服务，包括供应链咨询、牵头与第四方物流服务（LLP/4PL）、信息技术服务、客户服务、车队管理、售后零部件物流、客户服务、订单管理与执行、运费审计与支付、可持续与绿色供应链服务等战略与基于 IT 的服务，还包括部分计划、管理等增值服务。与"传统物流"相比，"高端物流"主要投入的不是运输、仓储等物流资产与操作性人力，而是专业知识、人才、基于 IT 的技术能力与整合管理能力等"软实力"。"高端物流"创造的价值除了"传统物流"的价值外，更重要的是通过对各物流环节之间的成本及物流成本与服务之间的效益悖反关系的权衡取舍（trade-off），通过优化与系统整合供应链中的物流环节，创造新的价值。这包括使得制造业的物流与供应链总成本下降，对客户的物流服务水平的提高（包括缩短交货期，提高物流的可靠性等），以及对市场的适应性、灵活性与敏捷性的提高而获得的供应链竞争优势。

"高端物流"服务近年来发展较快，对制造业促进与升级的作用也较大，国内外都有相当多的成功案例，应该作为物流业与制造业联动研究与在实践中推进的主要领域。

成功案例显示（骆温平，2007），"高端物流"与制造业联动需要双方具备共同理念，建立长期的战略联盟与"双赢"合作关系，对物流企业要求具有正确的物流与供应链理念及专业知识、物流与供应链方案设计运作管理人才、信息技术应用能力，以及制造业及上下游企业建立战略合作的能力。促进"高端物流"发展的重要因素是创新，包括供应链创新、信息技术应用创新与双方关系管理创新。创新需要良好的营商环境、人才辈出的环境，创新激励的环境。

与传统物流相比，高端物流与制造业的互动程度加深，需要建立有效沟通与相互信任的关系，在战略规划、业务与运作管理、风险与回报的分享、合同制定、争端解决机制、共同投资等方面紧密合作。表 2 - 6 总结了传统与高端物流的投入、产出及机理的区别。

表 2 - 6　　　　　　传统物流与高端物流同制造业联动机理比较

	传统物流	高端物流
投入	资产、劳动力与人力资本（操作性）	创新，人力（知识、技术、管理），技术（信息技术）
产出	物流环节成本降低与运作效率提高	物流与供应链总成本降低，客户服务水平提高，战略上的竞争优势
机理	物流环节规模经济性、专业化	整合；物流成本、服务的权衡取舍；方案、供应链整合技术与管理创新，创造新的价值

资料来源：作者整理。

第3章 全球物流产业分析

本书收集了国际上相关主要机构的资料，对这些资料进行分析，可以大致掌握全球物流产业的发展状况。选取的研究机构及相关资料如下。

（1）阿姆斯壮协会（Amstrong & Asscoation）[1] 是商业性咨询公司，是目前发布全球物流产业市场数据较全面的机构。该机构给出了每年"全球和地区基础设施、物流成本及第三方物流市场趋势"，每年公布全球各个国家（地区）的社会物流总成本（logistics cost）、社会物流成本占 GDP 比重、第三方物流营收（revenue of 3PL）。

（2）约翰·兰利（John Langley）教授领衔的年度第三方物流研究报告，[2]该年度报告从 2003 年开始，包括的地区已经从欧美，扩大到亚太地区及南美地区，最近一年包括了非洲地区。

（3）世界银行的国际物流绩效指数（logistics performance index，LPI）等相关研究与数据。[3] LPI 指数从海关通关效率、贸易与运输相关基础设施、获得竞争性价格货运的便利性、物流能力及物流服务质量、跟踪及反馈货物信息的能力和货物在预定或预期时间到达收货人的频率六个方面，揭示了各个国家（地区）在物流领域的差距。

阿姆斯壮协会的"全球和地区基础设施、物流成本及第三方物流市场趋势"报告中的"物流成本"，包括运输成本、存货成本与管理成本，指的是全球各个国家（地区）的社会物流总成本，一定程度上反映了传统物流产业的市场规模，"物流成本占 GDP 比重"指标在一定程度上能够反映物流产业的效率，但是如果各个国家（地区）的产业结构、地理人口等因素相差很大，就

---

① Amstrong & Asscoation. Global and Regional Infrastructure, Logistics Costs, and Third – Party Logistics Market Trends [EB/OL]. http：//www. 3plogistics. com/, 2014.

② Capgemini. Third – Party Logistics Study：The State of Logistics Outsourcing [EB/OL]. http：//www. 3plstudy. com/, 2017.

③ World Bank. Connecting to Compete 2016：Trade Logistics in the Global Economy [EB/OL]. http：//www. worldbank. org, 2016.

不能简单对比。"第三方物流营收"一定程度上反映了高端第三方物流的市场规模，第三方物流相对传统的运输与仓储服务，提供高端物流服务。"第三方物流营收占物流成本比重"一定程度上反映了高端物流与传统物流的相对比例。

3.1 物流产业的定义与统计

3.1.1 联合国物流产业相关统计

为便于汇总各个国家（地区）的统计资料并进行对比，联合国经济和社会事务统计局（United Nations Department of Economic and Social Affairs）根据经济活动的种类制定了《所有经济活动的国际标准产业分类》,[①] 简称《国际标准行业分类》，对经济统计、人口、生产、就业、国民收入和其他领域的数据进行分类，共分为 21 个门类。

其中物流相关的门类是 H 门类，涵盖了通过铁路、管道、公路、水路或空中提供的定期或不定期客运或货运活动，并包括终点站和停车设施、货物装卸、储存等相关活动，以及配备驾驶员或操作人员的运输设备的租赁以及邮政、邮递活动。H 门类又具体分为五类。

（1）陆路运输与管道运输：包括通过公路、铁路进行的客运和货运，以及通过管线进行的货物运输。

（2）水上运输：包括定期或不定期的水上客运或货运，还包括拖船或推船、游览船、旅游船或观光船、渡船、出租船等的经营。

（3）航空运输：包括空中或太空的客运或货运。

（4）运输的储存和辅助活动：包括运输基础设备的运营（例如，机场、港口、隧道、桥梁等）、运输机构的活动和船货的装卸。

（5）邮政和邮递活动：涵盖全球性的邮政服务活动，其中包括全球服务基础设施的使用（如零售点、分类和处理设备），以及接收和投递信件的邮递路线。

---

① 联合国. 所有经济活动的国际标准产业分类［EB/OL］. ［2008 – 12］http://vdisk. weibo. com/s/A0jeLr570z5rt.

3.1.2　我国物流产业相关的统计

我国依据联合国《所有经济活动的国际标准产业分类》规定了我国社会经济活动的分类与代码，即《国民经济行业分类》（GB/T 4754—2011），[①] 指出行业（或产业）是指从事相同性质的经济活动所有单位的集合。其中与物流相关的分类是交通运输、仓储和邮政业，具体包括：（1）铁路运输业：指铁路客运、货运及相关的调度、信号、机车、车辆、检修、工务等活动；（2）道路运输业：包括城市公共交通运输、公路旅客运输、道路货物运输、道路运输辅助活动；（3）水上运输业：包括水上旅客运输、水上货物运输、水上运输辅助互动；（4）航空运输业：包括航空客货运输、通用航空服务、航空运输辅助活动；（5）管道运输业：指通过管道对气体、液体等的运输活动；（6）装卸搬运和运输代理业：指装卸搬运以及与运输有关的代理及服务活动；（7）仓储业：指专门从事货物仓储、货物运输中转仓储，以及以仓储为主的货物送配活动，还包括以仓储为目的的收购活动；（8）邮政业。

可见联合国与我国对物流产业所包含的内容是有相关数据为参照的，是为产业宏观管理服务的。

3.1.3　国际知名咨询公司分析物流产业时的分类

德勤咨询在对物流业进行分析时，将物流业分为 5 类（主要从物流服务的实际运营角度分类）：（1）第三方物流（3PL services）；（2）地面运输（公路和铁路系统提供的物流 surface transportation）；（3）快递及包裹（express and parcel）；（4）货运代理（freight forwarding）；（5）第四方物流（4PLservices）；（6）配送公司（distribution）。

3.1.4　专业研究机构对物流产业的分类

美国约翰·兰利教授领衔佐治亚理工大学物流研究中心对物流产业（第三方物流）进行了如下划分：

（1）牵头/第四方物流（LLP/4PLservices）；

---

① 国民经济行业分类［EB/OB］.［2013 - 12 - 30］http：//www. stats. gov. cn/tjsj/tjbz/hyflbz/.

（2）客户服务（customer service）；

（3）供应链咨询（supply chain consultancy）；

（4）信息技术服务（information technology services）；

（5）车队管理（fleet management）；

（6）配件物流（service parts logistics）；

（7）订单管理和执行（order management and fulfillment）；

（8）产品标签、包装、组装、配套（product labeling, packaging, assembly, kitting）；

（9）库存管理（inventory management）；

（10）运输计划（transportation planning）；

（11）运货单审核和付款（freight bill auditing and payment）；

（12）直接转运（cross-docking）；

（13）逆向物流（reverse logistics）；

（14）报关服务（custom brokerage）；

（15）货运代理（freight forwarding）；

（16）国际运输（international transportation）；

（17）仓储（warehousing）；

（18）国内运输（domestic transportation）。

这是根据物流公司对客户提供的服务进行分类与分析的。

本章根据国际上重要的机构对物流产业的分类及相关研究，进一步得出以下结论：

（1）物流产业没有明确的定义，国际上与我国对物流产业没有统一的口径；

（2）现有统计数据不能反映物流产业提供的全部服务内容；

（3）现有的相关统计（包括联合国经济和社会事务统计局、我国国家统计局的有关物流产业的统计）绝大部分只能包含传统物流部分，高端部分还没有包括；

（4）物流服务中，高端物流越来越多，应该引起充分重视，因为高端物流对制造业的推动作用大；

（5）国内研究制造业与物流联动，"物流产业"的数据通常采用现有统计可得的数据：交通运输、仓储与邮政；因为没有包含重要的高端物流服务，有很大的局限性。

本书研究采用了两类数据，一是行业的数据，如社会物流成本、第三方物流收入等，这类数据能够在总体上一定程度地反映传统与高端物流产业的市场规模及效率；二是咨询公司及机构的调研数据，该类数据能够进一步反映不同物流服务种类的发展状况，例如第三方物流发展报告（3PL report），进一步把物流服务分成十八个种类，包括传统物流与高端物流服务。

3.2　全球及主要地区物流市场发展情况

社会物流成本（logistics cost）是反映物流产业的市场规模的指标。美国的社会物流成本从以下三个方面进行核算（美国为例，其他国家类似）：存货成本（inventory cost）、运输成本（transportation cost）、管理成本（administrative cost）。阿姆斯壮协会作为行业咨询机构，收集发布了全球的物流产业相关数据，其中包括各个国家（地区）的社会物流成本、第三方物流的收入；很明显，从社会物流成本的构成来看，它只包含传统意义的物流产业部分，并不包括高端物流服务。

3.2.1　全球物流产业发展情况

1. 传统物流市场

如上所述，社会物流成本主要代表了传统物流服务的市场规模，应用这个数据，可以分析全球传统物流市场的规模与增长情况。

图 3 - 1 展示了 2006 ~ 2015[①] 年之间全球社会物流成本，可以看出相关年度的传统物流市场规模大小及增速情况。2015 年全球物流业市场的规模已经超过 8.66 万亿美元，2006 ~ 2015 年的 10 年间，规模增长了 41.5%。总体而言，全球物流市场规模大增长快，但是增速在逐渐放缓。

社会物流成本占 GDP 的比重在一定程度上可以反映传统物流产业的效率，比重越高效率越低。

图 3 - 2 展示了 2006 ~ 2015 年传统物流产业的效率变化情况（全球社会物流成本占 GDP 比重）。全球社会物流成本占 GDP 比重在近十年中没有发生较大的变化，稳定在 10% ~ 12% 之间。

---

① 阿姆斯壮协会提供的数据到 2015 年为止。

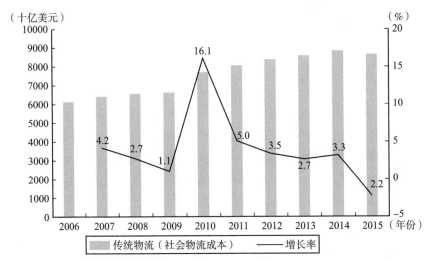

图 3 - 1　2006～2015 年全球传统物流市场规模与增速（社会物流成本）

资料来源：Armstrong & Associates Inc. 。

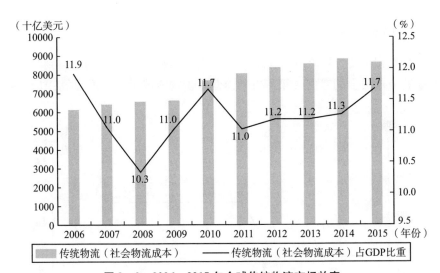

图 3 - 2　2006～2015 年全球传统物流市场效率

资料来源：Armstrong & Associates Inc. 。

2. 高端物流市场

如前所述，第三方物流业营收可以在一定程度上反映高端物流的市场规模。图 3 - 3 展示了 2006～2015 年全球第三方物流营收变化情况，截至 2015 年底，全球第三方物流营收已经达到 7530 亿元，相比于 2006 年的 4710 亿美元增长了 57%，同比 2014 年收入增加了 3.6%。

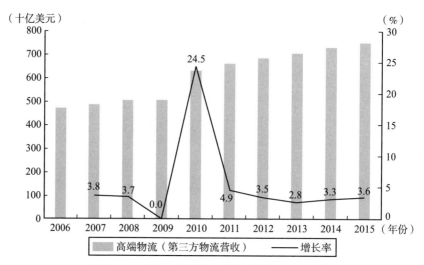

图3-3　2006~2015年全球高端物流市场规模

资料来源：Armstrong & Associates Inc.。

3. 高端物流与传统物流市场比较

前面给出了传统物流市场规模及高端物流市场规模，由此可以得到高端物流与传统物流规模上的对比（第三方物流营收占物流成本的比重）。从图3-4中

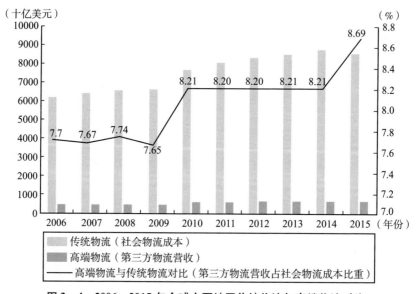

图3-4　2006~2015年全球主要地区传统物流与高端物流对比

资料来源：Armstrong & Associates Inc.。

可以看出，截至 2015 年底，第三方物流业营收占社会物流成本的比重仅为 8.32%，相比 2006 年的 7.69%，绝对数值增加了 0.63%，波动较小，高端物流（第三方物流）市场的比重发展大致呈缓慢上升的趋势。

3.2.2　各大洲物流发展情况

表 3-1 展示了全球主要地区传统以及高端物流市场的规模与效率情况，以下将具体分析全球各个地区物流业的发展情况。

表 3-1　　　　　　　　2015 年全球主要地区物流市场规模与效率

地区	GDP（亿美元）	物流成本占GDP比重（%）	传统物流（社会物流成本）（亿美元）	第三方物流营收占物流成本比重（%）	高端物流（第三方物流营收）（亿美元）
北美洲	207040	8.6	17545	10.83	1901
南美洲	99233	11.9	4106	8.6	353
欧洲	1607130	9.2	14713	10.5	1545
亚太	2381480	13.5	32899	8.42	2769
非洲	22705	15.75	3567	7.7	274

资料来源：Armstrong & Associates Inc. 。

1. 传统物流市场发展情况

从全球主要地区传统物流市场发展状况来看（见表 3-1），全球传统物流市场各地区发展差异较为明显，亚太地区的社会物流成本最高，也就是传统物流市场规模最大（32899 亿美元），几乎为欧洲（14713 亿美元）和北美洲（17545 亿美元）之和；非洲传统物流市场规模最小（3567 亿美元）。但就传统物流市场效率而言（物流成本占 GDP 比重），非洲地区效率最低（15.75%），其次是亚太地区（13.5%）与南美洲地区（11.9%），发达地区北美为 9.2%，欧洲为 8.6%。从以上数据可以看出，亚太地区传统物流市场规模最大，要高于欧美发达地区（见图 3-5）；但是从传统物流产业效率来看，欧美发达地区效率最高，非洲地区效率最低（见图 3-6）。

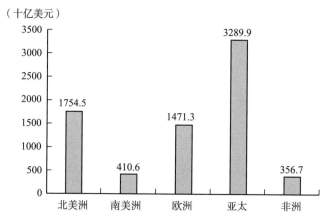

图 3 - 5　全球主要地区传统物流市场规模（2015 年）

资料来源：Armstrong & Associates Inc.。

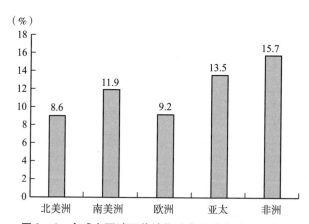

图 3 - 6　全球主要地区传统物流市场效率（2015 年）

资料来源：Armstrong & Associates Inc.。

2. 高端物流市场发展情况

如前所述，第三方物流业营收在一定程度上反映了高端物流市场规模，从图 3 - 7 可以看出，亚太地区第三方物流营收最高，超过欧洲和北美发达国家，说明亚太地区高端物流市场规模较大。

3. 高端物流市场与传统物流市场的比较

对比全球高端物流市场规模（第三方物流营收）以及传统物流市场规模（社会物流成本）（见图 3 - 8），可以发现，虽然亚太地区第三方物流营收最高，

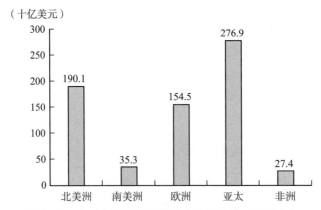

图 3 - 7 全球主要地区高端物流市场规模 (2015 年)

资料来源：Armstrong & Associates Inc. 。

超过欧洲和北美发达地区，但是第三方物流营收占社会物流成本比重却低于欧美发达地区，说明发展亚太地区高端物流市场规模大，但是物流市场整体发展状况不如欧洲和北美洲地区。整体而言，亚太、南美发展中地区的高端物流市场发展状态不如欧美发达地区，非洲地区的高端物流发展比较落后，还是以传统物流为主。

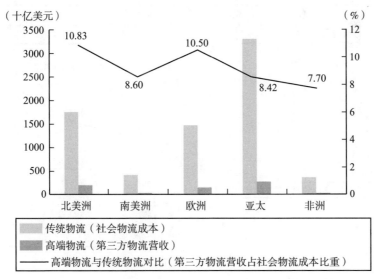

图 3 - 8 全球主要地区传统物流与高端物流对比 (2015 年)

资料来源：Armstrong & Associates Inc. 。

3.3   主要国家（地区）物流市场发展情况

3.3.1   北美地区

根据图 3 - 9 和表 3 - 2 的数据，在北美地区，美国的社会物流成本最大，第三方物流营收最高，社会物流成本占 GDP 比重最低，3PL 营收占物流成本比重最高，说明美国的物流市场规模在北美地区是最大的，物流效率最高，高端物流产业规模最大。

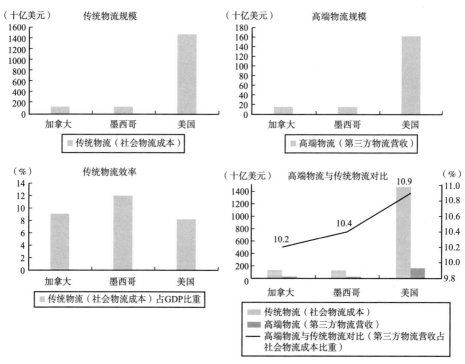

图 3 - 9   北美各国家（地区）物流市场规模与效率（2015 年）

资料来源：Armstrong & Associates Inc. 。

表 3 – 2　　　2015 年北美各国家（地区）传统与高端物流市场规模与效率

国家（地区）	GDP（十亿美元）	物流成本占GDP 比重（%）	传统物流（社会物流成本）（十亿美元）	第三方物流营收占物流成本比重（%）	高端物流（第三方物流营收）（十亿美元）
加拿大	1573	9.0	141.6	10.2	14.4
墨西哥	1161	12.0	139.4	10.4	14.5
美国	17970	8.2	1473.5	10.9	161.2
合计	20704	8.6	1754.5	10.7	190.1

资料来源：Armstrong & Associates Inc.。

3.3.2　欧洲地区

结合表 3 – 3 和图 3 – 10 可以看出，欧洲主要国家里面，德国社会物流成本最高，产业规模最大，荷兰社会物流成本最低，传统物流市场规模最小。主要国家社会物流成本占 GDP 百分比相差不大，在 8% ~ 10% 之间，说明欧洲各主要国家传统物流效率接近；第三方物流营收德国最多，但是第三方物流营收占物流成本比重除了荷兰达到 14% 之外，其他国家都在 10% 左右，说明欧洲地区物流产业较为发达，且荷兰高端物流发展较好。

表 3 – 3　　　2015 年欧洲各国家（地区）传统与高端物流市场规模与效率

国家（地区）	GDP（十亿美元）	物流成本占GDP 比重（%）	传统物流（社会物流成本）（十亿美元）	第三方物流营收占物流成本比重（%）	高端物流（第三方物流营收）（十亿美元）
法国	2423.0	9.5	229.9	10.5	24.1
德国	3371.0	8.8	297.1	10.5	31.2
意大利	1819.0	9.7	176.5	10.6	18.7
荷兰	750.8	8.3	62.6	14.3	9.0
西班牙	1221.0	9.7	118.2	10.0	11.8
英国	2865.0	8.8	251.1	10.5	26.4
其他	3621.5	9.3	335.9	9.9	33.3
合计	16071.3	9.2	1471.3	10.5	154.5

资料来源：Armstrong & Associates Inc.。

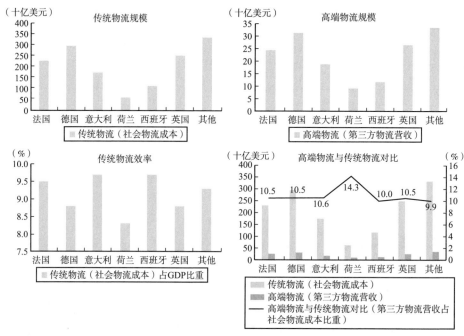

图 3 - 10　2015 年欧洲各国家（地区）传统与高端物流市场规模与效率

资料来源：Armstrong & Associates Inc.。

3.3.3　亚太地区

从表 3 - 4 和图 3 - 11 可以看出，在亚太地区，中国的社会物流成本最高，约是其他地区总和的 1.7 倍，说明传统物流市场的规模最大，但社会物流成本占 GDP 比重最高，物流效率较低；中国香港、新加坡、韩国、澳大利亚、中国台湾、日本等国家（地区）社会物流成本占 GDP 比重较低，物流效率较高。第三方物流营收，中国最多，高端物流市场规模大。第三方物流营收占物流成本比最高的是新加坡。中国（数据不包括港澳台）排名靠后，但是提升空间很大。

表 3 - 4　　2015 年亚太各国家（地区）传统与高端物流市场规模与效率

国家（地区）	GDP（十亿美元）	物流成本占GDP 比重（%）	传统物流（社会物流成本）（十亿美元）	第三方物流营收占物流成本比重（%）	高端物流（第三方物流营收）（十亿美元）
澳大利亚	1241.0	10.5	130.2	10.2	13.3
中国	11380.0	18.0	2048.4	8.0	163.8
中国香港	307.8	8.5	26.1	11.3	2.9

续表

国家 （地区）	GDP （十亿美元）	物流成本占 GDP 比重 （％）	传统物流 （社会物流成本） （十亿美元）	第三方物流营收占 物流成本比重 （％）	高端物流 （第三方物流营收） （十亿美元）
印度	183.0	13.0	283.6	7.0	19.8
印度尼西亚	872.6	10.7	93.4	7.2	6.8
日本	4127.0	8.5	350.8	10.5	36.8
马来西亚	313.5	10.7	33.6	7.1	2.4
菲律宾	292.0	10.7	31.3	7.1	2.2
新加坡	294.0	8.5	25.0	11.5	2.9
韩国	1393.0	9.0	125.3	11.1	13.9
中国台湾	518.8	9.0	46.8	11.0	5.1
泰国	373.5	10.7	39.9	7.2	2.9
越南	198.8	10.7	21.3	7.4	1.6
其他	319.8	10.7	34.2	7.3	2.5
合计	23814.8	13.5	3289.9	8.5	276.9

资料来源：Armstrong & Associates Inc.。

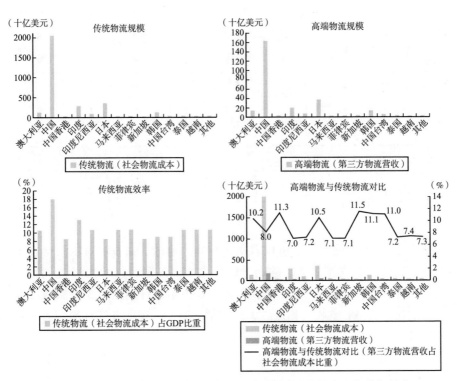

图 3-11　2015 年亚太各国家（地区）传统与高端物流市场规模与效率

资料来源：Armstrong & Associates Inc.。

3.3.4　南美地区

从表3-5和图3-12可以看出，在南美地区，巴西的社会物流成本最高，物流产业规模最大。各国家（地区）之间物流成本占GDP比重相差不大，物流效率相近。2015年巴西的3PL营收在南美地区排名第一，3PL营收占物流成本比重排名第二，南美地区巴西的物流产业发展较好。

表3-5　　　　南美各国家（地区）传统与高端物流市场规模与效率

国家（地区）	GDP（十亿美元）	物流成本占GDP比重（%）	传统物流（社会物流成本）（十亿美元）	第三方物流营收占物流成本比重（%）	高端物流（第三方物流营收）（十亿美元）
阿根廷	578.7	12.0	69.5	8.9	6.2
巴西	1800.0	11.6	208.8	9.0	18.8
智利	240.0	11.5	27.6	9.4	2.6
哥伦比亚	274.2	12.5	34.3	8.1	2.8
秘鲁	179.9	12.5	22.5	8.4	1.9
委内瑞拉	131.9	11.9	15.7	7.0	1.1
其他	226.6	14.2	32.2	5.8	1.9
合计	3431.3	11.9	410.6	8.6	35.3

资料来源：Armstrong & Associates Inc.。

3.3.5　非洲地区

结合表3-6和图3-13可以看出，在非洲地区，尼日利亚的社会物流成本最高，物流产业规模最大。除南非略低之外，各国家（地区）之间物流成本占GDP比重相差不大，物流效率相近。2015年尼日利亚的3PL营收在非洲地区排名第一，3PL营收占物流成本比重排名第二，说明非洲地区尼日利亚的物流产业发展较好。

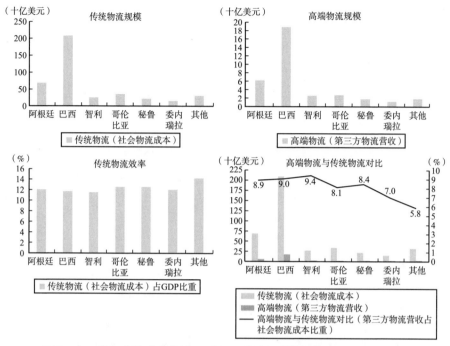

图 3 – 12　2015 年南美各国家（地区）传统与高端物流市场规模与效率

资料来源：Armstrong & Associates Inc.。

表 3 – 6　　　　**非洲各国家（地区）传统与高端物流市场规模与效率**

国家 （地区）	GDP （十亿美元）	物流成本占 GDP 比重 （%）	传统物流 （社会物流成本） （十亿美元）	第三方物流营收占 物流成本比重 （%）	高端物流 （第三方物流营收） （十亿美元）
阿尔及利亚	164.8	16.5	27.2	7.5	2.0
埃及	332.1	14.8	49.1	8.2	4.0
摩洛哥	100.6	15.0	15.1	8.1	1.2
尼日利亚	493.8	16.1	79.5	7.0	5.6
南非	314.7	10.9	34.3	10.0	3.4
苏丹	81.4	17.5	14.3	7.2	1.0
其他	783.0	17.5	137.2	7.4	10.2
合计	2270.5	15.7	356.7	7.7	27.4

资料来源：Armstrong & Associates Inc.。

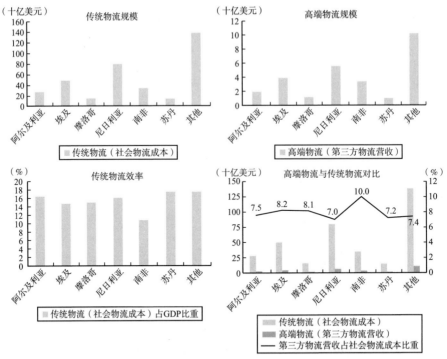

图 3 – 13   2015 年非洲各国家（地区）传统与高端物流市场规模与效率

资料来源：Armstrong & Associates Inc. 。

3.4   物流产业（第三方物流）发展状态与趋势

由约翰·兰利领衔的年度第三方物流研究报告（Third – Party Logistics Study-the State of Logistics Outsourcing）对全球第三方物流市场行业趋势进行调研与反馈，包括货主使用第三方物流服务状况、第三方物流企业提供物流服务状况等，且每年都有不同的关注重点，比如 2017 年报告关注的是物流领域的大数据以及数据分析技术，2016 年关注的是货主与第三方物流之间的关系等。2002 年之前该报告仅对北美地区第三方物流发展状况进行调查，2002 年调查范围扩展到欧洲，2003 年扩展到亚洲，之后调查范围逐步扩大，自 2007 年开始，调查范围包括了全球主要国家（地区）的第三方物流发展状况，并且调查报告开始关注新兴的第三方物流市场（中国）。以下分析主要采用该系列报告的相关数据。

3.4.1　第三方物流发展趋势

约翰·兰利 2017 年的年度第三方物流研究报告结合历年报告，分别从供需双方角度，对全球第三方物流市场的发展状态以及未来发展趋势进行分析。

1. 兼并和收购提升服务水平

货主企业越来越希望 3PL 能够提供基于信息和大数据的解决方案，为了满足这一需求，3PL 也在不断尝试新的技术手段，通过 3PL 之间兼并、合并逐步扩大自己的业务范围，提升竞争优势。2016 年的并购总额已经达到 1730 亿美元，相比 2014 ~ 2015 年的 870 亿美元，几乎翻了一番；而跨国并购的总额达到 1150 亿美元，是 2014 ~ 2015 年并购金额的四倍。对于 3PL 频繁并购的现象，货主企业有不同的观点（如图 3 - 14 所示）。34% 的货主企业表示，担心 3PL 并购之后市场上价格竞争减弱，不能以较低的价格获得服务；31% 的货主企业担心并购之后享受不到之前小型 3PL 能够提供的个性化服务；20% 的货主认为并购会阻碍行业内的创新；18% 的货主企业表示并购之后会使市场中的参与者减少；也有 10% 的货主企业表示，这种并购现象会形成一个循环，即并购使行业内参与者暂时减少，但是一段时间之后又会有新的小型 3PL 加入市场。总体而言，对于 3PL 的兼并现象，货主的观点主要有两方面；积极的一面

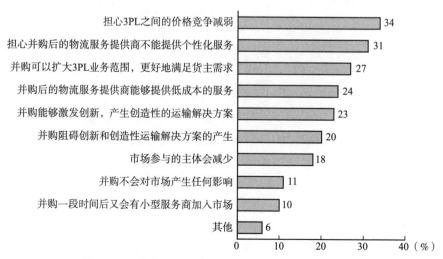

图 3 - 14　货主企业对第三方物流企业兼并现象的观点

资料来源：2017 Annual Third Party Logistics Study。

是货主认为并购能够使得3PL提高服务水平，能够提供更加优质的运输解决方案；消极的一面是，并购会使物流市场内的竞争激烈程度降低，不利于激发企业创新服务价格会提高。

2. 不断创新应对复杂多变的环境

目前，3PL的营商环境越发复杂多变；燃油价格的波动、国际需求的变化、行业管理规制的提出、互联网行业进入货运业、卡车司机的短缺等都对3PL的发展产生冲击。以美国为例，美国卡车协会估计到2020年美国卡车司机的短缺数量将达到24000人，而美国70%的货物都是通过卡车进行运输；对卡车司机的需求以及对司机短缺的担忧，迫切需要3PL对货物运输路线进行优化。2017年有86%的3PL表示为了降低物流成本，提高服务水平，他们已经开始和其他公司合作，甚至是和自己的竞争对手合作，2016年这一比例是81%。3PL为了提升自己的优化水平，已经开始新的尝试（如图3-15所示）。44%的3PL表示他们开始采用大数据对运输方式、线路、每次发货量、发货频率进行优化。44%的3PL开始采用高级运输管理解决方案，43%的3PL应用预测分析优化成本和服务；33%的3PL开始尝试全球贸易管理方案。

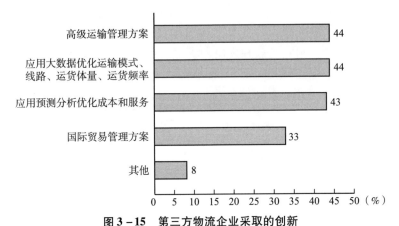

图3-15 第三方物流企业采取的创新

资料来源：2017 Annual Third Party Logistics Study。

3. 拓展大数据服务，满足货主需求

对于3PL而言，掌握了数据就是掌握了机遇。60%的货主认为大数据的价值在于促进供应链整合，55%的货主认为大数据的价值在于提升数据质量，52%的货主认为大数据可以提高流程质量和绩效（如图3-16所示）。调查发现，事实上3PL并没有完全认识到大数据对于货主的重要性，以及货主对大数

据的重视程度；在不使用 3PL 服务的货主里，35% 的货主表示 3PL 可以帮助他们更好地利用大数据。因此，3PL 应该不断提升自己的数据管理和分析能力，从而扩大自己的客户群体。

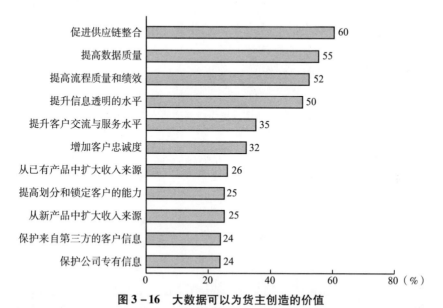

图 3 – 16　大数据可以为货主创造的价值

资料来源：2017 Annual Third Party Logistics Study。

　　第三方物流和货主之间良好的关系是建立在双方开放、透明、高效的交流，以及能够共同灵活应对市场需求变化的能力之上的。对于第三方物流而言，仅仅提供传统物流服务已经不能够满足货主的需求，无缝整合客户的供应链网络、为客户提供实时可视化服务、提供不同市场地区的市场信息、为货物运输的最后阶段提供增值服务等，才是为货主创造价值、真正满足货主需求的服务。优秀的第三方物流服务商一定既是供应链管理方面的专家，又是高效的物流运营人；货主也愿意和第三方物流进行信息共享。只有 20% 的受调查货主表示他们不愿意和第三方物流分享一些独有的信息

　　总体而言，第三方物流在全球背景下持续发展。第三方物流提供商正在增强和扩展自己的核心业务。同时，客户和潜在客户也在不断提升自己的业务能力来有效管理与第三方物流之间的关系，实现他们自身的供应链目标。

3.4.2　物流企业提供服务及使用状况

2013 年的《第三方物流年度研究报告》对第三方物流提供的服务以及货

主使用的服务进行了调查与分析（见表 3 – 7、图 3 – 17）。对比数据可以发现，物流企业能够提供传统物流服务的比例较高（50% 以上），高于使用的货主企业比例，但是两者之间差距不大，说明传统物流服务供需基本吻合。然而，物流企业能够提供高端物流服务的比例却低得多（30% 以上），货主企业使用高端物流的服务的比例则更低。这说明高端物流服务还不够成熟，在发展过程中，受到客户认可的程度也比传统物流要低，高端物流服务更需要双方在理念、战略与运作上的互动与合作。

表 3 – 7　　　被调查公司物流服务项目提供或采用的比例（2013 年）

物流服务	提供各项服务的公司比例（%）（对提供方的调查）	使用各项服务的公司比例（%）（对使用方的调查）
国际运输	71	78
国内运输	88	71
仓储	83	63
货运代理	64	53
海关代理	54	52
逆向物流	60	26
配送（C – D）	64	25
贴标签、包、装等	65	25
运输计划与管理	70	22
存货管理	64	19
运费审计与支付	34	18
订单管理与执行	65	16
信息技术服务	50	13
零部件物流	39	12
客户服务	56	10
供应链咨询	56	10
车队管理	26	8
牵头/4PL	39	8
可持续与绿色供应链	31	6

资料来源：2013 Annual Third Party Logistics Study。

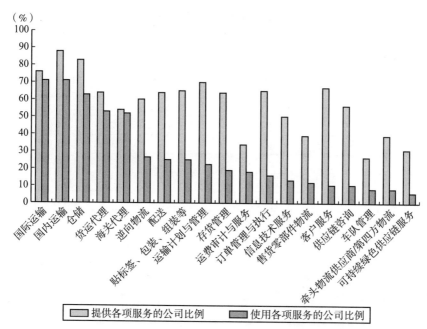

图 3 – 17　2013 年第三方物流提供的与货主企业使用的物流服务

资料来源：2013 Annual Third Party Logistics Study。

3.4.3 全球货主企业外包物流服务现状及需求

1. 全球货主企业外包物流服务现状

2013 年的《第三方物流年度研究报告》对第三方物流提供的服务以及货主企业使用的服务按地区进行了调查分析（见表 3 – 8）。全球范围而言，第三方物流企业能够提供的服务高于货主企业使用的服务。虽然第三方物流企业提供传统物流服务的比例基本上要高于货主外包的比例，但是两者之间差距不大（见图 3 –18、图 3 –19），形成鲜明对比的是，第三方物流能够提供高端物流服务的比例远高于货主使用的比例。这一现象说明货主没有充分利用第三方物流的专长来提升效率，只是将一些交易型重复性的物流活动外包。这一现象产生的原因，一方面，由于第三方物流与货主之间缺乏必要的信任，没有建立战略联盟关系；另一方面，可能第三方物流提供的高端物流服务和货主需要的高端物流服务存在一定差距，不能很好地满足货主的需求。未来第三方物流企业应该更加关注货主企业真正的需求，从而更好地服务货主企业。

表 3 – 8　　　　2013 年第三方物流提供的与货主企业使用物流服务对比

物流服务	物流企业提供的服务（%）（全球物流企业）	货主企业使用的服务（%）			
		北美	欧洲	亚太	拉美
国际运输	71	64	86	79	82
国内运输	88	67	81	76	61
仓储	83	61	72	59	51
货运代理	64	54	60	46	47
海关代理	54	52	57	44	57
逆向物流	60	27	31	23	19
配送（C – D）	64	29	31	18	19
运输计划与理	70	24	27	19	15
存管理	64	16	15	21	17
运费审计与支付	34	32	13	11	5
订单管与行	65	20	18	16	9
信息技术服务	50	16	16	14	9
零部件物流	39	11	14	12	12
客户服务	56	14	7	9	9
供应链咨询	56	14	7	9	9
车队管理	26	8	8	8	9
牵头/4PL	39	8	17	4	4
可持续绿色供应链	31	3	7	6	6

资料来源：2013 Annual Third Party Logistics Study。

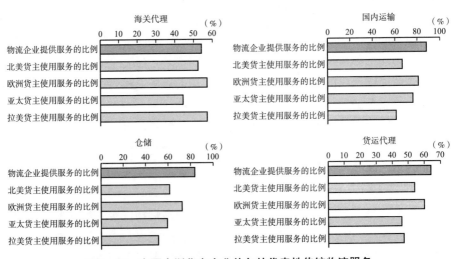

图 3 – 18　主要大洲货主企业外包的代表性传统物流服务

资料来源：2013 Annual Third Party Logistics Study。

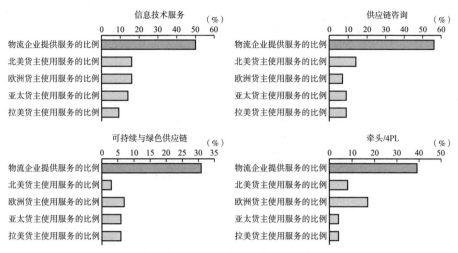

图 3-19　主要大洲货主企业外包的代表性高端物流服务

资料来源：2013 Annual Third Party Logistics Study。

2. 货主需要的 IT 服务与第三方物流提供的 IT 服务

随着技术的进步以及时代的发展，3PL 已经逐步意识到能够为客户创造价值、能够为货主提供基于 IT 技术的服务，是提升行业竞争力的重要途径。图 3-20 展示了货主需要的 IT 服务。但是 3PL 提供的 IT 服务往往不能很好地满足货主的需求，图 3-21 反映了 2002～2017 年这一"需求—供给"差距的变化情况。从图中可以看出，2002～2017 年 15 年间，需要 3PL 提供 IT 服务的货主比例一直很高（90% 左右），对 3PL 提供的 IT 服务表示满意的货主正在逐年增加；虽然两者比例一直存在一定差距，但是差距从 2002 年的 62% 到 2017 年的 26%，呈现逐年缩小并趋于稳定的趋势，可以看出 3PL 在逐步提升自己以满足客户的需求。这也说明第三方物流企业与货主企业在高端物流服务层面的联动有逐年改善和提升的趋势。

3. 货主企业与第三方物流外包关系的变化

从近 20 年的 3PL 研究中可以发现，货主企业对 3PL 的使用在不断增加，调查显示，使用 3PL 的货主企业全年物流费用支出中有 50% 和外包活动有关，这一比例和 2016 年保持一致，但是和前几年相比，这一比例有较大提升。在 2017 年《第三方物流年度研究报告》的调查中，有 58% 的货主企业表示他们增加了外包物流服务的使用；有 26% 的货主企业表示他们有部分物流活动由外包转内包，外包和内包的比例接近 2：1，这一比例较前几年相比有所降低。

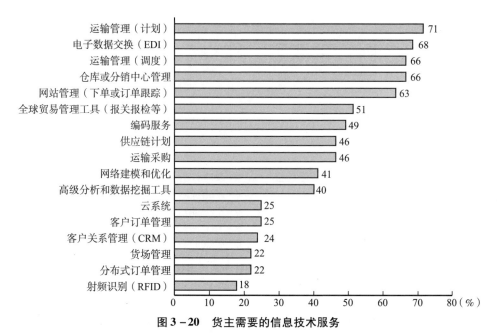

图3-20　货主需要的信息技术服务

资料来源：2017 Annual Third Party Logistics Study。

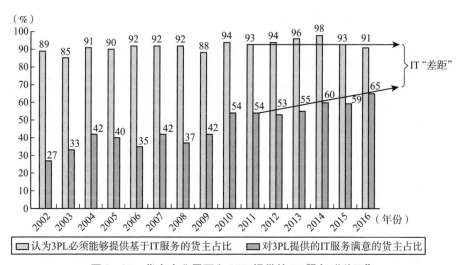

图3-21　货主企业需要和3PL提供的IT服务"差距"

资料来源：2017 Annual Third Party Logistics Study。

另外有47%的货主企业表示他们将减少合作的3PL企业数量，只保留固定的几家3PL，这说明货主企业和3PL正逐步建立稳定的战略联盟关系。

另外，随着"最后一公里"需求变得更加多样化，以及电子商务的蓬勃发展，顾客和货主都希望货物能够运送得更快，对于3PL而言，保证物流的时效性变得更加具有挑战性。越来越多的3PL开始注重自己的运输网络优化，也有3PL企业通过兼并和合并来扩大自己的运输范围，提升自己的运输能力。货主企业也逐渐意识到了数据对于决策的重要性，93%的货主企业表示数据决策支持的提升对于供应链的发展将起到重要作用。越来越多的3PL利用数据整合和分析来决定最佳运输方式，同时也出现许多不固定运输方式的3PL企业；货主企业也逐步倾向于同3PL签订基于服务的合同，货主企业不再指定运输方式，而让3PL根据成本和他们的需求决定货物的最佳运输方式。图3-22展示了目前货主企业是如何选择货物运输方式的。55%的货主企业表示，他们会根据货物的类型和3PL一起决定最佳运输方式并签订合同；16%的货主企业表示，他们只会在合同上规定时间期限，而让3PL决定货物的最佳运输方式；16%的货主企业表示他们不会用合同限定运输方式，他们更倾向选择可以提供多种运输方式的3PL；另外有21%的货主企业表示他们只会与提供单一运输方式的企业合作。

为了更好地满足货主企业的需求，3PL在不断提升服务的同时也对客户的需求进行了分析。3PL/4PL所认为的货主企业在选择服务时最关注的事项反映在图3-22中。从图中可以看出，3PL/4PL认为货主最关注的是成本（77%），其次就是货物抵达时间（75%）；同时认为，货主企业对于客户服务反馈也十分重视（63%）。结合图3-23。可以认为近几年，大部分货主企业在选择运输方式的时候已经不拘泥于单一的运输方式，他们更加倾向于和3PL企业共同协商制定运输计划，在保证运输时效性的情况下，尽可能地降低成本。由此可以发现，3PL数据分析和运输网络优化能力对于3PL与货主企业的联动发展起到至关重要的作用。

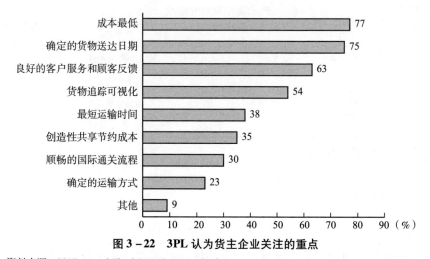

图3-22 3PL认为货主企业关注的重点

资料来源：2017 Annual Third Party Logistics Study。

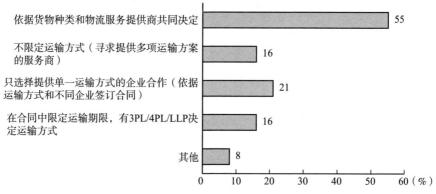

图 3 - 23　货主货物运输方式的选择

资料来源：2017 Annual Third Party Logistics Study。

3.4.4　全球第三方物流行业集中度

选用行业集中率（CR_n）和赫希曼指数（HHI）来衡量全球第三方物流（高端物流）市场的集中度。

1. 行业集中率（CR_n）

CR_n 表示规模最大的前 n 家企业行业集中率，美国经济学家贝恩根据 CR_8 的值对产业市场结构进行了划分，具体划分标准如表 3 - 9 所示。

表 3 - 9　　　　　　　　产业集中度划分标准

CR_8	市场结构
$CR_8 < 20$	分散竞争型
$20 \leqslant CR_8 < 40$	低集中竞争型
$40 \leqslant CR_8 < 70$	高集中寡占型
$CR_8 \geqslant 70$	极高寡占型

资料来源：作者根据贝恩整理。

行业集中率的计算公式为：

$$CR_n = \sum_{i=1}^{n} (X_i/X) \times 100$$

根据该公式可以计算出全球第三方物流（高端物流）市场的 CR_8：

$$CR_8 = \sum_{i=1}^{8} (X_i/X) \times 100$$

$$= (26105 + 20294 + 16976 + 16746 + 13144 + 10073 + 8638 + 7046)/7884$$

$$= 15.1$$

根据表 3 - 9 标准可以判断目前全球第三方物流服务行业属于分散竞争型行业。

2. 赫希曼指数（HHI）

赫希曼指数（HHI）是指基于该行业中企业的总数和规模分布，即将市场上所有企业的市场份额的平方后再相加的总和。

赫希曼指数的计算公式为：

$$HHI = \sum_{i=1}^{n} (X_i/X)^2 \times 10000$$

根据该公式可以计算出全球第三方物流 HHI 指数

$$HHI = [(X_1/X)^2 + (X_2/X)^2 + L + (X_{50}/X)^2] \times 10000$$

$$= [(26105/7884)^2 + (20294/7884)^2 + \cdots + (1250/7884)^2] \times 10000$$

$$= 42.8$$

根据美国和欧盟《并购指南》的标准，当赫希曼指数不足 1000 时候属于低度集中的市场，因此可以判断全球第三方物流市场目前处于低集中度状态。

综合 CR_8 的结果可以得知，目前全球第三方物流市场（高端物流市场）属于市场集中度低的分散竞争型市场（见表 3 - 10）。这一市场的特点表现为市场中企业数量众多，而规模都比较小；在该行业内没有哪家企业拥有重大市场占有率，并对行业产生重要影响。

表 3 - 10　　　　　2016 年全球第三方物流公司排名

排名	第三方物流服务提供商	收入（US Millions）
1	DHL　敦豪	26105
2	Kuehne + Nagel　德迅	20294
3	Nippon Express　日本通运株式会社	16976
4	DB Schenker Logistics　德国辛克物流	16746
5	C. H. Robinson Worldwide　CH 罗宾逊	13144
6	DSV　德斯威物流	10073
7	XPO Logistics　XPO 物流	8638

续表

排名	第三方物流服务提供商	收入（US Millions）
8	Sinotrans　中国外运	7046
9	GEODIS　法国乔达国际集团	6830
10	UPS　联合包裹服务	6793
11	CEVA Logistics　基华物流	6646
12	DACHSER　德国超捷	6320
13	Hitachi Transport System　日立物流	6273
14	J. B. Hunt（JBI，DCS & ICS）　JB 亨特	6181
15	Expeditors　康捷空	6098
16	Toll Group　（澳大利亚 Toll 公司）	5822
17	Panalpina　泛亚班拿物流	5276
18	GEFCO　捷富凯	4800
19	Bolloré Logistics　波洛莱	4670
20	Kintetsu World Express　近铁国际货运	4373
21	Yusen Logistics　日邮物流	4169
22	CJ korea express　CJ 大韩通运	3808
23	Burris Logistics　伯里斯物流	3629
24	Agility　亚致力	3576
25	Hub Group　美国中心集团	3573
26	Hellmann Worldwide Logistics　海尔曼	3443
27	IMPERIAL Logistics　茂霖运通	3352
28	Kerry Logistics　嘉里物流	3097
29	FedEx　联邦快递	2916
30	Ryder Supply Chain Solutions　莱德供应链	2659
31	Damco　丹马士	2500
32	Coyote Logistics　丛林狼物流	2360
33	Total Quality Logistics	2321
34	Sankyu　山九	2275
35	Schneider Logistics&Dedicated　施耐德物流	2063
36	Echo Global Logistics　回声全球物流	1716
37	Transportation Insight	1710
38	NNR Global Logistics　西铁全球物流	1676

排名	第三方物流服务提供商	收入（US Millions）
39	Landstar	1632
40	Mainfreight　迈辉国际物流	1627
41	APL Logistics　美集物流	1620
42	Transplace	1620
43	Arvato　欧唯特集团	1615
44	Americold　美冷	1555
45	Fiege　飞格集团	1550
46	Wincanton　温馨物流	1516
47	Penske Logistics　美国潘世奇物流公司	1500
48	Swift Transportation　斯威夫特运输公司	1431
49	Groupe CAT　法国彼得卡特物流	1328
50	NFI	1250

资料来源：Armstrong & Associates Inc. 。

3.5　世界银行 LPI 等相关研究与数据

世界银行 2007 年首次发布了物流绩效指数（logistics performance index，LPI），并于 2010 年发布了改进后的 LPI，之后每两年发布一次 LPI 报告，最新的一期是《2016 年联结以竞争：全球经济中的贸易物流》。

3.5.1　物流绩效指数

2007 年由世界银行国际贸易运输部负责组织，芬兰图尔库（Turku）经济学院、全球快递协会（GEA）、国际货运代理联合会（FIATA）积极参与了一项不同国家（地区）物流绩效的调查，第一次提出了物流绩效指数的概念（见图 3 - 24）。2016 年发表的物流绩效指数在 2007 年的基础上，给出了衡量供应链绩效的综合框架体系，包括海关通关效率、贸易与运输相关基础设施、获得竞争性价格货运的便利性、物流能力及物流服务质量、跟踪及反馈货物信息的能力和货物在预定或预期时间到达收货人的频率（见图 3 - 25）。

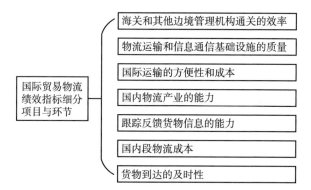

图 3 - 24   国际物流绩效指数 (LPI) 与细分指标的构成 (2007)
资料来源：The World Bank。

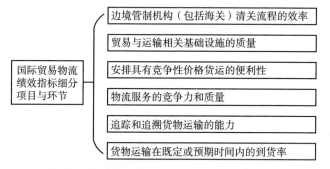

图 3 - 25   国际贸易物流绩效指数 (LPI) 与细分指标的构成 (2016)
资料来源：The World Bank。

3.5.2   总体绩效排名

物流绩效指数 (LPI) 很好地表示出了不同国家 (地区) 间物流绩效的差异，LPI 排名靠前的国家 (地区) 是国际贸易物流作为其支柱产业发展，如德国、新加坡、荷兰、中国香港等。它的测评值由一个数值表给出，绩效用 5 个等级来评估 (1 是最低的分数，5 是最高的分数)。德国的综合得分最高 (4.23)，排在第一位，后面依次为：卢森堡、瑞典、荷兰、新加坡、比利时、奥地利、英国、中国香港、美国，中国台湾 (3.7) 排在 25 位，韩国 (3.72) 位于第 24 位。我国在 160 个国家与地区中的综合物流绩效的排名是第 27 位，得分为 3.66 (见表 3 - 11)。

表 3 – 11　　　　　　　LPI 全球前 15 及中国的排名（2016 年）

排名	国家或地区	综合物流绩效指数	排名	国家或地区	综合物流绩效指数	排名	国家或地区	综合物流绩效指数
1	德国	4.23	8	英国	4.07	15	芬兰	3.92
2	卢森堡	4.22	9	中国香港	4.07	25	中国台湾	3.70
3	瑞典	4.20	10	美国	3.99	37	新西兰	3.39
4	荷兰	4.19	11	瑞士	3.99	24	韩国	3.72
5	新加坡	4.14	12	日本	3.97	27	中国	3.66
6	比利时	4.11	13	阿拉伯	3.94	32	马来西亚	3.43
7	澳大利亚	4.10	14	加拿大	3.93	35	印度	3.42

资料来源：The World Bank。

3.5.3　我国与其他国家（地区）比较

从图 3 – 26 至图 3 – 32 可以看出我国在国际贸易物流效率上的差距。对比 2007 年可以发现，2016 年我国缩小了与排名第一的国家之间的差距（见图 3 – 32）。国际贸易物流绩效世界一流的国家选择德国、荷兰、新加坡；与中国相关的国家（地区）选择：中国香港、日本、韩国、中国台湾。根据 LPI 的 5 点打分（1 分最低，5 分最高）。

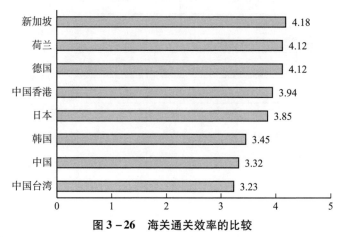

图 3 – 26　海关通关效率的比较

资料来源：The World Bank。

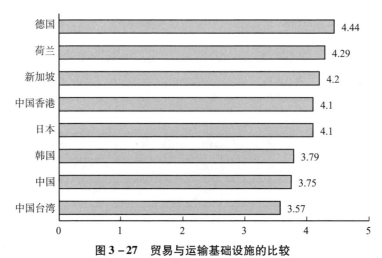

图 3 - 27　贸易与运输基础设施的比较

资料来源：The World Bank。

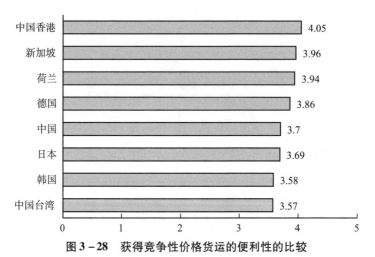

图 3 - 28　获得竞争性价格货运的便利性的比较

资料来源：The World Bank。

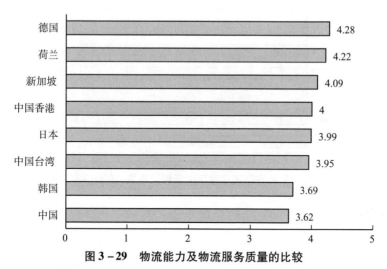

图 3 - 29　物流能力及物流服务质量的比较

资料来源：The World Bank。

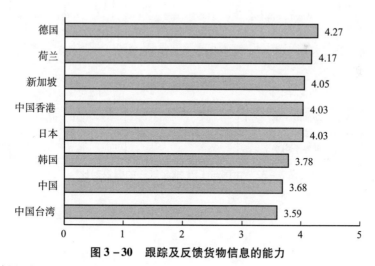

图 3 - 30　跟踪及反馈货物信息的能力

资料来源：The World Bank。

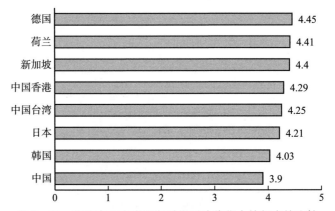

图 3 - 31　货物在预定或预期时间到达收货人的频率的比较

资料来源：The World Bank。

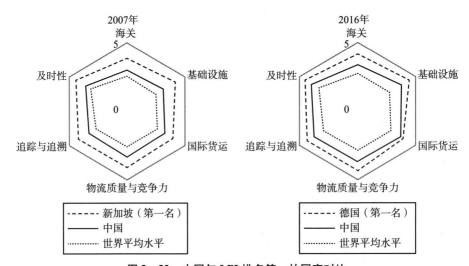

图 3 - 32　中国与 LPI 排名第一的国家对比

资料来源：The World Bank。

第 4 章 我国物流产业总体分析及深度调研

4.1 我国物流产业总体状况分析

4.1.1 规模与增长情况

我国对物流服务更多地从宏观产业的角度进行研究，物流的产业属性得到了强调，反映了政府对经济活动的作用较大（资源配置、政策支持等）。目前我国统计发布的可以代表物流产业规模的有以下三个统计量：社会物流总额、社会物流总费用、物流产业增加值。社会物流总额从货物的价值角度反映物流产业的规模；社会物流总费用从全社会花费的物流费用（运输成本、保管成本、管理成本）反映物流产业的规模；物流产业增加值反映物流产业对国内生产总值的贡献。这三个指标从不同角度反映了我国物流产业的规模，但是还存在一定局限性，比如：社会物流总额反映的是物品的价值，物品价值并不一定反映出物流量的大小。而社会物流费用只是包含了传统物流的费用（成本），并没有包含高端物流服务的费用（成本），如供应链咨询、整合管理服务、信息技术服务等。接下来分别对这三个指标进行介绍。

1. 社会物流总额

社会物流总额是指在报告期内，初次进入物流领域，通过物流服务，已经或正在送达最终用户的全部商品的价值总量。按照物流对象的用途和特点，社会物流总额包括 5 个方面：（1）进入需求领域的农产品物流总额；（2）进入需求领域的工业品物流总额；（3）外部流入货物物流总额（包括我国海关进口总额和从区域外流入的物品总额）；（4）进入需求领域的再生资源物流总额；（5）单位与居民物品物流总额。社会物流总额在很大程度上决定社会物流产业活动的规模，是一定时期内全部社会物流活动的最终结果，在物流产业统计基础十分薄弱的情况下，社会物流总额这一指标具有十分重要的意义，它的增长变化一定程度上反映物流需求的增长变化。

2006～2016 年我国社会物流总额及名义增速情况如图 4－1 所示。2016 年全国社会物流总额增速继续呈现趋缓态势。全社会物流总额 229.7 万亿元，按可比价格计算，同比增长 6.1%。增速提升 0.3 个百分比。从社会物流总额的构成看，2016 年工业品物流总额仍然是社会物流总额重要的组成部分，为 214 万亿万元。进口货物总额为 10.5 万亿元，农产品物流等为 3.6 万亿元，如图 4－2 所示。2009～2016 年社会物流总额具体构成情况如表 4－1 所示。

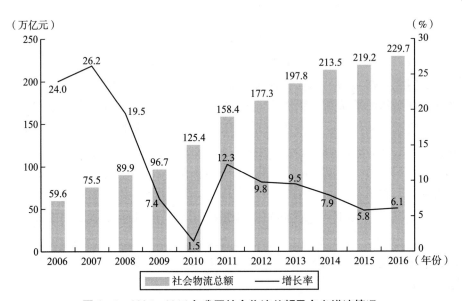

图 4－1　2006～2016 年我国社会物流总额及名义增速情况

资料来源：国家发展改革委、国家统计局、中国物流与采购联合会《全国物流运行情况通报》（2006～2016）。

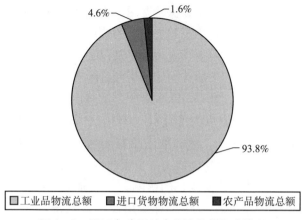

图 4 - 2 2016 年我国社会物流总额构成情况

资料来源：国家发展改革委、国家统计局、中国物流与采购联合会《全国物流运行情况通报》（2006 ~ 2016）。

表 4 - 1   2009 ~ 2016 年社会物流总额构成情况

年份	工业品物流		进口货物物流		农产品物流等		合计	
	绝对值（万亿元）	比重（%）	绝对值（万亿元）	比重（%）	绝对值（万亿元）	比重（%）	绝对值（万亿元）	比重（%）
2009	87.4	90.4	6.9	7.1	2.4	2.5	96.7	100
2010	113.1	90.2	9.4	7.5	2.9	2.3	125.4	100
2011	143.6	90.2	11.2	7.1	3.6	2.7	158.4	100
2012	162.0	91.4	11.5	6.5	3.8	2.1	177.3	100
2013	181.5	91.8	12.1	6.1	4.2	2.1	197.8	100
2014	196.9	92.2	12.0	5.6	4.6	2.2	213.5	100
2015	204.0	93.6	10.4	4.8	3.5	1.6	219.2	100
2016	214.0	93.8	10.5	4.6	3.6	1.6	228.1	100

资料来源：国家发展改革委、国家统计局、中国物流与采购联合会《全国物流运行情况通报》（2006 ~ 2016）。

2. 社会物流总费用

社会物流总费用是指报告期内，国民经济各方面用于社会物流活动的各项费用支出，包括支付给运输、储存、装卸搬运、包装、流通加工、配送、信息处理等各个物流环节的费用；应承担的物品在物流期间发生的损耗；社会物流活动中因资金占用而应承担的利息支出，社会物流活动中发生的管理费用等。

社会物流总费用划分为运输费用、保管费用、管理费用三大部分核算。运输费用包括各种运输方式的直接费用及与之相关的费用。保管费用指花费在保存货物的费用，除了包括仓储、残损、人力费用及保险和税收费用外，还包括库存占压资金的利息。管理费用一般按保管费用和运输费用之和乘以一个固定的比率来计算。

2016 年，全国社会物流总费用为 11.1 万亿元，较 2015 年增长 2.7%，增速比上年回落 0.1 个百分点。社会物流总费用与 GDP 的比率为 14.9%，比 2015 年下降 1.1 个百分点。社会物流总费用与 GDP 的比率的变化一方面受货运量、货运周转量及 GDP 数据调整的影响，一方面也是我国经济结构变化的结果。2006~2016 年全国社会物流总费用及增速情况如表 4-2、图 4-3 所示。

表 4-2   2006~2015 年我国社会物流总费用及增速情况

年份	社会物流总费用（万亿元）	比上年增长（%）	占 GDP 比重（%）
2006	3.8	13.5	18.3
2007	4.5	18.2	18.4
2008	5.5	16.2	18.1
2009	6.1	7.2	18.1
2010	7.1	16.7	17.8
2011	8.4	18.5	17.8
2012	9.4	11.4	18.0
2013	10.2	9.3	16.9
2014	10.6	6.9	16.6
2015	10.9	2.8	16.1
2016	11.1	2.7	14.9

资料来源：国家发展改革委、国家统计局、中国物流与采购联合会《全国物流运行情况通报》（2006~2016）。

从社会物流总费用构成看，运输费用、保管费用和管理费用较 2015 年均有一定幅度的增长（见表 4-3），但是三项费用的比重较 2006 年变化不大。其中，运输费用仍是社会物流总费用中最主要的组成部分，占比达到 54%（见图 4-4）。

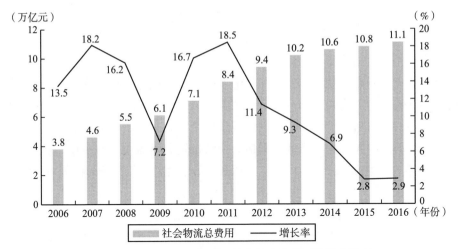

图 4 - 3　2006 ~ 2016 年我国社会物流总费用及增速情况

　　资料来源：国家发展改革委、国家统计局、中国物流与采购联合会《全国物流运行情况通报》（2006 ~ 2016）。

表 4 - 3　　　　　　　　　　　2016 年我国社会物流总费用构成情况

指　　标	绝对值（万亿元）	比上年增长（%）	比重（%）
社会物流总费用	11. 1	2. 9	100
其中：运输费用	6. 0	3. 3	54. 00
保管费用	3. 7	1. 3	33. 33
管理费用	1. 4	5. 6	12. 61

　　资料来源：国家发展改革委、国家统计局、中国物流与采购联合会《2016 年全国物流运行情况通报》。

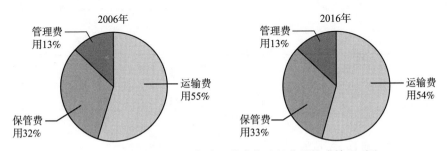

图 4 - 4　2006 年和 2016 年我国社会物流总费用构成情况对比

　　资料来源：国家发展改革委、国家统计局、中国物流与采购联合会《2016 年全国物流运行情况通报》。

3. 物流产业增加值

物流产业增加值是指物流产业在一定时期内通过物流活动为社会提供的最终成果的货币表现。物流产业增加值等于物流产业的总产值扣除中间投入后的余额，反映了物流产业对国内生产总值的贡献。（物流产业总产值是指物流产业在一定时期内从事社会物流活动总成果的货币表现，即物流产业在一定时期内物流活动的收入。物流产业总产值 = 交通运输业物流总产值 + 仓储业物流总产值 + 邮政业物流总产值 + 包装流通加工配送物流总产值 + 批发业物流总产值）

2014 年，全国物流产业增加值为 3.5 万亿元，同比增长 9.5%。其中，交通运输业增加值为 2.4 万亿元，同比增长 8.3%，贸易物流业增加值 6781 亿元，同比增长 7.9%，仓储业和邮政物流业增加值分别增长 4.8% 和 35.6%。2006 ~ 2014 年我国物流业增加值及增速情况如表 4 - 4、图 4 - 5 所示。

表 4 - 4　　　　　　2006 ~ 2014 年我国物流产业增加值及增速情况

年份	物流业增加值（万亿元）	比上年增长（%）
2006	1.4	12.5
2007	1.7	20.3
2008	2.0	15.4
2009	2.3	7.3
2010	2.7	13.1
2011	3.2	13.9
2012	3.5	9.1
2013	3.9	8.5
2014	3.5	9.5

资料来源：国家发展改革委、国家统计局、中国物流与采购联合会《全国物流运行情况通报》（2006 ~ 2014）。

4.1.2　物流产业效率

社会物流总费用占 GDP 的比重，在一定程度上可以反映我国物流产业的效率，比重越高效率越低。图 4 - 6 展示了 2006 ~ 2016 年之间我国物流产业效

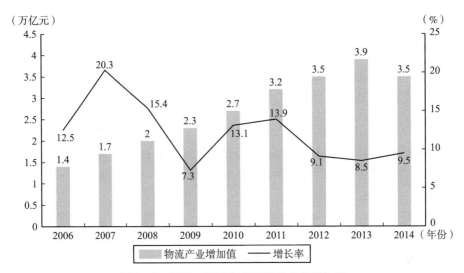

图 4 – 5　2006 ~ 2014 年我国物流产业增加值

资料来源：国家发展改革委、国家统计局、中国物流与采购联合会《全国物流运行情况通报》（2006 ~ 2014）。

率变化情况（社会物流总费用占 GDP 比重）。我国社会物流总费用呈逐年增加的趋势，但是社会物流总费用占 GDP 比重近三年有下降趋势，说明我国物流业的发展水平在逐步提高。

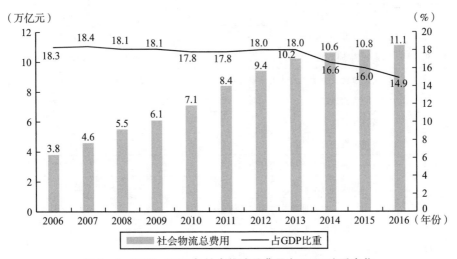

图 4 – 6　2006 ~ 2016 年社会物流总费用占 GDP 比重变化

资料来源：国家发展改革委、国家统计局、中国物流与采购联合会《2016 年全国物流运行情况通报》。

4.1.3　物流产业市场结构

1. 我国排名前五十物流企业分析

根据中国物流与采购联合会发布的"2016 年度中国物流企业 50 强排名"（见表 4-5），可以看出我国物流 50 强企业主要分布在华北、华东地区，其中北京、河北和江苏上榜企业最多，东北地区、华中地区以及华南地区的上榜企业较少，说明中北部的物流业发展较好。从企业性质来看，国有物流企业从收入到数量仍占主导地位，50 家企业中有 37 家企业为国有企业（见图 4-7）。

表 4-5　　　　　　　　2016 年中国物流企业五十强排名

排名	企业名称	物流业收入（万元）
1	中国远洋运输集团总公司	12471555
2	中国海运（集团）总公司	7906602
3	中国外运长航集团有限公司	7531999
4	厦门象屿股份有限公司	5992331
5	河北省物流产业集团有限公司	5501006
6	顺丰速运（集团）有限公司	4810000
7	中铁物资集团有限公司	3596298
8	天津港（集团）有限公司	3503500
9	山东物流集团有限公司	2643449
10	河南能源化工集团国龙物流有限公司	2312648
11	中国物资储运总公司	1985395
12	中国石油天然气运输公司	1807000
13	安吉汽车物流有限公司	1760700
14	福建省交通运输集团有限责任公司	1531857
15	德邦物流股份有限公司	1292149
16	冀中能源峰峰集团邯郸鼎峰物流有限公司	1275631
17	锦程国际物流集团股份有限公司	1090132
18	广州铁路（集团）公司	1013000
19	招商局物流集团有限公司	948081
20	连云港港口集团有限公司	913693

续表

排名	企业名称	物流业收入（万元）
21	中国石油化工股份有限公司管道储运分公司	843068
22	嘉里物流（中国）投资有限公司	825784
23	云南物流产业集团有限公司	810904
24	全球国际货运代理（中国）有限公司	749351
25	青藏铁路公司	672534
26	武汉商贸国有控股集团有限公司	661073
27	一汽物流有限公司	649009
28	中铁铁龙集装箱物流股份有限公司	631602
29	重庆港务物流集团有限公司	623592
30	通辽铁盛商贸（集团）有限公司	610235
31	重庆长安民生物流股份有限公司	607144
32	秦皇岛港股份有限公司	582974
33	日照港集团有限公司	518736
34	冀中能源国际物流集团有限公司	508933
35	江苏徐州港务集团有限公司	445803
36	广东省航运集团有限公司	420427
37	河北万合物流股份有限公司	374143
38	湖南星沙物流投资有限公司	359829
39	北京长久物流股份有限公司	339481
40	河北省粮食产业集团有限公司	329198
41	上药山禾无锡医药股份有限公司	327301
42	南京港（集团）有限公司	286588
43	林森物流集团有限公司	284395
44	唐山港集团股份有限公司	282719
45	江苏九州通医药有限公司	272958
46	江苏宝通物流发展有限公司	268993
47	青岛铁路经营集团有限公司	265975
48	中铁现代物流科技股份有限公司	238614
49	五矿物流集团有限公司	237392
50	天津大田运输服务有限公司	225150

资料来源：中国物流与采购联合会。

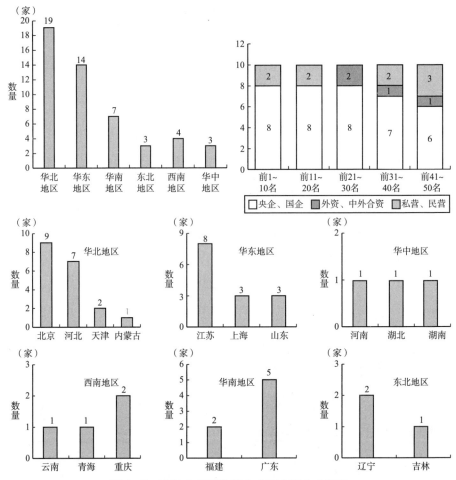

图 4 - 7　2016 年我国物流企业五十强企业情况

资料来源：中国物流与采购联合会相关数据整理。

2. 产业集中度

本书选用行业集中率（CR_n）和赫希曼指数（HHI）来衡量我国传统物流市场的集中度。

（1）行业集中率（CR_n）。CR_n 表示规模最大的前 n 家企业行业集中率，一般用 CR_8 的值对行业集中度进行判断。CR_n 的计算公式为：

$$CR_n = \sum_{i=1}^{n} (X_i/X) \times 100$$

由《2016 年全国物流运行情况通报》可知我国物流业 2016 年总收入为 7.9

万亿元，结合表 4 - 5 数据以及 CR_n 公式可以计算得出我国物流行业的 CR_8：

$$CR_8 = \sum_{i=1}^{8} (X_i/X) \times 100$$

$$= (1247 + 790 + 753 + 599 + 550 + 481 + 359.6 + 350) \div 7900 \times 100$$

$$= 6.49$$

由于我国物流行业 $CR_8 < 20$，因此我国物流行业目前属于分散竞争型行业；对比全球第三方物流行业的 CR_8（16.7），两者虽然都属于分散竞争型行业，但我国物流行业的分散程度较全球第三方物流市场的分散程度更高。

（2）赫希曼指数（HHI）。赫希曼指数（HHI）是基于该行业中企业的总数和规模分布，将市场上所有企业的市场份额的平方后再相加的总和。赫希曼指数的计算公式为：

$$HHI = \sum_{i=1}^{n} (X_i/X)^2 \times 10000$$

根据该公式可以计算出全球第三方物流 HHI 指数：

$$HHI = [(X_1/X)^2 + (X_2/X)^2 + \cdots + (X_{50}/X)^2] \times 10000$$

$$= [(1247 \div 7900)^2 + (790 \div 7900)^2 + \cdots + (22.5 \div 7900)^2] \times 10000$$

$$= 6.9$$

对比全球第三方物流行业的 HHI（42.8），虽然两者都属于低度集中的市场，但我国物流业的市场集中度较全球第三方物流市场集中度更低。综合 CR_8 的结果可知，目前中国物流行业市场属于市场集中度低的分散竞争型市场。这一市场的特点表现为市场中企业数量众多，而规模都比较小；在该行业内没有哪家企业拥有重大市场占有率，并对行业产生重要影响。

社会物流总额从货物的价值角度反映物流产业的规模；社会物流总费用从全社会花费的物流费用（运输成本、保管成本、管理成本）反映物流产业的规模；物流产业增加值反映物流产业对国内生产总值的贡献。这三个指标从不同角度反映了我国物流产业的规模。但是还存在一定局限性，比如：社会物流总额反映的是物品的价值，物品价值并不一定反映出物流量的大小。而社会物流费用只是包含了传统物流的费用（成本），并没有包含高端物流服务的费用（成本），如供应链咨询、整合管理服务、信息技术服务等。

更进一步说，以上指标只是从宏观角度反映出我国物流产业的运行的结果，为了寻找进一步发展我国物流产业的对策，还需要进一步深入调查我国物流产业的各方面状态，包括特征与存在的问题、原因。

4.2　我国物流产业深度调研

4.2.1　数据收集与来源

本调查表通过多种渠道发放与收集［包括企业实地调研发放、物流行业培训班发放以及问卷星（SOJUMP）等］，共发出问卷 260 份，回收问卷 215份，回收率 82.7%。通过对回收问卷的检查，剔除无效问卷，最后得到有效问卷 161 份，具体分布情况如表 4 – 6 所示。从企业主营业务类型来看，以运输为主的企业占比为 34%，以仓储为主的企业占比为 11%，综合型企业占比为 54%。

表 4 – 6　　　　　　　　　　　样本特征描述（N = 161）

企业类型	运输为主	仓储为主	综合型
有效样本	55	18	88
百分率（%）	34	11	55

资料来源：作者根据调查结果整理。

4.2.2　调查结果与讨论

1. 传统物流（traditional logistics service，TLS）的状况

传统物流状况调研主要从物流企业在提供传统的运输、仓储、货代等物流环节服务时面临的三个方面的竞争展开（见图 4 – 8、图 4 – 9、图 4 – 10），具体调研内容及结果如下所示。

（1）面临非常多的竞争对手（企业规模小、集中度低）。

（2）面临竞争层次低，以低价竞争为主。

（3）面临竞争不规范（超载、采用不正当竞争）。

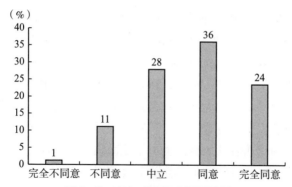

图 4 - 8　竞争对手情况调研结果

资料来源：根据调研结果绘制。

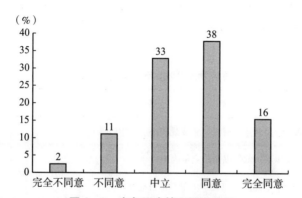

图 4 - 9　竞争层次情况调研结果

资料来源：根据调研结果绘制。

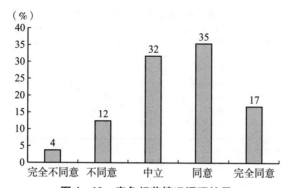

图 4 - 10　竞争规范情况调研结果

资料来源：根据调研结果绘制。

通过累加"同意"和"非常同意"的比例作为认同的比例,累加"不同意"和"完全不同意"的比例作为不认同的比例,可以得出以下结论:

第一,60%的受访者认为物流企业规模小、集中度低,面临很多竞争对手,12%的受访者不同意这一观点,28%的受访者保持中立;

第二,54%的受访者认为我国物流企业面临竞争层次低,并且以低价竞争为主,13%的受访者不同意这一观点,33%的受访者保持中立;

第三,52%的受访者认为我国物流企业面临竞争不规范,如超载、采用不正当竞争手段等问题,16%的受访者不同意这一观点,32%的受访者保持中立。

目前,我国传统物流发展受多方面因素制约(见表4-7)。从表4-8可以更加直观地看出,三个题项的均值在3.4以上,这表明总体上受调查者认同这些因素对传统物流的制约比较明显。

表4-7 传统物流状况的测量题项及编号

排序	因　素	编号
1	面临非常多的竞争对手(企业规模小、集中度低)	TLS1
2	面临竞争层次低,以低价竞争为主	TLS2
3	面临竞争不规范(超载、采用不正当竞争)	TLS3

资料来源:作者根据调查结果整理。

表4-8 传统物流状况的描述统计量

编号	频数	最小值	最大值	均值	标准差
TLS1	161	1	5	3.70	0.994
TLS2	161	1	5	3.53	0.969
TLS3	161	1	5	3.49	1.031

资料来源:作者根据调查结果整理。

2. 高端物流(advanced logistics service, ALS)发展状况

对物流企业高端物流服务提供情况进行的调研,主要从是否能够整合物流

环节、建立物流环节联盟、提供供应链优化方案、提供信息技术等角度进行，具体调研内容及结果如下所示。

在提供高端物流服务时（一站式整合服务、建立双赢战略联盟、专业化、个性化服务），没有能够做到的几个方面。

（1）没能做到通过有效地整合物流环节为客户创造物流价值（见图 4 – 11）。

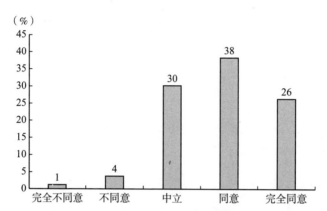

图 4 – 11　整合物流环节创造客户价值情况调研结果

资料来源：根据调研结果绘制。

（2）没能有效建立与客户长期的双赢的战略联盟关系（见图 4 – 12）。

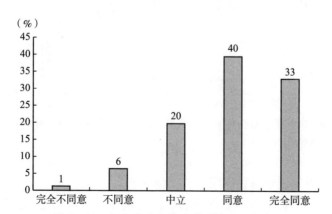

图 4 – 12　与客户建立战略联盟情况调查结果

资料来源：根据调研结果绘制。

（3）没能为客户提供专业的供应链优化方案（见图4-13）。

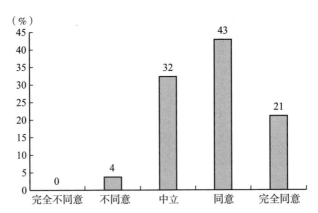

图4-13　为客户提供专业的供应链优化方案情况调查结果

资料来源：根据调研结果绘制。

（4）没能提供基于IT技术、互联网、大数据的物流服务（见图4-14）。

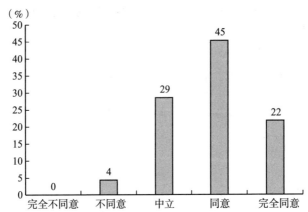

图4-14　提供基于IT技术、互联网、大数据的服务情况调查结果

资料来源：根据调研结果绘制。

（5）没能提供创新的物流服务（见图4-15）。

通过累加"同意"和"非常同意"的比例作为认同的比例，累加"不同意"和"完全不同意"的比例作为不认同的比例可以得出五点结论。

第一，64%的受访者认为物流企业没能有效整合物流环节为客户创造价值。只有5%的受访者认为物流企业能够有效整合物流环节为客户创造价值，30%的受访者保持中立。

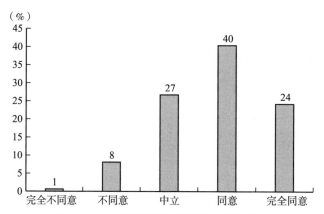

图 4 - 15　创新物流服务提供情况调查结果

资料来源：根据调研结果绘制。

第二，73% 的受访者认为物流企业还没能够与客户建立长期的双赢的战略联盟关系，只有 7% 的受访者认为物流企业能够与客户建立长期的双赢的战略联盟关系，20% 的受访者保持中立。

第三，64% 的受访者认为物流企业还不能够为客户提供专业的供应链优化方案。只有 4% 的受访者认为物流企业能够给客户提供专业的供应链优化方案，32% 的企业保持中立。

第四，67% 的受访者认为物流的企业还没能提供基于 IT 技术、互联网、大数据的物流服务，只有 4% 的受访者认为物流企业能够提供上述服务，29% 的受访者保持中立。

第五，64% 的受访者认为物流企业没能提供创新型的物流服务，只有 9% 的受访者认为物流企业能够提供创新型的物流服务，27% 的企业保持中立。

从调查结果来看，我国高端物流发展水平不高。从表 4 - 10 可以看出，全部指标的样本均值在 3.8 以上，表明受访者较为认同这一观点。总体而言，我国物流企业能够提供高端物流服务的企业较为缺乏，没能与客户之间构建长期共赢的战略联盟关系，也没有从为客户创造价值的角度出发，提供物流服务。

表 4 - 9　　　　　　　　　高端物流状况的测量题项及编号

排序	因　　素	编号
1	通过有效地整合物流环节为客户创造物流价值	ALS1
2	有效建立与客户长期的双赢的战略联盟关系	ALS2

排序	因　　素	编号
3	为客户提供专业的供应链优化方案	ALS3
4	提供基于 IT 技术、互联网、大数据的物流服务	ALS4
5	提供创新的物流服务	ALS5

资料来源：作者根据调查结果整理。

表 4 – 10　　　　　　　　　　高端物流状况的描述统计量

编号	频数	最小值	最大值	均值	标准差
ALS1	161	1	5	3. 86	0. 905
ALS2	161	1	5	3. 99	0. 915
ALS3	161	2	5	3. 81	0. 808
ALS4	161	2	5	3. 84	0. 811
ALS5	161	1	5	3. 80	0. 923

资料来源：作者根据调查结果整理。

3. 物流业与制造业联动发展状况（interaction level，IL）

对物流业与制造业联动发展情况进行的调研，主要从五方面展开，具体调研内容及结果如下所示。

（1）单方面制定运作流程、绩效指标等运营管理（见图 4 – 16）。

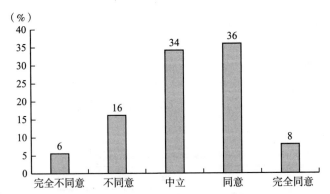

图 4 – 16　通常单方面制定运作流程、绩效指标等运营管理调研结果

资料来源：根据调研结果绘制。

（2）通常是单方面进行物流方案的设计（见图 4 – 17）。

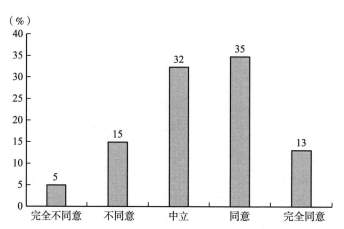

图 4 – 17　单方面进行物流方案的设计调研结果

资料来源：根据调研结果绘制。

（3）很少主动、系统、深入地研究客户的供应链物流及改进空间（见图 4 – 18）。

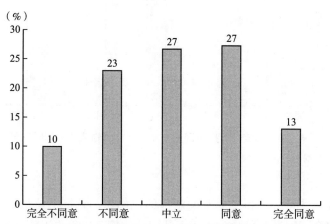

图 4 – 18　很少主动、系统、深入地研究客户的供应链物流及改进空间调研结果

资料来源：根据调研结果绘制。

（4）客户很少主动寻求物流项目设计、运营管理的专业服务（见图 4 – 19）。

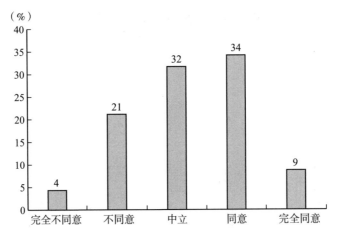

图 4 – 19　客户很少主动寻求物流项目设计、运营管理的专业服务调研结果

资料来源：根据调研结果绘制。

（5）物流公司很少主动地调查与满足客户的物流需求（见图 4 – 20）。

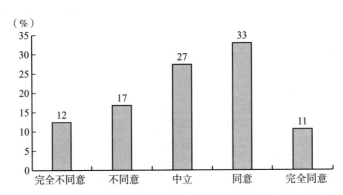

图 4 – 20　物流公司很少调查与满足客户的物流需求调研结果

资料来源：根据调研结果绘制。

通过累加"同意"和"非常同意"的比例作为认同的比例，累加"不同意"和"完全不同意"的比例作为不认同的比例可以得出以下结论：

第一，42% 的受访者认为我国物流企业通常是单方面进行物流方案设计，22% 的受访者不同意这一观点，34% 的受访者保持中立；

第二，48% 的受访者认为我国物流企业是单方面制定运作流程、绩效指标等运营管理，20% 的受访者不同意这一观点，32% 的受访者保持中立；

第三，40% 的受访者认为我国物流企业很少主动、系统、深入地研究客户的供应链物流及改进空间，33%的受访者不同意这一观点，27%的受访者保持中立；

第四，25%的受访者认为我国物流企业的客户很少主动寻求物流项目设计、运营管理的专业服务，32%的受访者不同意这一观点，43%的受访者保持中立；

第五，44%的受访者认为我国物流企业很少主动地调查与满足客户的物流需求，29%的受访者不同意这一观点，27%的受访者保持中立。

从调查结果来看，目前物流企业和制造企业之间的有一定程度的互动，但是互动程度不够深入，物流企业与制造企业的联动程度仍需要进一步加强。从表 4 - 12 可以看出，受访者对调查的具体内容认可程度较高。

表 4 - 11　　　　　　　　　　**两业联动情况的题项及编号**

排序	因　　素	编号
1	单方面制定运作流程、绩效指标等运营管理	IL1
2	通常是单方面进行物流方案的设计	IL2
3	客户很少主动寻求物流项目设计、运营管理的专业服务	IL3
4	物流公司很少主动地调查与满足客户的物流需求	IL4
5	很少主动、系统、深入地研究客户的供应链物流及改进空间	IL5

资料来源：作者根据调查结果整理。

表 4 - 12　　　　　　　　　　**两业联动情况的描述统计量**

编号	频数	最小值	最大值	均值	标准差
IL1	161	1	5	3.25	1.006
IL2	161	1	5	3.36	1.046
IL3	161	1	5	3.11	1.192
IL4	161	1	5	3.22	1.017
IL5	161	1	5	3.12	1.187

资料来源：作者根据调查结果整理。

4. 营商环境（busness envrionment，BE）

对企业外部营商环境的调研，主要从市场准入、市场行为监管、市场信用监管、市场监管执法、监管执法体系、社会监督机制六个角度展开，具体结果如下所示。

（1）市场准入。

一是市场准入门槛高（建立企业、开展业务障碍等）（见图4-21）。

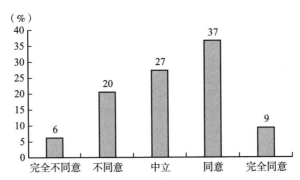

图4-21　市场准入门槛高情况调研结果

资料来源：根据调研结果绘制。

二是行政审批（变相审批）事项多（见图4-22）。

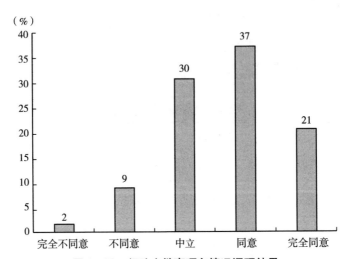

图4-22　行政审批事项多情况调研结果

资料来源：根据调研结果绘制。

三是地区封锁、行业垄断严重（见图4-23）。

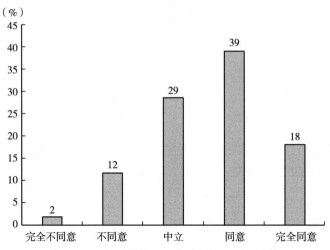

图 4 – 23　地区封锁、行业垄断情况调研结果

资料来源：根据调研结果绘制。

　　通过累加"同意"和"非常同意"的比例作为认同的比例，累加"不同意"和"完全不同意"的比例作为不认同的比例，可以得出以下结论：

　　第一，46%的受访者认为我国物流业市场准入门槛高，26%的受访者不同意这一观点，27%的受访者保持中立；

　　第二，58%的受访者认为我国物流业行政审批（变相审批）事项多，11%的受访者不同意这一观点，30%的受访者保持中立；

　　第三，57%的受访者认为我国物流行业地区封锁、行业垄断严重，14%的受访者不同意这一观点，29%的受访者保持中立；

　　从调查结果来看，我国物流企业在市场准入方面受到较大制约。从表 4 – 14可以看出，全部题项均值均接在 3.2 以上，表明受访者对调查题项较为认同。

表 4 –13　　　　　　　　　　市场准入的测量题项及编号

排序	因素	编号
1	行政审批（变相审批）事项多	BE11
2	地区封锁、行业垄断严重	BE12
3	市场准入门槛高（建立企业、开展业务障碍等）	BE13

资料来源：作者根据调查结果整理。

表4-14　　　　　　　　　市场准入的描述统计量

编号	频数	最小值	最大值	均值	标准差
BE11	161	1	5	3.22	1.072
BE12	161	1	5	3.66	0.988
BE13	161	1	5	3.58	0.997

资料来源：作者根据调查结果整理。

（2）市场行为监管。

一是物流企业的某些违法得不到有效监管、违法成本低（见图4-24）。

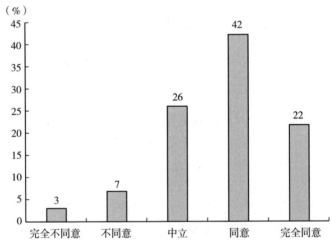

图4-24　物流企业的某些违法得不到有效监管、违法成本低调研结果

资料来源：根据调研结果绘制。

二是物流产业监管标准体系不完善、执行不严肃（没有强制性）（见图4-25）。

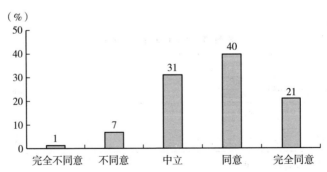

图4-25　物流产业监管标准体系不完善、执行不严肃（没有强制性）情况调研结果

资料来源：根据调研结果绘制。

三是垄断与不正当竞争行为得不到严惩（见图 4 - 26）。

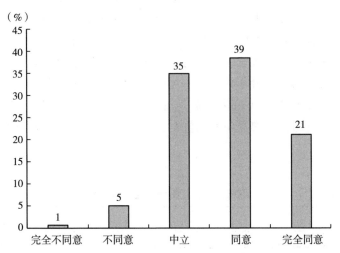

图 4 - 26　垄断与不正当竞争行为得不到严惩情况调研结果

资料来源：根据调研结果绘制。

四是市场行为的风险得不到严格监测预警与防控（见图 4 - 27）。

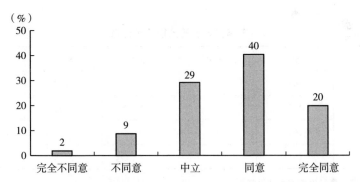

图 4 - 27　市场行为的风险得不到严格监测预警与防控情况调研结果

资料来源：根据调研结果绘制。

通过累加"同意"和"非常同意"的比例作为认同的比例，累加"不同意"和"完全不同意"的比例作为不认同的比例，可以得出以下结论：

第一，64% 的受访者认为我国物流企业的某些违法得不到有效监管、违法成本低，10% 的受访者不同意这一观点，26% 的受访者保持中立；

第二，61%的受访者认为我国物流产业监管标准体系不完善、执行不严肃（没有强制性），8%的受访者不同意这一观点，31%的受访者保持中立；

第三，60%的受访者认为我国物流企业的垄断与不正当竞争行为得不到严惩，6%的受访者不同意这一观点，35%的受访者保持中立；

第四，60%的受访者认为我国物流产业市场行为的风险得不到严格监测预警与防控，11%的受访者不同意这一观点，29%的受访者保持中立。

从调查结果来看，我国物流企业在市场行为监管方面受到较大制约。从表4-16可以看出，全部题项的均值在3.6以上，表明受访者对题项认同程度较高。

表4-15　　　　　　　　　市场行为监管的测量题项及编号

排序	因　素	编号
1	物流企业的某些违法得不到有效监管、违法成本低	BE21
2	物流产业监管标准体系不完善、执行不严肃（没有强制性）	BE22
3	垄断与不正当竞争行为得不到严惩	BE23
4	市场行为的风险得不到严格监测预警与防控	BE24

资料来源：作者根据调查结果整理。

表4-16　　　　　　　　　市场行为监管的描述统计量

编号	频数	最小值	最大值	均值	标准差
BE21	161	1	5	3.73	0.981
BE22	161	1	5	3.73	0.915
BE23	161	1	5	3.75	0.868
BE24	161	1	5	3.68	0.953

资料来源：作者根据调查结果整理。

（3）市场信用监管。

一是市场主体信用平台缺失（见图4-28）。

二是守信激励失信惩戒机制缺失（见图4-29）。

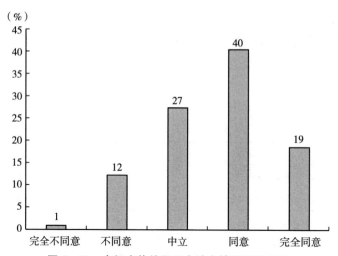

图 4 – 28　市场主体信用平台缺少情况调研结果

资料来源：根据调研结果绘制。

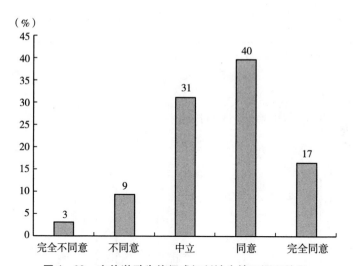

图 4 – 29　守信激励失信惩戒机制缺失情况调研结果

资料来源：根据调研结果绘制。

　　通过累加"同意"和"非常同意"的比例作为认同的比例，累加"不同意"和"完全不同意"的比例作为不认同的比例，可以得出以下结论：

　　第一，59%的受访者认为我国物流市场主体信用平台缺失，13%的受访者不同意这一观点，27%的受访者保持中立；

　　第二，57%的受访者认为我国物流产业守信激励失信惩戒机制缺失，11%

的受访者不同意这一观点，31%的受访者保持中立。

从调查结果来看，我国物流企业在市场信用监管方面受到较大制约。从表4-18可以看出，全部题项的均值均超过3.5，表明受访者对题项认同程度较高。

表4-17   市场信用监管的测量题项及编号

排序	因　素	编号
1	市场主体信用平台缺失	BE31
2	守信激励失信惩戒机制缺失	BE32

资料来源：作者根据调查结果整理。

表4-18   市场信用监管的描述统计量

编号	频数	最小值	最大值	均值	标准差
BE31	161	1	5	3.63	0.967
BE32	161	1	5	3.58	0.979

资料来源：作者根据调查结果整理。

（4）市场监管执法。

一是行政机关不能严格依法履行职责（见图4-30）。

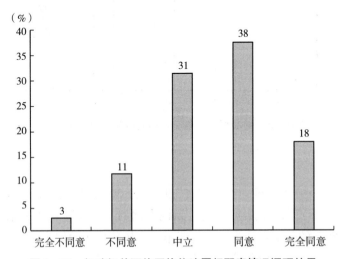

图4-30　行政机关不能严格依法履行职责情况调研结果

资料来源：根据调研结果绘制。

二是市场执法行为不够规范（见图 4 – 31）。

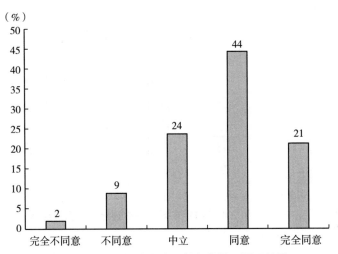

图 4 – 31　市场执法行为不够规范情况调研结果

资料来源：根据调研结果绘制。

三是市场监管执法信息不公开（见图 4 – 32）。

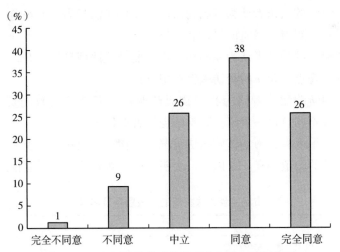

图 4 – 32　市场监管执法信息不公开情况调研情况

资料来源：根据调研结果绘制。

四是执法考核与行政问责不够健全（见图 4 – 33）。

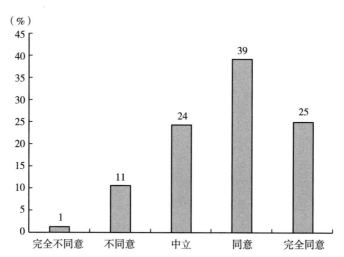

图4－33   执法考核与行政问责不够健全情况调研结果

资料来源：根据调研结果绘制。

通过累加"同意"和"非常同意"的比例作为认同的比例，累加"不同意"和"完全不同意"的比例作为不认同的比例，可以得出以下结论：

第一，56%的受访者认为我国行政机关不能严格依法履行职责，14%的受访者不同意这一观点，31%的受访者保持中立；

第二，65%的受访者认为我国物流产业市场执法行为不够规范，11%的受访者不同意这一观点，24%的受访者保持中立；

第三，64%的受访者认为我国物流市场监管执法信息不公开，10%的受访者不同意这一观点，26%的受访者保持中立；

第四，64%的受访者认为我国物流产业执法考核与行政问责不够健全，12%的受访者不同意这一观点，24%的受访者保持中立。

从调查结果来看，市场监管执法情况还存在一些问题。从表4－20可以看出，调查题项的均值均在3.5以上，表明受访者对题项认同程度较高。

表4－19   市场监管执法状况的测量题项及编号

排序	因 素	编号
1	行政机关不能严格依法履行职责	BE41
2	市场执法行为不够规范	BE42
3	市场监管执法信息不公开	BE43
4	执法考核与行政问责不够健全	BE44

资料来源：作者根据调查结果整理。

表 4 – 20 市场监管执法状况的描述统计量

编号	频数	最小值	最大值	均值	标准差
BE41	161	1	5	3.57	0.992
BE42	161	1	5	3.73	0.975
BE43	161	1	5	3.77	0.976
BE44	161	1	5	3.76	0.986

（5）监管执法体系。

一是存在多头与重复执法（见图 4 – 34）。

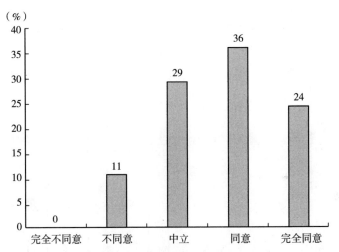

图 4 – 34 存在多头与重复执法情况调研结果

资料来源：根据调研结果绘制。

二是监管执法协调配合机制不够完善（见图 4 – 35）。

三是市场监管执法与司法衔接不好（见图 4 – 36）。

通过累加"同意"和"非常同意"的比例作为认同的比例，累加"不同意"和"完全不同意"的比例作为不认同的比例，可以得出以下结论：

第一，60%的受访者认为我国物流市场监管执法体系存在多头与重复执法，11%的受访者不同意这一观点，29%的受访者保持中立；

第二，63%的受访者认为我国物流产业市场监管执法协调配合机制不够完善，13%的受访者不同意这一观点，24%的受访者保持中立；

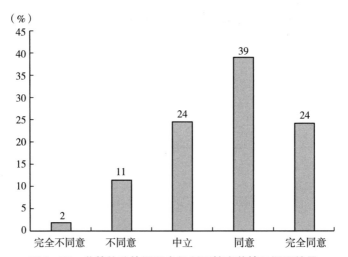

图4－35　监管执法协调配合机制不够完善情况调研结果

资料来源：根据调研结果绘制。

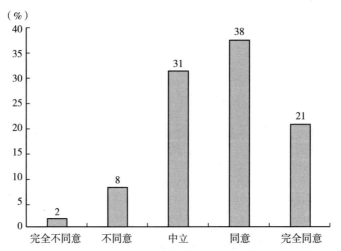

图4－36　市场监管执法与司法衔接不好情况调研结果

资料来源：根据调研结果绘制。

第三，59%的受访者认为我国物流产业市场监管执法与司法衔接不好，10%的受访者不同意这一观点，31%的受访者保持中立。

从调查结果来看，市场监管体系也存在一定问题。从表4－22可以看出，调查题项的均值均在3.6以上，表明受访者对题项认同程度较高。

表 4 – 21   监管执法体系的测量题项及编号

排序	因　　素	编号
1	存在多头与重复执法	BE51
2	监管执法协调配合机制不够完善	BE52
3	市场监管执法与司法衔接不好	BE53

资料来源：作者根据调查结果整理。

表 4 – 22   监管执法体系的描述统计量

编号	频数	最小值	最大值	均值	标准差
BE51	161	2	5	3.74	0.946
BE52	161	1	5	3.72	1.014
BE53	161	1	5	3.65	0.976

资料来源：作者根据调查结果整理。

（6）社会监督机制。

一是行业协会自律作用没有发挥（见图 4 – 37）。

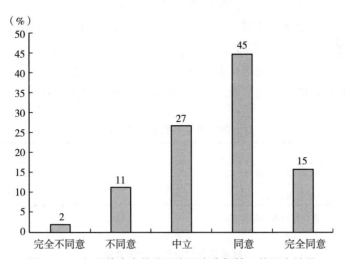

图 4 – 37   行业协会自律作用有没有发挥情况的调查结果

资料来源：根据调研结果绘制。

二是公众参与与舆论监督作用不够（见图 4 – 38）。

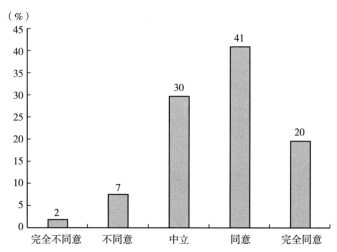

图4-38　公众参与与舆论监督作用不够情况调查结果

资料来源：根据调研结果绘制。

　　通过累加"同意"和"非常同意"的比例作为认同的比例，累加"不同意"和"完全不同意"的比例作为不认同的比例，可以得出以下结论：

　　第一，61%的受访者认为我国物流产业行业协会自律作用没有发挥，13%的受访者不同意这一观点，27%的受访者保持中立；

　　第二，61%的受访者认为我国物流产业公众参与与舆论监督作用不够，9%的受访者不同意这一观点，30%的受访者保持中立。

　　从调查结果来看，我国社会监督机制还存在一定问题。从表4-24可以看出，调查题项均值均超过3.6，表明受访者对题项认同程度较高。

表4-23　　　　　　　　　　社会监督机制的测量题项及编号

排序	因　　素	编号
1	行业协会自律作用没有发挥	BE61
2	公众参与与舆论监督作用不够	BE62

资料来源：作者根据调查结果整理。

表4-24　　　　　　　　　　社会监督机制的描述统计量

编号	频数	最小值	最大值	均值	标准差
BE61	161	1	5	3.61	0.943
BE62	161	1	5	3.70	0.936

资料来源：作者根据调查结果整理。

第5章 营商环境对物流业及"两业"联动影响的研究

国内现有两业联动的研究，一方面，研究制造业与物流业的匹配及协调程度，如计算灰色关联度（Park S，1989）、耦合协调度，通过投入产出表计算两大产业相互间的中间投入率、中间需求率（Shugan S M，1994）、数据包络计算协调度等（Sheehan P J et al.，1998）；另一方面，也非常关注外部营商环境对两业联动的影响，如诚信体系、政府管理、法律法规等（Kakaomerlioglu D C et al.，1999；Markusen J R，1989；Coffey W J et al.，1992；Francois J F.，1990），但是现有研究只是定性地讨论了营商环境对物流业及两业联动的影响，本章在前述的基础上，通过概念模型与结构方程模型进行定量分析。

5.1 营商环境对"两业"联动的影响

5.1.1 营商环境的界定与测量

根据世界银行的定义，营商环境（buiness envrionment，BE）是一个企业在开设、经营、纳税、关闭以及执行合约等方面，遵循政策、法规所需要的时间、成本等条件（Guerrieri P）。物流业以及"两业"联动的营商环境是指影响制造业企业与物流企业经营活动的一切外部因素的总称。物流业以及"两业"联动的营商环境与我国整个经济环境基本一样，在政府行政管理、市场化及信用体系建设方面，还需要转变、改革与提升。2014年，国务院出台《关于促进市场公平竞争维护市场正常秩序的若干意见》，提出了简政放权、依法监管、公正透明、权责一致、社会共治的基本原则；2014年出台《社会信用体系建设规划纲要（2014～2020）》，提出推进政务诚信、商务诚信、社会诚信和司法公信建设；2014 年七部委印发了《关于我国物流业信用体系建设的指导意见》，提出加强物流信用服务机构培育和监管、推进信用记录建设和共享、积极推动信用记录应用、开展专业物流领域信用建设试点、加强物流信用体系建设的组织协调等措施。

为了系统地定量衡量我国物流业及"两业"联动的营商环境，根据我国物流业发展现状以及近年来我国政府有关改善营商环境的指导性文件（Tien J M，2011；Andersson M，2004；Boscacci F，2002；Hansen N，1990；Kohn J W et al.，1997；Chen S et al.，2009；Hutton T A，2003），将营商环境从六个维度（市场准入、市场行为监管、市场信用监管、市场执法监管、监管执法体系、社会监督机制）进行了归纳，并且采用结构方程模型对其进行实证研究。由于营商环境无法被直接衡量，它在结构方程模型中属于潜在变量，所以具体测量题项对其进行测量（如表 5 - 1 所示）。

表 5 - 1　　　　　　　　　营商环境维度划分及测量题项

营商环境维度	测量题项	编号
市场准入	行政审批（变相审批）事项多	BE11
	地区封锁、行业垄断严重	BE12
	市场准入门槛高（建立企业、开展业务障碍等）	BE13
市场行为监管	物流企业的某些违法得不到有效监管、违法成本低	BE21
	物流产业监管标准体系不完善、执行不严肃（没有强制性）	BE22
	垄断与不正当竞争行为得不到严惩	BE23
	市场行为的风险得不到严格监测预警与防控	BE24
市场信用监管	市场主体信用平台缺失	BE31
	守信激励失信惩戒机制缺失	BE32
市场执法监管	行政机关不能严格依法履行职责	BE41
	市场执法行为不够规范	BE42
	市场监管执法信息不公开	BE43
	执法考核与行政问责不够健全	BE44
监管执法体系	存在多头与重复执法	BE51
	监管执法协调配合机制不够完善	BE52
	市场监管执法与司法衔接不好	BE53

营商环境维度	测量题项	编号
社会监督机制	市场主体信用平台缺失	BE61
	公众参与与舆论监督作用不够	BE62

资料来源：根据相关文献整理。

5.1.2 物流业划分及其发展状况的测量

依据物流服务投入的要素、创造价值的方式不同、促进 "两业" 联动发展的着力点以及相关因素不同，可以将物流服务业细分为 "传统" 物流服务业 (traditional logistics service, TLS) 与 "高端" 物流服务业 (advanced logistics service, ALS)。"传统" 物流服务是以提供物流环节服务为主，"高端" 物流服务是以整合供应链物流服务为主，通过优化与整合制造业供应链中的物流环节，创造战略层面价值。高端物流服务水平、传统物流服务水平属于潜在变量，因此，从竞争对手规模、竞争层次、竞争规范程度对传统物流业发展状况进行测量；从价值创造能力、企业创新能力和企业信息化水平等方面对高端物流发展状况进行测量（见表5－2）。

表 5－2　　　　　　　　物流业划分及发展状况测量题项

物流业划分（潜变量）	发展状况测量题项	编号
传统物流服务业（TLS）	企业面临非常多的竞争对手（企业规模小、集中度低）	TLS1
	企业面临的竞争层次低，以低价竞争为主	TLS2
	企业面临竞争不规范（超载、采用不正当竞争）	TLS3
高端物流服务（ALS）	通过有效地整合物流环节为客户创造物流价值	ALS2
	与客户建立长期有效的 "双赢" 战略联盟关系	ALS1
	为客户提供专业的供应链优化方案	ALS4
	提供基于 IT 技术、互联网、大数据的服务	ALS3
	提供创新的物流服务	ALS5

资料来源：作者根据希恩（Sheehan P J, 1998）、玛库森（Markusen J R., 1989）、科菲（Coffey W J, 1992）、福兰索瓦（Francois J F, 1990）的研究资料整理。

5.1.3　制造业与物流业联动发展状况的测量

目前，国外许多学者对提供服务的企业与客户的合作关系进行研究（Mortensen O，2007；Bowersox D J et al.，1991），包括制造业企业与物流企业的联动合作，发现客户参与程度、制造业企业与物流企业之间的信任程度以及二者信息共享程度等方面，能够描述制造业与物流业联动发展水平（interaction level，IL），因此，可以借鉴国外相关研究成果，对我国制造业与物流业联动发展的实际水平进行测量（如表5-3所示）。

表5-3　　　　　　　　　　制造业与物流业联动发展水平测量

	测量题项	编号
联动发展水平（IL）	单方面制定运作流程、绩效指标等运营管理	IL1
	通常是单方面进行物流方案的设计	IL2
	客户很少主动寻求物流项目设计、运营管理的专业服务	IL3
	物流公司很少主动地调查与满足客户的物流需求	IL4
	很少主动、系统、深入地研究客户的供应链物流及改进空间	IL5

资料来源：作者根据参考文献整理。

5.1.4　营商环境影响"两业"联动发展的机理分析

营商环境对"两业"联动发展状况的影响过程，可以理解为：完善的行政监管机制、公平竞争、诚信经营的市场环境，将给制造业企业与物流企业的联动发展，营造一个良好的营商环境。在促进制造业企业与物流企业（包括传统物流企业和高端物流企业）联动的同时，也将促进传统物流企业向高端物流企业转型升级。高端物流企业往往更加注重与客户的互动与信息共享，能够从为客户创造价值的角度出发，整合各个物流环节，为制造业企业提供高效便捷的物流服务；制造业企业与高端物流企业能够形成更加紧密的联动关系（如图5-1所示）。

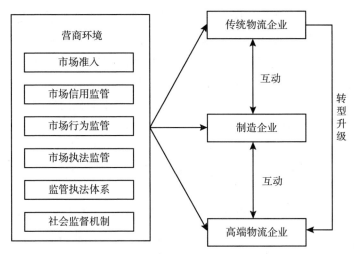

图5-1 营商环境对"两业"联动的影响

资料来源：作者绘制。

5.2 研究假设及概念模型构建

5.2.1 营商环境对"两业"联动影响的研究假设

传统物流服务主要是以各物流环节的各项功能服务为主，通过规模经济，实现物流活动的高效率、低成本目标。目前，营商环境对"两业"联动的制约，主要是政府监管不力、行业信用体系缺失，导致其以价格竞争为主，竞争层次较低，"小、散、乱、差"仍然是其主要特征；而高端物流服务主要以整合供应链环节服务为主，创造制造业供应链与物流整合的战略层面价值。现阶段营商环境的状况，一方面，不利于传统物流企业的转型升级；另一方面，也不利于高端物流业的发展。因此，物流业外部营商环境的变化将对物流业的发展产生影响。基于此，提出如下假设：

H1a：营商环境对传统物流业发展水平有正向影响；

H1b：营商环境对高端物流业发展水平有正向影响。

5.2.2 物流业发展水平与"两业"联动水平关系

制造业与物流业是相辅相成、相互促进的关系；传统物流企业通过规模经济降低物流成本，借助于专业化物流服务提升制造业企业的满意度；高端物流企业通过优化与整合供应链中各物流环节，为制造业企业创造价值。物流业发展水平的高低是影响其与制造业联动程度的重要因素，即物流业发展水平的提升会对制造业与物流业联动水平产生重要影响。因此，提出如下假设：

　　H2a：传统物流业发展水平对"两业"联动水平有正向影响；

　　H2b：高端物流业发展水平对"两业"联动水平有正向影响。

5.2.3　营商环境与"两业"联动水平关系

　　现代物流业是一个复合型服务产业，它连接着国民经济管理的各个部门，并且使之成为一个有机整体。在这个有机整体中，物流业营商环境的变化不仅会对物流业发展水平产生影响，而且也会对制造业与物流业联动水平产生影响。所以，提出如下假设：

　　H3：营商环境对"两业"联动水平有正向影响。

5.2.4　概念模型构建

　　根据研究目的，结合前述有关物流业营商环境（BE）、传统物流业发展水平（TLS）、高端物流业发展水平（ALS）和我国制造业与物流业联动水平（IL）之间的假设关系，构建了相关研究变量的概念模型（如图5-2所示）。

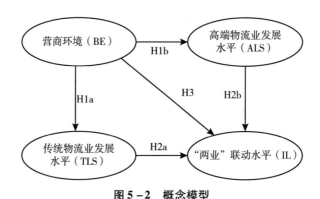

图 5-2　概念模型

资料来源：作者绘制。

5.3　实 证 研 究

5.3.1　效 度 检 验

本章采用探索性因子分析的方法来检验问卷的结构效度。结构效度是指量表能够测量到的理论上的构念的程度。表 5 - 4 展示了 KMO 抽样适当性检验及 Bartlett 球形检验结果。KMO（Kaiser - Meyer - Olkin）的抽样适当性量数（其值介于 0 ~ 1 之间），KMO 值越大（越接近 1），表示变量间的公共因子越多，越适合进行因子分析。[①] 另外，Bartlett 球形检验的卡方值为 2137.038（自由度为 1）达到显著性水平，可拒绝零假设（即拒绝变量间的偏相关矩阵不是单位矩阵的假设），说明总体的相关矩阵间有公共因子存在，适合进行因子分析。

表 5 - 4　　　　　　　　　　问卷的 KMO 与 Bartlett 检验值

Kaiser - Meyer - Olkin 取样适切性量数		0.805
Bartlett 的球形度检验	近似卡方	2137.038
	df	465
	Sig.	0.000

资料来源：作者根据实证结果整理。

用 SPSS19.0 对样本数据进行因子分析，SPSS190 默认值是将特征值大于 1 作为主成分保留的标准。表 5 - 5 是对样本数据进行因子分析之后的结果，表中特征根大于 1 的数据共有 8 个，但是单单把特征值大于 1 的因素作为最后的共同因子有时是欠严谨的，因此还需要参考碎石图以及转轴后的因子结构来综合判断共同因子是否该保留。从图 5 - 3 中可以看出，第五个因子之后，坡度线较为平坦，表示无特殊因子值得抽取，因而保留 4 个因子较为适宜。结合图

[①]　根据学者凯撒（Kaiser）的观点，如果 KMO 的值小于 0.5，则不太适合进行因子分析，量表的 KMO 值最好在 0.8 以上，KMO 值如果在 0.7 以上则可以勉强接受，如果量表的 KMO 值在 0.6 以下，则量表不适宜进行因子分析。此处的 KMO 值是 0.805，表示变量间有公共因子存在，变量适合进行因子分析。

5－3碎石图、表5－6旋转后的成分矩阵，因子5，因子6、因子7、因子8包含的题项内容与原先差距较大，因子命名较为不易，因此限定抽取4个共同因子，进行因子分析。

表5－5　　　　　　　　　　　　　　解释总变异量摘要表

成分	初始特征值			提取平方和载入		
	合计	方差的百分比	累积百分比	合计	方差的百分比	累积百分比
1	7.754	25.014	25.014	7.754	25.014	25.014
2	3.512	11.329	36.342	3.512	11.329	36.342
3	2.493	8.041	44.383	2.493	8.041	44.383
4	1.599	5.158	49.542	1.599	5.158	49.542
5	1.302	4.200	53.742	1.302	4.200	53.742
6	1.167	3.766	57.507	1.167	3.766	57.507
7	1.063	3.428	60.936	1.063	3.428	60.936
8	1.001	3.230	64.166	1.001	3.230	64.166
9	0.929	2.997	67.164			

资料来源：作者根据实证结果整理。

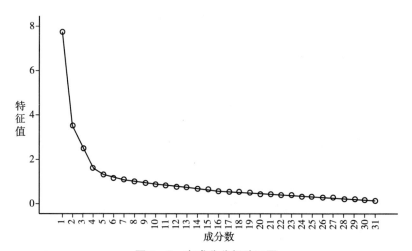

图5－3　主成分分析碎石图

资料来源：作者根据实证结果绘制。

表 5 - 6　　　　　　　　　　旋转后的成分矩阵

潜变量的维度（指标）	成分							
	1	2	3	4	5	6	7	8
BE43	**0.739**	- 0.005	- 0.022	- 0.018	0.070	0.159	0.130	- 0.002
BE44	**0.725**	0.092	0.054	- 0.012	0.328	0.083	0.038	- 0.089
BE42	**0.722**	0.096	0.095	- 0.065	0.043	0.021	0.226	- 0.190
BE52	**0.717**	0.006	0.122	0.195	0.174	- 0.004	0.094	0.136
BE53	**0.638**	- 0.020	- 0.032	0.159	0.064	- 0.021	0.289	0.278
BE61	**0.592**	- 0.035	0.068	0.240	0.145	- 0.147	0.002	0.357
BE24	**0.567**	0.194	0.153	0.155	- 0.032	0.069	0.477	- 0.025
BE62	**0.563**	- 0.029	0.147	0.106	- 0.069	0.389	0.101	0.105
BE23	**0.542**	0.036	0.172	0.201	0.395	0.096	0.205	- 0.187
BE51	**0.524**	- 0.110	0.022	0.318	0.279	0.200	- 0.115	- 0.158
IL5	0.030	**0.826**	- 0.094	0.219	0.031	0.115	- 0.031	0.093
IL2	0.032	**0.788**	0.193	- 0.016	- 0.045	- 0.007	0.097	- 0.181
IL4	0.081	**0.765**	- 0.036	0.056	0.018	0.158	0.058	0.000
IL1	0.005	**0.764**	0.223	- 0.046	- 0.012	0.039	0.005	- 0.081
IL3	- 0.039	**0.725**	- 0.056	0.141	0.182	0.117	0.058	0.167
ALS2	0.021	0.056	**0.765**	0.209	- 0.092	- 0.072	0.190	0.098
ALS1	0.032	0.062	**0.731**	0.247	0.058	0.165	0.036	- 0.263
ALS5	0.177	0.105	**0.731**	- 0.168	0.003	0.192	- 0.003	0.295
ALS4	0.173	0.012	**0.678**	0.011	0.265	0.186	- 0.176	0.007
TLS2	0.098	0.066	0.051	**0.767**	- 0.118	0.135	0.113	0.144
TLS3	0.205	0.212	0.011	**0.688**	0.037	0.086	0.108	0.028
TLS1	0.115	0.061	0.253	**0.633**	0.211	0.000	- 0.008	- 0.281
BE21	0.184	0.085	0.051	- 0.034	**0.714**	0.224	0.206	0.156
BE22	0.420	0.037	0.069	0.064	**0.669**	- 0.095	0.133	0.022
BE11	0.122	0.187	0.204	0.089	0.106	**0.774**	- 0.026	- 0.090
BE12	0.228	0.214	0.040	0.185	0.322	**0.634**	0.052	0.190
BE13	- 0.043	0.310	0.363	0.055	- 0.160	**0.513**	0.247	- 0.032
BE32	0.325	0.015	0.014	0.108	0.156	- 0.022	**0.721**	0.017

续表

潜变量的维度（指标）	成分							
	1	2	3	4	5	6	7	8
BE41	0.301	0.029	0.119	0.016	0.437	0.163	**0.548**	-0.217
BE31	0.369	0.194	-0.080	0.119	0.229	0.120	**0.508**	0.203
ALS3	0.049	-0.024	0.535	-0.044	0.133	0.079	0.012	**0.619**

资料来源：作者根据实证结果整理。

　　指定因子个数为 4 个之后，"解释总变异量"摘要表如表 5 - 7 所示，从表中可以看出 4 个因子的联合解释变异量为 49.542%，接近 50% 的最低要求。根据表 5 - 8 第二次因子分析的结果，可以发现，4 个因子包含的题项除了BE11 和 BE13 之外，与原先编制的量表大致符合，且 BE11 和 BE13 因子负荷量低于 0.5，考虑删除题项 BE11 和 BE13。综合以上分析可以认为问卷有较好的结构效度。

表 5 - 7　　　　　　　　第二次因子分析解释总体变异量摘要表

成分	解释的总方差								
	初始特征值			提取平方和载入			旋转平方和载入		
	合计	方差百分比	累积百分比	合计	方差百分比	累积百分比	合计	方差百分比	累积百分比
1	7.754	25.014	25.014	7.754	25.014	25.014	6.444	20.786	20.786
2	3.512	11.329	36.342	3.512	11.329	36.342	3.649	11.772	32.558
3	2.493	8.041	44.383	2.493	8.041	44.383	3.189	10.286	42.843
4	1.599	5.158	49.542	1.599	5.158	49.542	2.076	6.698	49.542

表 5 - 8　　　　　　　　第二次因子分析旋转成分矩阵

潜变量的维度（指标）	1	2	3	4
BE44	**0.750**	0.063	0.081	-0.001
BE52	**0.708**	-0.043	0.130	0.199
BE43	**0.703**	-0.011	0.027	0.029
BE23	**0.680**	0.052	0.169	0.199

续表

潜变量的维度 （指标）	1	2	3	4
BE53	**0.679**	−0.045	−0.017	0.146
BE42	**0.679**	0.063	0.062	0.017
BE22	**0.663**	0.016	0.070	−0.037
BE24	**0.626**	0.206	0.119	0.211
BE41	**0.620**	0.122	0.126	−0.006
BE31	**0.609**	0.251	−0.038	0.063
BE32	**0.589**	0.072	−0.028	0.091
BE61	**0.564**	−0.120	0.068	0.200
BE21	**0.549**	0.165	0.168	−0.170
BE51	**0.528**	−0.096	0.073	0.326
BE62	**0.514**	0.021	0.257	0.166
BE12	**0.415**	0.354	0.256	0.127
IL5	0.046	**0.819**	−0.075	0.183
IL4	0.106	**0.774**	−0.016	0.051
IL2	0.012	**0.757**	0.121	0.026
IL3	0.085	**0.741**	−0.018	0.066
IL1	−0.019	**0.734**	0.187	−0.020
ALS5	0.144	0.096	**0.789**	−0.133
ALS4	0.178	0.008	**0.719**	0.028
ALS1	0.035	0.088	**0.688**	0.324
ALS2	0.015	0.028	**0.680**	0.257
ALS3	0.121	−0.035	**0.619**	−0.111
BE13	0.014	0.436	**0.454**	0.122
BE11	0.196	0.352	**0.411**	0.125
TLS2	0.113	0.104	0.055	**0.756**
TLS3	0.250	0.231	−0.004	**0.669**
TLS1	0.168	0.065	0.180	**0.636**

资料来源：作者根据实证结果整理。

5.3.2　信度检验

本章采用 Cronbach'α 的一致性系数 α 来对量表总体信度以及量表各层面信度进行判断，信度判别标准见表 5 - 9。运用 SPSS19.0 对各变量的信度检验结果如表 5 - 10 所示，其中问卷总量表及分量表均达到标准，且总量表信度较高，可以认为问卷结果有较高的可信度。

表 5 - 9　　　　　　　　　　内部一致性系数 α 判别标准

内部一致性信用度系数值	层面或构念	整个量表
α 系数 < 0.50	不理想，舍弃不用	非常不理想，舍弃不用
0.50 ≤ α 系数 < 0.60	可以接受，增列题项或修改语句	不理想，重新编制或修订
0.60 ≤ α 系数 < 0.70	尚佳	勉强接受
0.70 ≤ α 系数 < 0.80	佳（信度高）	可以接受
0.80 ≤ α 系数 < 0.90	理想（甚佳，信度很高）	佳（信度高）
α 系数 ≥ 0.90	非常理想（信度非常好）	非常理想（甚佳，信度很高）

资料来源：作者整理。

表 5 - 10　　　　　　　　　　问卷量表 Cronbach'α 系数

层面	信度			
分量表 α 系数	TLS	ALS	IL	BE
	0.653	0.786	0.847	0.902
总量表 α 系数	0.887			

资料来源：作者整理。

5.3.3　结构方程模型拟合与修正

根据前述提出的概念模型，构建了结构方程模型对假设进行验证，经过初次拟合，部分路径没有通过检验，而且拟合指标不理想。因此，根据修正指标 MI 值对模型进行修正，并且删除没有通过假设检验的路径得到最终结构方程模型（如图 5 - 4 所示），相应的拟合度指标除 GFI 外均达到标准，但是与标准值 0.9 也比较接近，而其他指标均通过检验，在理论上是可以接受的，即可以认为模型适配度良好（如表 5 – 11 所示）。

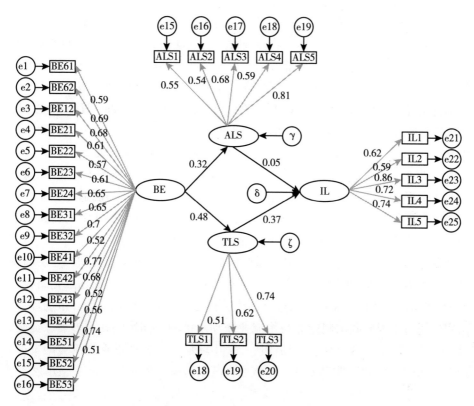

图 5 – 4 修正后的结构方程模型

资料来源：作者根据实证结果绘制。

表 5 – 11   拟合度检验表

统计量	χ^2/df	GFI	IFI	TLI	CFI	RMESA
标准	<3	>0.9	>0.9	>0.9	>0.9	<0.08
统计值	1.391	0.833	0.923	0.912	0.921	0.049

资料来源：作者整理。

5.3.4 假设检验结果及讨论

从表 5 – 12 可以看到，假设 H1a、H1b 的标准化路径系数分别为 0.48、0.32，T 值均大于 1.96，表明各路径系数在 p = 0.05 的水平上具有统计显著性，H1a、H1b 成立。研究结果表明，营商环境对传统物流业和高端物流业的发展均有显著的正向影响；市场环境的改善、信用体系的构建、行政管理水平的提高对物流业的发展将会有一定的促进作用。通过比较 H1a 和 H1b 的路径系数可以发现，营商环境对传统物流业发展的推动作用大于其对高端物流业发展的推动作用；当前，中国大部分物流企业只能提供传统物流服务，营商环境的改善将有利于它们的发展以及逐步向高端物流企业转型升级。H2a、H2b 的标准化路径系数分别为 0.37、0.45，T 值均大于 1.96，即 H2a、H2b 成立，即我国传统物流业以及高端物流业的发展程度对我国制造业与物流业的联动水平均有正向影响，而且高端物流业对"两业"联动的影响程度要高于传统物流业对"两业"联动的影响程度。这一结果也符合我们的一般认知，传统物流企业通常提供的服务仅仅是物流环节服务，对于信息共享、与制造业企业产生互动的需求程度不高；而高端物流服务，通常强调有效整合供应链上物流环节为客户创造价值，与客户建立长期共赢的战略联盟关系，对于信息共享、与制造企业之间进行互动的要求较高。微观层面企业之间的互动上升到产业层面则会带动"两业"联动的发展，提升"两业"联动的水平。H3 的标准化路径系数为 -0.017，假设检验没有通过，即改善营商环境中的行政管理、市场环境、信用环境对于提升我国制造业与物流业联动水平的正向影响并不显著，但是，营商环境可以从行政管理、市场环境、信用环境三个方面影响物流业的发展，间接地影响"两业"联动发展，物流业在其中扮演了重要的"桥梁"角色。

表 5 – 12　　　　　　　　　　　　假设检验结果

编号	研究假设	路径系数	T 值	显著水平	检验结果
H1a	营商环境对传统物流业发展水平有正向影响	0.48	2.917	0.004	支持
H1b	营商环境对高端物流业发展水平有正向影响	0.32	2.733	0.016	支持
H2a	传统物流业发展水平对"两业"联动水平有正向影响	0.37	1.988	0.047	支持
H2b	高端物流业发展水平对"两业"联动水平有正向影响	0.45	1.991	0.05	支持
H3	营商环境对"两业"联动水平有正向影响	– 0.017	– 0.058	0.954	不支持

资料来源：作者整理。

5.4　对策建议

本章在第 4 章的基础上，进一步运用理论分析与实证研究相结合的方法，探索了营商环境对"两业"联动发展的影响以及内在机理。实证结果表明，营商环境对传统物流业以及高端物流业的发展均有正向影响作用，传统物流业以及高端物流业的发展将会促进"两业"联动发展水平的提升，尤其是高端物流业的发展对"两业"联动发展的促进作用更为明显；营商环境从八个方面影响物流业的发展，进而对"两业"联动发展起到间接促进作用。

为了促进我国物流业健康、协调、有序发展，提出以下对策与建议。

第一，加强行政监督、完善审批制度、规范行政执法和行业标准，建立健全物流行业法律、法规体系，不断提升各级政府行政管理水平。近年来，我国物流业发展迅速，但是运输过程中超载、违章运货等违法行为时有发生；为了保证我国物流业健康、持续发展，必须严格规范行政执法人员和物流企业的行为，进一步完善物流行业监管体系，广泛运用现代信息网络技术，对物流网络系统中各节点企业的行为进行在线、实时、有效监管。

第二，构建合理的市场准入"门槛"，消除地区封锁、打破行业垄断，形成公平、有序的市场竞争环境，促进传统物流业向高端物流业转型升级，实现制造业与物流业高效联动。随着"中国制造 2025"战略的实施，服务型制造业将会得到蓬勃发展，高成本、低效率的传统物流企业更加需要向高端物流企业转型升级；这不仅需要国家各项政策支持，也需要健全的法律、法规体系作为保障，而且更需要为物流企业转型升级营造良好的营商环境。

第三，加快物流市场征信系统建设，构建物流企业信用平台，营造良好的信用环境。现阶段，我国物流业仍以传统物流业为主，诚信缺失、监管不力的现象仍较为普遍；征信系统的建设可以整合交通、运管、路政、工商、税务、银行、保险、司法等信用信息，推动物流信用信息的共享和应用，这对构建守信激励和失信惩戒机制能起到一定的保障作用。

第四，营商环境的改善和成熟是一个复杂而漫长的过程，既需要政府的努力，也需要企业的配合与参与；企业应当加强对政策环境的整体性认识，转变认识误区。例如，总是将物流政策看成是提供优惠、扶持和倾斜的措施来提高物流运作效率；然而，政策解决的问题是市场公平、公正运作，至于如何提高市场的运作效率，则是企业家们应当思考和解决的问题。

第 2 篇　企业层面双边联动研究

第6章 理论基础与机理分析

脱胎于竞争的组织间合作关系，与短期的、即时的交换关系不同，组织间的合作可视为一种利益交换或要素互补，抑或一种相互依赖（任浩和甄杰，2012）。随着组织间关系的日益复杂，对组织间合作创造客户价值的研究亦呈现出多个流派并存的趋势，管理学、经济学、社会学等学科均对这一领域的研究做出了突出的贡献。随着研究的逐步深入，学者们发现，单一理论范式很难对企业间合作进行全面的解释与说明。基于此，一些学者开始尝试对多个理论范式进行综合，以弥补单一理论解释的不足（Barringer and Harrison，2000）。

20 世纪 90 年代以前，关于企业间合作的理论研究，大都采用交易成本理论、资源依赖理论、战略选择理论、利益相关者理论、组织学习和新制度理论（邵兵家等，2005）。此后随着关系理论的兴起，研究的理论多集中于资源基础观、知识基础观、社会逻辑观和组织学习理论（Duane Ireland et al.，2002）。罗珉（2007）通过对相关理论研究文献的梳理，提出了四个理论维度：资源维度、能力维度、关系维度和组织维度。基姆（Kim et al.，2009）应用交易成本理论和资源基础理论，通过案例研究提出双方企业各自构建跨组织关系的影响因素。摩尔和坎宁安（Moore and Cunningham，1999）以社会交换理论为基础，研究发现有效的双方关系与货主企业和物流企业之间高水平的平等、承诺、信任相关。科恩和威尔科克（Kern and Willcocks，2000）将社会交换理论引入合作关系分析的理论框架中。古尔布兰森（Gulbrandsen et al.，2009）使用交易成本理论、政治经济学理论、社会交互理论和资源依赖理论构建研究的理论框架。骆温平（2007）通过社会分工理论、交易成本理论、委托代理理论、博弈论、组织管理理论、核心竞争力理论等多个理论，对物流企业与制造企业的互动合作进行了理论推演。

本篇以经济学（交易成本理论）、管理学（资源依赖理论）、社会学（社会交换理论、社会资本理论）三个学科中的经典理论作为理论基础，力求通过理论间的互补与融合，对本篇研究的问题进行理论阐释和机理分析。

6.1　交易成本理论的解释

科斯（Coase, 1937）首次提出交易成本理论，认为市场和企业是两种可以相互替代的资源配置手段，成本决定某项活动是在企业内部进行还是外包。威廉森（Williamson, 1975）进一步发展了交易成本理论，提出影响交易成本的原因是人的有限理性和机会主义行为：有限理性源于人的认知能力的有限；机会主义是指在经济活动中，人们本能的利己性，尽可能地保护和提高自身利益，甚至不惜以他人的损失为代价。机会主义行为受三个变量的影响：资产专用性、不确定性、交易的频率。交易成本理论的核心是交易费用最小，交易成本的下降是企业间合作的最基本动力，交易费用的下降是企业选择组织治理结构的决定因素。组织的治理结构包括：市场结构，即以价格机制配置资源；层级制，即以公司内部行政手段配置资源；混合制，介于市场结构和层级制之间。

（1）物流企业与制造企业从松散交易型关系发展为紧密合作型关系，双方企业在物流领域的战略性合作成为可能。企业间物流合作在战略性合作框架下进行有组织的市场交易，能够有效节约市场交易中的各种相关费用；企业间形成紧密的合作关系，使得企业在做决策时充分考虑对方企业的收益，从而降低企业以自身利益最大化为出发点的企业的有限理性；双方企业建立长期的合作关系，若一方企业利用对方企业的劣势而获取收益，则对其自身造成的损失将远大于由此而获取的收益。因此，企业间紧密的合作关系能够抑制双方企业合作过程中的策略性行为，抑制企业机会主义行为的发生。

（2）物流企业与制造企业合作，双方企业从单方主动参与合作发展为双方互动合作。通过对交易特性（资产专用性、不确定性、交易的频率）的协调与控制，进而有效抑制合作企业的机会主义行为。资产专用性是交易特性中最重要的方面，资产专用性越高即表明企业投资中"沉没成本"的比例越高，己方在合作投资中高比例的沉没成本，会导致合作方的机会主义行为。企业合作从单方主动到双方互动的发展过程中，双方企业的资产专用性都有所提高，同时双方互动合作在一定的程度上还能够提高双方企业在专用性资产上的"共同占有"，确保合作关系的持续，并由此对因资产专用性而引发的机会主义行为起到抑制的作用。由于交易对象行为的不可预期性和外部环境的时变性，使得企业间的合作面临很大的不确定性。物流企业与制造企业互动合作，双方企业的信息共享和沟通得到加强，减少因信息不对称所引发的败德行为。企业间互为反馈，调整自身运营以共同应对环境的不确定性对合作的影响。物流企业与制造企业的合作，很大一部分是简单、重复型的交易。双方合作由单方主动发展为双方互动，能够形成企业间的共同行为规范和"默示"运营，可有效压缩双方企业因简单重复交易而产生的交易成本。物流企业与制造企业合作，从单方主动发展为双方互动，双方企业均积极主动的参与合作，共同解决合作过程中出现的问题，协调与控制交易特性的各个方面对交易的影响，以抑制对方的机会主义行为，降低交易费用。

（3）企业合作是介于市场与企业内部之间的一种组织形态，是企业对成本权衡的结果，即交易成本的大小决定了企业间的关系模式。企业合作是为了寻求一种较低的交易成本的制度安排，相较于企业和市场两种极端的形式，中间组织的治理结构具有相对适宜的灵活性。以客户价值创造为导向的企业间合作，是基于双方企业跨组织的资源和能力的整合，组织边界的模糊和双方企业资源、能力的互为渗透使得双方企业彼此互为影响，能够有效地抑制企业的机会主义行为和有限理性，降低双方企业合作的交易成本。

基于上述分析，可以得到交易成本理论对基于客户价值创造的企业合作的解释（如图 6 – 1 所示）。

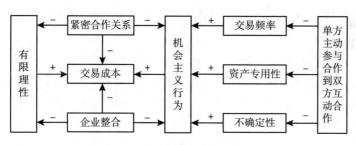

图 6 – 1　交易成本理论解释

资料来源：作者绘制。

6.2　资源依赖理论的解释

资源依赖理论源于开放系统的观点，任何企业都处于开放的环境中，企业必须通过交换才能获取生存和发展所需的资源，没有任何一个企业组织是能够自给自足的。组织需要与环境进行交换并借此生存、发展。资源依赖理论源于两个基本的假设：（1）组织运行需要多种异质的资源，这些资源不可能由企业自己完全提供；（2）组织的运作由多种业务构成，这些业务活动企业无法自己全部完成。企业在与其他企业进行资源交换时，企业之间就产生了资源依赖。资源依赖可分为内生的依赖性（或称为结构依赖性）和外生的依赖性（或称为过程依赖性）。内生/结构依赖源于对方企业所拥有资源的稀缺性（不可替代性），外生/过程依赖则源于双方企业所拥有资源的内在关联（贾生华等，2007）。合作企业双方的资源依赖，使得双方企业的利益更加紧密地联系在一起（戴尔和西恩，1998）。企业为有效管理自身和其他企业的依赖关系，需要控制关键的资源以降低依赖性，同时占有更多的资源来提高合作的企业对自身的依赖。资源依赖理论在一定程度上揭示了组织自身的选择能力，关注管理其所处环境中与其他组织的互依性（马迎贤，2005）。

（1）基于资源依赖理论的视角，企业间的关系可视为两个企业之间相对持久的资源交易、资源流动和资源联结（陈旭，2010）。资源依赖理论关心的是企业间的关系（Sobrero and Schrader，1998），探讨企业间关系如何协助企业获取资源以降低企业运营的不确定性（Harrigan and Newman，1990）。不确定性的提高驱使组织间加强联结，深化企业间的相互依赖，企业间相互依赖的程度影响关系的发展和关系的表现。双方企业的相互依赖程度与企业间的长期合作关系正相关（Lusch and Brown，1996）。双方企业资源依赖的不对称性使得弱势企业积极发展与合作伙伴的关系，以降低自身的相对依赖，双方合作关系得以深化和发展。

（2）双方企业合作过程中，企业无法完全预测或掌控对方企业的行为和外部环境，双方企业均面临不确定性。合作由单方主动参与到双方互动参与合作，进而降低由于资源关联所产生的不确定性。双方企业合作中资源依赖的不对称，使得双方企业的关系不对等，而企业绩效的提升基于企业之间相互依赖的结构（Dagnino and Padula，2002），由此处于弱势的企业往往积极采取行动，以驱使、促进对方主动参与合作，从单方主动发展为双方互动合作。

（3）资源相互依赖使双方合作企业的利益存在紧密关联，资源的有效整合可以创造更多的价值。物流企业与制造企业合作以客户价值的创造为导向，进行企业间相互关联、依赖的资源整合。

基于上述分析，可以得到资源依赖理论对基于客户价值创造的企业合作的解释（如图6-2所示）。

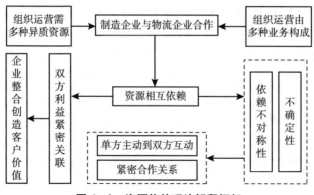

图 6 – 2 资源依赖理论解释框架

资料来源：作者绘制。

6.3 社会资本理论的解释

社会资本是指嵌入在个体或企业网络关系之中，通过个体或企业网络关系可以得到的实际或潜在资源的总和。社会资本与其他资本的最大区别在于社会资本的产生和维持不取决于单一行为主体，而是取决于行为主体之间的关系（Coleman，1988）。社会资本嵌入在行为主体之间形成的关系结构之中，是企业通过与经济领域中的各个方面建立起的各种网络来摄取稀缺资源的一种能力，需要经过积累和再生产，是企业发展不可缺少的要素之一（边燕杰和丘海雄，2000）。企业内部和企业之间的关系是一种社会资本，企业内在的社会关系可以融合组织内部的行为主体，实现组织内部的协同以实现组织目标。企业外部的社会资本起着桥梁的作用，连接其他行为主体而获得关键性资源以加强竞争优势，是组织竞争成功的最后决定因素（Burt，1992）。社会资本具有积聚性、再生产性和获取资源的能力，镶嵌在企业的关系网络之中，是企业通过关系网络可获得来自关系网络的实际或潜在的资源的总和。纳比特和戈沙尔（Nahapiet and Ghoshal，1998）将属于组织的心理认同（认知面）、组织内各类连带的网络（结构面）以及通过网络、规范、认同建立的信任（关系面），都纳入社会资本的范围内，形成了完整的社会资本结构。社会资本在管理学界的衡量可分为三个维度：结构维度、认知维度和关系维度。

社会资本是企业间关系的联结剂，企业通过社会资本获取运营所需的资源，协调企业内和企业间的各种业务活动，降低不确定性。企业间良好的关系是企业成功的关键，物流企业与制造企业之间的联结可帮助双方企业获取关系租金。① 合作双方通过建立紧密的合作关系可实现帕累托（pareto）边界外推，产生超额租金，这种租金的获取依赖于交易的存在方式及完成方式。企业间通过长期的合作形成特定的关系，可以跨越企业边界，嵌入企业间的常规惯例和程序以产生关系租金。关系租金的产生使得双方企业的绩效得以提升。中国物流专业化运营起步较晚，物流行业发展处于初级阶段，行业规制不规范，物流市场不健全。在此大背景下，企业社会资本中的关系维度（相较于结构维度和认知维度）对企业的作用更大，对企业更有意义和价值（陈菲琼，2003）。关系资本是关系型合作的基础，实质就是对企业间关系质量的衡量。物流企业与制造企业合作关系的发展与深化，伴随或导致双方企业原有运营的变更，甚至可能涉及企业战略性决策的调整。如此将会给企业带来风险（主要由合作伙伴的机会主义行为导致）和不确定性，寄希望于合作之初订立完备契约，以应对风险和不确定性几乎是不可能完成的任务。而且事先订立的契约对偶然发生的事件缺乏适应性，加之企业间合作关系的动态发展，使得严格、详尽的合同反而可能会导致实际的冲突。以企业间关系资本为核心的关系契约在很大程度上与正式契约相互补充、互为渗透并相互强化（Poppo and Zenger，2002）。关系契约能够有效调节双方企业合作过程中不稳定因素的影响，面对冲突时可以在没有第三方干涉的情况下使交易得以继续进行（Macenil，1980）。企业间形成紧密的合作关系既需要正式契约的刚性支撑，也需要关系契约的柔性维护。

　　社会资本理论将企业关系资本视为一种生产性资源，关系资本能够与企业的其他资源一起为企业创造价值。古典和新古典经济学中的企业价值创造理论将企业视为各种有形资本投入的组合体，而资源基础观认为企业的价值创造源于企业内难以被模仿的异质资源，分析限于企业内部的资源。新经济时代企业处于开放的商业环境中，传统的企业内部资源分析已无法完全解释企业价值创造的全部。与此同时，学者们也注意到，经济学中对人性的完全理性假设存在极大缺陷。经济学研究中对人性的假设开始出现从"经济人"到"契约人"到"社会人"的发展。学者们开始关注人的社会性对企业组织的作用，进而发现企业与外部环境中利益相关组织的关系资本要素成为企业价值创造的又一关键因素。企业的价值创造已从传统的 $V = f(K, L)$，演化升级为 $V = f(K, L, R_C)$ 的形式。② 企业关系资本是唯一一个具备整合能力的资本（杨孝海，2010），能够整合企业内部和企业外部的资源共同进行价值创造。物流企业与

---

　　① 关系租金是在交换关系中由交换双方共同生成的超额收益，这种超额收益无法通过任何单方独立生成，而必须由专属的联盟伙伴彼此联合的特殊贡献创造（Dyer and Singh，1998）。

　　② V 表示企业价值；K 表示资金；L 表示劳动；R_C 表示关系资本。

制造企业的内外部整合能够带来客户价值的提升，还可以帮助企业通过关系资本进行增值，为企业带来关系性租金。

　　由上述分析可知，企业内部整合与外部整合的交互作用能够有效创造客户价值。基于此，可以得到社会资本理论对本篇研究问题的解释框架（见图6－3）。

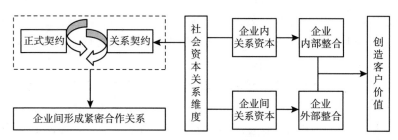

图6－3　社会资本理论解释框架

资料来源：作者绘制。

6.4　社会交换理论的解释

　　社会交换理论兴起于20世纪60年代的美国，而对这一理论的溯源甚至可以追溯到亚当·斯密的交换学说。但古典经济学将人看作理性人，即人在交换时总是寻求物质利益的最大化，这种早期的功利主义看法不免过于狭隘。现代社会交换理论是以经济学、心理学、人类学等学科为基础发展起来的社会学理论，它是用来描述由心理学和经济学衍生出来的人的行为和行为动机的心理学命题。跨组织的交互理论认为，企业成功的关键很大程度上取决于企业的社会交互行为，组织关系的走向依赖于过去的合作关系质量。社会交换是人的自愿行为，其目的非常清楚，就是通过交换活动来获取回报。企业间的合作行为源于相互间的社会吸引，社会吸引[①]是诱导人们主动地建立社会交往的力量，社会吸引导致社会交换。社会交换理论的核心包括理性原理、互惠原理、公正原理、边际效用原理和不均衡原理等。互惠原理是社会交换理论中的核心原理。互惠原理认为，人们之间交换的报酬[②]越多，越有可能产生互惠的义务，并以

———————————

① 社会吸引：人们从事社会活动是因为他们知道会得到报酬，这种认知即社会吸引。

② 报酬：即利润，报酬概念的使用有助于社会学学者将人类行为看作是在心理需要的驱使下进行。

此来支配以后人们的交换，越是违反交换关系中的互惠原理，被剥夺者就越会倾向于惩罚违背规范的人（特纳，2008）。企业间为继续得到收益而互惠是社会互动的"启动机制"，当交换发生之后，就会出现互惠规范来指导后续的交换活动。因而互惠规范本质上根植于交换过程之中，对这一规范的违反就会造成社会不满和受到惩罚（布劳，2008）。社会交换理论的基本假设是"人们从事社会交换是因为他们知道会因此得到报酬"，基于这一基本假设，结合社会交换理论所蕴含的互惠原理、公正原理等原理，可以为我们理解基于客户价值创造的物流企业与制造企业之间的合作提供很好的理论视角。

物流企业与制造企业之间的合作可以视为一种关系型交换，合作关系的紧密程度受到企业之间关系要素和企业彼此间内在吸引力的影响。企业间的社会吸引、企业的社会关系和附属规范能够促进双方形成紧密型的合作关系，推动双方企业从单方主动参与合作发展为双方互动合作。合作的出发点是双方共同创造价值而非自身利益的最大化。从社会交换理论的互惠原理可以得出，物流企业与制造企业合作以提升客户价值为共同目标，在达到共同目标的前提下获取各自的报酬。基于此，可以得到社会交换理论对本篇研究问题的解释框架（见图6-4）。

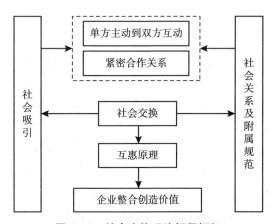

图6-4　社会交换理论解释框架

资料来源：作者绘制。

6.5　基于客户价值创造的企业合作研究理论框架

从本质上讲，基于客户价值创造的企业合作的过程，既是双方企业之间经济交换过程，亦是企业间社会交换的过程；既是双方企业互补性资源获取与控制能力培养的过程，亦是企业间社会资本形成与积聚的过程。两两过程之间不排斥、不替代，互为渗透、相互融合。资源依赖理论强调企业间资源的依存性，认为企业间合作的基本动因源于关键性资源的获取，以及如何通过权力控制与企业自身能力的提升来降低这种依赖。交易成本理论用以分析经济交换的内在动因和互动机理，以交易成本为核心概念对经济交换过程进行理性分析，认为合作的基本动因源于交易成本的下降。有限理性和机会主义使得合作双方面临风险和不确定性，企业间的信任能够降低交易成本，有效抑制机会主义行为，提升交易的价值。企业间彼此信任，企业间的协作就会产生。关于企业间合作治理结构的研究，大多采用交易成本理论作为理论分析基础。但是近来受到很多学者的批评，认为交易成本理论过于强调行为主体的机会主义行为，并试图通过使用契约协议来解决机会主义行为，而忽视了合作企业之间良好合作关系的作用。被社会学家称为"社会化不足"。社会交换理论用以分析社会交换的内在动因和互动机理，着重于分析合作企业在交换过程中合作双方的行为和心理动机。经济交易中存在明确或隐含的正式契约规定双方企业的行为和责任，而社会交换中没有明确的契约对双方的义务进行规定，此时关系要素起到决定性作用。从社会交换视角来看，合作企业间非物质的内在报酬构成社会关系资本的重要条件。社会资本理论聚焦于双方企业关系资本的产生和积聚，以及由此导致的企业间合作。随着社会学理论的兴起，学者们逐渐认识到，企业间的合作除了正式契约的规范，大多是具有关系契约属性的混合治理结构安排，其中关系性因素在企业合作中能够发挥重要作用。关系资本的积聚是在存在不确定性的情况下，交换的参与方降低风险和不确定性、最优化收益的主要策略。基于上述分析，将基于客户价值创造的企业合作研究的理论基础进行汇总（见表 6 - 1）。

表 6 - 1　　　　基于客户价值创造的企业合作研究理论基础

基于客户价值创造的企业合作	理论基础	具体应用
企业间紧密合作关系的形成	社会交换理论	社会吸引、社会规范
	社会资本理论	社会资本的关系维度
	交易成本理论	机会主义、有限理性
	资源依赖理论	不确定性、依赖不对称

续表

基于客户价值创造的企业合作	理论基础	具体应用
企业互动合作	社会交换理论	社会吸引、社会规范
	交易成本理论	交易特性
	资源依赖理论	不确定性、依赖不对称
企业整合创造客户价值	社会交换理论	互惠原理
	社会资本理论	社会资本的关系维度
	交易成本理论	机会主义、有限理性
	资源依赖理论	利益关联

资料来源：根据相关文献整理。

　　基于上述理论，基于客户创造价值的企业合作问题的研究可以从三个方面进行逐层的剖析：企业间形成紧密合作关系、双方企业互动合作和企业整合创造客户价值。三个层面并非孤立的存在，而是具有一定的逻辑关系和内在关联。

　　（1）企业间紧密的合作关系是企业双方互动合作的基础，是企业以创造客户价值进行合作的前提。企业间紧密合作关系的形成基于双方企业间关系资本的产生和积聚，企业间关系资本可由双方企业基于合作的专属性行为"生产"出来。企业间关系资本和企业专属性行为均具有排他性，可为双方企业带来关系租金。基于此，物流企业与制造企业形成紧密的合作关系，能够有效避免双方企业为规避合作风险而采取的策略性行为。企业的集体理性渗入了感性因素，企业的决策不完全依据客观的历史数据和规范的理性分析，双方紧密的合作关系驱使合作过程中出现了更多的回馈和彼此修正。

　　（2）企业互动合作是企业整合创造客户价值的关键。企业互动合作表现为双方企业均积极主动地参与合作，互为对方反馈和调整。物流企业通过自身创新能力的提升，增强与制造企业之间的技术匹配，适应制造企业对物流需求层次的提高，拉动制造企业积极主动参与合作，促进双方企业互动合作的形成。物流企业与制造企业以创造客户价值为目的的合作，需要重构各自企业内部的资源和能力体系以及企业间的有效整合。企业互动合作可以促使企业间共享关键资源，结构性嵌入彼此的价值创造体系中。基于上述分析，构建本篇研究的理论框架如图 6 - 5 所示。

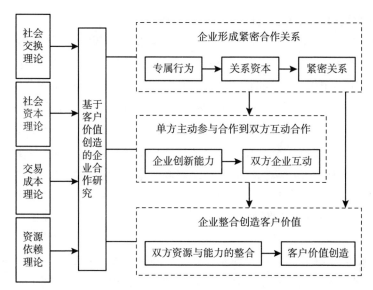

图 6 - 5　基于客户价值创造的企业合作研究的理论框架

资料来源：作者绘制。

6.6　基于客户价值创造的物流企业与制造企业合作机理分析

6.6.1　企业间形成紧密合作关系的机理分析

企业间的合作关系本质上是一种契约关系（陈长彬和杨忠，2008）。企业间从松散型合作关系发展为紧密型合作关系，可视为企业间契约关系的调整与优化。物流企业与制造企业的合作关系具有关系契约①属性，关系契约作为正式契约的有效补充，可以很好地帮助企业应对风险和不确定性。马塞尼尔（Macenil，1980）通过对关系契约的研究提出关系资本是特定的社会过程和社会规则，因交换双方的关系而存在，影响着参与方的行为，使得不需要第三方的干涉就能保证交易的顺利进行。由此，企业间的合作关系通常被看作是企业的一种关系资本（武志伟等，2005）。企业形成紧密合作关系的前提是双方企

---

①　关系契约不仅涉及交换，而且涉及交易方之间的关系，关系契约并不考虑所有未来的具体情况，但契约方之间过去、现在和预期未来的关系影响着契约的长期安排。

业信任和承诺机制的建立（Dwyer et al.，1987；薛卫等，2010）。合作双方基于企业间的关系资本，在实际运营中依实际情况灵活调整，可以更为理性地将动态发展的情形进行固化，以不断修正、完善企业间的合作，更好地应对企业间合作所面临的不确定性。同时，基于企业间关系资本而形成的紧密合作关系，具有稳固的基础，并且会随着企业间关系资本的不断积聚而得到持续强化。

由前述可知，企业间关系资本包括企业间信任和承诺：信任是基于历史合作经验，相信合作伙伴不会有机会主义行为；承诺是基于对未来长期稳定关系的期望，甚至有放弃短期收效的意愿。因此，信任和承诺是企业间合作关系演进的桥梁和根基。信任和承诺作为企业间关系资本的核心要素，是可以被"生产"出来的（Zucker，1986）。企业间的信任和承诺存在的三种生产方式：以过程为基础、以制度为基础和以社会文化为基础（Parkhe，1998）。企业间关系资本不依附于独立的组织，而是存在于企业间关系结构之中，物流企业与制造企业之间的合作又具有二元性、双向性的特点，使得其企业间关系资本的积聚势必与双方企业间的双向合作行为有极大关联。双方企业基于合作的专属性行为，可以不断提升双方的信任和承诺，使得企业间的关系资本得以积聚。这种专属性行为对关系资本积聚的作用，使得企业间关系资本具有不可替代性和难以模仿的特点，为双方企业提供独特的竞争资源。物流企业与制造企业形成紧密合作关系的机理如图 6-6 所示。

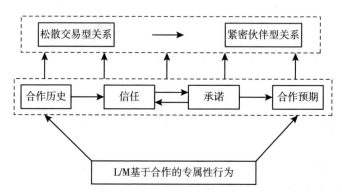

图 6-6　L/M 形成紧密合作关系的机理分析框架

注：L 代表物流企业；M 代表制造企业。
资料来源：作者绘制。

6.6.2　企业合作由单方主动到双方互动的机理分析

物流企业与制造企业合作，双方企业的合作动机和各自企业所面临的行业环境，影响着企业在合作过程中的主动参与行为。

物流行业环境主要包括：物流企业低端恶性竞争（骆温平，2007）、其他行业中的企业进入物流业从事物流服务运营（Hertz and Alfredsson，2003）和物流业诚信体系缺失（《关于我国物流业信用体系建设的指导意见》）三个方面的内容。制造行业环境主要包括：制造企业所面临的竞争加剧（原毅军和刘浩，2009）、企业价值链重构的要求（Kathandaraman et al.，2001）和企业转型升级三个方面的内容。关于物流企业与制造企业主动参与合作的影响因素，具体可见表 6-2。

表 6-2　　　　　　　　　　企业主动参与合作的影响因素

影响因素		物流企业	制造企业
合作动机		获取收益，提升企业运营能力，增加资源利用率，获得规模经济和范围经济	专注核心竞争优势，将非核心业务外包，获取外部物流运作资源，优势互补
物流行业环境	低端恶性竞争	提供无差别的物流服务，在被动接受制造企业的物流运作要求的同时，需主动提升自身的服务，以维系与制造企业长期的合作关系	外包简单的标准化运作，低附加值的物流服务，高端物流需求无法得到有效满足，将外包的物流运作作为自身运营的补充
物流行业环境	其他行业中企业进入物流服务领域	其他行业中的企业提供的物流服务具有专业化的优势，对专门从事物流业务的物流公司造成冲击，物流企业利用自身特点，积极参与合作，将自身运营或网络优势与制造企业的物流需求紧密结合	对专业性要求较高的物流运作外包，综合性的物流需求较难得到满足
物流行业环境	诚信体系缺失	主动改进运营成本和效率，对制造企业的物流需求变化主动适应，积极进行信息共享，以抑制信息不对称所引致的背德行为	外包简单易掌控的操作，与多家物流企业合作以分散经营风险，订立详尽的契约以约束物流企业的行为
制造行业环境	竞争加剧	对制造企业的物流需求进行整合和预判，提供专业的物流服务，有效支撑制造企业的运营	单一企业间的竞争转变为供应链间的竞争，需要合作的企业间有效整合，积极参与合作，与合作企业良性互动
制造行业环境	价值链重构	提供个性化、定制化的服务，满足制造企业的物流需求范围扩大和程度加深	以客户价值创造为核心重构价值链，提高客户服务质量，与物流企业互动合作，以更好地满足客户的产品、服务需求
制造行业环境	转型升级	积极与制造企业合作，为企业提供定制化的高端物流服务	释放更多的物流需求，与物流企业合作，提高企业的物流运作效率和效益

资料来源：根据相关文献整理。

　　制造企业与物流企业合作程度的加深和范围的扩大，对物流企业所提供的物流服务提出了更高的要求，专业化与创新的物流服务愈发成为制约双方企业互动合作的瓶颈。创新能力不足使物流企业在合作过程中只能提供传统的运输和仓储服务，缺乏提供增值服务的能力，尤其在物流方案设计以及全程物流服务等需要个性化与创新的服务领域，很难满足制造企业的物流服务需求。物流企业创新能力的提升，一方面可以增强自身的运营能力，拓宽物流服务范围，避免低端恶性竞争，为物流企业带来持续的竞争优势（Panayides and So，2005）；另一方面可以降低制造企业的物流成本，提高物流服务质量，为制造企业提供个性化、差异化的物流服务，提高制造企业的物流绩效，拉动制造企业主动参与双方在物流领域的合作，促进企业双方互动合作的形成。物流企业与制造企业合作，由单方主动参与到双方互动合作发展的机理如图6-7所示。

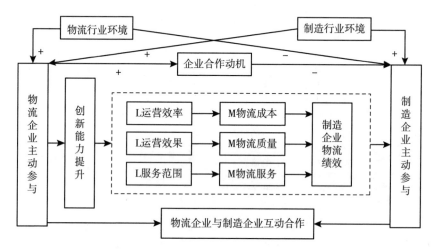

图6-7　L-M单方主动到双方互动合作的机理分析

注：L表示物流企业；M表示制造企业。
资料来源：作者绘制。

6.6.3　企业整合创造客户价值机理分析

　　企业合作源于产业分工的深化，物流企业与制造企业双方的运作存在内在关联和客户价值互补，由此双方企业资源和能力的整合能够创造更多的客户价值。以客户为中心是现代企业竞争的铁律，物流企业与制造企业基于客户价值创造的合作，从根本上改变了传统企业的运营思路，具体表现为两个方面。（1）企业运营由资源、能力驱动变为客户需求驱动。传统的价值创造始于企业对组织内部资源和能力的判断，而后是要素投入、生产、营销，最后环节是客户。客户是被动地接受企业提供的产品、服务，客户价值被创造。现今企业运营以客户为中心，以客户需求为基准整合和共享合作企业间的资源和能力，提供客户需要的产品、服务，为客户创造价值。（2）管理和协调由跨部门变为跨组织。物流企业与制造企业合作，企业的管理重心从企业内部各部门的协调转变为双方企业间合作的管理。

物流企业与制造企业长期合作，形成紧密的合作关系，双方企业间的关系资本得以形成与积聚。关系资本具有整合其他资本的能力，通过关系资本对其他资本的整合，促使双方企业互相嵌入合作方的价值创造网络之中。物流企业和制造企业重构自身的资源和能力体系，整合与共享双方的资源与能力，逐步形成与客户价值链相匹配的中间组织价值链。中间组织的资源与能力具有独特性，难以被模仿和替代，而且与客户的价值链相契合，能够持续地为客户创造价值。企业间以客户价值创造为基础的合作，关键在于双方企业的有效整合。物流企业与制造企业整合是双方企业为达到产品（服务）、信息、资金和决策的有效（效率和效果）管理，低成本、高质量地为最终客户提供产品。双方企业互为对方的变化调整自身运营，为共同的目标协调彼此的行为。是一种以物流企业与制造企业的内部整合与双方企业间的整合互为作用，并以客户价值的提升为逻辑起点和终极目标。基于上述分析，可以得到物流企业与制造企业整合创造客户价值的机理（见图6-8）。

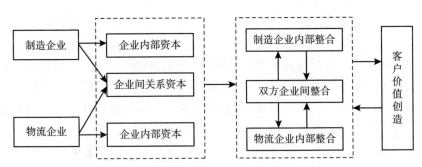

图6-8　企业整合创造客户价值的机理分析

资料来源：作者绘制。

第7章 物流企业与制造企业形成
紧密合作关系研究

7.1 模型构建与研究假设

基于前述分析，可以得到物流企业与制造企业形成紧密合作关系研究的逻辑框架（如图7-1所示）。

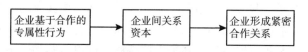

图7-1 企业形成紧密合作关系研究的逻辑框架

资料来源：作者绘制。

7.1.1 模型构建

信任和承诺是组织间关系资本的核心要素，甚至有学者认为信任和承诺可以完全表征企业间的关系资本（叶飞和薛运普，2011）。信任和承诺是影响跨企业合作的重要因素（Morgan and Hunt，1994），是物流联盟区别于交易型关系行为特征的主要因素（Moore and Cunningham，1999）。关于企业间关系资本的研究维度，学者们提出了不同的观点（见表7-1），本篇采用二要素的观点，以信任和承诺两个维度表示企业间的关系资本。

表7-1 企业关系资本构成要素的主要观点汇总

关系资本构成要素	主要文献
二要素	信任和承诺（Cullen et al.，2000；陆杉，2012；Nyaga et al.，2010；叶飞和薛运普，2011）

续表

关系资本构成要素	主要文献
三要素	信任、认同、彼此的义务（Ruth Blatt, 2009）
	信任、承诺、沟通（Sambasivan et al., 2011）；Elmuti et al., 2001；Das et al., 2003）
	信任、透明度、共同行动（薛卫等，2010）
	联结强度、信任、信息共享（万艳春和陈春花，2012）
	信任、承诺、合作交流（Sarkar et al., 2001）
	相互信任、尊重、友好（Inkpen et al., 2011）
	信任、承诺与有效冲突管理（黎常和徐建伟，2009）

资料来源：根据相关文献整理。

　　物流企业与制造企业基于合作的专属性行为，可以不断提升双方企业之间的信任和承诺，使企业间的关系资本得以形成和积聚。企业间关系资本的形成和积聚受多种因素影响，曹玉玲和李随成（2011）通过研究得出影响我国企业间信任的关键因素有三个维度：企业特质因素、关系因素和环境因素；杨静（2006）认为企业间的关系特征对企业间的信任具有重要的作用，双方企业间的关系特征即双方企业的交往经验、沟通、相互依赖性；薛卫等（2010）认为促进企业间关系资本形成的关系治理维度可以通过三个因素衡量：参与度、关系维护、信息交流。关于企业专属性行为的构成因素和相应的理论基础，多位学者提出不同的观点，具体可参见表 7－2。本书认为信息交流、参与度和相互依赖是物流企业和制造企业基于合作的专属性行为的主要构成，是企业间关系资本形成与积聚的主要作用因素。物流企业与制造企业形成紧密合作关系研究的概念模型如图 7－2 所示。

表 7－2　　　　　企业专属性行为构成的理论基础与主要文献

企业基于合作的专属性行为	理论基础
信息交流	交易成本理论（尼亚加等；J. V. Chen et al., 2011）
	社会交换理论（Kwon et al., 2004, 2005；叶飞和薛运普，2011）
	社会资本理论（Krause et al., 2007；Lawson et al., 2008；英克彭等；Kale et al., 2000；薛卫等，2010；董雅丽和薛磊，2009）

续表

企业基于合作的专属性行为	理论基础
参与度	交易成本理论（尼亚加等）
	社会资本理论（Uzzi，1997；达斯等，2001；薛卫等，2010；赵文红等，2008）
相互依赖	社会交换理论（Kale and Singh，2009；姜翰和金占明，2008；Gulati，2008）
	资源依赖理论（戴尔和西恩，1998；萨姆巴斯万等，2011）
	交易成本理论（Nooteboom et al.，1997；Kumar et al.，1996；杨静，2008）

资料来源：根据相关文献整理。

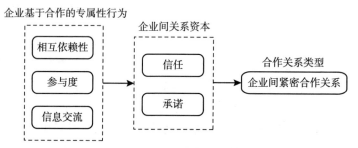

图 7-2　企业间形成紧密合作关系研究的概念模型

资料来源：作者绘制。

7.1.2　研究假设

1. 企业间相互依赖与企业间关系资本的关系

企业间的相互依赖源于双方企业主体均需依靠对方来获取收益、实现目标或创造价值（姜翰和金占明，2008），供应链中的企业间相互依赖，能够增强企业间的关系资本（萨姆巴斯万等，2011）。从社会交换理论视角进行分析，企业间的相互依赖对双方企业构成一种社会吸引，这种吸引是因为企业间资源的交换能够帮助企业完成单个企业所无法完成的目标。物流企业与制造企业进行资源交换，能够为双方企业带来超出自身独立运营的收益，合作收益的可期性使得双方企业遵循合作中的互惠性原理。企业基于相互依赖的理性判断，会提升双方企业对合作过程中出现的问题和冲突的包容度，企业间互惠性合作和对冲突的包容会有效提升企业间的信任和承诺。从资源依赖理论视角进行分析，企业良性运营所需的异质资源不可能完全由企业自给自足，物流企业与制造企业合作交换各自所需资源即产生对对方的依赖。这种依赖可能源于企业间资源的内在关联，或合作方所拥有资源的稀缺与不可替代。企业间的资源依赖提高了双方企业合作的紧密性（Dyer and Singh，1998），相互依赖程度越高，双方企业对彼此的信任和承诺越高。从交易成本理论视角进行分析，当合作主体的行为具有内部不确定性，即本方行为的成果部分取决于合作方主体的行为时，合作方可利用这种对本方结果的控制能力来获取双方博弈中的有利地位（Williamson，1975）。企业间关系的安排中，互利性行为对关系整体价值的提升远高于自利性行为（Das et al.，2003）企业的机会主义行为会轻易击碎企业间的信任和承诺。本方对对方的依赖性越高，则对对方的信任和承诺程度越高，而这种高度的依赖也可能会导致对方的机会主义行为。基于交易成本理论的分析框架具体可参见图 7 - 3。

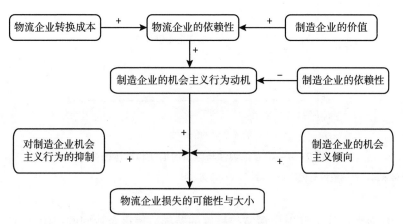

图 7 - 3　基于交易成本理论的分析框架

注：从物流企业角度分析。

资料来源：依资料整理绘制（Nooteboom et al.，1997）。

企业间的相互依赖是关系契约的重要基础。关系契约和合同契约的结合是企业间合作取得成功的重要关系治理机制（Lee and Johnson，2003）。卡伦等（2000）提出相互依赖的企业之间的合作，通过企业间的关系资本获取单个企业所无法获取的收益。达斯等（2003）的研究发现高度相互依赖的企业间更易产生对彼此的信任和承诺。古拉蒂（2008）指出两个组织的相互依赖性越高，资源和能力相互整合的空间越大，整合后能更好地应对不确定性，从而提高彼此的信任和承诺水平。玛尔（1996）的研究证明合作主体间相互依赖性的增强会减少冲突，提高企业间的信任和承诺（见图 7 - 4）。常涛（2011）认为企业间相互依赖的增强能够强化彼此间的情感关系，增强企业间的信任和承诺。王利等（2013）以生命周期理论作为基础，通过实证研究发现，在供应链生命周期的成长阶段，相互依赖是影响企业间信任的关键因素之一。萨姆巴斯万等（2011）提出在高度相互依赖的企业关系中，企业有主动参与合作以获取双赢的动机，双方企业的协同运营会加强企业间的深度整合，提高企业间信任和承诺的建立以及关系资本积聚的可能性。

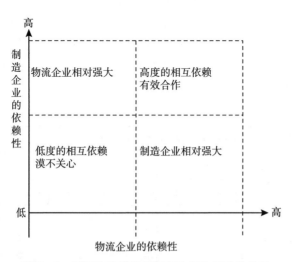

图7-4　相互依赖性与组织间信任和承诺的关系

资料来源：根据资料整理绘制（玛尔，1996）。

合作企业的实力和对资源掌控程度的差异，使得企业间的依赖性具有方向性特征，如果依赖不对称或是单方面的依赖，优势方的机会主义行为倾向会对双方关系资本的积累造成严重的负向影响。物流企业与制造企业间的依赖程度越高，企业间的信任和承诺程度越高，相互合作将更为合理、有效；依赖程度越低，企业间的信任和承诺程度越低，相互合作将更为无序和混乱。依赖不对等的情形会导致双方信任和承诺的不对称（杨静，2008），不利于关系资本的积聚。

基于上述的理论分析与文献梳理，提出以下假设：

假设H1a：物流企业与制造企业之间相互依赖，对企业间关系资本中的信任要素有正向的促进作用；

假设H1b：物流企业与制造企业之间相互依赖，对企业间关系资本中的承诺要素有正向的促进作用。

2. 企业参与度与企业间关系资本的关系

制造企业与物流企业合作，不可能事先将所有事项均考虑到。制造企业对物流企业在未来提供的服务，很难判断是否以制造企业的利益为出发点（Kim et al.，2009）。信息不对称导致双方企业可能会出现背德行为，为应对合作过程中可能出现的风险和不确定性，企业制订尽可能完备的契约以约束对方的行为，选择策略性行为以优先确保自身的利益。双方企业制订过于详尽的契约，将有损于企业对彼此的信心（Williamson，1975），而且无法有效应对随机事件。企业通过策略性行为所获得的收益，往往是以合作伙伴的损失为代价，最好的情况也只能是单方面的绩效提升，使得双方企业对合作没有信心，对合作的未来难以形成正向的期望。制造业物流外包推动物流业的快速发展，同时也对物流服务提出越来越高的要求，来自其他行业的公司进入物流领域与传统物流企业竞争，进一步加剧物流企业间的竞争强度。物流企业若还是对制造企业的物流需求被动地（reactive）做出反应，将难以保证双方合作的持续。物流企业主动参与合作，以制造企业的物流需求为导向进行战略重构，修正其自身运营系统以适应客户特定需求，可以向制造企业发出积极的信号，协调双方企业间合作目标的差异，有效避免由于目标不一致而导致的机会主义行为。物流企业参与度的提升对双方关系的加强非常重要（Cahill，2006），可以向制造企业表明其所提供的物流服务，在成本降低和服务质量提高上做出的努力，增加制造企业的信任，强化双方的关系（Wallenburg and Lukassen，2011）。与此同时，激烈的竞争环境驱使制造企业在专注核心能力的情况下，积极与合作伙伴建立长期的合作关系，以降低经营风险和沉没成本、转换成本，提高合作绩效。制造企业提高在与物流企业合作过程中的参与程度，可以更好地满足客户的需求，对物流企业的适应可以提高双方企业的互依性（Large，2011），增加转换成本。双方企业主动参与，彼此修正与互相适应，是一种为了寻求长期稳定的合作而做出的短期牺牲行为，能够强化彼此的认同，产生对合作伙伴行为的正向预期，促进双方企业对合作形成正向的期望。基于上述分析，提出以下假设：

假设 H2a：合作过程中企业参与程度的提升，对企业间关系资本中的信任要素有正向的促进作用；

假设 H2b：合作过程中企业参与程度的提升，对企业间关系资本中的承诺要素有正向的促进作用。

3. 物流企业与制造企业信息交流与企业间关系资本的关系

信息交流是嵌入型关系的企业间合作中专有的特征，在短期市场交易型的商业关系中很少存在（Uzzi，1997）。双方企业合作项目能否取得良好的绩效，在很大程度上取决于合作双方能否建立广泛的、畅通的、紧密的信息沟通网络（薛卫等，2010）。合作企业间频繁、广泛的信息交流，会对关系资本中的信任和承诺产生显著的正向作用（叶飞和薛运普，2011）。

从交易成本理论角度进行分析，物流企业与制造企业合作的动态性特征加剧了合作中企业面临的不确定性，不利于双方企业间社会关系资本的形成与积聚。企业的机会主义行为倾向，更是让本就脆弱的诚信体系雪上加霜，物流企业与制造企业间的信息交流与沟通，可以有效缓解动态性对双方企业的冲击，降低不确定性以抑制机会主义行为，减少企业间因不确定性和机会主义行为所导致的高额交易成本。从社会资本理论角度进行分析，企业间多层级的信息交流可视为企业互动合作中的结构维度和过程维度，企业互动合作的结构维度和过程维度对关系维度具有正向的促进作用。克劳斯等（2007）提出企业间的沟通能够提升双方合作的频次和深度。英克彭等（2005）、卡莱等（2000）认为互动合作的结构维度能够促进关系维度的社会资本的积累。劳森等（2008）的研究结论表明有效的沟通机制能够提升企业间关系资本的积累，对企业互动合作的关系维度有正向的促进作用。

从社会交换理论角度进行分析，物流企业与制造企业间的信息交流与沟通可视为双方企业重要的信息资源的交换行为。信息资源的交换能够加深企业间的相互了解，促使双方企业达成一致的看法和合理的期望，进而加强双方企业间的信任和承诺。相互合作的企业间的有效沟通能够减少运营偏差（Cheng et al.，2004）、提高运营质量、缩短客户响应时间、增加运营柔性（Tian et al.，2010）、强化双方合作。高希（Ghosh et al.，2008）通过对多个案例进行研究，提出企业间信息交流对企业间信任机制的构建具有重要作用。安德森等（1990）认为企业间的有效沟通是信任建立的必要条件，企业间的信任可以通过有效沟通而不断积聚。董雅丽和薛磊（2009）通过对企业间关系资本形成的研究发现，企业间相互沟通能够帮助企业及时了解企业之间的分歧并找到解决问题的途径，避免日后破坏性冲突的产生，强化彼此之间的信任。霍特克等（Hoetker et al.，2007）认为企业间可以通过持续的沟通交流而产生信任，并使其制度化。权等（2004，2005）认为信息交流对企业间的相互信任至关重要，交流共享关键的信息能够帮助企业更好地了解彼此，减少企业间的冲突，降低企业合作行为的不确定性，建立有效的争端解决机制，从而提高企业间的信任水平。通过企业间的信息交流可帮助双方企业积聚更多的关系资本。

基于上述分析，提出以下假设：

假设 H3a：物流企业与制造企业之间的信息交流对企业间关系资本中的信任要素有正向的促进作用；

假设 H3b：物流企业与制造企业之间的信息交流对企业间关系资本中的承诺要素有正向的促进作用。

4. 企业间关系资本与企业间形成紧密的合作关系

企业间关系资本可以帮助企业通过非正式契约对正式契约进行柔性维护，激励双方企业的合作行为。关系资本可以为企业创造关系租金，关系租金的获取是双方企业长期、稳定合作关系的保证。企业间正式契约不完备的特点使得企业不可能通过合同约束合作伙伴的所有行为。企业无法预测和确定整个合作周期内可能会发生的所有事件和变化（Das et al.，2001）。企业间相互信任使企业关注双方的长期潜在收益，减少监控性成本（傅慧和朱雨薇，2012）。缺乏互信的企业间合作，双方企业只能在合同规定的范围内进行运营，企业间关系维持在简单的交易型关系的层次上，即使可能长期合作但并不紧密。合作企业间的相互信任使双方愿意为正式契约所规定以外的情形付出努力，寻找影响合作的障碍，并共同寻求解决问题的有效途径（McEvily and Marcus，2005）。学术界一致认同，信任对企业间形成紧密合作关系具有正向的促进作用（殷茗和赵嵩正，2009）。企业间信任可以减少契约的细化和企业的监控行为，基于相互信任的合作，使得双方在交易中更容易达成一致，从而降低交易成本。信任会促使双方企业形成"默示"运营和合作规范，企业将合作伙伴利益的获取作为自身决策的一个重要考量，借此降低合作过程中的不确定性；信任能够提升企业间合作的运作柔性和适应性（Cousins and Menguc，2006），增加合作的灵活性，提高合作效率。总而言之，企业间信任可以帮助企业降低交易成本、减少合作风险、增强合作柔性，对企业间形成紧密的合作关系具有重要的促进作用（Morgan and Hunt，1994）。

物流企业与制造企业合作，双方行为主体差异的客观性和外部环境的不断变化，使得双方企业的合作前景充满了未知和不确定。企业间承诺是合作双方寻求关系稳定的普遍方式。企业承诺的实现促进双方的关系得以维持和强化（Berry and Parasuraman，1991），承诺的积聚是长期稳定合作关系的保证，是双方企业形成紧密型合作关系的重要驱动因素。

基于上述分析，提出以下假设：

假设 H4a：物流企业与制造企业间关系资本中的信任要素对双方企业形成紧密的合作关系有正向的促进作用；

假设 H4b：物流企业与制造企业间关系资本中的承诺要素对双方企业形成紧密的合作关系有正向的促进作用。

7.2　研究方法设计

7.2.1　问卷设计

本研究的问卷设计主要参考国际权威杂志上发表的文章所使用的成熟量表，以保证量表的信度和效度。为了有效应对沿用现有量表的局限性，分别采取以下措施：（1）查找最新的文献并对文献进行追踪，分析量表是否需要调整以及调整的依据；（2）回译（back translation），两组人员翻译同一量表，一组研究人员将外文译成中文后，再交由另一组研究人员将中文译回外文，而后由两种人员共同分析翻译中的差异，找出原因并予以解决；（3）广泛听取学术界专家和企业界从业人员的建议。①

调查问卷的设计主要参考国际权威杂志中的文献所使用的问卷，结合中国的情况进行了调整。问卷设计完成之初，找物流企业、制造企业的高级管理人员和科研机构物流领域的专家共同研讨，对问卷进行修正。在上海分别找了30家第三方物流企业和30家制造企业对问卷进行预填写，进行初步的检验，然后结合各领域专家的意见对问卷进行调整，确定最终的问卷。

7.2.2　变量测量

变量测量是研究开展的基础和前提，由前面章节可知本章共涉及七个构念，② 构念是用于建构理论的，抽象不可观测。而指标是具体的、可观测的，学者们根据研究的需要，基于理论和实践经验开发出具体的指标以代表抽象的

---

① 学术界：上海海事大学物流研究中心；企业界：青岛四方机车、上海朗讯电梯等。

② 构念（construction）是为了研究管理现象而发展出来的抽象概念。

构念。本篇对指标的测度采用 7 级 Likert 量表打分法，数字 1 至数字 7 依次表示对所提问题的认可程度，1 表示完全不认可（完全不同意），7 表示完全认可（完全同意），4 为中立。在现有关于相关概念的界定和测度的基础上，结合中国的实际设计一系列指标问题项。各构念的测量量表如表 7 - 3 至表 7 - 8 所示。

信息交流：关于信息交流的测度，本篇主要参考蒙克萨等（Monczka et al.，1998）、尼亚加等（2010）、达斯等（2001）、薛卫等（2010）所使用的测量题项，设计 4 个题项、采用 Likert 7 级量表打分法，具体见表 7 - 3。

表 7 - 3　　　　　　　　　　**信息交流测量量表**

测量题项	来源或依据
合作中我们能够及时通报相关信息、变化以及事件等	蒙克萨等，1998 尼亚加，2010 达斯等，2001 薛卫等，2010
合作中我们与合作伙伴的信息交流非常频繁	
我们能够从合作伙伴处获得专有信息	
我们与合作企业经常利用非正式渠道进行沟通	

资料来源：根据相关文献整理。

参与度：关于企业参与度的测度，本篇主要参考乌西（1997）、达斯等（2001）、薛卫等（2010）所使用的测量题项，设计 5 个题项、采用 Likert 7 级量表打分法，具体见表 7 - 4。

表 7 - 4　　　　　　　　　　**企业参与度测量量表**

测量题项	来源或依据
我们与联盟成员成立了项目团队，并发挥了很大的作用	乌西，1997 达斯等，2001 薛卫等，2010
企业积极主动地征询联盟成员的观点和意见	
企业管理层非常重视和支持此次合作	
企业提出的建议或意见能够得到联盟成员的重视	
我们投入了足够的资源保证合作	

资料来源：根据相关文献整理。

相互依赖：关于相互依赖的测度，本篇主要参考汉德菲尔德等（Handfield et al.，2002）、加尼森（Ganesan，1994）所使用的测量题项，设计 3 个题项、采用利克特（Likert）7 级量表打分法，具体见表 7 – 5。

表 7 – 5　　　　　　　　　　　　相互依赖测量量表

测量题项	来源或依据
我方长期需要合作方的技术支持	汉德菲尔德等，2004；加尼森，1994
寻找一个更合适的合作方是很困难的	
我方的新产品开发方案，经常按对方需要做一些修改	

资料来源：根据相关文献整理。

信任：关于信任的测度，本篇主要参考权等（2004）、尼亚加等（2010）、莫伯格等（Moberg et al.，2003）所使用的测量题项，设计 4 个题项、采用 Likert 7 级量表打分法，具体见表 7 – 6。

表 7 – 6　　　　　　　　　　　　企业间信任测量量表

测量题项	来源或依据
我们与合作伙伴有高度的信赖关系	权等，2004 尼亚加等，2010 莫伯格等，2003
我们相信合作伙伴会遵守诺言	
我们相信合作伙伴在制定重大决策时，会考虑对本公司的影响	
我们相信合作伙伴会将本公司的利益放在比较重要的位置	

资料来源：根据相关文献整理。

承诺：关于承诺的测度，本篇主要参考赵等（2008）；莫伯格等（2003）所使用的测量题项，设计 4 个题项、采用利克特 Likert 7 级量表打分法，具体见表 7 – 7。

表 7 – 7　　　　　　　　　　　　企业间承诺测量量表

测量题项	来源或依据
我们愿意与该公司保持长期关系	赵等，2008 尼亚加等，2010 莫伯格等，2003
我们已经投入了很多资源在合作关系的构建上	
我们与该公司的关系是互惠互利的，值得长期保持	
与该公司保持长期关系，从经济上来说是划算的	

资料来源：根据相关文献整理。

　　紧密合作关系：本篇主要参考玛尔（1996）；莫尔等（Mohr et al.，1994）；帕森斯和艾米（Parsons and Amy，2002）所使用的测量题项，设计 4 个题项、采用 Likert 7 级量表打分法，具体见表 7－8。

表 7－8　　　　　　　　　　　紧密合作关系的测量量表

测量题项	来源或依据
我们对合作伙伴非常满意	
我们与合作伙伴共同解决合作中出现的问题和冲突	玛尔等，1995
合作的基础从成本节约发展到彼此信任	莫尔等，1994
我们与合作伙伴共担风险、共享收益	帕森斯和艾米，2002

　　资料来源：根据相关文献整理。

7.2.3　数据收集

　　本书基于物流企业和制造企业双方视角展开研究，以有合作关系的物流企业和制造企业（相互对应）为调查对象进行双方调查（dyadic research）。问卷的填写人员是制造企业和物流企业参与双方物流合作的中高层管理人员。在此前提下，出于地域经济发展程度不同的考虑，调研企业选择上海、北京、合肥、杭州、青岛、沈阳和珠海等几大城市。由于本次调研对问卷的要求较高，因此主要采取了亲自到现场发放和收集的方式。共分别选择 300 家物流企业和 300 家制造企业，分别联系物流企业和制造企业以及其主要的合作公司，初步确定双方均有意向后，进行问卷收集。以物流企业为起点（找最主要的制造企业合作伙伴）共发放问卷 238 对，收回 127 对，有效问卷 32 对，有效率为 25.2%；以制造企业为起点（找最主要的物流合作企业）共发放问卷 156 对，收回 108 对，有效问卷 65 对，有效率为 41.7%。本次调研共收集有效问卷 97 对，整体有效率 32.3%。样本数据的描述性统计情况见表 7－9。

表 7－9　　　　　　　　　　　样本数据的描述性统计

公司主营业务[*]（制造企业样本）	企业数	百分比（%）	累积百分比（%）	公司主营业务[*]（物流企业样本）	企业数	百分比（%）	累积百分比（%）
机械设备	19	19.59	19.59	个别物流环节服务	26	26.80	26.80
交通运输工具	8	8.25	27.84	整合物流环节服务	59	60.82	87.62

续表

公司主营业务 *（制造企业样本）	企业数	百分比（%）	累积百分比（%）	公司主营业务 *（物流企业样本）	企业数	百分比（%）	累积百分比（%）
电子通信设备	7	7.22	35.06	高端物流服务	12	12.37	100
医药制造业	9	9.28	56.71	企业规模（人）	企业数	百分比（%）	累积百分比（%）
橡胶、塑料	11	11.34	68.05	100 以下	36	37.11	37.11
食品加工业	12	12.37	80.42	100～500	28	28.87	65.98
服装、纺织	7	7.22	87.64	500～1000	19	19.59	85.57
木材加工	5	5.15	92.79	1000～5000	6	6.19	91.76
其他	7	7.22	100	5000 以上	8	8.25	100
企业规模（人）	企业数	百分比（%）	累积百分比（%）	问卷填答人员职务	企业数	百分比（%）	累积百分比（%）
100 以下	26	26.80	26.80	高层管理人员	45	46.39	46.39
100～500	32	33.00	59.80	中层管理人员	39	40.20	86.59
500～1000	19	19.59	79.39	基层管理人员	13	13.40	100
1000～5000	8	8.25	87.64	双方企业合作年限	企业数	百分比（%）	累积百分比（%）
5000 以上	12	12.37	100	少于 1 年	13	13.40	13.40
问卷填答人员职务	企业数	百分比（%）	累积百分比（%）	1～3 年	38	39.18	52.58
高层管理人员	34	35.05	35.05	3～5 年	29	29.90	82.48
中层管理人员	38	39.18	74.23	5～10 年	12	12.37	94.85
基层管理人员	25	25.78	100	10 年以上	5	5.15	100

注：* 公司主营业务由作者依问卷二次整理而成。
资料来源：根据相关文献整理。

7.2.4 分析方法

本章使用的分析方法包括信度与效度分析、路径分析、差异比较分析。所用的统计分析软件为 SPSS19.0 for Windows 版和 AMOS18.0。其中 SPSS19.0 软件用于信度和效度分析；AMOS18.0 软件用于路径分析和差异比较分析。

1. 信度、效度检验，使用 SPSS19.0 软件对本章所涉及构念的信度和效度进行检验

本书通过 Cronbach's α 系数对信度进行检验，系数大于 0.7 则表明研究所采用的理论结构变量在样本数据中有很好的内部一致性；效度是衡量测量工具对调查对象属性的差异进行测量时的准确程度，即测量工具是否能够真实、客观、准确地反映属性的差异性。在统计学中，效度经常被定义为测量的正确性，或者是指量表是否能够测量到其所要测量的潜在概念（陈晓萍等，2008）。效度检验主要包括内容效度和结构效度。本书参考学术界经典文献中的变量题项，并综合考虑了企业高管和本领域专家的意见，由此认为具有较高的内容效度；结构效度通过因子分析（Factor Analysis）进行检验，因子分析之前先进行样本充分性检验，即样本充分性 KMO（Kaiser – Meyer – Olykin）测试系数检测和巴特莱特球体检验（Bartlett Test of Sphericity）。要求 KMO 大于0.70、Bartlett 显著性概率均为 0.000 即可进行因子分析；采用主成分法依照特征值大于 1 的原则，提取公共因子，选用方差最大法进行旋转，使因子具有最大的解释性，当指标项的因子荷载值都大于 0.5，而且累积解释方差的比例大于 50%，则通过效度检验。

2. 结构方程模型（SEM），使用 Amos18.0 软件对假设模型进行路径分析和差异比较分析

（1）路径分析（path analysis）最早是由生物学家提出来的分析系统因果关系的技术，SEM 可以同时计算多个因变量之间的关系，而且 SEM 可以有效剔除随机测量误差，提高整体测量的准确性，特别适合于存在中介效应的研究，对变量之间复杂的作用关系进行分析是结构方程模型最主要的应用之一。

（2）差异比较分析，结构方程模型可以通过多群组分析，直接对两组数据下要素之间的作用关系进行比较。

对于结构方程模型的整体评价，可通过计算拟合指数来完成，拟合指数是拟合优度（goodness of fit）统计量的简称。对结构方程模型的评价非常复杂，不同拟合指标评定的侧重点不同，因此，通常情况下采用多个指标对模型进行综合评价。本篇选用 χ^2、χ^2/df、CFI、RMSEA 四个指标综合判别模型的拟合程度：结构方程模型中的 χ^2 越小，表示数据与模型拟合得越好。但由于 χ^2 与样本大小有关，因此不直接作为评价模型的指标，而是采用 χ^2/df 来进行衡量。通常认为，χ^2/df 小于 3，观测数据与模型拟合较好。小于 5，模型尚可接

受；5 到 10 之间，则模型不好；大于 10，表示模型很差。由于 χ^2 与样本大小有关，当样本量很大时，χ^2/df 也会受到影响。由此，多采用 RMSEA 等综合性拟合指标对观测数据与模型的拟合情况进行评价，近似均方根误差（RMSEA）的取值范围为 0 和 1 之间，越接近于 0 表示观测数据与模型拟合得越好。RMSEA 小于 0.1，较好拟合；小于 0.05，很好拟合；小于 0.01，表明观测数据与模型拟合极好。比较拟合指数（CFI）的取值范围为 0 和 1 之间，越接近 1，表示模型拟合得越好，若达到 0.90 以上，则认为模型得到较好的拟合。

7.3　实　证　分　析

7.3.1　信度和效度检验

1. 合作企业的专属性行为

（1）物流企业视角，对企业基于合作的专属性行为的三个维度：信息交流、参与度、相互依赖，进行效度检验。KMO 值为 0.817、Bartlett 显著性概率为 0.000，符合进行因子分析的要求。对问卷中合作企业的专属性行为量表所设计的 12 个题项进行因子分析，结果如表 7-10 所示。按照特征根大于 1、因子载荷大于 0.5 的要求，提取出了三个因子，累积解释方差为 72.48%。从表中发现各题项的因子载荷中有一项没有达到因子载荷大于 0.5 的要求，参与度 5 未落入理论假设参与度因子上，而是落在了相互依赖因子上，表明该题项测得的信息不够准确，从量表中删除此题项。

表 7-10　　　　　合作企业的专属性行为的因子分析结果（一）

合作企业的专属性行为	因子载荷		
	1	2	3
信息交流 1	0.721	0.013	0.240
信息交流 2	0.709	0.107	0.087
信息交流 3	0.715	0.090	-0.103
信息交流 4	0.686	0.128	0.217

续表

合作企业的专属性行为	因子载荷		
	1	2	3
参与度 1	− 0.087	0.709	− 0.093
参与度 2	− 0.035	0.736	0.070
参与度 3	0.102	0.775	0.109
参与度 4	0.101	0.793	0.080
参与度 5	− 0.068	0.095	0.379
相互依赖 1	0.175	0.158	0.727
相互依赖 2	0.105	0.092	0.687
相互依赖 3	− 0.030	− 0.036	0.729

资料来源：SPSS 统计输出。

删除"参与度 5：我们投入了足够的资源保证合作"这一题项后，对合作企业的专属性行为量表中的 11 个题项再进行因子分析，在此之前仍先对 KMO 值进行检验，KMO 值为 0.824、Bartlett 显著性概率为 0.000，符合进行因子分析的要求。按照特征根大于 1、因子载荷大于 0.5 的要求，提取出了三个因子，累积解释方差为 76.51%，因子分析结果如表 7 – 11 所示。所有因子载荷均符合大于 0.5 的要求，且均按照预期分布于三个因子，因此修正后的合作企业的专属性行为效度良好。

表 7 – 11　　　　　合作企业的专属性行为的因子分析结果（二）

合作企业的专属性行为	因子载荷		
	1	2	3
信息交流 1	0.731	0.019	0.056
信息交流 2	0.764	0.109	0.104
信息交流 3	0.782	0.072	− 0.065
信息交流 4	0.709	− 0.061	− 0.087
参与度 1	− 0.082	0.762	− 0.090
参与度 2	− 0.037	0.781	0.051
参与度 3	0.107	0.790	0.108
参与度 4	0.080	0.721	0.103

续表

合作企业的专属性行为	因子载荷		
	1	2	3
相互依赖 1	0.145	0.206	0.698
相互依赖 2	0.067	0.092	0.733
相互依赖 3	-0.107	-0.071	0.749

资料来源：SPSS 统计输出。

通过 Cronbach's α 系数对构成变量的信度进行检验（删除参与度 5 的题项后），结果如表 7 - 12 所示，变量的 Cronbach's α 系数均高于 0.7，即本篇所采用的理论结构变量在样本数据中有很好的内部一致性。也就是说，通过检验调整最终确定的量表，具有很好的信度和效度，可以用来进行后续的实证分析。

表 7 - 12　　　　　　　　　　变量的 Cronbach's α 系数

变量	信息交流	参与度	相互依赖
Cronbach's α	0.805	0.916	0.813

资料来源：SPSS 统计输出。

（2）制造企业视角，对企业基于合作的专属性行为的三个维度（信息交流、参与度、相互依赖）进行效度检验，KMO 值为 0.901、Bartlett 显著性概率为 0.000，符合进行因子分析的要求。对问卷中合作企业的专属性行为量表所设计的 12 个题项进行因子分析，结果如表 7 - 13 所示。按照特征根大于 1、因子载荷大于 0.5 的要求，提取出了三个因子，累积解释方差为 76.12%，从表中发现各题项的因子载荷中只有一项没有达到因子载荷大于 0.5 的要求，参与度 1 未落入理论假设参与度因子上，而是落在了相互依赖因子上，表明该题项测得的信息不够准确，从量表中删除此题项。删除"参与度 1：我们与联盟成员成立了项目团队，并发挥了很大的作用"这一题项后，对合作企业的专属性行为量表中的 11 个题项再进行因子分析，在此之前仍先对 KMO 值进行检验，KMO 值为 0.824、Bartlett 显著性概率为 0.000，符合进行因子分析的要求。

表 7 - 13　　　　　　　合作企业的专属性行为的因子分析结果（三）

合作企业的专属性行为	因子载荷		
	1	2	3
信息交流 1	0.732	0.103	0.024
信息交流 2	0.711	0.071	0.012
信息交流 3	0.726	0.064	- 0.039
信息交流 4	0.697	0.132	0.117
参与度 2	- 0.076	0.730	- 0.043
参与度 3	- 0.053	0.747	0.021
参与度 4	0.021	0.786	0.143
参与度 5	0.091	0.772	0.092
参与度 1	- 0.057	0.084	0.407
相互依赖 1	0.097	0.047	0.738
相互依赖 2	0.215	0.061	0.696
相互依赖 3	- 0.051	- 0.063	0.741

资料来源：SPSS 统计输出。

　　按照特征根大于 1，因子载荷大于 0.5 的要求，提取出了三个因子，累积解释方差为 76.51%，因子分析结果如表 7 - 14 所示。所有因子载荷均符合大于 0.5 的要求，且均按照预期分布于三个因子，因此，修正后的合作企业的专属性行为效度良好。

表 7 - 14　　　　　　　合作企业的专属性行为的因子分析结果（四）

合作企业的专属性行为	因子载荷		
	1	2	3
信息交流 1	0.742	0.028	0.045
信息交流 2	0.775	0.119	0.093
信息交流 3	0.793	0.083	- 0.054
信息交流 4	0.711	- 0.072	- 0.076

合作企业的专属性行为	因子载荷		
	1	2	3
参与度 2	−0.028	0.773	−0.089
参与度 3	−0.073	0.792	0.040
参与度 4	0.071	0.789	0.097
参与度 5	0.040	0.710	0.092
相互依赖 1	0.054	0.317	0.687
相互依赖 2	0.089	0.081	0.722
相互依赖 3	−0.096	−0.069	0.738

资料来源：SPSS 统计输出。

通过 Cronbach's α 系数对构成变量的信度进行检验（删除参与度 1 的题项后），如表 7 – 15 所示，变量的 Cronbach's α 系数均高于 0.7，即本篇所采用的理论结构变量在样本数据中有很好的内部一致性。也就是说，通过检验调整最终确定的量表具有很好的信度和效度，可以用来进行后续的实证分析。

表 7 – 15   变量的 Cronbach's α 系数

变量	信息交流	参与度	相互依赖
Cronbach's α	0.917	0.892	0.782

资料来源：SPSS 统计输出。

2. 企业间关系资本

（1）物流企业视角，对企业间关系资本的信任和承诺两个维度进行效度检验。KMO 值为 0.902、Bartlett 显著性概率为 0.000，符合进行因子分析的要求。对问卷中企业间关系资本量表所设计的 8 个题项进行因子分析，按照特征根大于 1、因子载荷大于 0.5 的要求，提取出了三个因子，累积解释方差为 77.16%，因子分析结果如表 7 – 16 所示。所有因子载荷均符合大于 0.5 的要求，且均按照预期分布于两个因子，因此企业间关系资本效度良好。

表7-16　　　　　　　　　　企业间关系资本的因子分析结果（一）

企业间关系资本	因子载荷	
	1	2
信任1	0.713	0.006
信任2	0.801	0.132
信任3	0.721	0.047
信任4	0.690	0.217
承诺1	-0.049	0.728
承诺2	-0.078	0.704
承诺3	0.065	0.711
承诺4	0.143	0.753

资料来源：SPSS 统计输出。

通过 Cronbach's α 系数对构成变量的信度进行检验，结果如表7-17所示，变量的 Cronbach's α 系数均高于0.7，即本篇所采用的理论结构变量在样本数据中有很好的内部一致性。也就是说，通过检验最终确定的量表具有很好的信度和效度，可以用来进行后续的实证分析。

表7-17　　　　　　　　　变量的 Cronbach's α 系数

变量	信任	承诺
Cronbach's α	0.782	0.836

资料来源：SPSS 统计输出。

（2）制造企业视角，对企业间关系资本的信任和承诺两个维度进行效度检验。KMO值为0.825、Bartlett 显著性概率为0.000，符合进行因子分析的要求。对问卷中企业间关系资本量表所设计的8个题项进行因子分析，按照特征根大于1、因子载荷大于0.5的要求，提取出三个因子，累积解释方差为72.93%，因子分析结果如表7-18所示。所有因子载荷均符合大于0.5的要求，且均按照预期分布于两个因子，因此企业间关系资本效度良好。

表7-18 企业间关系资本的因子分析结果（二）

企业间关系资本	因子载荷	
	1	2
信任1	0.702	0.013
信任2	0.890	0.043
信任3	0.710	0.136
信任4	0.689	0.106
承诺1	−0.062	0.717
承诺2	−0.081	0.793
承诺3	0.057	0.702
承诺4	0.094	0.741

资料来源：SPSS 统计输出。

通过 Cronbach's α 系数对构成变量的信度进行检验，结果如表7-19所示。变量的 Cronbach's α 系数均高于0.7，即本篇所采用的理论结构变量在样本数据中有很好的内部一致性。也就是说，通过检验最终确定的量表具有很好的信度和效度，可以用来进行后续的实证分析。

表7-19 变量的 Cronbach's α 系数

变量	信任	承诺
Cronbach's α	0.708	0.791

资料来源：SPSS 统计输出。

3. 企业间紧密合作关系

（1）物流企业视角，对企业间紧密合作关系进行效度检验，KMO 值为0.847、Bartlett 显著性概率为0.000，符合进行因子分析的要求。对问卷中企业间关系资本量表所设计的4个题项进行因子分析，累积解释方差为79.32%，所有因子载荷均符合大于0.5的要求，因此企业间紧密合作关系效度良好（见表7-20）。通过 Cronbach's α 系数对构成变量的信度进行检验，Cronbach's α 为0.903，即本篇所采用的理论结构变量在样本数据中有很好的内部一致性。也就是说，通过检验最终确定的量表，具有很好的信度和效度，可以用来进行后续的实证分析。

表 7 – 20　　　　　　业间紧密合作关系的信度与效度检验（一）

企业间紧密合作关系	因子载荷	Cronbach's α
紧密合作关系 1	0.732	
紧密合作关系 2	0.709	0.903
紧密合作关系 3	0.681	
紧密合作关系 4	0.753	

资料来源：SPSS 统计输出。

（2）制造企业视角，对企业间紧密合作关系进行效度检验，KMO 值为 0.798、Bartlett 显著性概率为 0.000，符合进行因子分析的要求。对问卷中企业间关系资本量表所设计的 4 个题项进行因子分析，累积解释方差为 75.14%，所有因子载荷均符合大于 0.5 的要求，因此企业间紧密合作关系效度良好（见表 7 – 21）。通过 Cronbach's α 系数对构成变量的信度进行检验，Cronbach's α 为 0.841，即本篇所采用的理论结构变量在样本数据中有很好的内部一致性。也就是说，通过检验最终确定的量表，具有很好的信度和效度，可以用来进行后续的实证分析。

表 7 – 21　　　　企业间紧密合作关系的信度与效度检验（二）

企业间紧密合作关系	因子载荷	Cronbach's α
紧密合作关系 1	0.643	
紧密合作关系 2	0.727	0.841
紧密合作关系 3	0.770	
紧密合作关系 4	0.692	

资料来源：SPSS 统计输出。

7.3.2　结构方程模型检验

物流企业与制造企业合作涉及双方不同的行为主体，为保证实证结果的有效性，本篇分别从物流企业视角和制造企业视角对概念模型进行路径分析和模型修正。然后在双方企业模型修正的基础上，通过结构方程中的多群组分析对双方企业形成紧密合作关系的路径进行差异比较。

1. 物流企业视角下路径分析

物流企业视角下研究企业间形成紧密合作关系，基于合作的专属性行为使用制造企业的数据，企业间关系资本和紧密合作关系使用物流企业的数据。对概念模型采用 AMOS 软件运行结构方程模型，结果如表 7 - 22 所示。综合 χ^2、χ^2/df、CFI、RMSEA 各项指标的判断，本篇理论模型的拟合程度较好。由表 7 - 22 中实证结果我们可以得到：

（1）相互依赖对企业间信任无显著的影响，H1a 未得到验证；相互依赖对企业间承诺有正向的影响作用，H1b 得到验证；

（2）主动参与度对企业间信任有正向的影响作用，H2a 得到验证；主动参与度对企业间承诺无显著的影响，H2b 未得到验证；

（3）信息交流对企业间信任和承诺均有正向的影响作用，H3a、H3b 得到验证；

（4）企业间信任和承诺（企业间关系资本）对企业间形成紧密合作关系有正向的影响作用，H4a、H4b 得到验证。

表 7 - 22　　　　　　　　　　　假设路径检验

假设	物流企业视角				制造企业视角			
	Standardized Weight	C. R.	P		Standardized Weight	C. R.	P	
H1a	0.05	0.461	0.645	不显著	0.29	2.821	*	支持
H1b	0.20	-2.308	*	支持	0.40	3.103	*	支持
H2a	0.31	2.787	*	支持	0.45	3.792	***	支持
H2b	0.02	0.224	0.823	不显著	0.08	0.707	0.479	不显著
H3a	0.44	3.381	***	支持	-0.27	1.341	0.180	不显著
H3b	0.60	4.153	***	支持	0.14	-2.630	**	支持
H4a	0.41	5.448	***	支持	0.25	3.960	***	支持
H4b	0.76	6.567	***	支持	0.97	4.727	***	支持
	$\chi^2 = 616.960$（df = 201，p = 0.000）；$\chi^2/df =$ 3.069；CFI = 0.973；RMSEA = 0.014				$\chi^2 = 588.948$（df = 201，p = 0.000）；$\chi^2/df =$ 2.930；CFI = 0.917；RMSEA = 0.042			

注：＊表示 $P < 0.05$；＊＊表示 $P < 0.01$；＊＊＊表示 $P < 0.001$。
资料来源：AMOS 统计输出。

2. 制造企业视角下路径分析

制造企业视角下研究企业间形成紧密合作关系，基于合作的专属性行为使用物流企业的数据，企业间关系资本和紧密合作关系使用制造企业的数据。对概念模型采用 AMOS 软件运行结构方程模型，结果如表 7 – 22 所示。综合 χ^2、χ^2/df、CFI、RMSEA 各项指标的判断，本篇理论模型的拟合程度较好。由表 7 – 22 中实证结果我们可以得到：

（1）相互依赖对企业间信任和承诺均有正向的影响作用，H1a、H1b 得到验证；

（2）主动参与度对企业间信任有正向的影响作用，H2a 得到验证；主动参与度对企业间承诺无显著的影响，H2b 未得到验证；

（3）信息交流对企业间信任无显著的影响，H3a 未得到验证；信息交流对企业间承诺有正向的影响作用，H3b 得到验证；

（4）企业间信任和承诺（企业间关系资本）对企业间形成紧密合作关系有正向的影响作用，H4a、H4b 得到验证。

3. 双方企业视角下差异比较分析

物流企业与制造企业合作，双方企业基于合作的专属性行为，以企业间关系资本为中介变量，促进双方形成紧密的合作关系。现有关于企业间形成紧密合作关系的研究隐含一个假设（前提），即双方企业对紧密合作关系的感知是一致的（Nyaga et al. , 2010）。合作过程中行为主体的差异使得双方企业在形成紧密合作关系的作用路径上必然存在差异。双方企业均是基于对方的合作性行为而形成对对方的信任和承诺，进而驱动紧密型合作关系的形成。物流企业和制造企业从自身角度出发，以对方的合作行为对双方关系资本积聚和紧密合作关系的正向作用作为判断基准，想当然地强化自身在同一方向的运营和资源投入。但企业间的差异性使双方企业对彼此合作行为的敏感程度和紧密合作关系形成的路径会有所差异，也即企业的行为重心很可能与合作伙伴感知到的紧密合作关系的形成路径无法契合。企业间关系资本形成、积聚于双方企业之间，但对双方企业来讲，其积聚的程度具有非对称性。信任和承诺能够促进企业间紧密合作关系的形成，但不对称的信任和承诺会导致企业的不满情绪、冲突和机会主义倾向，并最终会抑制企业间形成紧密的合作关系（Aderson and Weitz，1992；Gundlach et al. , 1995）。

综合上述分析，我们认为，从双方视角对企业间形成紧密合作关系的研究模型进行差异比较分析，能够深入发掘问题的本质。具体主要基于以下两方面事实：一方面，双方企业间关系资本（信任和承诺）的积聚对彼此合作行为的敏感度不同，或者说企业的合作行为对合作伙伴信任和承诺的积聚作用程度存在差异；另一方面，企业间信任和承诺对彼此感知到的紧密合作关系的作用程度存在差异。采用 AMOS 软件，在前述实证研究结果的基础上，对模型进行差异比较分析。在相互比较的八组路径中，有五组路径存在显著的差异，具体结果如表 7 - 23 所示。

表 7 - 23　　　　　　　　　　　　路径差异比较实证结果

	b1_1	b2_1	b3_1	b4_1	b5_1	b6_1	b7_1	b8_1
b1_2	- 1. 103							
b2_2		0. 368 *						
b3_2			0. 824 **					
b4_2				- 0. 35				
b5_2					0. 639			
b6_2						0. 221 **		
b7_2							0. 504 **	
b8_2								- 1. 14 ***

说明：（1）$bi(i = 1 \cdots 8)$ 表示路径系数；（2）bi_1 为物流企业视角，bi_2 为制造企业视角；（3）表中数字为 bi_1 与 bi_2 的差值；（4）＊：$P < 0.05$；＊＊：$P < 0.01$；＊＊＊：$P < 0.001$。

资料来源：AMOS 统计输出。

我们可以得出以下结论（见表 7 - 24）：

（1）物流企业的参与度对制造企业增加对其信任的作用，优于制造企业的参与度对物流企业增加对其信任的作用；

（2）物流企业的依赖对制造企业增加对其承诺的作用，优于制造企业的依赖对物流企业增加对其承诺的作用；

（3）制造企业的信息交流对物流企业增加对其承诺的作用，优于物流企业的信息交流对制造企业增加对其承诺的作用；

（4）物流企业对制造企业的信任对物流企业视角下紧密合作关系的作用，优于制造企业对物流企业的信任对制造企业视角下紧密合作关系的作用；

（5）制造企业对物流企业的承诺对制造企业视角下紧密合作关系的作用，优于物流企业对制造企业的承诺对物流企业视角下紧密合作关系的作用。

表 7 - 24　　　　　　　　　　　　路径差异比较结论

参与度（L）$\xrightarrow{++}$ M 信任 L	参与度（M）$\xrightarrow{+}$ L 信任 M
依赖（L）$\xrightarrow{++}$ M 承诺 L	依赖（M）$\xrightarrow{+}$ L 承诺 M
信息交流（M）$\xrightarrow{++}$ L 承诺 M	信息交流（L）$\xrightarrow{+}$ M 承诺 L
L 信任 M $\xrightarrow{++}$ 紧密合作关系（L）	M 信任 L $\xrightarrow{+}$ 紧密合作关系（M）
M 承诺 L $\xrightarrow{++}$ 紧密合作关系（M）	L 承诺 M $\xrightarrow{+}$ 紧密合作关系（L）

说明：L 表示物流企业；M 表示制造企业；——表示促进作用；＋＋的促进作用大于＋的促进作用。

资料来源：AMOS 统计输出。

7.4　实证结果讨论

7.4.1　物流企业视角

1. 企业专属性行为与企业间关系资本

（1）相互依赖与企业间关系资本。企业间信任基于历史合作，而承诺则是对合作未来的正向期望。制造企业对物流企业依赖程度的增加，使物流企业嵌入制造企业的价值创造网络中。在合作深度和广度上均有极大提升的机会，未来可期许更多的范围经济效应和规模经济效应，在此期间短期收益则显得不是那么重要。物流企业如能够通过与制造企业的合作，进入某一与自身战略定位相契合的特定领域，符合企业长期发展的战略思考，可有效提升物流企业对与制造企业未来合作的良性预期。

（2）参与度与企业间关系资本。制造企业主动参与合作，可以抑制基于合作的机会主义行为，弱化信任可能导致的风险，持续强化物流企业对制造企业诚信和能力的信心，修正物流企业对制造企业的认知，使得物流企业对制造企业的信心得以持续积累，企业间的信任得以形成和积累。

（3）信息交流与企业间关系资本。制造企业与物流企业在合作界面进行有效的沟通和信息交流，有助于物流企业及时修正自身的运营，应对制造企业物流需求的动态性和不确定性，为物流企业对制造企业的需求变化提供合理的预判依据，强化物流企业对制造企业的信心。制造企业与物流企业通过信息交流，共享运营信息并进行一定程度的知识转移。物流企业基于企业自身的运营能力和战略定位，为获取在某一特定领域更为专业的服务能力和口碑，甚至有放弃短期收益的意愿和行为。

2. 企业间关系资本与紧密合作关系

企业间关系资本作为企业的一种无形的生产性资源，产生于相互合作的企业之间，为企业带来额外收益（关系租金），驱动并有效维系企业合作关系的深化。企业间关系资本的核心要素是企业间的信任和承诺，信任是企业基于历史合作而对合作伙伴产生的信心，双方企业相互信任则未来合作可期，促使双方合作关系更加紧密。承诺是企业基于对未来合作价值创造的可预见性而与合作伙伴进行深度合作、甚至放弃短期收益的一种理性分析与感性判断。在承诺增加（或持续性承诺）的基础上，双方企业将对合作方表现出更多的包容和适应，企业间形成更为紧密的合作关系。

基于上述实证分析的结果，从物流企业角度进行研究，可将概念模型修正为如图 7 - 5 所示。

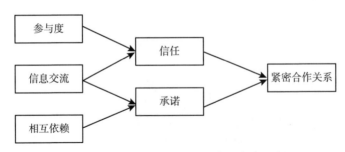

图 7 - 5　概念模型修正（物流企业角度研究）

资料来源：作者绘制。

7.4.2　制造企业视角

1. 企业专属性行为与企业间关系资本

（1）相互依赖与企业间关系资本。物流企业的收益来源于与制造企业的合作，持续稳定的收益会强化物流企业的合作意愿，激励企业积极主动的合作行为，抑制机会主义行为的发生。此外，物流企业有时会依赖于与制造企业合作所获得的特定的知识，提升自身运营能力，并在特定领域与制造企业产生锁定效应。如此，物流企业的行为和发展态势使制造企业对双方合作的信心得到加强，有维系稳定合作关系的意愿，对合作的未来产生正向预期，对物流企业的信任程度和承诺程度得到提高。

（2）参与度与企业间关系资本。物流企业主动参与合作可以实现从被动迎合到主动参与的转变，在更大的范围内为制造企业提供专业化的物流服务，与制造企业的产品实现价值的良性互补，为制造企业专注自身核心运营提供有效支撑，持续积累和强化制造企业对物流企业的信心，并促使制造企业产生更多的合作行为，企业间的信任得以形成和积聚。

（3）信息交流与企业间关系资本。物流企业与制造企业在合作界面进行有效的沟通和信息交流，有助于制造企业及时了解物流企业的运营能力和运营特点。理性分析物流企业所提供的产品、服务与自身产品的价值互补程度以及价值共创的发展倾向，进而做出维系现有合作或进行长期合作的相应战略决策。信息交流强化了制造企业对双方企业当下合作关系稳定性的意愿以及对未来合作的正向期望。

2. 企业间关系资本与紧密合作关系

无论选取哪一方企业研究视角，企业间关系资本对企业间紧密合作关系的作用方向一致，区别在于不同企业视角下，企业间关系资本中信任和承诺对企业间紧密合作关系的作用不同。制造企业视角下的企业间信任对紧密合作关系的作用，弱于物流企业视角下企业间信任对紧密合作关系的作用（0.25 < 0.41）；制造企业视角下企业间承诺对紧密合作关系的作用，强于物流企业视角下企业间承诺对紧密合作关系的作用（0.97 > 0.76）。

基于上述实证分析的结果，从制造企业角度进行研究，可将概念模型修正为如图 7 - 6 所示。

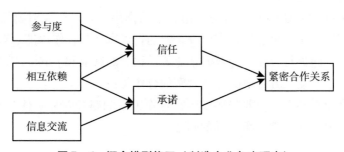

图 7 - 6　概念模型修正（制造企业角度研究）

资料来源：作者绘制。

7.4.3　双方企业视角路径差异比较

双方企业视角下对企业间形成紧密合作关系的路径进行差异分析，由表7-23中实证结果可知，具体有五条作用路径存在显著差异。

（1）参与度对信任的作用。外部环境的动态性和不确定性使双方企业更看重合作的稳定和持续发展。物流企业主动参与合作，变被动为主动，可有效提高产品客户价值实现的柔性，弱化动态性和不确定性的环境给双方企业合作带来的冲击，对企业间信任的提升作用明显。而制造企业主动参与合作是之前合作形式的一种延展或深化，对企业间信任的提升作用更像是"锦上添花"，而不像物流企业主动参与合作的"雪中送炭"。

（2）相互依赖对承诺的作用。双方企业对彼此依赖程度的增加会改变原有的依赖不对称性，企业间依赖的不对称性对物流企业的影响大于制造企业。双方企业合作过程中，制造企业往往处于优势地位，拥有更多的主动权。相较于物流企业，制造企业对双方合作未来正向预期的判断，更多是基于可掌控的因素之上，因此对承诺的促进作用更大。

（3）信息交流对承诺的作用。制造企业的信息交流可能会作用于物流企业的战略层面决策，基于企业战略的长期性考虑，对企业间承诺的提升将会较为明显。而物流企业的信息交流多是作用于双方企业在合作界面的业务运营，可以较好地驱动双方企业努力维系现有合作的稳定性。

（4）信任对企业间形成紧密合作关系的作用。物流企业信任制造企业，物流企业会调整战略重心，基于双方合作的需要而做出全面调整，触发企业进行专属性投资等行为。制造企业多是在与物流企业合作的范围内做出变化，以使双方更为有效地合作。

（5）承诺对企业间形成紧密合作关系的作用。制造企业对物流企业的承诺，相较于物流企业更能够提高双方企业的合作宽度与合作深度。双方企业在更为广阔的空间进行合作，为双方企业关系租金的获取和pareto改进提供更大的可能，有效推动双方企业间形成紧密的合作关系。

双方企业视角下，企业间形成紧密合作关系的路径差异具体如图7-7所示（图中只显示了存在显著差异的路径）。

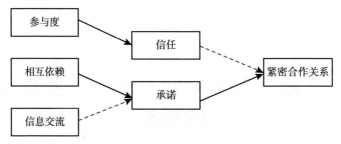

图 7 – 7 路径差异比较

注：- - -►表示物流企业视角在这一路径中的作用优于制造企业视角；
——►表示制造企业视角在这一路径中的作用优于物流企业视角；
资料来源：作者绘制。

第8章 物流企业与制造企业互动合作的形成路径研究

本章在前述理论研究框架与机理分析的基础上，构建物流企业与制造企业双方互动合作形成路径的研究模型，确定研究变量，提出研究命题，设计双向问卷，运用 SPSS 软件对数据进行信度和效度检验。在此基础上，对物流企业创新能力的四个维度与企业互动合作的三个维度进行相关分析和多元回归分析。基于实证结果对模型进行修正，对实证结果进行分析、讨论。

8.1 模型构建与研究假设

物流业与制造业联动基于产业关联，具体表现为物流业与制造业之间的供需关系，行业层面两业联动的最终目的是物流业与制造业的协调发展。然而现实情况却是中观层面上供需失衡，供给不足与供给过剩并存：低端供大于求导致恶性竞争，物流服务质量下降；高端供不应求，制造业的物流需求得不到有效的满足。究其原因，物流业的创新能力严重匮乏是主要制约因素之一，物流服务创新是两业联动的重要驱动力。企业层面的互动合作以创造客户价值为目的，双方企业基于不同的合作动机和利益诉求，在合作过程中的表现存在差异。物流企业的创新能力作为企业的一种重要的动态能力，对企业互动合作具有重要的推动作用。物流企业与制造企业互动合作的各个构面（结构维度、关系维度、过程维度）对双方企业均至关重要，为双方企业发展所必需。

（1）企业互动合作的结构维度包括企业间多个层级的相互合作。运作层面的互动合作可以促进运营信息的共享，以迅速解决问题，整合双方企业的运作流程（Dyer and Nobeoka，2000）。管理层面的互动合作使双方企业联系更为紧密，双方企业在多个方面和多个层次进行合作，通过深入合作获得战略收益（Villena et al.，2011）。双方企业共同解决问题，形成合作规范，对双方企业的绩效提升有正向的促进作用。

（2）关系维度主要指双方企业间的关系。企业间的关系对企业绩效的作用甚至大于企业自身运营对企业绩效的作用（Halldorsson and Skjøtt‑Larsen，2004）。企业间良好的合作关系可以有效降低交易成本（Kale et al.，2000）、提高顾客忠诚度（Large et al.，2011）、抑制机会主义行为的出现（Villena et al.，2011）、增强共同抵御风险的能力（Dyer and Nobeoka，2000）。实证研究表明，企业间的关系对控制运营成本（Villena et al.，2011）、提高运作柔性（Cousins et al.，2006）、质量掌控（Lawson et al.，2008）等方面有明显的促进作用。物流企业与制造企业互动合作体现了顾客导向的内涵，物流企业服务以顾客需求为导向能够提升制造企业的物流绩效（Tian et al.，2010）。物流企业与制造企业之间良好的双方关系，能够提升物流企业的竞争力（Gadde and Hulthen，2009）和制造企业的物流运作绩效（Halldorsson and Skjøtt‑Larsen，2004）。

（3）过程维度主要包括双方企业之间的适应和沟通。适应与沟通能够很好地应对物流企业与制造企业互动合作的动态性特征。物流企业与制造企业互动合作的过程中，以自身运作能力和对客户的可适应程度作为战略选择的依据（Hertz and Alfredsson，2003），修正自身运营系统以适应客户特定需求，为客户提供复杂的、以客户需求为导向的物流服务。适应客户的具体要求是提高客户忠诚度，进而提升企业绩效的先决条件（Large et al.，2011）。制造企业对物流企业的适应可提高双方企业的互依性（Large，2011），增加转换成本，提高互动合作的层次，扩大互动合作的范围。组织间沟通对双方企业合作至关重要（Cousins and Menguc，2006），相互合作的企业间有效沟通能够减少运营偏差（Chen et al.，2004）、提高运营质量、缩短客户响应时间、增加运营柔性、强化双方合作（Large，2011）。

创新能力是动态商业环境下企业生存并赢得竞争的关键能力。组织创新领域内已有大量文献证实了组织创新能力对组织绩效的正向作用（Busse and Wallenburg，2011；Panayides，2006）。物流企业创新能力对企业互动合作有正向的促进作用。

（1）创新能力是一种动态能力，物流企业在与制造企业合作的过程中，不断地调整自身运营，动态适应制造企业物流服务需求的变化，适应的过程会得到制造企业的回馈，双方企业共同调整、互相适应以满足共同客户的需求。

（2）物流企业创新能力的提升，可以增强自身的运营能力，拓宽物流服务范围，避免低端恶性竞争，为物流企业带来持续的竞争优势（Panayides and

So，2005）。服务范围的拓宽使双方企业在更多的方面有合作的机会，甚至可能会嵌入彼此的价值创造网络中。

（3）物流企业创新能力的提升可以有效满足制造企业对物流服务深度和广度的要求，促进双方企业进行更深层次的合作；物流企业创新能力的提升，可以提高企业的运营效率与管理效率（P. M. Ralston et al.，2013），降低制造企业的物流成本、提高物流服务质量，提高制造企业对合作的满意度，与其维系良好的合作关系（Cousins et al.，2006）。

以上分别分析了物流企业创新能力对企业互动合作的过程维度、结构维度、关系维度的作用。制造企业与物流企业合作的过程也是自身价值链重构的过程。制造企业将本来自行运营的物流业务外包给物流企业，物流企业为制造企业提供专业化的物流运作，与制造企业的价值链相融合。物流企业创新能力的提升将对双方企业的价值链产生影响。双方企业互为调整的过程，即企业互动合作的过程，其原动力是物流企业创新能力的提升。物流企业创新能力作为企业的一种动态能力，可以进一步分成四个维度进行更为详尽的探讨。基于上述分析，提出如下假设：

假设：物流企业创新能力的提升，对制造企业与物流企业互动合作有正向促进作用。

基于上述分析和研究假设，构建物流企业创新能力对制造企业与物流企业互动合作的作用的概念模型，如图8-1所示。

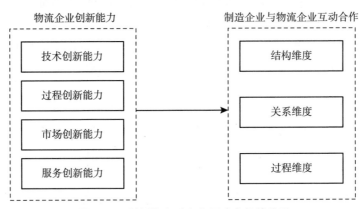

图8-1　创新能力对企业互动合作的作用

资料来源：作者绘制。

8.2 研究方法设计

8.2.1 变量测量

在现有的关于物流企业创新能力和企业互动合作的文献基础上，结合中国的实际，从技术创新能力、过程创新能力、市场创新能力、服务创新能力四个方面，对物流企业创新能力进行测度；从过程维度、结构维度、关系维度三个方面，对企业互动合作进行测度，分别形成各构念的测量量表，如表 8 - 1 至表 8 - 7 所示。

1. 物流企业创新能力

物流企业创新能力是一个多维度组成的构念。学者们基于不同的研究目的，对物流企业创新能力这一构念的组成维度和具体指标构成进行了大量有益的开发和验证。王等（2004）提出五个维度，具体 29 个指标，经过分析验证后保留了 20 个测量指标；帕尼斯（2006）采用 5 个指标测量物流企业的创新能力；杨（2012）通过两个维度 5 个观察变量对物流企业的创新能力进行衡量；霍根等（2011）提出一个包含七个维度、49 个观察变量的指标体系，通过问卷调研精炼到三个维度 26 个指标，再通过实证最终确定了三个维度，13 个观察变量指标。综合上述分析，本篇结合企业界、学术界专家的意见和实际调研情况，将物流企业创新能力通过四个维度进行测量。

（1）技术创新能力。现有关于技术创新能力的研究，多见于对制造企业的研究文献，对生产性服务企业技术创新能力的衡量多参考已有制造企业所使用的指标。物流服务的特性使得照搬现有成熟的制造企业方面的研究指标并不合适。学者们依物流服务的特性开发出一系列物流企业技术创新能力的衡量指标。霍根等（2011）设计了四个指标进行衡量；杨（2012）设计了两个指标进行衡量；林（Lin，2006，2007，2008）设计了四个观察变量：信息获取技术、通信技术、仓储技术、运输技术。本篇主要参考杨（2012）、霍根等（2011）、林（2006，2007，2008）所使用的测量题项，设计 3 个题项，采用 Likert 7 级量表打分法，以此测度物流企业技术创新能力，具体参见表 8 - 1。

表 8 - 1　　　　　　　　　物流企业技术创新能力测量量表

测量题项	来源或依据
采用先进的信息管理系统	杨，2012；霍根等，2011；林，2006，2007，2008
采用行业中先进的技术	
积极进行技术创新	

资料来源：根据相关文献整理。

（2）过程创新能力。关于物流企业过程创新能力的测度，王等（2004）使用四个具体指标进行衡量；杨（2012）设计了两个指标；帕尼斯（2006）设计了三个指标。本篇主要参考杨（2012）、帕尼斯，2006、王等（2004）所使用的测量题项，设计 3 个题项，采用 Likert 7 级量表打分法，以此测度物流企业过程创新能力，具体参见表 8 - 2。

表 8 - 2　　　　　　　　　物流企业过程创新能力测量量表

测量题项	来源或依据
定期改进公司的运营系统	杨，2012；帕尼斯，2006；王等，2004
公司经常在多个方面试用一些新的构想	
公司寻求新的方法，以解决常规方法难以解决的问题	

资料来源：根据相关文献整理。

（3）市场创新能力。关于物流企业市场创新能力的测度，王等（2004）使用四个具体指标进行衡量；霍根等（2011）设计了四个指标；帕尼斯（2006）设计了两个指标。本篇主要参考帕尼斯（2006）、王（2004）、霍根等（2011）所使用的测量题项，设计 3 个题项，采用 Likert 7 级量表打分法，以此测度物流企业市场创新能力，具体参见表 8 - 3。

表 8 - 3　　　　　　　　　物流企业市场创新能力测量量表

测量题项	来源或依据
公司的新产品、服务能够抑制新竞争对手的加入	帕尼斯，2006 王等，2004 霍根等，2011
公司的营销方式经常创新（产品组合、促销等）	
公司投放市场的新产品/服务，较之前产品/服务有较大变化	

资料来源：根据相关文献整理。

（4）服务创新能力。关于物流企业服务创新能力的测度，王等（2004）通过三个阶段的设计和验证，最终确认使用四个具体指标进行衡量；格鲁（2009）设计了五个指标。本篇主要参考王等（2004）、格鲁（2009）所使用的测量题项，设计4个题项，采用 Likert 7 级量表打分法，以此测度物流企业服务创新能力，具体参见表 8 - 4。

表 8 - 4　　　　　　　　物流企业服务创新能力测量量表

测量题项	来源或依据
公司修改当前的服务以满足客户的特定需求	王等，2004；格鲁，2009
与竞争对手相比，我们能够提供更多的新服务	
公司的新服务能够很好地满足客户的需求	
公司总是先于竞争对手使用新服务	

资料来源：根据相关文献整理。

2. 企业互动合作

企业互动合作是一个多维度组成的构念。学者们基于不同的研究目的，从不同的理论视角，对物流企业与制造企业互动合作这一构念的组成维度和具体指标构成，进行了大量有益的开发和验证。周丹（2012）从资源依赖理论视角提出两个维度，设计了 8 个具体个指标；蒂本等（2008）从市场营销理论视角提出使用单一维度，设计了 4 个具体指标；拉奇等（2011）从市场营销理论视角和供应链管理理论视角，提出两个维度；劳森等（2008）从社会资本理论视角提出两个维度；比列纳等（2011）从社会资本理论视角提出三个维度。综合上述分析，本篇结合企业界、学术界专家的意见和实际调研情况，对物流企业与制造企业互动合作通过三个维度进行测量。

（1）结构维度。关于结构维度的测度，英克彭等（2005）、比列纳等（2011）均使用三个具体指标进行衡量；周丹（2012）设计了四个指标。本篇主要参考英克彭等（2005）、周丹（2012）、比列纳等（2011）所使用的测量题项，设计 3 个题项，采用 Likert 7 级量表打分法，以此测度物流企业与制造企业互动合作的结构维度，具体参见表 8 - 5。

表 8 – 5　　　　　物流企业—制造企业互动合作的结构维度测量量表

测量题项	来源或依据
我们从高层到基层不同层次的人员围绕服务、运作等问题，参与到与对方的联络、交流和合作中	英克彭，2005
我们不同层次的人员频繁而密集互动	周丹，2012
我们不同职能部门的人员频繁而密集互动	比列纳，2009

资料来源：根据相关文献整理。

（2）关系维度。关于关系维度的测度，卡莱等（2000）设计了五个指标；劳森等（2008）主要参考卡莱等（2000）的指标，先设计了五个指标，后在因子分析阶段去除两项指标，最终确定了三个题项；比列纳等（2011）使用五个具体指标进行衡量。本篇主要参考卡莱等（2000）、劳森等、比列纳等（2011）所使用的测量题项，设计 5 个题项，采用 Likert 7 级量表打分法，以此测度物流企业与制造企业互动合作的关系维度，具体参见表 8 – 6。

表 8 – 6　　　　　物流企业—制造企业互动合作的关系维度测量量表

测量题项	来源或依据
双方企业相互信任	
双方企业都能很好地履行承诺	卡莱等，2000
双方企业互惠互利	劳森等，2008
双方企业的员工之间紧密互动	比列纳，2009
双方企业的员工之间形成个人友谊	

资料来源：根据相关文献整理。

（3）过程维度。关于过程维度的测度，范德瓦尔克等（2008、2009）提出过程维度包括适应和沟通两个维度，但只是做了定性的分析，没有设计开发具体的测量指标；拉奇等（2011）、拉奇（2011）、克内梅耶等（Knemeyer et al.，2005）设计了五个指标，通过信度检验和因子分析，去掉指标载荷小于 0.5 的题项，最终确定了三个题项；田等（2010）设计了三个指标；蒂本等（2008）使用四个具体指标进行衡量。本篇主要参考蒂本等（2008）、拉奇等（2011）、克内梅耶等（Knemeyer et al.，2005）、田等（2010）所使用的测量题项，设计 5 个题项，采用 Likert 7 级量表打分法，以此测度物流企业与制造企业互动合作的过程维度，具体参见表 8 – 7。

表 8 - 7　　　　　　　物流企业—制造企业互动合作的过程维度测量量表

测量题项	来源或依据
为了配合客户的业务，我们已经改变了一些工作方式	蒂本等，2008 拉克等，2011 拉奇，2011 克内梅耶，2004 田等，2010
我们已经调整我们的服务和业务流程，以便满足客户特定的需求	
我们准备购置高度专业化的工具和设备以满足客户的需求	
客户可以很容易地获取我们物流服务变更的信息	
我们经常与客户沟通，并提出自己的观点	

资料来源：根据相关文献整理。

8.2.2　分析方法

本章使用的分析方法包括信度与效度分析、相关分析、多元回归分析。所用的统计分析软件为 SPSS19.0。

（1）信度、效度检验，使用 SPSS19.0 软件对本章所涉及构念的信度和效度进行检验。采用 Cronbach's α 系数对各构念的信度进行检验，通过验证性因子分析对各构念的效度进行检验。

（2）相关分析，使用 SPSS19.0 软件对物流企业的技术创新能力、过程创新能力、市场创新能力、服务创新能力和企业互动合作的过程维度、结构维度、关系维度进行 pearson 相关分析。

（3）多元回归分析，使用 SPSS19.0 软件分析物流企业创新能力各维度对企业互动合作各维度的作用。回归分析是关于数据处理的常用方法，若变量之间的关系尚不明确，可使用回归方程进行探索性研究，多元回归方程可以分析一个因变量和多个自变量之间的关系。本篇将物流企业创新能力的四个构成维度作为自变量，企业互动的三个构成维度分别作为因变量。由于本书涉及多个自变量和多个因变量，且变量间的作用关系并不明确，因此采用多元回归分析是较为合适的方法。

8.3　实证分析

8.3.1　信度和效度检验

通过因子分析对变量的结构效度进行检验，因子分析之前先进行样本充分性检验，即样本充分性 KMO（Kaiser – Meyer – Olykin）测试系数检测和巴特莱特球体检验（Bartlett Test of Sphericity）。对企业创新能力进行效度检验，KMO 值为 0.842、Bartlett 显著性概率为 0.000，皆适合作因子分析。采用主成分法依照特征值大于 1、最大因子载荷大于 0.5 的要求，对物流企业创新能力提取四个因子，累积解释方差为 78.43%，因子载荷均在 0.70 左右，物流企业创新能力量表的效度较好，具体如表 8 – 8 所示。

表 8 – 8　　　　　　　　　　物流企业创新能力的因子分析结果

物流企业创新能力	因子载荷			
	1	2	3	4
技术创新能力 1	0.752	0.015	0.023	0.017
技术创新能力 2	0.721	0.105	0.198	− 0.040
技术创新能力 3	0.795	0.046	− 0.028	0.057
过程创新能力 1	− 0.018	0.791	− 0.208	0.008
过程创新能力 2	− 0.005	0.702	0.072	− 0.017
过程创新能力 3	0.072	0.742	0.084	− 0.061
市场创新能力 1	0.084	0.083	0.783	0.107
市场创新能力 2	− 0.047	− 0.028	0.705	0.081
市场创新能力 3	0.287	0.285	0.747	0.054
服务创新能力 1	0.076	0.090	− 0.107	0.736
服务创新能力 2	− 0.019	− 0.024	0.032	0.728
服务创新能力 3	− 0.025	− 0.017	0.117	0.782
服务创新能力 4	0.004	0.035	0.051	0.694

注：物流企业视角。
资料来源：SPSS 统计输出。

对物流企业与制造企业互动合作进行效度检验，KMO 值为 0.793、Bartlett 显著性概率为 0.000，皆适合作因子分析。采用主成分法依照特征值大于 1、最大因子载荷大于 0.5 的要求，对物流企业与制造企业互动合作提取三个因子，累积解释方差为 82.54%，因子载荷在 0.603 ~ 0.785 之间，物流企业与制造企业互动合作量表的效度较好，具体如表 8 – 9 所示。

表 8 - 9　　　　　　　　　物流企业与制造企业互动合作的因子分析结果

物流企业与制造企业互动合作	因子载荷		
	1	2	3
结构维度 1	0.769	0.009	0.018
结构维度 2	0.684	0.208	0.203
结构维度 3	0.743	0.059	-0.019
关系维度 1	-0.021	0.717	-0.198
关系维度 2	-0.010	0.785	0.021
关系维度 3	0.086	0.624	0.019
关系维度 4	0.069	0.760	0.063
关系维度 5	-0.053	0.698	0.105
过程维度 1	0.196	0.183	0.704
过程维度 2	0.092	0.079	0.626
过程维度 3	-0.020	-0.017	0.710
过程维度 4	-0.031	-0.035	0.744
过程维度 5	0.013	0.030	0.603

注：制造企业视角。
资料来源：SPSS 统计输出。

通过 Cronbach's α 系数对上述构成变量的信度进行检验，结果如表 8 - 10 所示。变量的 Cronbach's α 系数范围为 0.775 ~ 0.917，均高于 0.7，即本篇所采用的理论结构变量在样本数据中有很好的内部一致性。

表 8 - 10　　　　　　　　　变量的 Cronbach's α 系数

变量	技术创新能力	过程创新能力	市场创新能力	服务创新能力	结构维度	关系维度	过程维度
Cronbach's α 系数	0.917	0.853	0.882	0.775	0.842	0.908	0.876

资料来源：SPSS 统计输出。

8.3.2　相关分析

使用 Pearson 相关分析法，分析企业创新能力的各个维度与企业互动合作的各个维度之间的相关性，它们之间的 Pearson 相关分析结果如表 8 – 11 所示。

表 8 – 11　　　　　　创新能力与企业互动合作的 Pearson 相关分析

	结构维度	关系维度	过程维度
技术创新能力	0.598 **	0.805 **	0.913 **
过程创新能力	0.735 **	0.743 **	0.784 **
市场创新能力	0.863 **	0.729 **	0.704 **
服务创新能力	0.845 **	0.791 **	0.805 **

注：** 表示在 0.01 水平下显著（双尾检验）。
资料来源：SPSS 统计输出。

从表 8 – 11 的结果可以发现，在 0.01 的显著水平下，物流企业创新能力的四个维度与企业互动合作的三个维度均呈正相关关系。

（1）对于企业互动合作的结构维度，物流企业的市场创新能力与其相关性最大，然后依次为服务创新能力、过程创新能力、技术创新能力。

（2）对于企业互动合作的关系维度，物流企业的技术创新能力与其相关性最大，然后依次为服务创新能力、过程创新能力、市场创新能力。

（3）对于企业互动合作的过程维度，物流企业的技术创新能力与其相关性最大，然后依次为服务创新能力、过程创新能力、市场创新能力。

8.3.3　多元回归分析

在上述相关分析的基础上，以企业创新能力各个维度作为自变量、企业互动合作各个维度分别作为因变量，进行多元回归分析，结果如表 8 – 12 所示。

因变量为企业互动合作的结构维度，回归分析进入模型的顺序为常数项、市场创新能力、服务创新能力，调整后的 R^2 为 0.783，可解释总体变异的 78.3%。

因变量为企业互动合作的关系维度，回归分析进入模型的顺序为常数项、服务创新能力、技术创新能力，调整后的 R^2 为 0.740，可解释总体变异的 74.0%。

因变量为企业互动合作的过程维度，回归分析进入模型的顺序为常数项、服务创新能力、技术创新能力，调整后的 R^2 为 0.882，可解释总体变异的 88.2%。

表 8 – 12   企业创新能力对企业互动的回归分析

因变量	进入模型顺序	Beta	T 值	Sig.	调整后 R2	F
企业互动的结构维度	常数项		2.049	0.043	0.783	—
	市场创新能力	0.520	5.675	0.000		174.070 **
	服务创新能力	0.401	4.385	0.000		—
企业互动的关系维度	常数项		2.128	0.036	0.740	—
	服务创新能力	0.443	6.006	0.000		137.751 **
	技术创新能力	0.491	6.647	0.000		—
企业互动的过程维度	常数项		1.634	0.106	0.882	—
	服务创新能力	0.317	6.372	0.000		359.574 **
	技术创新能力	0.689	13.841	0.000		—

注：** 表示 p < 0.01。
资料来源：SPSS 统计输出。

回归方程分别为：

企业互动合作的结构维度 = 0.520 × 市场创新能力 + 0.401 × 服务创新能力

企业互动合作的关系维度 = 0.443 × 服务创新能力 + 0.491 × 技术创新能力

企业互动合作的过程维度 = 0.317 × 服务创新能力 + 0.689 × 技术创新能力

由回归方程得到标准化系数矩阵如表 8 – 13 所示。

表 8 – 13   标准化系数矩阵

	结构维度	关系维度	过程维度	$\sum$
技术创新能力	—	0.491	0.689	1.180
过程创新能力	—	—	—	—
市场创新能力	0.520	—	—	0.520
服务创新能力	0.401	0.443	0.317	1.161
$\sum$	0.921	0.934	1.006	—

资料来源：SPSS 统计输出。

8.4　实证结果讨论

通过多元回归分析物流企业创新能力的各维度对企业互动合作各维度的作用，从实证结果我们可以得到以下结论。

（1）物流企业的市场创新能力和服务创新能力，正向作用于企业互动合作的结构维度，且市场创新能力的作用大于服务创新能力；物流企业的技术创新能力和服务创新能力，正向作用于企业互动合作的关系维度，且技术创新能力的作用大于服务创新能力；物流企业的技术创新能力和服务创新能力，正向作用于企业互动合作的过程维度，且技术创新能力的作用大于服务创新能力。

（2）将标准化系数汇总成标准化系数矩阵，发现物流企业创新能力中的技术创新能力对企业互动合作的影响最大（$\sum = 1.180$）。物流技术创新是渐进式的应用型创新，物流企业的创新能力更倾向于对现有技术的有效应用能力。信息通信技术是物流企业技术创新的重要组成部分。

（3）由标准化系数矩阵可知，物流企业的服务创新能力对企业互动合作的作用仅弱于技术创新能力，且相差较小。但与技术创新能力不同，服务创新能力对企业互动的三个构成维度均有促进作用，且作用程度大小较为均衡（结构维度：0.401；关系维度：0.443；过程维度：0.317）。考虑到企业互动合作的三个维度间存在两两互为促进的关系（已有大量文献证实，具体可参见表8-14），可以得出物流企业的服务创新能力对企业互动合作的作用极为关键。

表8-14　　　　　　　　　　企业互动合作维度间的关系

互动合作维度间的关系	主要文献
过程维度→结构维度	克劳斯等，2007；劳森等，2008
结构维度→过程维度	卡帕尔多，2007
过程维度→关系维度	拉奇等，2011；蒂本等，2008
关系维度→过程维度	程等（cheng et al.，2004）；科特卡等（Kotabe et al.，2005）
关系维度→结构维度	科卡等（Koka et al.，2002）；古拉蒂等（Gulati et al.，2008）
结构维度→关系维度	英克彭等，2005；卡莱等，2000

注："→"表示促进关系。
资料来源：根据相关文献整理。

（4）过程创新能力对企业互动无影响。究其原因，过程创新能力多与其他几个创新能力维度融为一体，通过另外几个维度发挥作用。运营过程创新能力经常被看作技术创新能力或服务创新能力的子因素。

（5）企业互动合作的结构维度和关系维度受物流企业创新能力的影响相差不大（$\sum = 0.921$；$\sum = 0.934$）。这两个互动维度之间有很强的交互作用。企业互动合作的结构维度能够促进关系维度社会资本的积累，企业间的良好关系能够深化双方企业合作的深度和强度。因此互动的这两个维度会随物流企业创新能力的提升而共同提高。但从实证结果中也可以发现两个互动维度提升影响因素存在的差异。企业互动合作的结构维度的提升更多是基于市场创新能力的作用，而企业互动合作的关系维度的提升更多是基于技术创新能力的作用。

（6）企业互动合作的过程维度受物流企业创新能力的影响最大（$\sum = 1.006$）。从动态能力的视角，企业的创新能力使企业持续将知识、创意转换为新产品、流程或体系，可以强化企业间的沟通和相互适应，即正向作用于企业互动合作的过程维度。

物流企业创新能力的各构成维度对企业互动合作各维度的作用情况存在差异，基于上述的实证结论，可将概念模型修正为如图 8 - 2 所示。

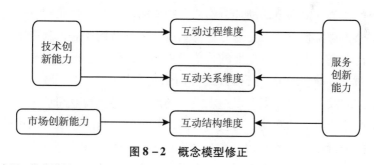

图 8 - 2　概念模型修正

资料来源：作者绘制。

第9章 物流企业与制造企业整合创造客户价值研究

本章在前述理论研究框架与机理分析的基础上，构建物流企业与制造企业整合创造客户价值的研究模型，确定研究变量，提出研究命题，设计双向问卷，运用 SPSS 软件对数据进行信度和效度检验。在此基础上，通过 MATLAB 软件分别从物流企业视角和制造企业视角，对模型进行拟合分析，基于拟合结果对模型进行修正，对实证结果进行分析、讨论。

9.1 模型构建与研究假设

企业由多个价值创造活动环节构成，物流活动从制造企业的价值创造体系中剥离出来，物流企业提供更为专业的物流服务，结构性嵌入制造企业的价值链中。结构性嵌入促使双方企业的价值链重构，价值链重构是制造业和物流业在微观层面进行动态匹配的具体方式（芮明杰和赵小芸，2012）。匹配源自双方行为主体的双向适应、配合以追求效率的最佳状态。行业间动态匹配的本质在于两个产业价值链的互动、对接与协调，价值链视角的选取可以帮助我们更好地把握两个行业之间的互动关系与动态匹配（芮明杰和赵小芸，2012）。物流企业与制造企业追求动态匹配的情形需要在价值链的多个环节和界面同步进行信息、资源等的交互，信息、资源等在复杂价值链体系中的有效交互需要双方企业对自身价值链进行重构。物流企业与制造企业基于交互的价值链重构，可以从三个方面进行理解。（1）制造企业优化资源配置，企业价值链上的价值创造来自特定的战略环节。企业为提升竞争优势选择保留战略环节，将部分运作剥离以优化资源结构。（2）物流企业嵌入制造企业的价值链中，并在多个环节参与协作、协调、互动。（3）物流企业与制造企业的价值链动态匹配。

9.1.1　企业内部整合与客户价值创造的关系

内部整合实质上是组织内部各部门间通过信息共享，实现跨部门的战略协同与共同运作，是把组织内不同部门作为一个整体（Zhao et al.，2008），通过提升企业的制造柔性、运送绩效（Droge et al.，2004）等加强企业的客户服务能力。现代管理理念下的客户服务已不再只是市场部门的职责，而是整个企业所有部门合作共同提供高质量的客户服务。内部各部门间的信息共享和共同运作，能够有效地减少产品的研发周期和物流服务周期，有效控制成本、提高运营效率。

基于上述分析，提出以下假设：

假设 H1：企业内部整合对客户价值创造有正向的促进作用。

9.1.2　物流企业与制造企业间整合与客户价值创造的关系

物流企业与制造企业合作为客户创造价值的关键在于双方企业的资源和能力的有效整合，双方企业间的整合也是双方战略协作的过程。双方企业合作以客户需求为导向，能够更深入地了解市场需求，及时掌握客户需求的变化，对客户需求的准确、及时掌握可以更好地匹配供给与需求。双方企业通过对产品、流程、计划和能力等信息的共享，共同提高生产、计划和运送的绩效，以更大的柔性和较低的成本提供高质量的产品（Flynn et al.，2010）。物流企业与制造企业整合能够提升运送与生产绩效（Scannell et al.，2000）。通过生产与物流的集成，对变化的市场需求快速反应，有效提高流程柔性和运送的可靠性（Rosenzweig et al.，2003），为客户提供更合适的产品和服务。

基于上述分析，提出以下假设：

假设 H2：物流企业与制造企业间整合，对客户价值创造有正向的促进作用。

9.1.3　内部整合与外部整合的关系

物流企业与制造企业的内部资源和能力体系的重构，与双方企业间资源和能力的共享是否存在关联？存在何种关联？企业内部整合与外部整合的关系一直为学术界所关注。从对现有文献的梳理来看，学者们并没有得到一致的研究结论，主要有以下几种观点：内部整合与外部整合没有关系；内部整合促进外部整合，是外部整合的先决条件；外部整合促进内部整合；内部整合与外部整合相互促进。关于这几种观点的研究，具体可参见表9－1。

表9－1　　　　　　　　内部整合与外部整合之间关系的几种主要观点

整合维度间关系
没有关系（Closs et al.，2003）
内部整合促进外部整合（Flynn et al.，2010；赵等，2011；Chen et al.，2004；Huo，2012；Suresh et al.，2009）
外部整合促进内部整合（Sanders et al.，2005；Stank et al.，2001）
内部整合与外部整合相互促进（Ward et al.，2006；Rodrigues et al.，2004；Gimenez et al.，2005；Jayaram J et al.，2004；Iyer et al.，2006）

资料来源：根据相关文献整理。

企业的内部整合是有效外部整合的基础（Zhao et al.，2011）。企业在与合作伙伴合作时，如果只是个别部门参与而忽视企业作为整体运营的特点，人为割裂组织内部各部门的关联与配合，会使企业无法有效地进行外部整合。由此，内部整合是外部整合的先决条件。企业运营过程中，合作伙伴构成了企业所处环境的重要组成部分，通过组织学习、组织规范的相互影响（Campbell，1998），外部整合为内部整合提供了强大的动力（Hillebrand and Biemans，2003）。我国的企业在企业整合实践中，由于管理理念、管理技术等多方面原因，企业的内部调整多是迫于外部的压力（Richey Jr et al.，2009）。外部整合作为企业组织内部整合在组织边界上的延伸（Huo，2012），反过来对企业内部整合有一定的推动作用。我们认为，企业内部整合与外部整合并非严格的因果关系，而是一种相互作用关系，且这种相互关系随整合程度动态变化（孙晓波和骆温平，2014）。

基于上述分析，提出以下假设：

假设H3：企业内部整合与外部整合互有正向的促进作用。

通过上述分析，构建概念模型如图9－1所示。

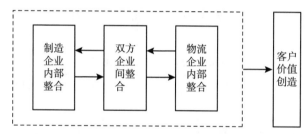

图 9 - 1　客户价值创造概念模型

资料来源：作者绘制。

9.2　研究方法设计

9.2.1　变量测量

在现有概念界定和测度的基础上，以国际权威杂志文献中所使用的成熟量表作为主要参考，结合中国的具体实际和企业界、学术界专家的意见，设计以下指标问题项，各构念的测量量表如表 9 - 1 ~ 表 9 - 5 所示。

内部整合：内部整合的指标设计主要参考赵等（2008）使用的测量指标，测量打分中"1"表示完全不重视，"4"为中立，"7"表示非常重视，主要测量企业内部各部门之间的信息共享、共同运营、跨部门团队等几个方面的 3 个指标，具体参见表 9 - 2。

表 9 - 2　　　　　　　　　　　　内部整合测量量表

测量题项	来源或依据
企业运作流程改进过程中使用跨职能部门的团队	
公司各部门运营的信息共享程度	赵等，2008
企业各部门之间协同运营的程度	

资料来源：根据相关文献整理。

制造企业外部整合：制造企业外部整合的指标设计主要参考弗琳（2010）、赵等（2010）等使用的测量指标，测量打分中"1"表示完全不符合，"4"为中立，"7"表示非常符合，主要测量制造企业与物流企业之间的信息共享、共同运作、流程柔性等几个方面的 4 个指标，具体参见表 9 - 3。

表 9 - 3　　　　　　　　　　　制造企业外部整合测量量表

测量题项	来源或依据
我们与合作伙伴共享我们的生产计划	弗琳，2010 赵等，2010
我们与合作伙伴共享我们的需求预测数据	
我们帮助主要的合作伙伴优化其流程，以更好地适应我们的需求	
与主要合作伙伴通过信息网络进行信息交换的程度	

资料来源：根据相关参考文献资料整理。

物流企业外部整合：物流企业外部整合的指标设计主要参考霍（2012）、赵等（2010）等使用的测量指标，测量打分中"1"表示完全没有，"4"为中立，"7"表示广泛应用，主要测量物流企业与制造企业之间的信息共享、快速响应、交流互动等几个方面的 4 个指标，具体参见表 9 - 4。

表 9 - 4　　　　　　　　　　　物流企业外部整合测量量表

测量题项	来源或依据
建立快速的订单响应、处理系统	霍，2012 赵等，2010
定期与主要合作企业进行互动与交流	
对主要合作企业进行跟踪并反馈	
与主要合作企业的信息共享程度	

资料来源：根据相关资料整理。

客户价值创造：关于客户价值的构成有很多种观点，学者们较为认同的是帕拉休拉曼（2000）提出的"客户价值由产品质量、服务质量、价格因素三个方面组成"的观点。瑙曼（1995）提出客户价值包括产品质量、服务质量和基于价值的价格三个要素，认为企业对于产品、服务的评估要以客户理解的产品、服务质量和价格为基础。本篇在已有文献研究的基础上，主要参考维克里等（Vickery et al. , 2003）、霍（2012）使用的测量指标，对客户价值创造的指标进行设计，测量打分中"1"表示完全不符合，"4"为中立，"7"表示非常符合，主要测量客户对产品质量、服务质量和基于价值的价格的满意程度，共设计 3 个指标，具体参见表 9 - 5。

表 9 – 5　　　　　　　　　　　客户价值创造测量量表

测量题项	来源或依据
客户对产品品质非常满意	维克里等，2003 霍，2012
客户对所获得的服务非常满意	
客户对产品的价格水平非常满意	

资料来源：根据相关参考文献资料整理。

9.2.2　分析方法

本章使用的分析方法包括信度与效度分析和曲线拟合分析。所使用的分析软件为 SPSS19.0 和 MATLAB 仿真软件。

（1）信度、效度检验，使用 SPSS19.0 软件对本章所涉及构念的信度和效度进行检验。采用 Cronbach's α 系数对各构念的信度进行检验，通过验证性因子分析对各构念的效度进行检验。

（2）曲线拟合，使用 MATLAB 仿真软件对数据进行拟合分析，得到的交互式拟合画面中能够清晰地看到各变量之间的关系，以及一个变量变化时其他变量相应的变化和变化趋势。本篇分析物流企业和制造企业的内部整合、双方企业间的外部整合以及各整合因素之间的交互作用对客户价值创造的影响。因素之间存在交互作用即互为影响、互为反馈，任一要素的变化均会影响到其他要素的变化和变化趋势。由此，选用 MATLAB 仿真软件对数据进行拟合，通过交互式拟合画面动态呈现各变量间的关系，拟合曲线的形状和曲线形状的变化可直观呈现出要素的变化趋势及区别。

9.3　实证分析

9.3.1　信度和效度检验

1. 内部整合与外部整合

对制造企业内部整合、物流企业内部整合、制造企业外部整合、物流企业外部整合进行效度检验。KMO 值为 0.763、Bartlett 显著性概率为 0.000，符合进行因子分析的要求。对问卷中量表所设计的题项进行因子分析，结果如表9-6所示。按照特征根大于1、因子载荷大于0.5的要求，提取出了四个因子，累积解释方差为71.67%。从表中发现各题项的因子载荷之中，有一项没有达到因子载荷大于0.5的要求，制造企业外部整合4，未落入理论假设中制造企业外部整合因子上，而是落在了物流企业外部整合因子上，表明该题项测得的信息不够准确，从量表中删除"制造企业外部整合4：与主要合作伙伴通过信息网络，进行信息交换的程度"这一题项，之后对企业整合量表中的其他题项再进行因子分析。在此之前仍先对KMO值进行检验，KMO值为0.802、Bartlett显著性概率为0.000，符合进行因子分析的要求。按照特征根大于1、因子载荷大于0.5的要求，提取出了四个因子，累积解释方差为78.51%。

表9-6　　　　　　　　　　企业整合的因子分析结果（一）

测量题项	因子载荷			
	1	2	3	4
制造企业内部整合1	0.793	0.042	0.075	0.036
制造企业内部整合2	0.732	0.102	0.109	0.046
制造企业内部整合3	0.709	0.057	0.089	-0.038
物流企业内部整合1	0.073	0.721	-0.027	0.251
物流企业内部整合2	-0.092	0.635	0.049	0.060
物流企业内部整合3	0.307	0.714	0.062	-0.014
制造企业外部整合1	-0.018	-0.036	0.753	-0.165
制造企业外部整合2	-0.210	0.087	0.715	0.042
制造企业外部整合3	0.037	0.053	0.682	0.073
制造企业外部整合4	-0.029	-0.037	0.134	0.472
物流企业外部整合1	0.107	0.090	0.091	0.790
物流企业外部整合2	0.046	-0.018	0.084	0.770
物流企业外部整合3	-0.068	0.243	-0.038	0.604
物流企业外部整合4	0.103	-0.081	0.102	0.758

资料来源：SPSS统计输出。

因子分析结果如表9-7所示，所有因子载荷均符合大于0.5的要求，且均按照预期分布于三个因子，由此修正后的企业整合效度良好。

表 9 – 7　　　　　　　　　　企业整合的因子分析结果（二）

测量题项	因子载荷			
	1	2	3	4
制造企业内部整合 1	0.782	0.047	0.017	0.025
制造企业内部整合 2	0.709	− 0.065	0.116	0.110
制造企业内部整合 3	0.756	0.312	0.108	− 0.107
物流企业内部整合 1	0.052	0.801	0.052	0.075
物流企业内部整合 2	0.217	0.723	0.301	− 0.152
物流企业内部整合 3	− 0.071	0.607	− 0.216	0.064
制造企业外部整合 1	− 0.042	0.086	0.728	− 0.094
制造企业外部整合 2	− 0.020	− 0.025	0.760	0.052
制造企业外部整合 3	0.175	0.073	0.713	0.071
物流企业外部整合 1	0.204	0.121	0.039	0.769
物流企业外部整合 2	0.102	0.213	0.057	0.683
物流企业外部整合 3	− 0.039	0.064	− 0.105	0.731
物流企业外部整合 4	0.096	0.179	0.046	0.727

资料来源：SPSS 统计输出。

通过 Cronbach's α 系数对构成变量的信度进行检验（删除制造企业外部整合 4 的题项后），结果如表 9 – 8 所示，变量的 Cronbach's α 系数均高于 0.7，即本篇所采用的理论结构变量在样本数据中有很好的内部一致性。也就是说，通过检验调整最终确定的量表具有很好的信度和效度，可以用来进行后续的实证分析。

表 9 – 8　　　　　　　　变量的 Cronbach's α 系数

变量	M 内部整合	L 内部整合	M 外部整合	L 外部整合
Cronbach's α	0.798	0.701	0.804	0.902

注：M 代表制造企业；L 代表物流企业。
资料来源：SPSS 统计输出。

2. 客户价值创造

（1）从制造企业视角对客户价值创造进行效度检验，KMO 值为 0.762、

Bartlett 显著性概率为 0.000，符合进行因子分析的要求。对问卷中客户价值创造量表所设计的 3 个题项进行因子分析，累积解释方差为 81.62%，所有因子载荷均符合大于 0.5 的要求，由此合作关系提升效度良好。通过 Cronbach's α 系数对构成变量的信度进行检验，Cronbach's α 为 0.874，即本篇所采用的理论结构变量在样本数据中有很好的内部一致性（见表 9 - 9）。

表 9 - 9　　　　　　　　客户价值创造的信度与效度检验

测量题项	因子载荷	Cronbach's α
客户价值创造 1	0.803	
客户价值创造 2	0.782	0.874
客户价值创造 3	0.704	

注：制造企业视角。
资料来源：SPSS 统计输出。

（2）从物流企业视角对客户价值创造进行效度检验。KMO 值为 0.714、Bartlett 显著性概率为 0.000，符合进行因子分析的要求。对问卷中客户价值创造量表所设计的 3 个题项进行因子分析，累积解释方差为 83.57%，所有因子载荷均符合大于 0.5 的要求，由此合作关系提升效度良好。通过 Cronbach's α 系数对构成变量的信度进行检验，Cronbach's α 为 0.803，即本篇所采用的理论结构变量在样本数据中有很好的内部一致性（见表 9 - 10）。

表 9 - 10　　　　　　　客户价值创造的信度与效度检验

测量题项	因子载荷	Cronbach's α
客户价值创造 1	0.791	
客户价值创造 2	0.817	0.803
客户价值创造 3	0.695	

注：物流企业视角。
资料来源：SPSS 统计输出。

9.3.2　曲线拟合分析

现有的文献在研究内部整合与外部整合的关系时，大多采用结构方程模型（Zhao et al.，2011；Huo，2012）。结构方程模型在阐释变量间因果关系时有一定的优势，但其并不能有效地表达变量间的互动关系，对模型递归性的判断更使研究人员忽视变量间的交互作用。本书认为企业内部整合与企业间整合能够正向作用于客户的价值创造，但企业内部整合与企业间整合的关系并非简单的因果关系，而是一个动态交互、相互影响、相互回馈的过程。对这一过程的清晰描述，可以帮助我们更准确地把握企业合作的实质，为双方企业提供具有可操作性的建议。

使用 MATLAB 软件对相关数据进行处理，可以为我们呈现一个曲线拟合的交互式画面，而且可以在交互式画面中，通过拖动任一变量，即可直观观察到其他变量的相应变化，契合我们对这一问题的研究需要。本篇采用 MATLAB 软件分别从制造企业和物流企业视角对概念模型予以验证。

1. 制造企业视角

对概念模型采用 MATLAB 软件作曲线拟合，以客户价值创造（从制造企业角度衡量）为因变量，以物流企业内部整合、制造企业内部整合、制造企业外部整合为自变量。分别选取多元二项式回归曲线中的四种曲线类型（即线性、纯二次型、交叉二次型和完全二次型）对数据进行拟合。比较四种曲线类型的剩余标准差（rmse），剩余标准差越小的曲线类型表示拟合的程度越好，各曲线拟合的剩余标准差如表 9-11 所示。由表中数值得出交叉二次型的剩余标准差最小，曲线拟合程度最好。由此选择交叉二次型曲线对数据进行拟合，交叉二次型模型拟合的函数见式（9-1），交互式画面如图 9-2 所示。

表 9-11　　　　　　　　　　　　　剩余标准差

	线性	纯二次型	交叉二次型	完全二次型
剩余标准差	0.9921	0.9899	0.9847	0.9897

资料来源：MATLAB 软件输出。

交叉二次型回归系数 beta = [1.524；0.6934；0.0963；-0.2824；-0.0828；0.0445；0.0770]

交叉二次型回归函数形式为：

$$y = 1.524 + 0.6934x_1 + 0.0963x_2 - 0.2824x_3 - 0.0828x_1x_2 + 0.0445x_1x_3 + 0.0770x_2x_3$$

$$(9-1)$$

其中，x_1：物流企业内部整合；x_2：制造企业内部整合；x_3：制造企业外部整合；y：客户价值创造（制造企业角度衡量）。

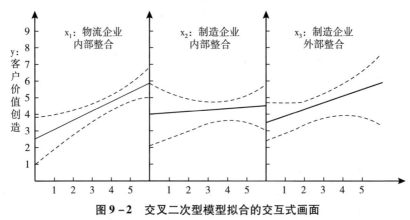

图 9 - 2　交叉二次型模型拟合的交互式画面

资料来源：MATLAB 软件绘制。

2. 物流企业视角

对概念模型采用 MATLAB 软件作曲线拟合，以客户价值创造（从物流企业角度衡量）为因变量，以物流企业内部整合、制造企业内部整合、物流企业外部整合为自变量。通过对多元二项式回归曲线中四种曲线类型的剩余标准差进行比较，发现纯二次型的剩余标准差最小，曲线拟合程度最好。剩余标准差见表 9 - 12，纯二次型模型拟合的函数见式（9 - 2），交互式画面如图 9 - 3 所示。

表 9 - 12　　　　　　　　　　　　　　　　剩余标准差

	线性	纯二次型	交叉二次型	完全二次型
剩余标准差	1.0312	1.0216	1.0287	1.0268

资料来源：资料来源：MATLAB 软件输出。

纯二次型回归系数 beta = [2.8455；0.5898；- 0.5611；- 0.0976；- 0.0134；0.0764；0.0292]

纯二次型回归函数形式为：

$$y = 2.8455 + 0.5898x_1 - 0.5611x_2 - 0.0976x_3 - 0.0134x_1^2 \quad (9 - 2)$$
$$+ 0.0764x_2^2 + 0.0292x_3^2$$

其中，x_1：物流企业内部整合；x_2：制造企业内部整合；x_3：物流企业外部整合；y：客户价值创造（物流企业角度衡量）。

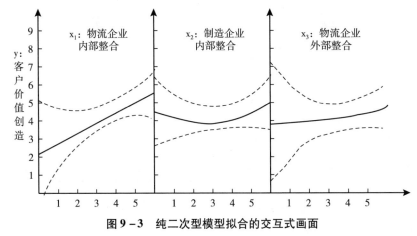

图 9 – 3　纯二次型模型拟合的交互式画面

资料来源：MATLAB 软件绘制。

9.4　实证结果讨论

9.4.1　制造企业视角

从曲线拟合结果我们可以得到：在物流企业与制造企业合作创造客户价值的过程中，物流企业内部整合、制造企业内部整合、制造企业外部整合三个因素之间存在两两交互关系，亦即每一个因素的变化均会影响到其他两个因素对客户价值创造的作用。基于此，可以具体分三种情况对曲线拟合结果进行讨论。

1. 物流企业内部整合对客户价值创造的作用

物流企业内部整合本身对客户价值创造（从制造企业角度衡量）有正向的促进作用，但其与制造企业内部整合的交互作用会抑制（－0.0828）客户价值创造，而与制造企业外部整合的交互作用则会促进（0.0445）客户价值创造。随着物流企业内部整合程度的加强（x_1 逐渐增加），制造企业内部整合对客户价值创造的作用由促进变为抑制（x_2 对应的曲线斜率由正变负），制造企业外部整合的促进作用逐渐增强（x_3 对应的曲线斜率逐渐变大）。此交互作用的动态过程可参见图 9 – 4 和图 9 – 5。

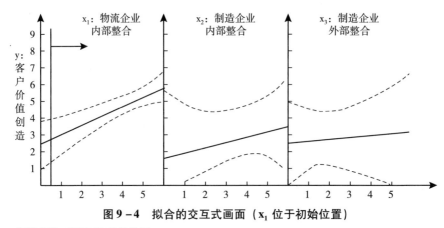

图9-4   拟合的交互式画面（x₁位于初始位置）

资料来源：MATLAB软件绘制。

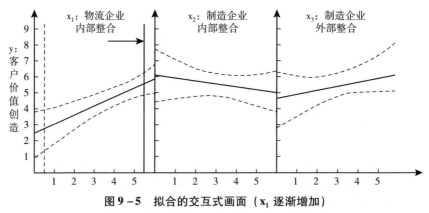

图9-5   拟合的交互式画面（x₁逐渐增加）

资料来源：MATLAB软件绘制。

2. 制造企业内部整合对客户价值创造的作用

制造企业内部整合本身对客户价值创造（从制造企业角度衡量）有正向的促进作用，但其与物流企业内部整合的交互作用会抑制（-0.0828）客户价值创造，而与制造企业外部整合的交互作用则会促进（0.0770）客户价值创造。随着制造企业内部整合程度的加强（x_2逐渐增加），物流企业内部整合对客户价值创造的促进作用逐渐放缓（x_1对应的曲线斜率逐渐减小）、制造企业外部整合的促进作用逐渐增强（x_3对应的曲线斜率逐渐变大）。此交互作用的动态过程可参见图9-6和图9-7。

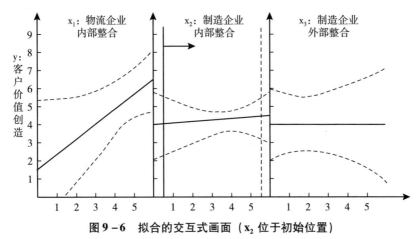

图 9 - 6 拟合的交互式画面（x_2 位于初始位置）

资料来源：MATLAB 软件绘制。

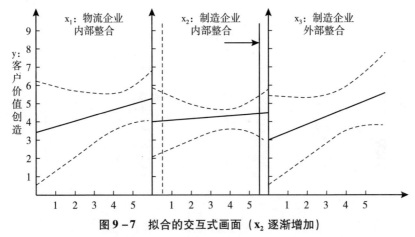

图 9 - 7 拟合的交互式画面（x_2 逐渐增加）

资料来源：MATLAB 软件绘制。

3. 制造企业外部整合对客户价值创造的作用

制造企业外部整合本身对客户价值创造（从制造企业角度衡量）有抑制作用，但其与物流企业内部整合及制造企业内部整合的交互作用，均会促进（0.0445、0.0770）客户价值创造。随着制造企业外部整合程度的加强（x_3 逐渐增加），物流企业内部整合对客户价值创造的促进作用逐渐增加（x_1 对应的曲线斜率逐渐变大）、制造企业内部整合对客户价值创造的作用由抑制变为促进（x_2 对应的曲线斜率由负变正）。此交互作用的动态过程可参见图 9 - 8 和图 9 - 9。

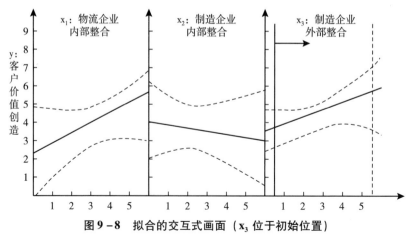

图9-8　拟合的交互式画面（x_3 位于初始位置）

资料来源：MATLAB 软件绘制。

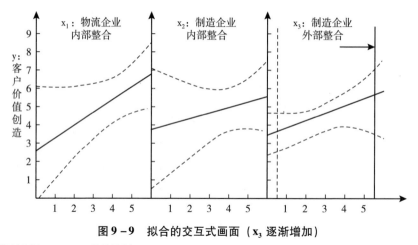

图9-9　拟合的交互式画面（x_3 逐渐增加）

资料来源：MATLAB 软件绘制。

　　从上述的实证结果可以得出，物流企业内部整合、制造企业内部整合、制造企业外部整合三个因素之间存在两两交互作用，对客户价值创造（从制造企业角度衡量）的作用如表9-13所示。

表9-13　　　　　　　　各因素对客户价值创造的作用

自变量	x_1	x_2	x_3	$x_1 x_2$	$x_1 x_3$	$x_2 x_3$
因变量（y）	+	+	−	−	+	+

注：x_1、x_2、x_3、y 的意义同上；+：促进、−：抑制；
资料来源：作者整理。

由以上实证分析结果可以得到：

（1）制造企业外部整合（即制造企业与物流企业间在物流运营领域的整合）的影响大于其内部整合（即制造企业内部各部门为与物流企业有效合作而进行的整合）的影响。同时两者之间存在交互项，即因素间存在相互作用，互为影响而非独立发挥作用。随着制造企业外部整合程度的提高，制造企业内部整合对客户价值创造的作用曲线的斜率由负变正，也即对客户价值创造的作用由抑制转变为促进。随着制造企业内部整合程度的提高，制造企业外部整合对客户价值创造作用曲线的斜率逐渐增大，也即对客户价值创造的作用愈加明显。

（2）物流企业内部整合对客户价值创造的影响最大，同时与制造企业的内、外部整合均存在交互作用，随着制造企业的内、外部整合程度的提高，物流企业内部整合对客户价值创造的影响变化不大。随着物流企业内部整合程度的加强，对客户价值创造的作用，制造企业内部整合的作用由促进变为抑制，制造企业外部整合的促进作用逐渐增强（曲线斜率逐渐变大）。

通过上述分析可知，从制造企业视角研究客户价值创造，物流企业内部整合和制造企业外部整合发挥着重要的作用。物流活动在客户价值构成中的比例越来越大，物流运作在获取客户满意、创造客户价值方面的作用逐步提高。高质量的物流服务能够帮助制造企业创造客户价值，主要表现为订单履行、避免缺货和及时配送等方面，提升客户对制造企业提供的有形产品的无形价值感知。在制造企业创造客户价值的过程中，物流活动具有巨大的差异化潜力，对物流运营的整合能够为企业客户价值创造提供更多的可能和机会。

因此从制造企业角度进行研究，可将概念模型修正为如图 9 – 10 所示。

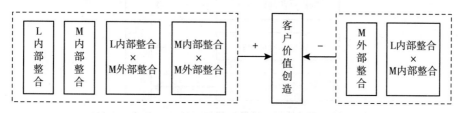

图 9 – 10　客户价值创造研究模型（制造企业角度研究）

注：M：制造企业、L：物流企业；A×B：A 与 B 的交互作用；+：促进；－：抑制。
资料来源：作者绘制。

9.4.2　物流企业视角

从曲线拟合结果我们可以得到：在物流企业与制造企业合作创造客户价值

的过程中，物流企业内部整合、制造企业内部整合、物流企业外部整合三个因素之间不存在两两交互作用，即彼此不存在相互作用，每个要素独立作用于客户价值创造，任一因素的变化不影响其他因素的变化和变化趋势。基于此，可以具体分三种情况对曲线拟合结果进行讨论。

（1）物流企业内部整合曲线函数的一次项系数为正，二次项系数为负，但二次项系数较小（-0.0134），曲线近似于直线，不存在明显的拐点。

（2）制造企业内部整合曲线函数的一次项系数为负，二次项系数为正，作用曲线存在较明显的拐点。

（3）物流企业外部整合曲线函数的一次项系数为负，二次项系数为正，但作用曲线的拐点不明显。

由上述实证分析结果可以得到，物流企业视角下研究客户价值创造：物流企业外部整合对客户价值创造的影响较少，近似直线；制造企业内部整合对客户价值创造的作用曲线存在拐点；物流企业内部整合对客户价值创造的影响最大，且三个因素之间不存在交互项，即各因素独立发挥作用。通过上述分析，可知从物流企业视角研究客户价值创造，物流企业内部整合发挥着关键作用。基于客户价值创造的内部运营协同能够提升物流服务的有效性（效率和效果），物流企业打破组织内部各部门间的藩篱，基于客户价值创造的要求对各部门的运作进行整合，重构价值创造体系，使组织决策、运作等方面同步进行，部门间共同合作以满足客户的需求，能够积极促进客户价值的创造。

基于此，从物流企业角度进行研究，可将概念模型修正为如图 9-11 所示。

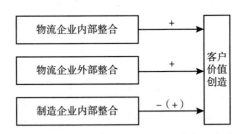

图 9-11　客户价值创造研究模型（物流企业角度研究）

注：+：促进；-：抑制；-（+）：先抑制后促进。
资料来源：作者绘制。

第3篇　企业层面多边联动研究

第 10 章　多边合作中供应链
价值创造机理研究

10.1　流程协同下供应链价值创造机理研究

供应链成员一般包括顾客、制造企业、供应企业、批发零售企业、物流企业等提供服务的各类企业。作为供应链的重要一员，物流企业与其上下游合作客户一道构成一个协作分工专业的网络系统。在这一供应链中，物流企业除了要直接为客户提供物流服务外，为提升其物流服务质量及水平，有时还需要为其间接客户提供服务，物流企业战略目标的达成必须要其他供应链成员的充分合作，价值创造的实现需要客户的通力合作。因此，物流企业应更多地专注于如何为供应链合作伙伴创造价值。在供应链中倡导多边合作战略对于物流企业转型将具有深远的影响意义。

本部分将运用协同理论，从流程协同视角，分析在物流企业与供应链成员间互补性资源与能力的驱动下，供应链多边合作的价值创造问题。

10.1.1　供应链业务流程协同

哈肯（Haken，1983）在他提出的协同论中指出，无论是像天体系统这样的宏观系统抑或是其他微观系统，也不论是自然系统或是社会系统，只要系统是开放的，那就具有结构性，这种结构会在一定的条件下呈现有序或无序状态，内外部系统间各分支经由合作形成了新的结构。因此，有序程度在一定程度上决定了系统结构的稳定性，协同可以使系统内的各要素间保持有序。因此，协同是一个蕴含价值创造机会的过程（Bauknight，2000）。

供应链是由拥有各专业能力的企业组织的一个资源集合体，各成员间开展各种活动的基础是资源的互补性，需要通过一定的组织形式来发挥异质性资源的功能，这其中业务流程无疑是发挥组织效能的基本保障。企业业务流程体现了以最优化为目标的管理思想，主要用来描述组织中以实现目标价值为导向的带有先后顺序的关键业务活动过程。学者哈默（1990）的研究提出业务流程是组织把外部的输入要素经过系统性加工处理转化为对顾客有价值的输出的过程。总体来说业务流程是基于客户导向思维，是对割裂的传统职能管理思维的再思考。随着供应链管理实践的发展，业务流程也会拓展至全供应链，流程协同无论在内容还是范围上都得到了很大的拓展。博纳博（2001）指出供应链系统本身存在自组织的属性，供应链成员间分工明确，通过自身专长为其他成员提供服务，在这样的有机系统中，供应链上任何一个参与者的改变都会对其合作伙伴的绩效产生影响。安妮（2007）指出，协同是供应链中为实现共同愿景的各成员进行协作的一种有效组织方式。

石海瑞（2015）认为基于供应链的流程协同正是体现以顾客为导向的思想，强调供应链上下游企业间的协作，本质上属于跨组织的流程协同。卢超（2005）认为，供应链成员间在多边合作中，流程协同一般指的是供应链合作伙伴间在统一的流程和活动的规范下，对自身及合作方的相关业务能很好地理解并能与之协同执行，进行跨组织流程上的同步。杨瑾（2015）指出，协同能最大限度地在供应链合作伙伴间达成价值共创目标，在供应链中建立行之有效的风险共担及利益共享机制，充分保障协作的顺利进行。物流企业与供应链成员多边合作中的流程协同本质上属于跨组织的供应链协同，以客户导向为基础，强调供应链成员间的有效合作。

杨利军（2013）认为协同是供应链成员间为实现共同的价值目标，在供应链上进行同步运行、风险分担、利益共享及相互协作，在供应链中真正实现多赢的局面。物流企业与供应链成员多边合作中的流程协同本质上属于跨组织的供应链协同，以客户导向为基础，强调供应链成员间的有效合作。陈劲（2012）等学者指出，流程协同是供应链成员在统一业务流程基础上的多边合作，这种多边合作跨越了组织的边界，通过与其他成员同步协作，最终在整个供应链中实现协同。可见，在供应链中充分整合上下游企业的业务流程、实现价值共创是流程协同的主要目标。流程协同也是供应链成员间关系在供应链运作层面的具体体现。

供应链中流程协同跨越了组织的边界，涵盖了供应链中供应商、批发零售商、物流企业、顾客以及其他咨询服务等专业化公司，通过对供应链各成员业务流程的整合实现价值创造，这也是组织间合作伙伴关系的充分体现。因此，供应链流程协同需要采用特定的协调体制、机制来平衡各主体的利益，统一目标。同时，供应链流程协同不再是单一组织的内部流程，而是一个跨边界的包含了设计、建设、维护、升级、再造等多阶段的复杂流程。这是本书运用协同理论来分析多边合作中供应链流程协同进行价值创造的理论支撑。

10.1.2　流程协同下的价值创造

这里我们运用协同理论，构建一个基于流程协同的多边合作模型（如图 10-1），探求供应链系统的演进规律，揭示供应链多边合作中价值创造的机理。

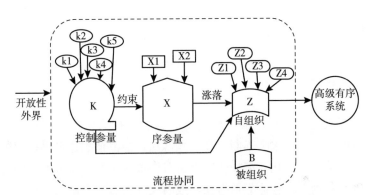

图 10-1　供应链成员多边合作流程协同系统演进示意

资料来源：根据文献整理。

1. 多边合作中供应链流程协同的控制参量

物流企业在多边合作过程中，外部环境对于流程协同自组织具有重要的影响，是自组织中控制参量的决定性因素，它能放大或缩小序参量的大小并以此调节伙伴间合作关系的程度。波特（Porter，1985）提出的产业竞争理论为企业提供了分析产业外部环境影响因素的模型，该理论认为企业所处产业的获利能力是由五种相互制约的作用力量决定的。经高度提炼，这一分析模型涵盖了大部分产业外部环境。波特提出的 5 力模型对于企业所处产业环境的分析具有很大的影响力。

由于供应链所处的产业环境是影响供应链系统最主要的外部因素，因此，在研究流程协同下物流企业与供应链成员多边合作外在环境因素的影响时，我们选取波特产业分析的 5 力模型来剖析流程协同的控制参量。图 10-2 所示的控制参量为供应链系统自组织过程中对流程协同有驱动作用的五种外部环境因素。

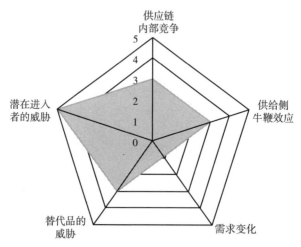

图10-2 流程协同控制参量示意

资料来源：根据文献整理绘制。

（1）需求变化。这里的需求变化指顾客购买行为发生的变化。当前商品空前繁荣，顾客的收入水平不断提高，顾客对产品品质、服务等产生的需求已发生了质的飞越，个性化、多样化需求已日渐成为主流，服务经济的时代已经到来。在这种背景下，企业靠单打独斗或者仅仅提升自身的柔性已经难以应对快速变化的市场，需要依靠供应链伙伴间流程的协同、多边合作来提高整个供应链的柔性化水平。

（2）供给侧"牛鞭效应"现象。供应链中不可避免都会存在"牛鞭效应"现象，这是任何一个供应链参与者都无法回避的问题。"牛鞭效应"产生的根源在于供应链中信息传递发生变形导致需求被放大，它能对供应链的供给侧生产经营决策产生严重的误导。李（Lee，1997）认为"牛鞭效应"会导致供应链中生产、库存决策与需求侧发生脱节，导致供应链整体的响应迟缓，效率降低。为此，如何最大限度地消除"牛鞭效应"的影响是供应链多边合作中应关注的核心问题。

（3）产业潜在进入者的威胁。社会分工的不断精细化会使企业不断趋向选择自己在价值链中的专长加以经营，强化了企业的核心能力。与资本投入多元化相比，企业专业化经营中资本投资比例大幅减少，这就使得行业的进入壁垒逐渐降低，为众多的潜在竞入者提供了参与竞争的机会。但大量涌入的新企业打破了产业内的平衡，极大地威胁到了业内现有企业的生存和发展。为此，潜在进入者的威胁已成为产业外部环境分析中的核心因素。

（4）替代品的威胁。替代品的出现通常都是源于企业的技术变革或是商业模式的重大创新，替代品的出现往往对企业现有产品产生较大的威胁，也是控制参量中需要重点关注的外部因素。

（5）供应链内部竞争。供应链成员间进行多边合作的共同利益点在于降本增收，提升应对市场变化的快速响应能力，培育和发展自身的核心能力。利润如何在供应链内部实现分配，以及由供应链协同产生的超额利润如何在成员间实现均衡成为供应链内部竞争的焦点。此外，由于市场或技术的革新，供应链中增加或减少内部成员也会促使供应链内部竞争的格局发生变化，甚至会加以传导，致使内外部竞争的相互转化。因此，在这一参量的选择上，供应链中的内部竞争因素需要重点加以关注。

2. 供应链流程协同的序参量

序参量是流程协同中的重要概念，用来表示供应链中系统状态的变化经过。有别于系统的控制参量，控制参量由外部要素决定，序参量则由系统内部要素决定，对自组织中各要素的相变状态产生影响并促使供应链新结构的形成。序参量不仅控制和影响了供应链系统的发展和演变过程，甚至决定了系统演化的结果。

多边合作中伙伴间由于资源及能力的异质性，这种自然的互补性只有通过整合才能更好地发挥协同效应。希（1994）认为具有互补性特点的两种资源协作共用与独立使用后的产出具有明显的差异。在此基础上有学者也指出，资源间如果存在互补性，那么就必然会存在依赖性，两者聚集在一起将会产生协同效应（Das，2000）。因此，供应链成员在多边合作中系统的有序性是由这些具有互补特性的异质性资源及能力决定的。本篇选取这两者作为序参量来研究物流企业多边合作中流程协同产生的原因以及由此进行价值创造的原理。

供应链中各成员由于分工的专业化，通过协作使供应链的结构和规模都能维持在一个比较合理的范畴，大大降低了供应链中各成员自身的管理成本。如果市场规模能不断扩大，这将会使供应链的产能保持持续扩大，通过规模效应来降低单位成本，使供应链在整体上实现成本领先型战略，同时上下游建立的这种紧密合作关系不断加大成员间的依赖度，多边合作过程中异质性资源和能力这一组合经过优化，伙伴间的交易成本也会极大降低。此外，随着关系资产投入的不断加大，供应链上下游之间多边的依赖关系愈发加深，多边合作不仅给合作伙伴提供了激励，同时也形成了相应的约束，建立这种多边约束机制可以在一定程度上有效抑制合作方的机会主义倾向，大大增加合作方由于违约产生的各项成本，促进了供应链所有参与方多边合作的积极性。因此，多边合作中的核心是关注异质性资源及能力的配置和使用，这种能力通常被视为协同能力。

3. 供应链流程协同的自组织过程

物流企业与供应链成员多边合作中流程协同的自组织是实现供应链系统状态迁移的过程，供应链从有序态转向了高级状态，状态变化需要系统自组织两种参量（序参量、控制参量）的共同作用才能实现。流程协同的自组织必须具备以下两个基础条件：（1）供应链多边合作过程中形成的系统具有开放性，这样便于与外部环境进行资源交换，保持系统良性的代谢能力。（2）形成的供应链多边合作系统是一个非线性的系统，多边合作中流程要协同一致，最大限度地降低系统内耗。

供应链所处的行业外部环境决定了流程协同自组织的控制参量。供应链内部的异质性资源、能力决定了流程协同自组织的序参量，它们可以对系统的有序度进行测量，也是系统演化过程中的两个核心因素。在这两种参量的共同作用下，供应链中的异质性资源和能力将会形成多种组合，即协同论中的相变（涨落），物流企业在多边合作中产生的相变见图 10-3。

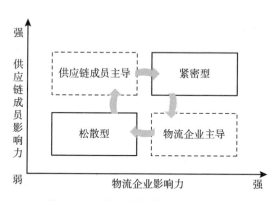

图 10-3　多边合作中流程协同相变

资料来源：根据文献整理绘制。

（1）松散型流程关系。在松散型流程关系中，供应链成员间的合作属于短期关系，所需的资源和能力往往通过市场购买行为解决，如企业集群式供应链便是一种典型的松散型流程关系。

（2）物流企业主导的流程关系。形成这种流程关系的主要原因在于物流企业占据了无可替代或具有稀缺性的资源、能力，价值链的核心环节也由物流企业掌握，物流企业的异质性资源或能力的影响力会遍布全供应链，通过整合物流中的重要节点（如运输、仓储、流通加工等）社会资源运作的网络体系为客户提供高附加值服务。同时，顾客不断增强的个性化需求引发了频率很高但批量很小的运输、采购和生产，物流企业由于拥有专业化的核心设施、设备及人才储备，在考虑规模效应的同时还具备提供柔性服务的能力，因此，物流企业逐渐担当起供应链中的组织管理者。

（3）供应链成员主导的流程关系。与上述物流企业主导的流程关系正好相反，在供应链成员主导的流程关系中，物流企业外的其他成员（例如制造商、流通商、提供其他服务的供应商等）对组织间互补性资源能力的影响力比较大。此类关系形成的原因在于供应链中除物流企业外的其他成员占据了价值链的高端，掌握了供应链中的稀缺性资源，从而掌握了主动性。

（4）紧密型流程关系。紧密型流程关系指供应链中物流企业及其他成员的影响力都比较强时所形成的关系，其产生的原因可能是物流企业与供应链成员经过长期的多边合作形成了相对稳固的合作关系；也可能是合作方之间对异质性资源产生了较强的依赖，促进了在资产上的双边或多边投资，通过中长期的投资及合作协议关系，最终形成紧密的供应链流程协同。

上述四种流程协同中自组织的状态并非是固定不变的，在系统控制参量的作用下，这四种状态会随序参量的变化而相互转换。同时，每一种流程协同关系状态本身也会经过不同状态的变化，这同样会反映在其价值创造来源的变化上。流程协同相变过程中，供应链中各成员自身的差异性会形成竞争、协作等非线性作用关系，而这种非线性关系正是系统产生涨落现象的推力。供应链的多边合作也由此逐渐演变成有序的动态系统。

4. 供应链流程协同的被组织过程

物流企业与供应链成员流程协同系统有序结构的形成除了自组织过程外，还可以通过被组织的方式实现。多边合作中，无论是物流企业还是供应链中其他合作方都是相对独立的组织，要实现供应链的协同运作，需要建立一种供应链环境下的信息沟通机制，用来对系统中自组织的涨落进行调节，引导相变状态到可控范围。

从本质上讲，被组织的过程是一个信息沟通和协调的过程，需要在供应链中建立以信息沟通和共享为主的治理方式，以有效解决信息的非对称性问题，这一机制是流程协同中的焦点。达庆利（2003）、李（2000）在研究中提出供应链中实现有效的信息共享不仅可以使库存成本得以降低，还可以减少"牛鞭效应"给合作伙伴造成的影响。物流企业与供应链成员在流程协同的被组织过程中采用有效的信息治理方式将有助于改变系统自组织的状态，是供应链系统转向有序的重要推动力量。

5. 供应链流程协同下多边合作系统的演进

序参量控制和影响了多边合作中系统演化的整个过程，直接决定了整个系统的最终目标。同时，供应链多边合作中为确保控制参量和序参量产生有效的协同，还需要在自组织过程中同步采用被组织的方式加以正向引导，要建立供应链环境下的信息沟通机制用来对系统中自组织的涨落进行调节，引导相变状态到可控范围。通过信息治理，不仅可以使供应链上下游信息传递渠道保持通畅，还可以对需求的不确定性加以平衡，减轻"牛鞭效应"的影响，这也是整个供应链价值创造的基本保障。

10.2　基于组织间学习视角的机理分析

当今世界经济不断趋于一体化，企业知识更新换代的速度日渐加快，知识分布在广度和深度上不断延伸。市场经济中企业主要通过产品这一载体为客户创造价值，知识经济时代，企业则更依赖于以知识的整合与创新为客户解决问题，企业的价值创造系统由此得以重塑。

基于上述分析，本部分以物流企业与供应链上下游客户多边合作为研究背景，将从组织间学习理论的视角探讨多边合作中供应链价值创造的机理及实现路径。

10.2.1　组织间学习效应

组织学习是组织为实现特定的目标通过一系列相关的学习过程来实现的，这点已成为众多学者的研究共识。随着世界经济一体化进程的不断加快，组织所处的外部环境不断变化，组织的快速发展需要不断吸取新的知识和信息资源，为此，组织仅仅通过内部学习已经远远不能满足组织快速发展的需求，组织知识及信息资源的获取必须通过跨边界的组织活动与外部环境联动。

普拉哈拉德（1990）等学者的研究发现，越来越多的知识和资源都是企业通过与外部不同类型的组织合作而取得的。这一过程中，企业之间的合作越

发紧密，从普通的商品交换发展到双方知识交换、流程协同、共同研发等合作
方式，企业间也从单纯的竞争关系发展为竞合关系。

有学者指出，知识流分布于整个供应链之中，各成员间通过合作学习可以
实现多赢格局，这与供应链中物流及资金的流动存在极大的差异（Collins，
2002）。高巍（2005）等学者认为供应链正是通过对知识进行整合、构建结构
化的知识体系才具有强大的竞争力。

由于供应链各成员间存在天然的资源与能力的互补，因此，组织间学习成
为必然现象，而学习又进一步促进了伙伴关系的形成与发展。组织间学习与伙
伴关系这两者之间的良性互动可以有效提升供应链中的知识存量，在一定程度
上使供应链获得很强的竞争能力，同时减少犯错误的概率。

10.2.2　价值创造机理及实现

国内外学界对组织间学习的主流研究路径以"知识吸收能力—组织间学
习—知识创新应用"为代表。一些学者的研究均认为供应链成员间学习的成效
决定了供应链中知识的转移、共享及创新，知识吸收能力强弱对组织间学习效果
的影响尤为明显（Cohen，1990；莱恩，1998；Zahra，2002）。莱恩（2001）的
实证研究也阐明了组织中知识的吸收能力、组织的绩效与学习存在较强的联系。

价值创造机理的概念模型如图 10 - 4 所示。

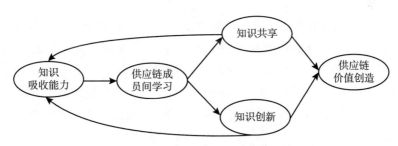

图 10 - 4　组织间学习价值创造机理

资料来源：根据文献整理绘制。

10.2.3　知识吸收能力

知识吸收能力是一项重要的组织能力，专指组织对于外部知识的一种综合
能力，包含了知识的发掘、获取、传递、转化、应用等各项能力。由于它决定
了供应链中知识的转移水平，能够直接影响到供应链中组织间学习的有效性，

因此也就成为知识共享及创新的关键要素。

有学者认为可以从"知识获取""知识内化""知识转移"与"知识利用"四个维度解构组织的知识吸收能力（Zahra，2002）。组织中原有的知识与创新形成的新知识会伴随着知识的内化而不断趋于融合，在原有知识基础上形成了更具环境适应性的动态能力，知识创造得以实现。新的知识会跟随组织的发展不断沉淀，载入知识库，成为下一个知识能力循环中新知识的孵化器，同时也为知识的创新打下良好的基础（见图10-5）。

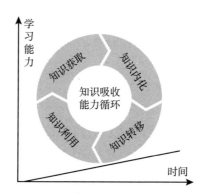

图 10 - 5　知识吸收能力循环

资料来源：根据文献整理绘制。

1. 供应链组织间学习：知识转移过程

知识转移是组织获取竞争优势的重要渠道之一。有学者系统描述了知识的转移过程，这一分析框架对于研究组织学习过程中的知识转移具有代表性，其影响十分广泛（Albino，1998）。该框架包含5个核心阶段和4个要素（见图10-6）。多边合作中知识转移效果的优劣与组织所处环境关系密切，在一个信任关系良好的开放式环境中，如果知识的显性化程度较高且具有高质量的知识转移渠道，那么知识的转移质量就会比较高。反之，如果伙伴间合作状态不良，或是由于隐性知识带来的内容编码困难以及知识转移渠道不畅等较差情境时，知识转移的效果相对就会比较差。

2. 知识共享与知识创新：供应链成员组织间学习的实现

（1）知识共享。知识共享本质上反映了知识的流动方向。合作方通过知识共享将自身独特的资源或能力进行集中，可以获得远远超出组织单打独斗的能力，在这个过程中，知识进行双边或多边的流动。实践中，最容易实现知识

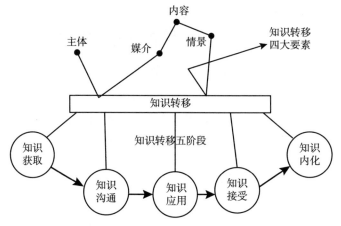

图 10 - 6　知识转移分析框架

资料来源：根据文献整理绘制。

共享的是那些价值理念比较一致或接近的企业，知识共享在一定程度上成为企业解决不确定性事件的备选工具。知识共享这一特有的属性决定了它有能力使不同文化的企业最终能转变成利益共同体。知识共享是供应链一项重要的关系资产，是在组织间学习不断推进中实现价值创造的重要成果。

（2）知识创新。供应链成员间的学习就是通过调动供应链中的隐性知识，促进它与显性知识的交互，不断创造新的知识。供应链中这种组织间的学习能使知识管理具有明确的目的性、系统性和组织性，供应链成员间的这种知识共享与创新，也使供应链得以从最初的交易型向创新型的知识网络发展，供应链在知识创新的推动下不断产生经济租金即熊彼特租（见图 10 - 7）。供应链中的知识创新是价值创造的重要来源之一。

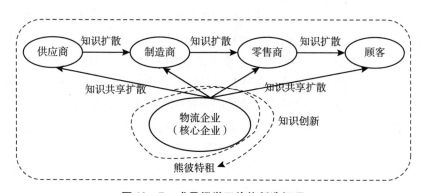

图 10 - 7　成员间学习价值创造机理

资料来源：根据文献整理绘制。

10.3　社会资本累积视角下供应链价值创造的机理

本部分将从社会资本视角分析多边合作中关系租金如何进行价值创造的原理，揭示社会资本的累积带来的供应链价值增值问题。

10.3.1　社会资本及累积

社会资本是一种最基本的资本形态，最初由学者布尔迪厄（1986）提出，他认为与常见的人、财、物等资本形态一样，社会资本属于组织的一项重要的生产资源，也能通过累积进行再生产，但不同于有形的资本形态，社会资本往往以关系为纽带，内置于组织或供应链中，组织能通过社会资本获取自身所需的稀缺性资源。社会资本已成为组织获得竞争力的核心资源之一。

麦克格拉斯（McGrath，2005）从供应链层面指出社会资本是一种关系的黏合剂，是有效供应链的基础。有学者认为良好的外部关系是组织生存和成功的关键，企业间异质性的合作关系是一项十分宝贵的资源，社会资本内置于这种关系之中，为组织提供了众多学习的时机、获取资源及技术的渠道，是组织取得关系租金的主要手段，因此有助于组织提高竞争力（McEvily et al.，1999）。

社会资本累积产生的效应通常也被称作马太效应，依据惯性定律看，它代表了事物趋势性的变化轨迹，这种效应能让好的变得更优，差的更差。随着专业化分工的逐步细化，供应链成员间的相互依赖关系不断增强，在业务的持续合作中，伙伴间由于联系的深入而具备了一定的默契，这种默契行为逐渐转变为一种双边或多边的规则或文化，使供应链中社会资本的广度与深度不断增加。供应链上下游之间在这种循环往复过程中合作会不断取得深化，供应链各成员间的关系会不断得以巩固，使其成为其他挑战者很难模仿或学习的关键性资源。这种关系资源必须通过关系专属性资产投资，经长期培育，通过特定的发展路径才能形成差异化的优势，关系资源逐渐成为供应链上的隐性知识，在一定程度上具备不可复制性、专属性以及交互性等特征，从而形成了供应链的整体竞争优势，使所有供应链的参与者均能获益。社会资本累积的过程既有量变又有质变，在量质变化的过程中即会产生累积效应。

10.3.2　价 值 创 造 机 理

供应链作为一个能反映合作伙伴间动态关系的网络，拥有不同核心能力的各参与方在共同的目标利益驱动下进行多边合作，会在各成员的协同作用下产生既竞争又合作的多赢格局。社会资本作为供应链合作伙伴间社会关系的总和，其主要依附于供应链成员间的交换活动，通过供应链资源与能力的交换与整合对供应链价值创造产生影响。哈皮特（1997）从结构、关系和认知三个维度对社会资本分析进行解构并指出，在供应链中，三个维度之间存在相互影响的关系且彼此有相互加强的趋势。经过累积的社会资本逐渐沉淀、融合成供应链中独特的关系资本，其最大的特点是不会因使用而发生损耗，将会随着伙伴间合作关系的深入而不断得以巩固和深化，使供应链价值产生增值。物流企业参与的供应链多边合作社会资本累积效应价值创造的机理理论模型如图 10－8 所示。

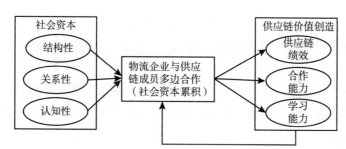

图 10－8　社会资本累积价值创造示意

资料来源：据文献整理绘制。

1. 结构性社会资本对物流企业与供应链成员多边合作的影响

根据学者哈皮特（1997）对社会资本的解构，结构性社会资本通常是指供应链中合作伙伴间的链接结构和状态，重点关注供应链规模、结构特点、成员间关系的强度、密度及联通性等。物流企业与供应链成员多边合作过程中，组织间关系链接的结构及层次在很大程度上影响了供应链中各种"流"的传播渠道，供应链各成员以此获得了接触或取得相关资源的途径。供应链成员间的这种链接结构使得其边界日趋模糊，各成员间的利益、目标得以统一。供应链中单个企业有了与其他参与者资源和能力的交换机会，这不仅增强了成员间的合作能力，同时也使整个供应链的流程、模式乃至知识得以创新。

物流企业参与供应链的多边合作产生的互动将有利于供应链成员间信任、规范和共同目标的培育和加强，同时这种互动也能起到约束彼此行为的作用，抑制了彼此在行动上采用机会主义的概率。供应链成员间的互动还能很好地促进供应链的知识传播、知识共享与知识创新，这使得供应链能不断接收外部新的知识，这将对物流企业与供应链成员多边合作的良性运行起到很好的保障作用。

由此可知，结构性社会资本对物流企业与供应链成员间多边合作具有正向的影响。

2. 关系性社会资本对物流企业与供应链成员多边合作的影响

关系性社会资本一般是指通过关系创造和平衡的资产，包括信任与值得信任、互动质量、义务、期望、认同等属性。关系型资本特别重视人际关系，这种关系对人的行为能产生很大的影响，如关系资本中的信任、认同等属性已成为业界重点研究的目标。物流企业在多边合作中的诸多核心环节（如流程的协同、知识传递、创新等）都需要合作伙伴间的信任并获得认同。作为关系中的一种重要情景，信任程度越高的合作伙伴其合作过程中发生的监督成本越低，关系越稳固。也有学者把信任视为供应链形成的一种情景性变量，是组织间协作的前提（Das，2000）。

多边合作中供应链效能的提升、社会资本的创造与协同等都有赖于成员间信任程度和关系的质量高低。因此，关系性社会资本对物流企业与供应链成员间的多边合作具有正向的影响。

3. 认知性社会资本对物流企业与供应链成员多边合作的影响

认知性社会资本是指双边或多边合作中通过共有的认知所形成的资源，其重点在于组织间共同的愿景或目标。拥有共同愿景的组织间认知可以促使组织成员产生一致性的行为。

物流企业与供应链成员多边合作的共同愿景包含供应链成员间的共同目标及期望，它能对供应链的群体行为甚至链上的个体提供指导。戴尔（1998）认为供应链中的共同愿景能增进伙伴间的联系，实现求同存异，大大降低了各种可能的投机性。哈皮特（1998）指出，合作方之间的相互承诺、共同语言能提升彼此间信息共享的能力。有学者的研究也显示共享的愿景能使整个系统的联系更加紧密（Orton，1990）。物流企业与供应链成员间的互动越频繁，资源与能力的多边协同程度越高，成员间的信任感就越强，据此可知认知性社会资本对物流企业与供应链成员间多边合作具有正向的影响。

4. 社会资本累积价值创造的实现

（1）改善供应链绩效。供应链绩效是测量供应链整体竞争能力的关键因素，国际供应链协会制定的 SCOR 测量模型设立了供应链敏捷性、可靠性、响应性、灵活性、效率、成本等评价指标。社会资本在多边合作的过程中由于累积效应的存在促进了供应链中各层级之间的合作互动，组织间关系的质量得到极大提高，这就促进了各分支之间目标的一致性，从整体上改善了供应链的绩效，这集中体现在供应链的高效和敏捷上。

（2）提升供应链成员间合作能力。合作能力是供应链成员间的一种外向型能力，合作的关键在于合理配置和利用组织的各类资源，通过规模经济效应来使供应链资源得到更加充分有效的利用。有的学者从"信任""沟通""协调"三个层次进一步指出了合作能力的研究维度（Sivadas，2000）。在物流企业与供应链成员多边合作过程中，随着供应链中社会资本存量的不断增加，成员间的互动频率也相应增加，成员间的信任关系不断得到强化，这就使供应链成员间的机会主义倾向得以大幅降低。社会资本累积可以有效提升供应链成员间的合作能力并由此创造价值。

（3）使供应链成员的学习能力得到提升。从结构性社会资本角度看，乌西（1996）认为，组织在供应链中所处的地位能够使组织有效取得所需的信息和知识。蔡（2001）指出，每个组织在供应链上都有其固有的位置，组织可以借助其独特的地位从市场获取相应的资源与机会，不仅提升了其知识的吸收能力，同时也能正面影响组织的学习能力。因此，供应链拥有的关系节点越多就越能强化成员间的知识转移，提高其学习的能力。从社会资本的关系层面分析，在多边合作的供应链中，如果供应链成员间有良好的关系质量，则供应链成员更愿意进行知识的交流与共享，沟通过程更加透明化，从而能有效降低组织间交易信息的不对称性并有助于组织间知识的转移（Zaheer，1998）。从认知性社会资本角度看，多边合作的供应链中，拥有共同的愿景和目标能促进信息与知识的转移与获取，供应链成员间共同语言、共同愿景及目标越一致，对知识转移就越有利。因此，社会资本通过不断地累积使组织的学习能力得以增强，最终达成了价值共创的目标。

第 11 章　研究模型及假设

11.1　社会资本累积与供应链
价值创造的关系假设

物流企业在与其上下游企业多边合作中，由于社会资本的累积效应的存在，供应链成员间多边合作的程度与供应链关系质量、信任程度及承诺呈现正相关关系，可以有效提高整个供应链的服务效率和质量。首先，供应链成员间通过多边合作可以得到彼此资源与能力的互补，使供应链保持对外部环境的动态适应及快速反应的能力。其次，供应链成员间的多边合作是基于核心能力基础之上的多企业联合体，供应链各成员都按照自身的知识资源及能力特征向专业化方向发展，供应链的整体效率也因此得到极大提高。据此，提出如下假设：

H1：多边合作中社会资本累积对供应链的价值创造会产生直接的正向影响。

11.2　流程协同与供应链价值创造的关系假设

从资源基础观视角来看，物流企业与供应链成员多边合作过程中，各成员由于拥有互补性较强的资源开展业务活动。但要最大限度地发挥这些互补性资源的功能还要靠行之有效的组织方式来加以保障，而保障企业经营管理过程中组织有效性最基本的前提是业务流程。业务流程体现出较强的目的性，它是将企业的战略决策转化为执行力的重要纽带和工具，因此也成为企业管理中的核心要素之一。与企业提供的产品或服务一样，业务流程也可以通过流程协同使企业形成差异化战略的能力，形成基于业务流程的独特竞争优势。

首先，流程协同能从整体上降低成本并能有效提升其服务水平及服务质量。波特（1985）认为，在供应链中，合作方之间的协作并非是零和博弈，协作能使各合作方的成本都得以降低。李（2004）的研究同样指出，成本不再是判断供应链是否优劣的单一标准，良好的供应链还需具备一定的敏捷性和适应环境变化的能力。物流企业与供应链上下游企业多边合作实现流程协同其最终目标不是使供应链成本局部优化，而是要实现全局最优。

其次，流程协同还能使供应链在应对外在环境的变化上获得柔性。柔性能力的作用是确保组织在多边的环境中保持做出快速反应的机动能力。物流企业与供应链成员多边合作中产生的流程柔性，是一种针对供应链内外部环境的变化及时响应和调整供应链成员间流程的动态能力，通过它能使客户需求的多样性得以实现，最终达成价值创造的目标（Tienari，1999）。综上所述，提出如下假设：

H2：多边合作中流程协同对供应链价值创造具有直接的正向影响。

11.3　组织间学习与供应链价值创造关系假设

组织间学习的主要作用是对存续于供应链中的碎片状知识加以吸收并整合，在此基础上进行知识的创新。物流企业与合作伙伴在多边合作的过程中，成员间各自拥有的不同知识会产生交流及分享。（通过知识交汇，物流企业的知识流向了供应链上下游合作企业。同时，知识也会在供应链中产生逆向和横向流动，这就是知识在供应链上下游企业间共享、扩散的全过程。）供应链中知识的不断扩散和共享会使知识产生流动而提高整个供应链知识利用率，进一步强化供应链适应多变的外在环境的能力。同时，新的知识会在物流企业与供应链成员知识交汇和融合的过程中产生，这部分知识不同于各合作方多边合作前的知识，是多边融合后的新生知识。供应链上下游企业在多边合作的基础上创造的新知识对整个供应链的价值创造具有明显的增值效应。据此，提出如下假设：

H3：多边合作中组织间学习对整个供应链的价值创造会产生直接的正向影响。

11.4　流程协同与社会资本累积的关系假设

在物流企业参与多边合作的供应链中，供应链各成员之间需要通过流程协同来进行高度协作，从而获取专业化的经济效益。同时，流程协同还可以有效克服"牛鞭效应"现象，降低外部环境不确定性给供应链造成的影响。提升供应链成员间交易的重复性及信息沟通的频率会使供应链产生明显的社会资本累积效应，由此在供应链中建立起基于互惠、信任、合作的伙伴关系。供应链成员间的多边合作关系会在充分沟通和协调的环境下不断成长，供应链成员间的异质性资源和能力也会得到充分的互补。流程协同和社会资本累积在具体实施过程中可以使供应链更具柔性、供应链中的信息更具可视性，这也是多边合作中两种重要的价值创造。由此可见，供应链成员多边合作中的流程协同与社会资本累积之间具有十分紧密的联系。据此，我们提出如下假设：

H4：多边合作中流程协同对于社会资本累积具有直接的正向影响。

11.5　流程协同与组织间学习的关系假设

物流企业与合作伙伴在多边合作过程中，供应链成员间的流程协同与组织间学习过程往往是同时进行的，很难将其截然分开，故流程协同与组织间学习之间有十分密切的联系。供应链合作伙伴间通过建立信息系统，在彼此间信息共享和沟通过程中，组织间的知识吸收、传递及整合也就自然产生了。物流企业与上下游合作伙伴在多边合作中实现流程协同能促使整个系统中显性知识和隐性知识的转移和扩散，扫清上下游企业间知识沟通中的阻碍，从而使组织间学习得以实现。据此我们提出如下假设：

H5：多边合作中流程协同对组织间学习具有直接的正向影响。

综上所述，多边合作中各潜变量对于供应链价值创造综合影响关系的概念模型如图 11-1 所示。

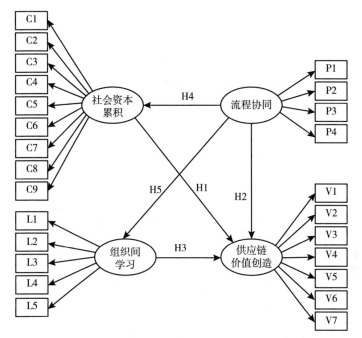

图 11 - 1　供应链价值创造综合影响的概念模型

资料来源：根据文献整理绘制。

第 12 章 实 证 分 析

12.1 数据收集及统计

12.1.1 数据收集过程

本篇调查对象总体为物流企业及供应链上下游客户，涉及范围较广。样本的理论主体构成如下。

（1）物流企业。骆温平在两业联动的研究基础上，将物流产业更进一步细分为传统与高端两大部分，传统物流关注的焦点在于在相关的环节服务上达成规模效应，从而在该环节上获得成本优势，而高端物流关注的重点在物流战略上，通过整合来创造价值。本篇所采集的物流企业样本包含了传统物流企业和高端物流企业。

（2）物流企业所服务的供应链上下游企业。主要包括供应链中的制造企业、批发零售企业以及提供其他服务的企业。

本篇问卷的发放工作持续近 2 个月，问卷发放的主渠道选择了问卷星平台。我们对样本的企业属性进行了限定，按一定的比例选择供应链中物流企业、制造企业、批发零售类企业以及其他服务企业，对受访者的任职年限以及职位进行了一定的筛选，最后还结合了人工排查等措施。在该平台投放的问卷总数量 501 份，最终回收得到 215 份有效问卷。

海尔（2009）认为样本的数量至少为问卷题项的 5 倍。本篇问卷量表题项总共 25 题，按照海尔（2009）的要求，样本数量应大于 170 份。215 份的有效样本数量已满足上述要求，可以进行统计分析。

12.1.2 样本数据特征

本篇调查样本覆盖的基本属性包括被调查企业的类型、性质、员工数、所在地区、企业年龄以及经营情况等信息，受访者的基本信息包括性别、职位、任职年限、企业名称以及联系方式等。其数据特征见表 12 - 1。

表 12 -1　　　　　　　　　样本特征分析（N =215）

企业属性	类别	样本数	百分比
企业类型	物流企业	80	37.2
	制造企业	71	33.0
	批发零售企业	40	18.6
	其他服务企业	24	11.2
企业性质	国有企业	36	16.7
	民营企业	137	63.7
	外资企业	25	11.6
	合资企业	15	7
	其他	2	0.9
企业员工人数	100 人以下	24	11.2
	101 ~200 人	47	21.9
	201 ~300 人	44	20.5
	301 ~500 人	32	14.9
	501 人以上	68	31.6
企业成立年限	5 年以内	15	7
	6 ~15 年	124	57.7
	16 ~25 年	54	25.1
	26 年以上	22	10.2
企业年营业额	500 万元以内	13	6
	500 万 ~1500 万元	56	26
	1500 万 ~3000 万元	61	28.4
	3000 万元以上	85	39.5

企业属性	类别	样本数	百分比
企业所在区域	东北地区（黑龙江、吉林、辽宁）	10	4.7
	西北地区（宁夏、新疆、青海、陕西、甘肃）	6	2.8
	华北地区（北京、天津、河北、山西、内蒙古）	40	18.6
	华东地区（上海、江苏、浙江、安徽、山东、江西、福建）	90	41.9
	华中地区（湖北、湖南、河南）	15	7
	华南地区（广东、广西、海南）	48	22.3
	西南地区（四川、云南、贵州、西藏、重庆）	6	2.8

资料来源：SPSS 统计输出。

1. 样本企业类型分布

本篇样本来自物流企业及其服务的供应链上下游客户，表 12 - 2 显示在本篇调查的 215 份有效样本中，物流企业 80 家（占比 37.2%），制造企业 71 家（占比 33%），批发零售企业 40 家（占比 18.6%），其他提供服务企业 24 家（占比 11.2%）。样本企业类型符合本篇所需的样本主体范畴。

表 12 - 2　　　　　　　　　　　　样本企业类型分布

		频率	百分比	有效百分比	累积百分比
有效	物流企业	80	37.2	37.2	37.2
	制造企业	71	33.0	33.0	70.2
	批发零售企业	40	18.6	18.6	88.8
	其他服务企业	24	11.2	11.2	100.0
	合计	215	100.0	100.0	

资料来源：SPSS 统计输出。

2. 样本企业的性质分布

在本篇调查的 215 家企业中，36 家（16.7%）为国有企业，137 家（63.7%）为民营企业，25 家（11.6%）为外资企业，15 家（7%）为合资企业，其他类型 2 家（0.9%）。

3. 样本企业的员工人数分布

在 215 家企业中，24 家企业的员工人数为 100 人以下（11.2%）；47 家企业员工人数在 101 至 200 人之间（21.9%）；员工人数位于 201 至 300 人之间的企业有 44 家（20.5%）；32 家企业员工人数在 301 至 500 人之间（13.2%）；500 人规模以上企业有 68 家，占比 31.6%。

4. 样本企业的成立年限分布

在 215 份有效企业样本中，15 家企业年龄在 5 年内（7%）；124 家企业年龄在 6~15 年（57.7%）；16~25 年之间的企业 54 家（25.1%）；年限在 26 年以上有 22 家，占 10.2%。

5. 样本企业的年营业额分布

在 215 家被调研企业中，年营业额 500 万以内的有 13 家，占比 6%；年营业额 500 万~1500 万元区间的 56 家，占比 26%；年营业额 1500 万~3000 万元区间的企业 61 家，占比 28.4%；年营业额 3000 万元以上的企业 85 家，占比 39.5%。

6. 样本企业的区域分布

在 215 份有效样本中，东北区域内的企业 10 家（4.7%）；位于西北地区的企业 6 家（2.8%）；位于华北区域的企业有 40 家（18.6%）；位于华东地区的企业 90 家（41.9%）；华中区域的企业有 15 家（7%）；华南区域的企业有 48 家（22.3%）；西南区域的企业 6 家（2.8%）。可见，大部分被调查企业来自我国经济较为发达的华东、华南以及华北三大区域。

7. 受访者性别统计情况

表 12-3 显示了本次受访者的性别统计情况，在 215 份有效样本中，男性受访者 103 人，占比 47.9%，女性受访者 112 人，占比 52.1%，样本性别比例分布均衡。

表 12-3   **受访者性别统计**

		频率	百分比	有效百分比	累积百分比
有效	男	103	47.9	47.9	47.9
	女	112	52.1	52.1	100.0
	合计	215	100.0	100.0	

资料来源：SPSS 统计输出。

8. 受访者担任职位统计情况

表 12-4 显示了本次受访者在企业所担任的职位统计情况，在 215 份样本中，担任企业高层管理职务的 10 人，占比 4.7%；企业中层 F 管理人员 64 人，占比 29.8%；基层管理人员 112 人，占比 52.1%；普通职员 29 人，占比 13.5%。从统计分布情况看，86.5% 的受访者在企业担任管理职务。

表 12-4　　　　　　　　　　受访者职位统计

		频率	百分比	有效百分比	累积百分比
有效	高层管理	10	4.7	4.7	4.7
	中层管理	64	29.8	29.8	34.4
	基层管理	112	52.1	52.1	86.5
	普通职员	29	13.5	13.5	100.0
	合计	215	100.0	100.0	

资料来源：SPSS 统计输出。

9. 受访者任职年限统计情况

为了使受访者准确理解问卷中相关题项，需要确保受访者对企业经营管理业务比较熟悉，因此受访者在企业的任职年限也是本篇重点关注的。表 12-5 显示了本次受访者在企业的任职年限统计情况，在 215 份有效样本中，任职不满 1 年的有 2 人，占 0.09%；92 人（占 42.8%）在企业任职年限在 1 到 5 年内；任职年限在 6 到 10 年之间的也是 92 人（占 42.8%）；有 13.5% 的人任职超过 11 年。从调查统计情况看，任职 6 年以上的"老员工"占了 56.3%。结合上述担任职务的统计分析可知，受访者对企业经营业务比较熟悉，非常有利于帮助受访者理解问卷题项，确保数据的准确性。

表 12-5　　　　　　　　　　受访者任职年限统计

		频率	百分比	有效百分比	累积百分比
有效	不满 1 年	2	0.9	0.9	0.9
	1~5 年	92	42.8	42.8	43.7
	6~10 年	92	42.8	42.8	86.5
	11 年以上	29	13.5	13.5	100.0
	合计	215	100.0	100.0	

资料来源：SPSS 统计输出。

12.2 实证研究方法

本篇实证研究方法主要包括对问卷数据的描述统计、相关分析、信度和效度检验以及结构方程模型检验等,采用 SPSS19.0 和 AMOS21.0 进行数据的统计分析。

12.2.1 描述性统计分析

本篇涉及的描述性统计分为两大部分,首先是对样本企业及受访者的各种特征及其代表总体的特征进行测量,其次是分量表特征量的统计描述。本篇主要通过方差、标准差、均值、极值等指标对问卷收集的数据进行汇总、描述和解释,为后续的实证检验打好基础。

12.2.2 信度和效度检验

本篇中主要涉及流程协同、社会资本累积、组织间学习、供应链价值创造等四个潜变量。为确保每个变量的可信度和真实有效性,需要进行信度和效度的检验。信度通常是指量表能测量到研究对象的可靠程度。一般通过 Cronbach's α 值来测度(Cronbach,1951)。

本篇量表的真实有效程度将通过效度指标来进行测量。效度一般包括内容效度和建构效度两个层面(LeBreton,2008)。内容效度可以反映本篇中量表所要测量的信息与实际信息的吻合度,而建构效度可以对测量概念和特征进行测量,本篇将通过因子分析法来对效度进行检验。

12.2.3 相关分析

本篇实证部分还用到相关分析法,主要目的是检测概念模型中潜变量、测量变量间的关系、强度及相关的方向。它对分析变量间相互作用具有十分重要的意义。本篇主要运用 Pearson 相关分析法研究流程协同、组织间学习、社会资本累积以及供应链价值创造等变量之间的相关系数,考察这些变量间是否存在显著相关性。

12.2.4 结构方程模型

1. 结构方程模型的基本原理

结构方程模型（本篇将其简称为 SEM），是近年来在社会科学领域广泛应用的一种研究方法。结构方程模型对于测量研究中不可直接测度的变量以及处理多个因果关系提供了较好的解决方案，已逐渐成为多元统计分析的重要工具之一。SEM 将因素分析以及路径分析进行了整合，能对结构模型中有关的变量间关系加以检验，最终可确定变量间常见的几种效应，即直接效应、间接或总效应。SEM 的模型中包含了测量模型、结构模型和假设模型。

（1）测量模型。SEM 的测量模型中，潜在变量与观察变量间具有如下关系：

$$x = \Lambda_x \zeta + \delta, \quad y = \Lambda_y \eta + \varepsilon$$

式中：x——外生标识组成的向量；

y——内生标识组成的向量；

ζ——外生潜变量；

η——内生潜变量；

Λ_x——外生标识的因子载荷矩阵；

Λ_y——内生标识的因子载荷矩阵；

δ——外生标识 x 的误差项；

ε——内生标识 y 的误差项。

（2）结构模型。潜变量之间关系的结构方程公式如下：

$$\eta = B\eta + \Gamma\xi + \zeta$$

式中：B——内生潜变量之间的关系；

Γ——外生潜变量对内生变量的影响；

ζ——残差项。

2. 结构方程模型分析过程

本篇采用结构方程模型对研究对象进行建模（如图 12 - 1 所示），SEM 需要经历从模型的建构到修正等 4 个关键过程。

（1）模型建构。本篇在对模型进行估计前，参考了国内外学者对价值创造机理研究的有关成果，结合社会资本、协同理论、组织间学习理论构建了初始概念模型，提出了研究假设，定义了潜变量及观测变量以及各潜变量之间的相互关系。

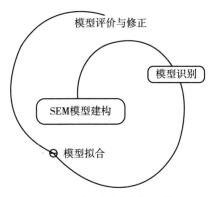

图 12 – 1 SEM 分析流程

资料来源：根据吴明隆（2009）的观点整理绘制。

（2）模型识别。这个过程是在已建构好的概念模型基础上，确定该模型能够符合参数估计的要求。

（3）模型拟合。该过程是对本篇构建的概念模型进行求解，估计模型的参数。SEM 可通过多途径对参数进行拟合，如常见的最大似然法、最小二乘法等，本篇中采用的拟合方法为最大似然法。

（4）模型评价与修正。针对模型拟合中获得的各指标估计值，需要对这些数据与模型间的匹配程度进行评价。这个过程主要检查各指标是否在合理范围内、迭收敛情况、估计的参数与概念模型的关系是否合理。本篇通过拟合指数从不同视角来判断模型的拟合程度，包括 GFI、AGFI、CFI、RMSEA 等指标。模型是否需要加以修正，要结合实际并参考相关的拟合指标。判断模型拟合程度优劣的主要指标是 χ^2 值，其值越小，代表拟合程度越好。

本篇主要依据 AMOS 输出的 Modification Indices 指标（M. I. 输出的数值代表了 χ^2 值优化后的期望值），通过选择较大的 M. I. 值逐个逐次进行修正，直至能获得合理解释的结果，通过模型的评估及修正可以进一步完善研究模型及假设。

12.3 变量的测量

12.3.1 流程协同变量测量

物流企业与供应链成员多边合作中的流程协同本质上属于跨组织的供应链

协同，以客户导向为基础，强调供应链成员间的有效合作。本篇将用信息共享和同步决策作为观察变量来研究物流企业与供应链成员多边合作中的流程协同（见表 12 - 6）。

表 12 - 6 流程协同变量选取

潜变量	观察变量	题项
流程协同	信息共享	P1 我们与供应链合作伙伴共享相关产品（服务）的能力信息
		P2 我们与供应链合作伙伴共享相关产品（服务）的需求预测信息
		P3 我们与供应链合作伙伴会一起做需求预测
	同步决策	P4 我们会与供应链合作伙伴一起决定供货满足率、库存水平及订货量

资料来源：根据相关文献整理。

12.3.2 组织间学习变量测量

供应链中各成员在多边合作的过程中，组织间学习是将各成员所拥有的专业知识经过融合最终形成结构化知识体系的过程，其本质是各成员吸收、传递以及整合供应链内、外部的知识。本篇结合科恩（1990）、莱恩（1998）、格兰特（1996）等学者的研究，用知识吸收能力、知识传递能力以及知识整合能力三个维度来研究组织间学习（见表 12 - 7）。

表 12 - 7 组织间学习变量选取

潜变量	观察变量	题项
组织间学习	知识吸收能力	L1 我们能及时了解并掌握外部的新信息、新技术
		L2 我们可以较快地将新知识与已有知识紧密结合、协调发展
		L3 我们可以较快地将新信息、新知识在企业内部传递和分享
	知识传递能力	L4 我们企业内部不同部门之间协同程度高、沟通较好
	知识整合能力	L5 我们能及时将已掌握的新技术和其他技术融合

资料来源：根据相关文献整理。

12.3.3 社会资本累积变量测量

社会资本是一种最基本的资本形态，最初由学者布尔迪厄（1986）提出。他认为社会资本不单单是由于人际交往及社会关系产生的结果，还包括在社会人际交往过程中产生的便于获取权利和资源的机会和途径。

综合前述研究成果，本篇从信任、沟通、承诺这三个维度来研究物流企业与供应链成员多边合作中的社会资本累积（见表 12 - 8）。

表 12 - 8 社会资本累积变量选取

潜变量	观察变量	题项
社会资本累积	信任	C1 我们与供应链合作伙伴互相之间很了解
		C2 我们的供应链合作伙伴是公平可靠、有信用的
		C3 我们非常忠实于供应链合作伙伴的关系
	沟通	C4 我们的供应链合作伙伴会提供真实而有价值的信息
		C5 我们会长期维持供应链合作伙伴关系
		C6 我们和供应链合作伙伴在产品（服务）设计方面进行紧密合作
	承诺	C7 我们愿意与供应链合作伙伴共享部分保密信息
		C8 我们愿意与供应链合作伙伴坦诚地讨论业务问题
		C9 我们愿意与供应链合作伙伴在预测和计划上进行紧密合作

资料来源：根据相关文献整理。

12.3.4 供应链价值创造变量测量

企业价值创造是通过企业价值链中各个环节的协同和流程优化来实现的。结合前述研究成果，本篇采用供应链服务水平、服务质量以及供应链柔性这三个维度来研究供应链价值创造（见表 12 - 9）。

表 12 - 9 供应链价值创造变量选取

潜变量	观察变量	题项
供应链价值创造	服务水平	V1 我们的订单满足率较高
		V2 我们完成客户订单所需时间短
		V3 我们具有提供高质量产品（服务）的能力
	服务质量	V4 我们能够基于客户需求迅速更改产品（服务）属性
		V5 我们可以快速增加现有产品（服务）的新功能
		V6 我们能够快速进行生产（服务）过程革新
	柔性	V7 我们能够迅速回应市场需求的变化

资料来源：根据相关文献整理。

12.4 描述性统计

根据统计分析的要求，为了避免分析中出现非正定的问题，运用 SPSS19.0 软件对样本数据进行检验。由于统计分析要求待分析数据必须服从正态分布，因此，先对题项的标准差、偏度和峰度等特征量进行分析。量表的描述性统计结果如表 12 – 10 所示。

表 12 – 10   量表题项正态分布分析

题项	N	均值	标准差	偏度		峰度	
	统计量	统计量	统计量	统计量	标准差	统计量	标准差
C1	215	3.88	0.739	- 0.996	0.166	2.509	0.330
C4	215	4.00	0.920	- 0.427	0.166	- 0.868	0.330
C2	215	4.02	0.800	- 0.595	0.166	0.041	0.330
C7	215	3.73	0.871	- 0.260	0.166	- 0.181	0.330
C8	215	4.01	0.749	- 0.487	0.166	0.467	0.330
C3	215	4.05	0.715	- 0.687	0.166	1.332	0.330
C5	215	4.12	0.794	- 0.729	0.166	0.534	0.330
C6	215	3.90	0.851	- 0.455	0.166	- 0.138	0.330
C9	215	3.83	0.816	- 0.349	0.166	- 0.319	0.330
P1	215	3.79	0.792	- 0.682	0.166	0.886	0.330
P2	215	3.93	0.730	- 0.620	0.166	1.456	0.330
P4	215	3.83	0.815	- 0.573	0.166	0.582	0.330
P3	215	3.76	0.916	- 0.570	0.166	0.092	0.330
L1	215	3.93	0.785	- 0.695	0.166	0.765	0.330
L5	215	3.82	0.875	- 0.735	0.166	0.812	0.330
L2	215	4.00	0.857	- 0.549	0.166	- 0.129	0.330
L3	215	3.97	0.719	- 0.180	0.166	- 0.452	0.330
L4	215	3.95	0.689	- 0.632	0.166	1.495	0.330
V1	215	3.95	0.766	- 0.425	0.166	- 0.070	0.330
V2	215	3.84	0.771	- 0.575	0.166	0.926	0.330

续表

题项	N	均值	标准差	偏度		峰度	
	统计量	统计量	统计量	统计量	标准差	统计量	标准差
V5	215	3.74	0.830	− 0.619	0.166	0.470	0.330
V3	215	3.95	0.802	− 0.355	0.166	− 0.425	0.330
V4	215	3.85	0.755	− 0.527	0.166	0.630	0.330
V7	215	3.89	0.833	− 0.139	0.166	− 0.873	0.330
V6	215	3.83	0.773	− 0.252	0.166	0.018	0.330

资料来源：SPSS 统计输出。

克莱恩（Kline，2011）指出服从正态分布的样本统计量中，有两项重要的观测指标，即 $|$ 峰度 $| < 10$，$|$ 偏度 $| < 3$，样本服从正态分布的一个基本特征是同时满足这两个条件。从表 12 – 10 的统计数据中可见，$|$ 偏度 $| < 1$，$|$ 峰度 $| < 3$，说明样本数据服从正态分布的特征。

12.5　相 关 分 析

本篇主要运用 SPSS19.0 通过 Pearson 相关分析法研究流程协同、组织间学习、社会资本累积以及供应链价值创造之间的相关系数，考察这些变量间是否存在相互影响，初步判断本篇构建的概念模型与假设的合理性。

根据吴明隆的观点，通常根据变量之间的相关系数来判断其相关程度，相关系数 > 0.7 通常被认为变量间具有高度相关关系；$0.4 <$ 相关系数 < 0.7，表示中等程度相关，相关系数 < 0.4 则表示相关程度非常低。从表 12 – 11 可知，组织间学习与价值创造之间的关系为高度相关，除此之外的其他变量间关系都达到中等程度相关。可见，本篇中各变量间具有明显的相关性。

表 12 – 11　　　　　　　　　　　变量间相互关系

		社会资本累积	流程协同	组织间学习	供应链价值创造
社会资本累积	Pearson 相关性	1	0.685	0.684	0.691
	显著性（双侧）		0.000	0.000	0.000
	N	215	215	215	215

续表

		社会资本累积	流程协同	组织间学习	供应链价值创造
流程协同	Pearson 相关性	0.685	1	0.619	0.549
	显著性（双侧）	0.000		0.000	0.000
	N	215	215	215	215
组织间学习	Pearson 相关性	0.684	0.619	1	0.774
	显著性（双侧）	0.000	0.000		0.000
	N	215	215	215	215
供应链价值创造	Pearson 相关性	0.691	0.549	0.774	1
	显著性（双侧）	0.000	0.000	0.000	
	N	215	215	215	215

资料来源：SPSS 统计输出。

12.6　信度与效度检验

本篇中主要涉及社会资本累积、流程协同、组织间学习以及供应链价值创造等四个变量。为确保每个测量变量的可信度和真实有效性，在 SEM 分析前需要对样本数据进行信度和效度的检验，本篇主要采用因子分析法来进行检验。

12.6.1　信度检验

信度通常是指量表能测量到研究对象的可靠程度。一般通过 Cronbach's α 值来测量（Cronbach，1951）。其计算公式如下：

$$R_\alpha = \frac{K}{K-1}\left(1 - \frac{\sum S_i^2}{S^2}\right)$$

式中：K——题项数；

S_i^2——题项 i 的方差；

S^2——题项总分方差。

一般 α 越大，信度就越高；一个好的量表通常 $\alpha > 0.7$。

本篇通过计算概念模型中每一个测量变量的 Cronbach's α 值来评价分量表及整体量表的信度。表 12-12、表 12-13 显示了总量表及分量表的 α 值，其 $\alpha > 0.75$，说明本篇的量表设计信度较好。

表 12 – 12 可靠性统计分析

Cronbach's α	项数
0.911	25

资料来源：SPSS 统计输出。

表 12 – 13 信度检验

潜变量	题项	已删除的项刻度均值	已删除的项刻度方差	校正的项总计相关性	Cronbach's α 值
流程协同	P1	93.79	118.104	0.502	0.698
	P2	93.64	119.380	0.468	
	P4	93.74	118.894	0.440	
	P3	93.81	116.881	0.488	
社会资本累积	C1	93.69	117.989	0.551	0.812
	C2	93.55	117.137	0.555	
	C3	93.53	118.307	0.550	
	C4	93.58	116.264	0.518	
	C5	93.45	117.109	0.561	
	C6	93.67	116.007	0.581	
	C7	93.84	120.012	0.346	
	C8	93.56	119.780	0.429	
	C9	93.74	116.518	0.578	
组织间学习	L1	93.64	117.801	0.526	0.717
	L2	93.57	116.424	0.553	
	L3	93.60	118.558	0.530	
	L4	93.62	119.929	0.462	
	L5	93.75	116.187	0.552	
供应链价值创造	V1	93.62	118.555	0.494	0.795
	V2	93.73	117.467	0.557	
	V3	93.62	116.975	0.563	
	V4	93.73	117.677	0.558	
	V5	93.83	116.654	0.560	
	V6	93.74	119.175	0.450	
	V7	93.68	117.911	0.485	

资料来源：SPSS 统计输出。

12.6.2　效度检验

本篇量表的真实有效程度将通过效度指标来进行测量，一般来讲，效度越高，测量的真实性也就越高。效度一般包括内容效度和建构效度两个层面（LeBreton，2008）。

内容效度主要反映量表内容上理论与实际的匹配程度。本篇所设计的量表内容在现有文献的支撑下经过业内专家学者的反复研讨、修正，确保量表具有较好的内容效度。

建构效度则侧重反映量表中概念的完整度，通常又可以将其分为区别效度和聚合效度。本篇主要采用的方法是因子分析法，从样本数据中提取出基本建构对效度进行测度，如果量表的建构效度良好，那么经过因子分析可以提取的共同因子与概念特征就比较吻合。

12.7　探索性因子分析（EFA）

通过因子分析来对量表进行效度测定的前提是回收得来的样本要适合做因子分析，通常采用 KMO 和 Bartlett 进行检验。根据吴明隆（2009）的研究观点，KMO 在 0.5 以上都是可以被接受的，KMO < 0.5 属于较差情况，不推荐进行这项检验。对于 KMO > 0.6 同时 Bartlett 达到显著的变量，通过主成分分析法按特征值 > 1 提取公因子，与此同时还要求题项的因子载荷 > 0.5。

12.7.1　社会资本累积 EFA

对社会资本累积量表 9 个题项的检验结果显示（见表 12 – 14），KMO = 0.863，p = 0.000（< 0.05），符合上述条件。因此，可以对社会资本累积分量表做探索性因子分析，其结果见表 12 – 15 和表 12 – 16。

该量表提取的 3 个公因子旋转后的特征值分别为 2.100、2.059、1.329，联合解释的变异量占比 60.986%，且各题项的计算得出的因子载荷 > 0.5，这一结果显示社会资本累积量表理论上能够测量到本篇所需特质。提取的 3 个公因子与社会资本累积分量表的结论一致，分别为信任、沟通和承诺。

表 12 - 14   社会资本累积 KMO 和 Bartlett 的检验

取样足够度的 Kaiser – Meyer – Olkin 度量		0.863
Bartlett 的球形度检验	近似卡方	462.774
	df	36
	Sig.	0.000

资料来源：SPSS 统计输出。

表 12 - 15   社会资本累积主成分提取表

成分	初始特征值			旋转平方和载入		
	合计	方差的百分比	累积百分比	合计	方差的百分比	累积百分比
1	3.661	40.675	40.675	2.100	23.338	23.338
2	0.968	10.755	51.430	2.059	22.879	46.217
3	0.860	9.556	60.986	1.329	14.768	60.986
4	0.750	8.334	69.320			
5	0.673	7.480	76.799			
6	0.618	6.865	83.665			
7	0.550	6.108	89.773			
8	0.475	5.278	95.051			
9	0.445	4.949	100.000			

注：提取方法：主成分分析。
资料来源：SPSS 统计输出。

表 12 - 16   社会资本累积旋转成分矩阵[a]

题项	成分		
	1	2	3
C1	0.344	0.647	0.086
C2	0.115	0.831	0.123
C3	0.451	0.559	0.119
C4	0.669	0.144	0.291
C5	0.763	0.237	0.024

续表

题项	成分		
	1	2	3
C6	0.680	0.302	0.006
C7	-0.041	0.288	0.843
C8	0.492	0.066	0.659
C9	0.175	0.251	0.618

注：提取方法：主成分分析。旋转法：具有 Kaiser 标准化的正交旋转法。a：旋转在 7 次迭代后收敛。
资料来源：SPSS 统计输出。

12.7.2　流程协同 EFA

流程协同量表的 KMO = 0.750，Bartlett 检验的 p = 0.000（< 0.05），符合上述条件（见表 12 - 17）。因此，可以对流程协同分量表做探索性因子分析，其结果见表 12 - 18 和表 12 - 19。

表 12 - 17　　　　　流程协同 KMO 和 Bartlett 的检验

取样足够度的 Kaiser - Meyer - Olkin 度量		0.750
Bartlett 的球形度检验	近似卡方	135.904
	df	6
	Sig.	0.000

资料来源：SPSS 统计输出。

表 12 - 18　　　　　流程协同主成分提取表

成分	初始特征值			旋转平方和载入		
	合计	方差的百分比	累积百分比	合计	方差的百分比	累积百分比
1	2.109	52.723	52.723	1.713	42.818	42.818
2	0.658	16.460	69.183	1.055	26.365	69.183
3	0.643	16.076	85.258			
4	0.590	14.742	100.000			

注：提取方法：主成分分析。
资料来源：SPSS 统计输出。

　　该量表共提取 2 个公共因子，转轴后的特征值分别为 1.713（>1）、1.055（>1），因子的累积解释变异为 69.183%，且 P1、P2、P3、P4 的因子载荷均大于 0.5，这一结果显示流程协同量表理论上能够测量到本篇所需特质，提取的 2 个公因子与测度量表结论一致，分别为信息共享和同步决策。

表 12 – 19　　　　　　　　　　流程协同旋转成分矩阵[a]

题项	成分	
	1	2
P1	0.681	0.263
P2	0.764	0.162
P3	0.782	0.150
P4	0.234	0.968

注：提取方法：主成分分析。旋转法：具有 Kaiser 标准化的正交旋转法。a：旋转在 3 次迭代后收敛。
资料来源：SPSS 统计输出。

12.7.3　组织间学习 EFA

　　对组织间学习的 EFA 显示，KMO = 0.779，p = 0.000（<0.05），符合上述条件（见表 12 – 20）。因此，可以对组织间学习分量表做探索性因子分析。

　　对组织间学习 EFA 的结果如表 12 – 21、表 12 – 22 所示。3 个公因子旋转后其特征值分别为 1.313（>1）、1.247（>1）、1.247（>1），能解释变异量的 76.09%，各题项上的因子负荷 >0.5，这一结果显示组织间学习量表理论上能够测量到本篇所需特质，提取的 3 个公因子与测度量表的结论一致。

表 12 – 20　　　　　　　　组织间学习 KMO 和 Bartlett 的检验

取样足够度的 Kaiser – Meyer – Olkin 度量		0.779
Bartlett 的球形度检验	近似卡方	176.298
	df	10
	Sig.	0.000

资料来源：SPSS 统计输出。

表 12 – 21　　　　　　　　　　组织间学习主成分提取表

成分	初始特征值			旋转平方和载入		
	合计	方差的百分比	累积百分比	合计	方差的百分比	累积百分比
1	2.355	47.103	47.103	1.313	26.266	26.266
2	0.771	15.417	62.520	1.247	24.941	51.208
3	0.678	13.570	76.090	1.244	24.882	76.090
4	0.665	13.306	89.395			
5	0.530	10.605	100.000			

注：提取方法：主成分分析。
资料来源：SPSS 统计输出。

表 12 – 22　　　　　　　　　　组织间学习的旋转成分矩阵[a]

题项	成分		
	1	2	3
L1	0.599	0.006	0.617
L2	0.082	0.252	0.895
L3	0.475	0.603	0.074
L4	0.071	0.880	0.206
L5	0.847	0.213	0.117

注：提取方法：主成分分析。旋转法：具有 Kaiser 标准化的正交旋转法。a：旋转在 6 次迭代后收敛。
资料来源：SPSS 统计输出。

12.7.4　供应链价值创造 EFA

供应链价值创造量表 KMO = 0.837，p = 0.000（< 0.05），符合上述条件（见表 12 – 23）。因此，可以对供应链价值创造分量表做探索性因子分析。

表 12 – 23　　　　　　　　　　供应链价值创造 KMO 和 Bartlett 的检验

取样足够度的 Kaiser – Meyer – Olkin 度量		0.837
Bartlett 的球形度检验	近似卡方	355.268
	df	21
	Sig.	0.000

资料来源：SPSS 统计输出。

对供应链价值创造 EFA 的结果如表 12 - 24、表 12 - 25 所示，提取的 3 个公因子旋转后的特征值分别为 2.042（>1）、1.526（>1）、1.241（>1），各题项上的因子负荷 >0.5。这一结果显示供应链价值创造分量表在理论上能够测量到本篇所需特质，提取的 3 个公因子与测度量表的结论一致，分别为服务水平、服务质量和柔性。

表 12 - 24　　　　　　　　供应链价值创造主成分提取表

成分	初始特征值			旋转平方和载入		
	合计	方差的百分比	累积百分比	合计	方差的百分比	累积百分比
1	3.156	45.080	45.080	2.042	29.170	29.170
2	0.925	13.217	58.297	1.526	21.796	50.966
3	0.727	10.392	68.689	1.241	17.723	68.689
4	0.615	8.784	77.473			
5	0.590	8.423	85.896			
6	0.547	7.814	93.710			
7	0.440	6.290	100.000			

注：提取方法：主成分分析。
资料来源：SPSS 统计输出。

表 12 - 25　　　　　　　　供应链价值创造旋转成分矩阵[a]

题项	成分		
	1	2	3
V1	0.757	0.067	0.227
V2	0.720	0.273	0.014
V3	0.623	-0.034	0.537
V4	0.644	0.403	0.129
V5	0.039	0.776	0.399
V6	0.344	0.773	0.019
V7	0.165	0.286	0.851

注：提取方法：主成分分析。旋转法：具有 Kaiser 标准化的正交旋转法。a：旋转在 10 次迭代后收敛。
资料来源：SPSS 统计输出。

12.8 验证性因子分析（CFA）

本篇借助 CFA 方法来测量量表的效度，从内容效度、区分效度以及收敛效度三个方面加以检验。

12.8.1 内容效度

量表的内容效度通常是指问卷所设计的题项是否能准确测量到研究中所涉及的概念。为确保本篇所设计的量表能准确测量到相关的概念，通过系统的文献研究，参考国内外学术界被广泛认可的量表，在此基础上多次深入物流企业及供应链上下游企业进行深度访谈，听取专家及业界意见，对问卷进行进一步的修订以确保量表的内容准确可靠。

12.8.2 收敛效度

内容效度主要用来反映问卷题项的准确性，收敛效度关注的是题项的关联性层面，收敛效度越高，说明题项间越有较高的相关关系。根据海尔（Hair，2009）的研究，收敛效度的测量需满足以下条件：

（1）因子载荷（Factor Loading）。一般要求在 0.5 以上。

（2）组成信度（Composite Reliability）。本篇将其简记为 CR，计算公式如下：

$$\rho_c = \frac{(\sum \lambda)^2}{[(\sum \lambda)^2 + \sum(\theta)]} = \frac{(\sum \text{标准化因素负荷量})^2}{[(\sum \text{标准化因素负荷量})^2 + \sum(\theta)]}$$

式中：ρ_c——组合信度（CR）；

λ——标准化的因素负荷量；

θ——测量误差值，$\theta = 1 -$ 指标信度 $= 1 - ($指标变量的标准化参数$)^2$

一般要求 $CR > 0.7$，如果 $CR > 0.8$ 则效度处于较优水平。

（3）平均方差抽取量（Average of Variance Extracted）。本篇将其简记为 AVE，由下式计算得出：

$$\rho_v = \frac{(\sum \lambda^2)}{[(\sum \lambda^2) + \sum(\theta)]} = \frac{(\sum \text{标准化因素负荷量}^2)}{[(\sum \text{标准化因素负荷量}^2) + \sum(\theta)]}$$

式中：ρ_v——平均方差抽取量（AVE）；

　　　λ——标准化的因素负荷量；

　　　θ——测量误差值，$\theta = 1 - $指标信度 $= 1 - ($指标变量的标准化参数$)^2$

AVE 的数值越大，说明由它可以解释的变异量占比越大，相对应的其误差就会越小。AVE > 0.5 是最常用的判断标准，本篇的收敛效度将采用这一标准进行检测。

1. 社会资本累积的收敛效度

构建社会资本累积的测量模型，如图 12 - 2 所示。社会资本累积潜变量 9 个题项，df $= 23$，需估计残差 9 个、变异数 1 个以及因子载荷 8 个，模型符合正定要求。

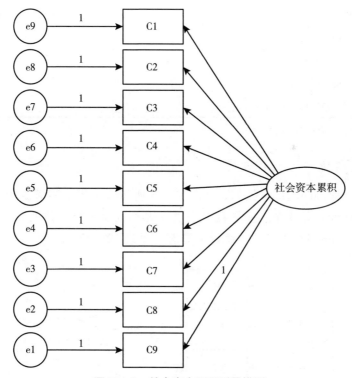

图 12 - 2　社会资本累积测量模型

资料来源：文献整理后经 AMOS 绘制。

社会资本累积的验证性因子分析结果如表 12 - 26 所示。社会资本累积 C1 ~

C9 的因子载荷 > 0.5，且所有残差项非负，统计上显著。CR = 0.91（> 0.7）、AVE = 0.56（> 0.5），说明概念模型的收敛效度较好。其他的拟合指标中，$\chi^2/df = 1.090$（< 5）、GFI > 0.9、AGFI > 0.9，模型的适配度指标符合要求，显示社会资本累积测量模型的数据拟合效果良好。

表 12 – 26　　　　　　　　　社会资本累积验证性因子分析结果

收敛效度						适配度指标						
标准化因子载荷		t 值	p	AVE	CR	χ^2	χ^2/df	GFI	AGFI	RMSEA	RMR	CFI
社会资本累积	C9	0.745										
	C8	0.761	8.152	***								
	C7	0.780	8.237	***								
	C6	0.737	8.059	***								
	C5	0.795	8.297	***	0.56	0.91	47.968	1.090	0.954	0.923	0.060	0.022	0.995
	C4	0.738	8.064	***								
	C3	0.719	8.020	***								
	C2	0.721	8.034	***								
	C1	0.732	8.047	***								

资料来源：AMOS 统计输出。

2. 流程协同的收敛效度

构建流程协同的测量模型，如图 12 – 3 所示。流程协同潜变量共有 4 个题项，需估计残差 4 个、变异数 1 个以及因子载荷 3 个。题项 P1 ~ P4 因子负荷 > 0.5，残差均为非负，统计上显著（见表 12 – 27）。

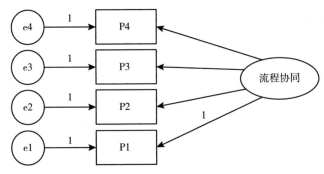

图 12 – 3　流程协同测量模型

资料来源：文献整理后经 AMOS 绘制。

表 12 -27 流程协同验证性因子分析结果

收敛效度					适配度指标						
标准化因子载荷	t 值	p	AVE	CR	χ^2	χ^2/df	GFI	AGFI	RMSEA	RMR	CFI
流程协同 P1	0.726	7.768	***	0.54	0.82	0.161	0.080	1.00	0.998	0.000	0.004	1.00
流程协同 P2	0.745	8.013	***								
流程协同 P3	0.773										
流程协同 P4	0.704	7.803	***								

资料来源：AMOS 统计输出。

CR = 0.82（>0.7）、AVE = 0.54（>0.5），说明概念模型的收敛效度较好。其他的拟合指标中，χ^2/df = 0.08（<5）、GFI > 0.9、AGFI > 0.9，显示流程协同测量模型的数据拟合效果良好。

3. 组织间学习的收敛效度

构建组织间学习的测量模型，如图 12 - 4 所示。组织间学习潜变量共有 5 个题项，需估计残差 4 个、变异数 1 个以及因子载荷 5 个。题项 L1 ~ L5 因子载荷 > 0.5，残差为非负，统计上显著（见表 12 - 28）。

CR = 0.85（>0.7）、AVE = 0.54（>0.5），说明概念模型的收敛效度较好。其他的拟合指标中，χ^2/df = 1.197（<5）、GFI > 0.9、AGFI > 0.9，显示组织间学习测量模型的数据拟合良好。

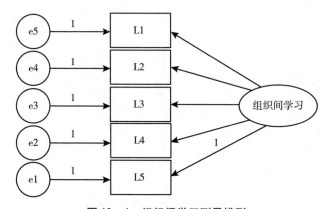

图 12 - 4 组织间学习测量模型

资料来源：文献整理后经 AMOS 绘制。

表 12 – 28　　　　　　　　　　组织间学习验证性因子分析结果

	收敛效度					适配度指标						
标准化因子载荷		t 值	p	AVE	CR	χ^2	χ^2/df	GFI	AGFI	RMSEA	RMR	CFI
组织间学习	L5	0.719										
	L4	0.759	8.530	***								
	L3	0.778	8.589	***	0.54	0.85	5.986	1.197	0.989	0.967	0.030	0.017	0.994
	L2	0.706	7.883	***								
	L1	0.730	8.065	***								

资料来源：AMOS 统计输出。

4. 供应链价值创造的收敛效度

图 12 – 5 为构建的供应链价值创造测量模型。供应链价值创造潜变量对应的题项有 7 个，需估计残差 7 个、变异数 1 个以及因子载荷 6 个。供应链价值创造 CFA 的结果显示，供应链价值创造量表的所有题项（V1 ~ V7）其因子负荷都在 0.5 以上，所有的残差项均为非负，统计上显著（见表 12 – 29）。

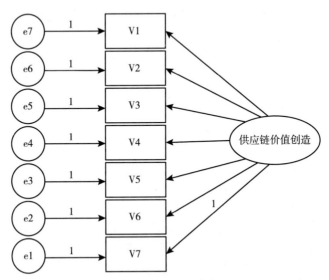

图 12 – 5　供应链价值创造测量模型

资料来源：文献整理后经 AMOS 绘制。

表 12 - 29　　　　　　　供应链价值创造验证性因子分析结果

收敛效度						适配度指标						
标准化因子载荷		t 值	p	AVE	CR	χ^2	χ^2/df	GFI	AGFI	RMSEA	RMR	CFI
供应链价值创造	V1	0.706	7.684	***									
	V2	0.722	8.135	***									
	V3	0.749	8.369	***	0.55	0.89	16.181	1.348	0.979	0.952	0.040	0.022	0.988
	V4	0.711	8.029	***									
	V5	0.772											
	V6	0.753	8.317	***									
	V7	0.780	8.562	***									

资料来源：AMOS 统计输出。

CR = 0.88（ > 0.7）、AVE = 0.55（ > 0.5），说明概念模型的收敛效度较好。其他的拟合指标中，$\chi^2/df = 1.348$（ < 5）、GFI > 0.9、AGFI > 0.9，显示适配度达标，证明供应链价值创造模型的数据拟合效果良好。

12.8.3　区分效度

区分效度主要用来检测不同变量在统计上是否存在差异性。根据 Bock（2005）的建议，采用验证性因子分析的方法，对研究中涉及的四个变量（包括社会资本累积、流程协同、组织间学习、供应链价值创造），构建验证性因子分析模型，如图 12 - 6 所示。验证性因子分析结果如表 12 - 30 所示，四个因子模型的适配度指标中 χ^2 为 292.563，$\chi^2/df = 1.25 < 5$，RMSEA = 0.034 < 0.08，且 TLI > 0.9、CFL > 0.9。

为了对变量间的区分效度做更进一步的验证，本篇拟通过因子合并构建三个因子的分析模型并进行检验，最后将两种模型进行比较。同理，分别将社会资本累积与供应链价值创造进行合并、流程协同与供应链价值创造进行合并、组织间学习与供应链价值创造进行合并、社会资本累积与流程协同进行合并、社会资本累积与组织间学习进行合并、组织间学习与流程协同进行合并，由此构建三个因子的验证性因子分析模型。最后再构建一个只有一个因子的模型，也即将四个变量进行合并，结果见表 12 - 30。从各拟合指标值可以看出四因子模型 > 三因子模型 > 单因子模型，说明量表的区分效度良好。

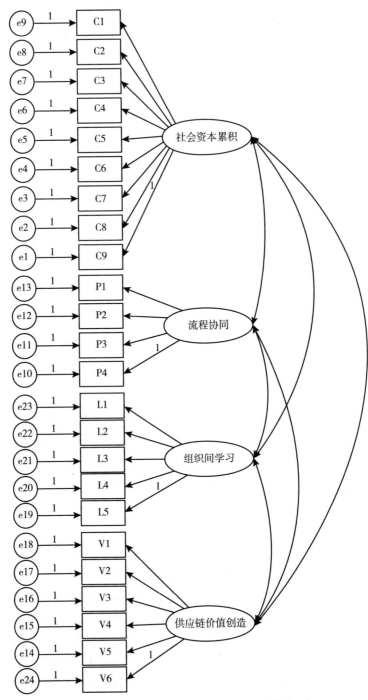

图 12-6　四因子验证性因子分析模型

资料来源：文献整理后经 AMOS 绘制。

表 12 - 30 不同因子模型拟合度比较

模型	χ^2	χ^2/df	GFI	CFI	TLI	RMSEA	IFI
四个因子模型	292.563	1.250	0.901	0.961	0.954	0.034	0.962
三个因子模型①	441.617	1.774	0.848	0.872	0.858	0.060	0.875
三个因子模型②	455.760	1.830	0.845	0.863	0.848	0.062	0.865
三个因子模型③	413.256	1.660	0.862	0.891	0.879	0.056	0.893
三个因子模型④	429.185	1.724	0.857	0.881	0.868	0.058	0.883
三个因子模型⑤	426.661	1.713	0.857	0.882	0.869	0.058	0.884
三个因子模型⑥	440.598	1.769	0.854	0.873	0.859	0.060	0.875
单因子模型	481.783	1.912	0.837	0.848	0.833	0.065	0.850

注：①社会资本累积与供应链价值创造进行合并；②流程协同与供应链价值创造进行合并；③组织间学习与供应链价值创造进行合并；④社会资本累积与流程协同进行合并；⑤社会资本累积与组织间学习进行合并；⑥组织间学习与流程协同进行合并。

资料来源：AMOS 统计输出。

12.9 结构方程模型拟合及检验

12.9.1 结构方程模型检验指标

样本数据通过结构方程模型计算得出相应的路径系数后，对于模型的评价还需要通过拟合优度的检验。SEM 的拟合检验是在零假设 $\sum = \sum(\theta)$（$\sum(\theta)$ 表示模型估计方差或协方差）的基础上对整体模型拟合程度进行统计检验。如果模型估计方差或协方差与样本方差或协方差不存在统计学显著性差异，说明结构方程模型拟合数据，接受结构方程模型零假设条件下变量之间的关系。

模型参数估计之后需要对模型进行评估和检验，判别假设模型（概念模型）是否与实际观测变量描述的关系一致。为了评估检验结构方程模型的拟合优度，学者们提出了大量的模型评估检验指标。AMOS 提供的模型检测指标主要有：

（1）χ^2，拟合优度的卡方值，可用下式表示：

$$\chi^2 = (n-1)F$$

式中：n——样本数；

　　　F——拟合函数取的最小值。

χ^2 作为一项常见的检验指标其取值与样本量有一定的关联性，在给定 P 值的情况下通过将 χ^2 值与临界值进行比较来判断拟合效果。这符合一般的统计检验原理，但也存在一定的不足：一是对于小样本数据，模型统计量可能不是 χ^2 分布；二是随着样本数据的增加，χ^2 值也随着增加，这可能无关模型的好坏。

因此，使用 χ^2 值评估检验模型的同时需要综合其他统计检验指标。本篇的拟合评价中考虑将 χ^2 与自由度指标 df 结合使用，在评价时 χ^2/df 值越小越好，参考范围：$2.0 < \chi^2/df < 5.0$。

（2）GFI，拟合优度指数的简称，由下式表达：

$$GFI = 1 - \frac{F}{F_b}$$

式中：F——拟合函数取的最小值；

　　　F_b——拟合函数 $\sum = 0$ 的 F 值。

GFI 指标值越大，表示拟合的程度越高。通常情况下 GFI ≥ 0.9 时，表示满意的拟合。但当同时满足 CFI ≥ 0.9 时，GFI ≥ 0.85 就可认为具有满意的拟合度。

（3）AGFI。模型中参数数量对 GFI 指标值的影响较大，参数越多，往往 GFI 的值越高，除此之外，GFI 指标值还与样本量有关。为了确保模型拟合检验的效果，还需要通过 AGFI 这一指标来确定。AGFI 表示经调整的拟合优度指数，可以由下式表达：

$$AGFI = 1 - \frac{(p+q)(p+q+1)/2}{df}(1 - GFI)$$

式中：$(p+q)$——观察变量个数；

　　　$(p+q)(p+q+1)$——样本矩的个数；

　　　df——自由度。

AGFI 参数的取值为 $0.7 \sim 0.9$，表示模拟的拟合程度可以接受，0.9 以上表示满意的拟合。

（4）RMSEA。模型拟合的又一种重要参数，RMSEA 意为近似误差均方根，计算公式为：

$$RMSEA = \sqrt{\hat{F}_0/df}$$

式中：$\sqrt{\hat{F}_0}$——总体差异函数的估计值的平方根；

df——自由度。

RMSEA 参数的取值在 0～1 区间，越接近于 0 通常代表模拟的拟合程度越优。根据吴明隆（2009）的观点 RMSEA 处于 0.00～0.005 区间表示拟合优秀；处于 0.05～0.08 区间为良好；处于 0.08～0.1 区间为中度拟合。

此外，还有 CFI、IFI、NFI 等指标用来检验拟合程度，各拟合度评价指标的参考标准见表 12-31。

表 12-31 拟合度评价指标及评价参考标准

指标	参考值
χ^2/df	在 1.0～5.0 区间表示模型可以接受，越小越好
CFI	CFI≥0.9 时，表示满意的拟合
GFI	GFI≥0.9 时，表示满意的拟合。但当同时满足 CFI≥0.9 时，GFI≥0.85 就可认为具有满意的拟合度
AGFI	在 0.7～0.9 区间表示可以接受，0.9 表示满意的拟合
RMSEA	在 0.00～0.005 区间表示良好的拟合；0.05～0.08 区间表示不错；0.08～0.1 区间表示中度拟合
NFI	0～1 区间，>0.9 较为理想
NNFI	0～1 区间，>0.9 较为理想
PNFI	0～1 区间，>0.9 较为理想
IFI	0～1 区间，>0.9 较为理想
RNFI	0～1 区间，>0.9 较为理想

资料来源：根据相关文献整理。

12.9.2 结构方程模型拟合及检验

按照结构方程模型操作程序，本篇根据概念模型的初始假设，首先分别检验了社会资本累积、流程协同、组织间学习对供应链价值创造的直接影响作用。其次，检验了在三个潜变量的共同作用下对供应链价值创造的综合影响路径及效果。

1. 社会资本累积对供应链价值创造的直接影响作用检验

为了分析物流企业与供应链成员多边合作过程中社会资本累积对供应链价值创造的直接影响效果，按照结构方程模型设置要求，将社会资本累积作为解释变量，供应链价值创造作为被解释变量，构建社会资本累积对供应链价值创造直接影响概念模型（见图 12 - 7）并建立研究假设 H1′：社会资本累积对供应链价值创造具有直接影响。

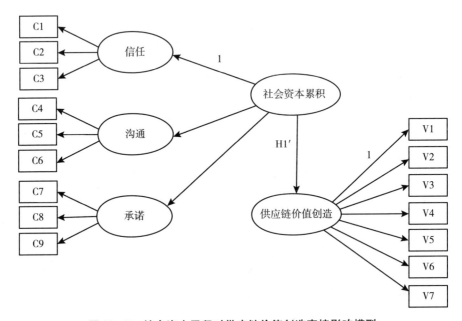

图 12 - 7　社会资本累积对供应链价值创造直接影响模型

资料来源：文献整理后经 AMOS 绘制。

借助 AMOS21.0 统计软件，将样本数据输入模型并对模型相关路径系数进行估计。表 12 - 32 列出了初始模型整体适配度即拟合度情况，结果显示初始模型适配度检验 P < 0.05，适配度指标统计量 RMSEA > 0.05、AGFI < 0.9。根据模型评估指标检验标准，这三个统计量没有满足统计检验标准，说明初始模型整体的拟合优度不高，需要进行相应的修正。根据 AMOS21.0 统计软件分析结果给出的修正建议，建立了测量误差间的共变关系（如图 12 - 8 所示）。修正后 $\chi^2/df = 1.155$、P = 0.146（> 0.05）、GFI = 0.941、AGFI = 0.914（> 0.9），其他各项指标均达到显著性水平，模型拟合度良好。说明物流企业与供应链成员多边合作过程中社会资本累积与供应链价值创造呈现正相关的关系。社会资本累积影响供应链价值创造的标准化路径系数为 0.82，临界比6.327，P < 0.05，达到统计显著性水平（见表 12 - 33），在直接影响效应检验中，前述假设 H1′得到支持。

表 12 - 32   社会资本累积对供应链价值创造直接影响模型检验统计量

		χ^2/df	P	RMSEA	RMR	GFI	AGFI	CFI	IFI
初始值	169.079	1.691	0.000	0.057	0.35	0.912	0.880	0.926	0.927
修正值	107.379	1.155	0.146	0.027	0.28	0.941	0.914	0.985	0.985

资料来源：AMOS 统计输出。

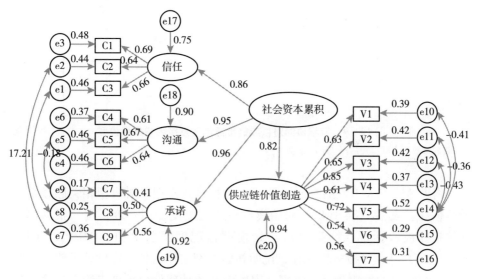

图 12 - 8   社会资本累积对供应链价值创造的直接影响路径

资料来源：AMOS 统计输出。

表 12 - 33   社会资本累积对供应链价值创造直接影响检验结果

假设	路径			Estimate	S. E.	C. R.	P	检验情况
H1′	供应链价值创造	←	社会资本累积	0.823	0.152	6.327	***	通过

资料来源：AMOS 统计输出。

2. 流程协同对供应链价值创造的直接影响作用检验

为了分析物流企业与供应链成员多边合作过程中社会资本累积对供应链价值创造的直接影响效果，将流程协同变量作为解释变量，供应链价值创造作为被解释变量，构建流程协同对供应链价值创造直接影响概念模型（见图 12 – 9），并建立研究假设 H2′：流程协同对供应链价值创造具有直接影响。

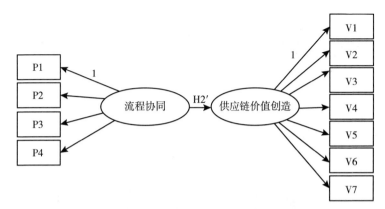

图 12 – 9　流程协同对供应链价值创造直接影响作用模型
资料来源：文献整理后经 AMOS 绘制。

借助 AMOS21.0 统计软件，将样本数据输入模型并对模型相关路径系数进行估计。表 12 – 34 列出了初始模型整体适配度即拟合度情况，根据模型评估指标检验标准，结果显示初始模型适配度检验 P 值、RMSEA、GFI、AGFI、CFI、IFI 等指标均达标，说明初始模型整体的拟合优度很不错，但是根据系统给出的修正指示，根据 AMOS21.0 统计软件分析结果给出的修正建议，建立了测量误差间的共变关系（如图 12 – 10 所示）。修正后 $\chi^2/df = 1.041$、$P = 0.399$（> 0.05）、$GFI = 0.966$、$AGFI = 0.945$（> 0.9），其他各项指标均达到显著性水平，修正后各项指标显示模型的拟合度更优。流程协同对供应链价值创造的影响路径，其标准化系数为 0.63、C. R. = 5.186、显著性水平 $P < 0.05$（见表 12 – 35）。物流企业与供应链成员多边合作过程中流程协同与供应链价值创造呈现出正相关的关系。在直接影响效应检验中，假设 H2′得到支持。

表 12 – 34   流程协同对供应链价值创造直接影响模型检验统计指标

	χ^2	χ^2/df	P	RMSEA	RMR	GFI	AGFI	CFI	IFI
初始值	58.521	1.361	0.057	0.041	0.029	0.956	0.932	0.970	0.971
修正值	42.687	1.041	0.399	0.014	0.026	0.966	0.945	0.997	0.997

资料来源：AMOS 统计输出。

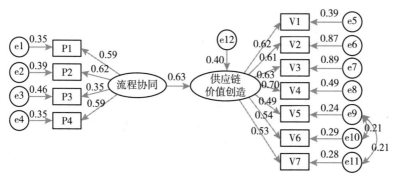

图 12 – 10   流程协同对供应链价值创造路径

资料来源：文献整理后经 AMOS 绘制。

表 12 – 35   流程协同对供应链价值创造直接影响检验结果

假设	路径			Estimate	S. E.	C. R.	P	检验情况
H2′	供应链价值创造	←	流程协同	0.632	0.125	5.186	***	通过

资料来源：AMOS 统计输出。

3. 组织间学习对供应链价值创造影响的检验

为了分析物流企业与供应链成员多边合作过程中组织间学习对供应链价值创造的直接影响效果，将组织间学习变量作为解释变量，供应链价值创造作为被解释变量，构建组织间学习对供应链价值创造直接影响概念模型（如图 12 – 11 所示）并建立研究假设 H3′：组织间学习对供应链价值创造具有直接影响。

借助 AMOS21.0 统计软件，将样本数据输入模型并对模型相关路径系数进行估计。表 12 – 36 列出了初始模型整体适配度即拟合度情况，结果显示初始模型适配度检验 P < 0.05，适配度指标统计量 RMSEA > 0.05、AGFI < 0.9。根据模型评估指标检验标准，这三个统计量没有满足统计检验标准，说明初始模型整体的拟合优度不高，需要进行相应的修正。根据 AMOS21.0 统计软件分析

结果给出的修正建议，建立测量误差间的共变关系。修正后，$\chi^2/df = 1.748$、$P = 0.051$（> 0.05）、$GFI = 0.940$、$AGFI = 0.904$（> 0.9），其他各项指标均达到显著性水平（如表 12 – 36 所示），修正后各项指标显示模型的拟合度更优。组织间学习影响供应链值创造的标准化路径系数为 0.90，临界比 6.023、$P < 0.05$，达到统计显著性水平（如表 12 – 37 所示）。物流企业与供应链成员多边合作过程中组织间学习与供应链值创造呈现出正相关的关系（见图 12 – 12）。在直接影响效应检验中，假设 H3′ 得到支持。

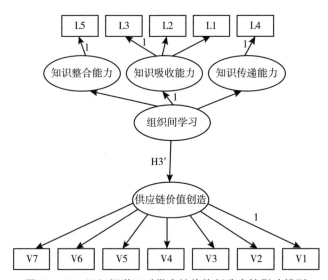

图 12 – 11　组织间学习对供应链值创造直接影响模型

资料来源：文献整理后经 AMOS 绘制。

表 12 – 36　　　　组织间学习对供应链值创造直接影响模型检验统计指标

	χ^2	χ^2/df	P	RMSEA	RMR	GFI	AGFI	CFI	IFI
初始值	104.886	2.017	0.000	0.069	0.033	0.925	0.888	0.922	0.924
修正值	85.631	1.748	0.051	0.049	0.030	0.940	0.904	0.946	0.947

资料来源：AMOS 统计输出。

表 12 – 37　　　　组织间学习对供应链值创造直接影响检验结果

假设	路径	Estimate	S. E.	C. R.	P	检验情况
H3′	供应链值创造←组织间学习	0.892	0.174	6.023	***	通过

资料来源：AMOS 统计输出。

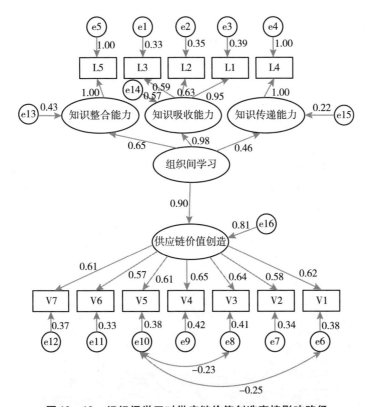

图 12 – 12　组织间学习对供应链价值创造直接影响路径

资料来源：AMOS 统计输出。

4. 供应链价值创造的综合影响检验

物流企业与供应链成员多边合作过程中社会资本累积、组织间学习以及流程协同分别通过直接影响检验，其作用均会对供应链价值创造产生直接的影响。但是多边合作中，由于影响供应链价值创造的潜变量之间本身存在较大的相关性，为此，还需要对其产生的综合影响情况进行检验。结构方程模型的一大优势就是除了可以分析直接效果之外还可以分析间接影响效果。

根据构建的综合影响概念模型（见图 12 – 13），借助 AMOS21.0 统计软件，将样本数据输入模型并对模型相关路径系数进行估计。表 12 – 38 列出了初始模型整体适配度即拟合度情况，结果显示初始模型适配度检验 P < 0.05，适配度指标统计量 AGFI < 0.9、GFI < 0.9。根据模型评估指标检验标准，这三个统计量没有满足统计检验标准，说明初始模型整体的拟合优度偏低，需要进

行相应的修正。根据 AMOS21.0 统计软件分析结果给出的修正建议，建立测量误差间的共变关系，修正后除了 AGFI 指标略低于 0.9 的标准，其他所有统计量均达到显著性水平。

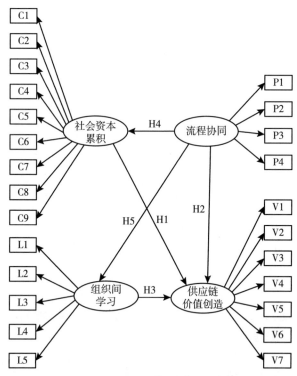

图 12 - 13　供应链价值创造综合影响概念模型

资料来源：文献整理后经 AMOS 绘制。

表 12 - 38　　　　　供应链价值创造综合影响作用检验统计指标

	χ^2	χ^2/df	P	RMSEA	RMR	GFI	AGFI	CFI	IFI
初始值	392.186	1.503	0.000	0.048	0.035	0.874	0.843	0.918	0.924
修正值	250.419	1.031	0.358	0.012	0.029	0.916	0.894	0.995	0.996

资料来源：AMOS 统计输出。

表 12 - 39 统计了 SEM 拟合后的各指标取值，可见各指标取值均在允许的范围内，说明本篇的理论模型经 SEM 拟合情况良好。

表 12 − 39　　　　　　　　　　　结构方程模型拟合结果

指标	指标值	拟合情况	参考值
χ^2	250.419		
χ^2/df	1.031	非常好	1.0 ~ 5.0
CFI	0.995	非常好	CFI≥0.9 时，表示满意的拟合
GFI	0.916	非常好	GFI≥0.9 时，表示满意的拟合。但当同时满足 CFI≥0.9 时，GFI≥0.85 就可认为具有满意的拟合度
AGFI	0.894	可以接受	在 0.7 ~ 0.9 区间表示可以接受，大于 0.9 表示非常好
RMSEA	0.012	非常好	在 0.00 ~ 0.005 区间为良好的拟合；0.05 ~ 0.08 区间表示不错；0.08 ~ 0.1 区间为中度拟合
IFI	0.996	非常好	0 ~ 1 区间，>0.9 较为理想

资料来源：AMOS 输出后统计整理。

实证检验结果表明，社会资本累积对供应链价值创造具有正向影响，其影响路径的标准化系数 = 0.847、C. R. = 2.554、P < 0.05，统计上达到显著性水平，本篇提出的假设 H1 得到支持。

组织间学习对供应链价值创造具有正向影响，其影响路径的标准化系数 = 0.957，C. R. = 3.231，P < 0.05，统计上达到显著性水平，本篇提出的假设 H3 得到支持。

流程协同对社会资本累积具有直接的正向影响关系，其影响路径的标准化系数 = 0.916，C. R. = 6.549，P < 0.001，统计上显著，假设 H4 也得到了支持。

流程协同对组织间学习具有直接的正向影响关系，其影响路径的标准化系数 = 0.871，C. R. = 6.460，P < 0.001，统计上显著，假设 H5 也得到了支持。

流程协同与供应链价值创造之间的直接路径系数经检验未达到显著水平，说明在同时考虑组织间学习、社会资本累积三个潜变量的相互作用时，流程协同对供应链价值创造不存在直接影响，假设 H2 未获得支持。依据贾德（Judd, 1981）提出的逐步检验法对变量的中介效应进行检验，在假设 H2′、H3、H4、H5 检验都显著的情况下，假设 H2 的检验结果不显著，说明存在完全中介效应，否则存在部分中介效应。由此可知，流程协同对供应链价值创造只存在间接影响，通过社会资本累积以及组织间学习对供应链价值创造产生间接影响，其间接影响的效应为 0.77（0.916 × 0.847 + 0.957 × 0.871 − 0.839 = 0.77）（见表 12 − 40 和图 12 − 14）。

表 12 - 40　　　　　　　供应链价值创造的综合影响作用检验结果

假设	潜变量	路径	潜变量	标准化系数	S. E.	T 值	P	检验情况
H4	社会资本累积	←	流程协同	0.916	0.141	60.549	***	通过
H5	组织间学习	←	流程协同	0.871	0.139	60.460	***	通过
H2	供应链价值创造	←	流程协同	-0.839	0.471	-10.88	0.060	未通过
H1	供应链价值创造	←	社会资本累积	0.847	0.334	20.554	0.011	通过
H3	供应链价值创造	←	组织间学习	0.957	0.298	30.231	0.001	通过

资料来源：AMOS 统计输出整理。

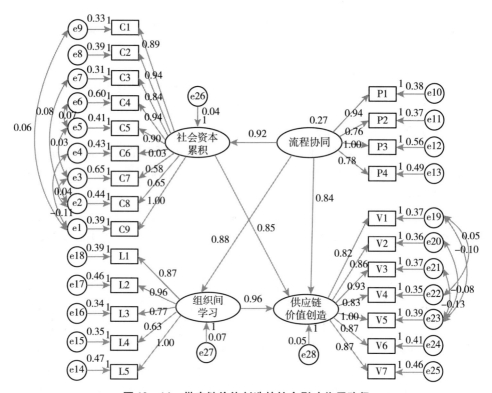

图 12 - 14　供应链价值创造的综合影响作用路径

资料来源：AMOS 统计输出。

第13章　实证结果分析

经实证结果分析，本篇提出的 H1′~H5 等 8 个假设中，有 7 个假设通过了统计检验，仅一个未能获得统计支持（见表 13 - 1）。

表 13 - 1　　　　　　　　　　　**本篇假设及检验汇总表**

假设	描述	检验情况
H1′	社会资本累积对供应链价值创造具有直接影响（独立检验）	通过
H2′	流程协同对供应链价值创造具有直接影响（独立检验）	通过
H3′	组织间学习对供应链价值创造具有直接影响（独立检验）	通过
H1	社会资本累积对供应链价值创造具有直接正向影响（综合检验）	通过
H2	流程协同对供应链价值创造具有直接正向影响（综合检验）	未通过
H3	组织间学习对供应链价值创造具有直接正向影响（综合检验）	通过
H4	流程协同对社会资本累积具有直接正向影响（综合检验）	通过
H5	流程协同对组织间学习具有直接正向影响（综合检验）	通过

资料来源：本篇总结整理。

13.1　社会资本累积对供应链价值创造的影响

假设 H1′、H1 分别讨论了社会资本累积对供应链价值创造单因素作用和多因素作用下的综合影响。结构方程模型的检验结果显示，在社会资本累积单因素作用下，其影响供应链价值创造的标准化路径系数为 0.82，C. R. = 6.327，$p < 0.05$，达到统计显著性水平。这证明多边合作过程中社会资本累积与供应链价值创造呈现正相关的关系。在加入流程协同、组织间学习等因素的综合影响检验中，社会资本累积对供应链价值创造的路径系数（标准化）为 0.810、C. R. = 2.544、p 值达到显著性水平，假设 H1′、H1 通过检验，即在

多边合作中，社会资本累积对供应链价值创造具有显著的正向影响。这一研究结论与戴尔（1998）等学者的观点一致，社会资本累积对供应链价值创造具有积极的促进作用。

物流企业与供应链成员多边合作离不开成员间的合作与信任。由于供应链中管理层级的存在，供应链中的信息具有不完全性的特征，多边合作需要依赖成员间谈判和沟通，这在一定程度上增加了各成员间的交易成本。福山（2001）从社会资本信任视角指出，信任度可以判断一个社会经济的繁荣程度，因为信任度是决定企业生存和发展的重要因素之一。供应链成员多边合作过程中彼此交错的关系是获得资源与能力的重要渠道，这种资源与能力具有很强的异质性，对企业绩效的影响正面，这也因此成为企业核心能力的原动力。

从社会资本累积的关系视角来看，多边合作在成员间产生的特定关系代表了供应链成员间的合作密切程度。众多学者在对供应链成员关系的研究中发现，供应链上下游伙伴间需要在长期的合作中建立互信，这种关系能在很大程度上降低交易成本。这在戴尔（1998）的关系租金理论中可以得到印证，由伙伴间关系而创造的关系租金是在交换中买卖双方共同产生的超额利润，这种超额利润是由联盟间的特殊贡献创造出来的，买卖双方任何一方都无法单独创造。供应链中伙伴间的多边合作关系可以产生经济租金，已经成为供应链中的一项关键资源。因此，供应链成员间这种独特的合作关系可以成为创造超额利润的源泉。关系租金就其本质而言属于超额利润，但这种利润却有它的独特性，它并不存在于孤立的企业中，也不是在普通的交换关系中产生，只有在供应链合作伙伴间才有可能产生。供应链成员之间出于共同的愿景和目标，在持续的双边或多边合作中逐渐产生信任关系，而这种信任关系恰恰是获取关系租金的催化剂。

物流企业在多边合作中，为了与上下游企业建立紧密而稳固的关系，必然要在其物流的软硬件能力上进行投资，强化自身的物流核心能力，产生异质性资本，从而为客户提供长期服务的承诺，其合作伙伴只需通过共享就可以获得物流企业的软硬件资源，从而形成各自的核心能力。供应链成员可以通过相互共享合作伙伴的异质性资源及能力，为顾客提供高效快捷的产品或服务而获得超额利润。在这种基础上建立起来的信任关系产生的影响主要有两个：

（1）供应链中各成员通过专业化分工、协作使供应链的结构和规模都能维持在一个比较合理的范畴，大大降低了供应链中各成员自身的管理成本。如果市场规模能不断扩大，将会使供应链的产能持续扩大，通过规模效应来降低单位成本，使供应链在整体上实现了成本领先型战略；同时上下游建立的紧密合作关系不断加大成员间的依赖度，使伙伴间的交易成本也得到极大的降低。

（2）随着关系资产投入的不断加大，供应链上下游之间多边的依赖关系越发加深，多边合作不仅给合作伙伴提供了激励，同时也形成了相应的约束，可以在一定程度上有效抑制合作方的机会主义倾向，增加合作方由于违约产生的各项成本，促进供应链参与方多边合作的积极性。

社会资本累积作为供应链多边合作中各方通过柔性来协同各种不确定性的重要机制，可降低供应链成员多边合作过程中机会主义的倾向。物流企业在与其上下游企业多边合作中，由于社会资本的累积效应的存在，供应链成员间多边合作的程度与供应链关系质量、信任程度及承诺呈现正相关关系，对提升供应链服务效率和质量具有正面影响。首先，供应链成员间通过多边合作可以得到彼此资源与能力的互补，使供应链保持对外部环境的动态适应及快速反应的能力。供应链凭借其明确的分工与协作，使供应链成员均能最大限度地发展自身核心业务，这不仅提升了整个供应链流程的效率，根据市场环境的变化及时调整供应链成员的经营战略以更快速地响应市场变化，还大大提升供应链整体的服务水平和质量。其次，供应链成员间的多边合作是基于核心能力的多企业联合体，供应链各成员都按照自身的知识资源及能力特征向专业化方向发展，其本质是企业资源、能力的分工以及不断专业化的过程。在多边合作中这种特殊的信任关系使协同成为可能，供应链的整体效率也因此得到极大提高。

13.2　组织间学习对供应链价值创造的影响

假设 H3′、H3 分别讨论了组织间学习对供应链价值创造单因素作用和多因素作用下的综合影响。结构方程模型的检验结果显示，在组织间学习单因素作用下，其影响供应链价值创造的标准化路径系数为 0.90，C. R. $=6.023$，$p < 0.05$，达到统计显著性水平。这证明多边合作过程中组织间学习与供应链价值创造呈现正相关的关系。在加入流程协同、社会资本累积等因素的综合影响检验中，组织间学习对供应链价值创造的标准化路径系数为 0.810，C. R. $=2.544$，p 值达到显著性水平，假设 H3′、H3 通过检验，即在多边合作中，组织间学习对供应链价值创造具有直接的正向影响。这一研究结论与科恩（1990）、格兰特（1996）等学者的观点一致，组织间学习对供应链价值创造具有积极的促进作用。

物流企业与供应链成员的多边合作可以为供应链中各成员提供施展其核心

业务能力的独特机会，供应链也成为沟通和链接多边合作的信息共享平台。通过这个平台，供应链成员可以获得合作伙伴的知识、能力以及技术支持，这些知识和技能会随着多边合作的广度和深度的不断拓展逐渐内化到企业自身的系统中去。企业如果不是通过合作关系这种途径接触到伙伴的知识和技能，将会极大地减少企业学习的机会（Inkpen，1995）。鲍威尔（1996）的研究也证实供应链中的不同个体拥有的知识及能力具有很大的差异性，正是这一差异性促发了成员间开展多边合作的动力，通过合作共享合作方的知识、技能来填补自身的空缺。组织通过不断吸收外在知识更新自身知识库，有效拓展了组织及技术创新。供应链各成员间存在知识差异，实现有效的知识共享可以使其差异性得以调节和互补（Smirnov，2000）。供应链上下游客户间多边合作产生的知识不同于单个企业的知识，它是由供应链中不同"经度"、不同"纬度"的知识相融合并逐渐沉淀进入供应链的知识库。由于供应链中"知识流"具有一定的隐蔽性，实践中常常被忽视。学者万伦来（2003）等认为在时间的作用下，组织只有通过持续学习，运用知识以及由知识促发的创新才能使组织保持持续的竞争力。李（2004）从三个层面提出了高效供应链的特征：一是能迅速应对需求的突然变化；二是要能适应市场结构及环境的变化；三是能协调供应链成员不同的利益使供应链整体绩效最优化。高效供应链的这些特点只有当供应链成员间的知识能够在供应链各节点间流动时才能成为可能，也就是说供应链中上下游企业的整合必须依赖于"知识流"才能真正为企业创造利润（Myers，2008）。

物流企业在多边合作中，要形成自身的核心竞争力，必然要在其物流的软硬件能力上进行投资，强化自身的物流核心能力，从而产生异质性资本。而对于其合作伙伴，物流能力并非其专长，其关注的焦点在自身的主营业务上，企业会选择将物流外包给专业的物流企业运作，这样可以使其更加专注于自身的核心业务，同时降低在其他资源上的沉淀成本。合作伙伴仅需付出最低的成本便可以获得物流企业的核心业务能力，这也成为多边合作中的重要基础。在知识经济时代，知识裂变的速度更快，知识的分布性也更广泛，整合和利用知识、不断谋求知识创新现已成为企业生存发展的一项重要能力。科格特、格兰特等学者的研究也表明，知识整合能力对于供应链来说是最为重要的组织能力。知识整合除了能使知识获得成本降低外，更大的作用在于知识创新。此外，从企业实践来看，在很多领域获得成功的企业的制胜秘诀在于组织不仅仅单纯地通过产品为顾客创造价值，更多的是通过知识整合和知识创新为顾客提供"问题解决方案"，这在一定程度上重塑了组织的价值创造系统。

组织间学习的主要作用是对存续于供应链中的碎片状知识加以吸收并整合，在此基础上进行知识的创新。物流企业与合作伙伴在多边合作的过程中，成员间各自拥有的不同知识会产生交流及分享。通过知识交汇，物流企业的知识流向了供应链上下游合作企业。同时，知识也会在供应链中产生逆向和横向流动，这就是知识在供应链上下游企业间共享、扩散的全过程。供应链中知识的不断扩散和共享会使知识产生流动而提高整个供应链的知识利用率，同时也会极大地丰富物流企业及供应链成员的知识储备，进一步强化供应链适应多变外在环境的能力。物流企业与合作伙伴多边合作的过程也是一个经验分享交流的过程，可使合作双方降低出错概率。知识在供应链中通过共享与不断扩散为供应链伙伴积累合作经验起到了十分重要的作用（骆温平，2016）。这种多边合作关系会随着各成员彼此互信程度的加深而更加紧密。同时，新的知识会在物流企业与供应链成员知识交汇和融合的过程中产生，供应链内部也成为重要的知识创新场所。这部分知识既不同于物流企业多边合作前的知识，也有异于合作伙伴在多边合作前产生的知识，而是多边融合后新生的知识，这一新生事物能确保供应链能够连续地产生新创知识。这使供应链的系统规模不断壮大，在一定程度上也保持了系统的有机性。供应链上下游企业在多边合作的基础上经过知识吸收、传递、整合创造的新知识对整个供应链的价值创造具有明显的增值效应（Chi，1999）。

13.3　流程协同对社会资本累积的影响

假设 H4 讨论了流程协同对社会资本累积的影响。结构方程模型的检验结果显示，流程协同对社会资本累积的路径系数为 0.916，C. R. ＝6.549，p 值小于 0.001，达到统计显著性水平，故 H4 通过了检验，即在多边合作中，流程协同对社会资本累积具有显著的正向影响。这一研究结论与周（2007）、于建红（2012）等学者的观点一致。

物流企业参与的多边合作的供应链中，供应链各成员之间需要通过流程协同来进行高度协作，从而获取专业化的经济效益。同时，通过流程协同还可以有效克服"牛鞭效应"现象，降低外部环境不确定性给供应链造成的影响。供应链成员间的多边合作关系会在充分沟通和协调的环境下不断成长，供应链成员间的异质性资源和能力也会得到充分的互补。流程协同和社会资本累积在具体实施过程中可以使供应链更具柔性、供应链中的信息更具可视性，这也是多边合作中两种重要的价值创造。可视化信息提供了合作伙伴间与供需有关的预测、计划和排程，是供应链伙伴间多边合作的前提和基础。多边合作中产生的柔性是通过各参与方的协作，能迅速满足终端顾客需求的能力。尤其是当供应链内外部环境存在差异或不确定性时，柔性会使整个供应链产生迅速反应和变化。由此可见，供应链成员之间的流程协同与社会资本累积具有十分紧密的联系。

13.4　流程协同对组织间学习的影响

假设 H5 讨论了流程协同对组织间学习的影响。结构方程模型的检验结果显示，流程协同对组织间学习的标准化路径系数 0.871、C. R. = 6.460、p 值小于 0.001，达到统计显著性水平，故 H5 也获得通过，即在多边合作中，流程协同对组织间学习具有显著的正向影响。这一研究结论与高（2006）等学者的观点一致。

物流企业与合作伙伴在多边合作过程中，由于信息沟通与知识共享存在共通性，供应链成员间的流程协同与组织间学习过程往往是同时进行的，很难将其截然分开，故流程协同与组织间学习也就有着十分密切的联系。供应链合作伙伴在彼此之间的信息共享和沟通过程中，组织间的知识吸收、传递及整合也就自然产生了。物流企业与上下游合作伙伴在多边合作中实现流程协同能促使整个系统中显性知识和隐性知识的转移和扩散，扫清上下游企业间知识沟通的阻碍，从而使组织间学习得以实现。因此，可以说，流程协同对于组织间学习具有十分重要的影响，需要对供应链中的信息、知识以及其他无形资源进行协调管理，这将为价值创造提供有力的保障机制。

13.5　流程协同对供应链价值创造的影响

假设 H2′、H2 分别讨论了流程协同对供应链价值创造单因素作用和多因素作用下的综合影响。结构方程模型的检验结果显示，在单因素影响检验中，流程协同对供应链价值创造的路径系数为 0.63，C. R. = 5.186，p < 0.05，达到统计显著性水平。仅考虑这一个影响因素时，流程协同对供应链价值创造具有直接的正向影响，假设 H2 获得通过。但是在社会资本累积、组织间学习等

多因素综合影响下，流程协同对供应链价值创造的标准化路径系数 p 值未能达到统计显著性水平，假设 H2 未能通过检验。这说明在同时考虑组织间学习、社会资本累积两个潜变量的相互作用时，流程协同对供应链价值创造不存在直接影响。

根据贾德（1981）提出的逐步检验法对变量的中介效应进行检验，在假设 H2′、H3、H4、H5 检验都显著的情况下，假设 H2 的检验结果不显著说明存在完全中介效应，否则存在部分中介效应。由此可知，流程协同对供应链价值创造只存在间接影响，通过社会资本累积以及组织间学习对供应链价值创造产生间接影响，其间接影响的效应为 0.77（0.916×0.847 + 0.957×0.871 – 0.839 = 0.77）。

业务流程描述的是组织中以实现目标价值为导向的带有先后顺序的关键业务活动过程，体现出较强的目的性。它是将企业的战略决策转化为执行力的重要纽带和工具，可以通过流程协同使企业形成差异化战略的能力，形成基于业务流程的独特竞争优势。

由协同理论可知，物流企业与供应链成员构成的多边合作系统最终是以实现供应链价值创造目标为导向，在系统演变过程中同时具有自组织及被组织的过程，这使整个供应链更具协调性，供应链中的流程协同效应更加显著，进一步促进了物流企业与供应链成员多边合作过程中对于知识的获取、传递以及整合，同时促使伙伴间建立了良好的信任关系、沟通合作的机制及社会资本的累积。

根据假设检验的情况，流程协同是影响社会资本累积对供应链价值创造的重要中介变量。由于供应链中"牛鞭效应"现象的存在，供应链合作伙伴间实现流程协同可以有效克服这一现象产生的问题，最大限度地降低外部环境的不确定性影响。流程协同通过伙伴间的信息共享及决策同步，使供应链伙伴间交易的重复性及信息沟通的频率不断提高，由此在供应链中不断加快社会资本的累积。这种充分沟通和协调的环境十分有利于构建互惠、信任、合作的供应链伙伴关系，从而使供应链伙伴间的异质性资源和能力得到充分的互补。

此外，实证检验的结果还指出流程协同是影响组织间学习对供应链价值创造的重要中介变量。供应链上下游客户存在于流程协同中的伙伴间信息共享、同步决策等活动与组织间学习过程具有十分密切的联系。

流程协同正是通过社会资本累积以及组织间学习这两个潜变量来影响供应链价值创造，不仅提高了供应链整体的服务水平和质量，同时也大大提升了供应链的可视性与响应性。根据实证检验的结果，流程协同对供应链价值创造的间接作用具体体现为：（1）流程协同提升了供应链的服务水平与服务质量。流程协同不仅降低了合作伙伴间的信息沟通和交易的成本，还提高了供应链的反应速度和效率，使最终客户的价值体验得以提升。这和学者李（2004）提出的观点一致，好的供应链不仅仅是成本有效，还需要有一定的敏捷性和适应环境变化的能力。（2）流程协同使供应链在应对外在环境的变化上获得柔性。物流企业与供应链成员多边合作中通过流程协同产生的流程柔性，是一种针对供应链内外部环境的变化及时响应并调整供应链成员间流程的动态能力，通过它能使客户需求的多样性得以实现，最终达成价值创造的目标。流程协同下的多边合作能够使供应链各成员获得巨大的流程柔性和比较成本优势（Wang，2006）。

13.6　研　究　启　示

由于流程协同、组织间学习以及社会资本累积这三者之间的依赖关系在物流企业与供应链成员多边合作中都有体现，因此，上下游企业在多边合作中应共享利益、共担风险，建立紧密合作的战略伙伴关系，以最大限度地实现价值共创，这就需要为多边合作的供应链设计适当的管理机制。本书构建了物流企业参与供应链多边合作的关系模型及研究假设，实证检验了价值创造中的重要路径，对于探讨合作中的多边治理机制具有重要的理论及实践意义。

1. 保障流程协同的关键在于构建有效的信息治理机制

多边合作中，无论是物流企业还是其他合作方都是相对独立的组织，要实现供应链的协同运作，在供应链中须构建相应的信息沟通机制以对系统中自组织的涨落进行调节，引导相变状态到可控范围，这在流程协同中通常也被称为被组织的过程。

在上下游企业的多边合作过程中，流程协同面临的最大挑战来自供应链中的不对称信息，不对称的信息会使流程协同的效率受到很大的影响。以信息共享为基础建立上下游企业间信息协同机制被认为是实现流程协同的关键。组织依靠信息系统这一工具可以很好地调节组织间的关系，网络型组织通过跨边界的信息系统可有效解决信息的非对称性问题（Clemons，1992）。李（2000）指出共享的信息可以大大降低整体库存成本，有效减少合作伙伴间的"牛鞭效应"现象。周（2007）等学者认为，上下游企业间信息的有效共享对于供应链的绩效提升具有显著的正向影响。可以说，合作伙伴间信息的共享水平对价值创造具有十分重要的影响。因此，物流企业与供应链成员在流程协同中采用有效的信息治理方式将有助于改变供应链系统自组织的状态，是供应链系统转向有序的重要推动力量。流程协同将使供应链在资源与能力上获得差异性并进一步巩固建立起来的竞争优势。

2. 多边合作中实现组织间学习需要建立有效的知识治理机制

物流企业与供应链成员的组织间学习关注的是知识获取、传递、整合与创造等具体活动；而在制度层面上引导、激励和约束组织间学习行为，使供应链各成员间保持利益的平衡，需要在供应链中引入相应的知识治理机制。

知识治理机制在供应链中以制度安排的形式存在。通过正式或非正式的组织形式对供应链中各成员的知识行为加以治理，可以有效地促进组织间学习活动，抵御可能发生的交易风险，优化组织间学习效益，使知识的共享和创新在组织间得到保障。物流企业与上下游企业多边合作过程中知识治理的主要目的是推动供应链中知识的分享和迁移，优化、协调各成员的知识水平，促进供应链进行知识创造。因此，知识治理必将会成为供应链多边合作中日益普遍的实践活动。

3. 多边合作中构建良好的关系治理机制是社会资本累积的坚实保障

关系治理的概念起源于麦克尼尔（Macneil，1980）提出的关系协定理论，他把关系协定定义为人与人之间的一种交换关系。物流企业与供应链成员多边合作过程中，关系治理主要是通过供应链成员间构建有效的规则、惯例等措施来确保交易活动的顺利开展，这与组织中的科层管理或市场机制有较大不同。关系治理是实现供应链价值创造的重要保障机制，其本质是通过软协定和硬协定对供应链合作伙伴间交易关系以及风险进行协调与管理。软协定的构成要素包括合作伙伴的承诺与互信，供应链成员拥有的共同愿景以及不断增强的沟通等。硬协定则主要侧重于正式的合同文书，具有极强的法律效应。硬协定与软协定在合作伙伴间并不是孤立存在的，它们之间往往存在交集（即柔性协定，如图 13-1 所示）。硬协定、软协定以及柔性协定共同构成了关系治理的主要内容。软协定中的社会资本要素在硬协定的实施过程中能起到较好的缓冲作用，增强了伙伴间合作的柔性。关系协定为所有供应链成员多边合作提供了动力，可大大改善供应链的服务水平和质量。

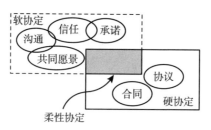

图 13 - 1   柔性协定示意

资料来源：作者绘制。

综上所述，物流企业与供应链成员多边合作中的关系治理是产生社会资本累积效应的重要保障。有效的关系治理，可以调节组织间学习实践，分担供应链中的合作风险，改善供应链整体的服务水平和质量，是实现价值创造目标的重要保障。

第 4 篇　物流服务创新研究

第 14 章 物流企业服务创新的
内涵、特征与类型

当前阶段，服务创新成为物流企业应对复杂竞争环境和实现企业增长的重要途径。具体来看，物流企业的服务创新主要体现在服务内容、流程、模式及管理等方面。对于那些已然意识到服务创新重要性的物流企业，它们将服务创新上升到企业战略的高度，以客户需求为导向实现与服务有关的革新。在服务创新过程中，更加注重开放企业创新边界，通过借助外部客户、研究机构等主体的资源和支持，更好地拓展并创新企业服务。例如，在与制造企业客户协作过程中，搭建共享物流信息的平台，从而构建一个更高效更具创新活力的物流服务网络。除此之外，具有较强实力的物流企业可以通过收购或兼并上下游相关企业，以供应链上的延伸带动服务范围与规模的扩大，进而实现企业服务创新或进入一个新的服务领域。

14.1 物流服务的构成

为了更好地把握物流企业服务创新的内涵与特征，就要首先理解物流服务的概念与构成。

物流服务（logistics services）是物流企业向客户提供的能为客户创造价值的一个包含各种物流服务要素的集合，是一个整体产品的概念，而不是某一项服务要素（刘丹，2013）。物流服务产品分为核心服务和附加服务，前者主要是指用于满足客户基本需求的环节服务（例如运输、储存、配送、装卸、搬运、包装、流通加工、信息处理等），后者主要是指用于满足客户延伸需求的增值服务（例如个性化、定制化服务）。与一般的产品相比，物流服务产品主要有无形性、生产和消费的不可分离性、服务的不可储存性等特征。

至于物流服务的构成，目前比较权威的出处有年度第三方物流报告。物流企业提供的服务种类主要有国内运输、仓储、国际运输等（见表 14 – 1）。其中，物流服务种类反映了物流服务的构成，而用户百分比则体现了目前用户外包或购买的较为常见的服务类型。此外，国外一些学者也进行了相应的研究。鲍尔等（Power et al.，2007）认为，面向客户的 3PL 还可以扩展服务产品，以包括各种增值服务，例如库存管理（inventory management）、物流协调（logistics coordination）、运营商选择（carrier selection）、逆向物流（reverse logistics）、供应链管理集成（supply chain management integration）、货代（freight forwarding）、价格谈判（rate negotiation）、电子资金转移（electronic funds transfer）、车队管理/运营（fleet management/operation）、产品组装和配件（product assembly and kitting）、配件物流（spare parts fulfillment）、营销服务（marketing services）、安全服务（security services）、项目管理（project management）、物流信息和 IT 解决方案（logistics information and IT solutions）、合同制造（contract manufacturing）和呼叫中心管理（management of call centers），并在其研究中进一步指出，3PL 提供的服务种类与客户价值创造能力直接相关。

表 14 – 1 物流服务种类及用户百分比

物流服务种类	用户百分比	物流服务种类	用户百分比
国内运输（domestic transportation）	80	库存管理（inventory management）	25
仓储（warehousing）	66	产品标签，包装，装配，配套（product labeling, packaging, assembly, kitting）	22
国际运输（international transportation）	60	订单管理和履行（order management and fulfillment）	19
货运代理（freight forwarding）	48	配件物流（service parts logistics）	12
报关（customs brokerage）	45	车队管理（fleet management）	12
逆向物流（有缺陷，修理，退货）[reverse logistics (defective, repair, return)]	34	信息技术（it）服务［information technology（it）services］	11
转运（cross-docking）	33	供应链咨询（supply chain consultancy）	11
运费账单审计和付款（freight bill auditing and payment）	31	客户服务（customer service）	7
交通规划与管理（transportation planning and management）	28	牵头/第四方物流服务（llp/4pl services）	6

资料来源：2016 Third – Party Logistics Study。

14.2　物流服务创新的内涵

物流服务创新（logistics service innovation）是物流企业运用新的服务理念或技术方法对原有的服务内容、流程、方式等进行改进或颠覆，从而发掘并满足新的客户和市场需求。为了应对更为激烈而复杂的市场竞争环境，物流企业开始更加关注核心竞争力的打造，不再局限于企业运营成本的降低，而是聚焦于通过服务创新赢得客户并实现成功。在科学与技术迅速发展的时代背景下，物联网、信息技术、互联网形成了物流企业创新服务的强有力支撑。可以认为，物流企业服务创新能够拓宽服务范围，为客户创造更多价值，实现市场份额的增长，打造企业核心竞争力，为企业增长并实现成功奠定坚实的基础。

为了更好地理解物流企业的服务创新，就服务创新的必要性、可行性等方面适当展开讨论。其一，物流企业服务创新是应对激烈而复杂的市场竞争环境的必然举措。伴随科学技术的迅速发展以及产品生命周期的大大缩短，企业间竞争日益剧烈，物流业传统的价格竞争和成本导向逐步向卓越服务和新服务开发转变。在此背景下，物流企业必须摒弃原有的经营理念，通过服务创新寻求新的市场契机和发展机遇。与此同时，创新的物流服务能够为客户创造更多价值，进而维持市场份额和企业竞争力。其二，以物联网、网络技术等为代表的现代信息技术为物流企业服务创新奠定了坚实基础。依托新技术的服务创新，能够突破物流企业传统的运营模式，通过更高效的资源和知识整合，发挥出更大的协同服务创新效应。与此同时，物流服务平台等模式创新，能够在短期内集聚更多的供给和需求，从而给企业带来前所未有的快速增长机遇。其三，物流企业开展服务创新是企业打造并提升核心竞争力的内在要求。外部市场环境竞争日趋激烈使物流企业创新服务具有现实迫切性。同时，由于客户需求的多样化和个性化，服务创新也成为物流企业满足客户需求从而取得成功的内在要求。可以认为，物流企业服务创新一方面能够满足客户多样化的服务需求，另一方面还能够优化企业服务流程并节约运营成本。

14.3　物流服务创新的特征

由于物流服务具有区别于一般产品的特性，物流企业的服务创新也呈现以下鲜明特征。

第一，物流服务创新投入较高，不仅包括创新人才和知识储备、研发与商业化等方面的费用支出，还有采用新技术与新方法等方面的投入。

第二，专业化程度高，由于物流企业服务创新主要是为了向客户提供定制化、个性化和一体化的增值服务与延伸服务，这就决定了物流企业必须运用新技术和新方法创新原有服务内容，因此物流企业服务创新中体现了高度专业化特征。

第三，创新过程交互性强，物流企业以客户需求为导向制定相应的物流服务创新方案，并通过与客户的协作实施创新方案，物流企业与外部行为主体发生较大的交互作用。例如，信息服务供应商参与到物流企业服务创新过程中，通过合作开发新的信息系统，确保服务创新成功实现。

第四，客户的高度参与，物流企业通过与客户的积极沟通，建立良好的信息交流和互动反馈机制，客户在设计、研发与实现新服务等方面的高度参与也提高了服务创新的成功率。

第五，物流服务创新内容的多样性，由于客户所属行业以及服务需求不同，物流企业服务创新的内容和方式也不尽相同。

第六，创新过程呈现动态性，由于物流服务系统包含多个子系统，以及客户需求的多样性和不断变化，就使物流企业的服务创新过程呈现动态性。

第七，客户导向性明显，例如物流企业必须接受制造企业的外包服务需求，在设计物流解决方案直至交付使用的整个过程中，物流企业都要以制造企业的需求和想法为中心。

第八，系统性特征，物流企业的服务创新涉及横向和纵向上资源的整合，而不是单一要素或多个要素的简单组合。

第九，服务产品创新和过程创新的同时性，物流服务产品的不可储存性决定了物流服务产品创新不可能完全脱离过程创新而存在，常见的情况是物流企业的服务产品创新和过程创新同时进行。

14.4　物流服务创新的类型

物流企业要想赢得客户并获得成功，必须具备以下服务或能力[①]：仓库/

---

① 2016 Third – Party Logistics Study.

配送管理（warehouse/DC management）；运输管理/计划（transportation management/planning）；可视化（visibility）；运输管理/进度（transportation management/scheduling）；电子数据交换（electronic data interchange）；用于预订、订单跟踪、库存管理、计费的网络门户（web portals for booking, order tracking, inventory management and billing）；网络建模和优化（network modeling and optimization）；条形码（bar coding）；全球贸易管理工具（global trade management tools）；运输采购（transportation sourcing）；客户订单管理（customer order management）；供应链计划（supply chain planning）；客户关系管理（customer relationship management）；分布式订单管理（distributed order management）；高级分析和数据挖掘工具（advanced analytics and data mining tools）；云系统（cloud-based systems）；堆场管理（yard management）；射频识别（RFID）。

依据物流企业服务创新的对象和内容，物流服务创新可以大致划分为产品创新、组织创新、过程创新等类型（见表 14 - 2）。

表 14 - 2　　　　　　　　　　　物流服务创新的类型

物流服务创新的类型	内容	举例
产品创新	开发或引入全新的物流服务产品，主要表现为一种新的服务概念、过程或方式	DHL 针对重货所设计并推出的"珍宝箱"服务
组织创新	物流企业组织形式的改变	如 3PL、4PL 等组织形式的变革
过程创新	通常是指，服务生产、传递的流程或形式方面的创新	3PL 设计和应用一种全新的配送流程
市场创新	物流企业通过服务创新进入一个全新或细分的市场	DHL 针对高尔夫爱好者推出的"高尔夫快递"服务
专门创新	针对顾客的某一特定问题而进行服务创新的模式	设计并实现个性化的解决方案
结构创新	物流企业对现有的有形资源和无形资源进行整合或重组而产生的服务创新	为客户提供"一站式"的供应链管理服务
传递创新	企业在传递物流服务过程中的创新	快递行业中的"门到门"服务

资料来源：作者总结整理。

第 15 章　研究假设与概念模型构建

当前阶段，我国物流企业不愿创新或创新开放度不高，大多数企业采用的是封闭式创新战略，仅仅依靠组织内部因素开展创新活动，这不仅导致物流企业服务水平和效率低下，也难以满足顾客企业的个性化需求，制约了企业发展及长期合作关系的建立。现阶段，企业创新变得更加开放，我国物流企业服务创新能力的提升亟须打破企业创新边界，寻求外部伙伴。因此，开放式创新范式对于物流服务创新的研究和实践具有现实意义。

与此同时，通过相关机理分析，本篇提出了物流—制造企业协作对服务创新与绩效作用机制的 12 个命题，并初步得到了物流—制造企业作用于服务创新和绩效的路径。接下来，将进一步形成相关作用机制模型和相应的假设。

15.1　物流—制造企业协作与绩效

现有研究围绕协作的模式、构成及其对企业绩效的影响展开了讨论和分析。第一，协作的模式。李等（Lee et al. ，2010）认为企业间的协作模式主要包括资金许可外包（funding licensing outsourcing）、合作研发的伙伴关系（R&D partnership）、合资（joint ventures）和企业联盟（inter-firm alliance）。第二，协作的构成。有学者（Ramanathan and Gunasekaran，2014）提出供应链协作模型，主体间的协作由以下几个关键维度构成，即协同规划（collaborative planning）、协同执行（collaborative execution）与协同决策（collaborative decision making）。第三，协作对企业绩效的影响。其一，与供应商的协作不仅可以降低采购流程潜在的风险，还能够降低交易成本，进而帮助企业实现竞争优势（Sheu et al. ，2006）。其二，供应链协作（supply chain collaboration）包含的几个关键维度（信息共享、目标一致、决策同步、激励调整、资源共享、沟通交流及知识创造）都能够提高企业绩效，具体表现为成本、响应时间、资源与创新等方面（Cao and Zhang，2011）。

不难发现，价值共创（value co-creation）是一个基于服务主导逻辑（S - D logic）的较新概念，指出了客户在服务创新过程中的重要作用，并认为客户与企业的协作能够共同创造价值。而且，客户能够成为价值共创者也形成了服务主导逻辑的核心主张（Payne et al.，2008）。价值创造主要与客户协作联系在一起，而不是产权保护（Vargo and Lusch，2004）。立足现有研究基础，本篇针对物流—制造企业协作、服务创新与绩效关系的研究属于价值共创研究范畴，主要聚焦于协作对服务创新与绩效的作用机理和具体路径。尤其是，剖析物流服务创新在协作与绩效关系中的作用"黑箱"。根据国外学者的研究，价值创造包含了交换价值（value in exchange）和使用价值（value in use）。可以认为，交换价值和使用价值的提法更多地说明了其经济属性和自然关系。究其本质，交换价值可以表现为某种产品或服务给企业带来的盈利水平，而使用价值则能够反映该项产品或服务为客户提供的效用大小。据此可知，价值共创一方面是指企业运营绩效的提升，另一方面是指客户运营绩效的改进。

15.1.1　物流—制造企业协作与物流企业绩效

物流企业通过与制造企业的业务合作一方面能够实现盈利和长远发展，另一方面还可以促进外部知识的吸收和积累。尤其是协作过程中的"互派员工"等形式，加强了物流企业与制造企业间的联系，有助于物流企业借助外部资源弥补自身不足。与此同时，企业及客户间的联系与协作能够最终提高客户满意度（Ramani and Kumar，2008）。总体而言，物流—制造企业协作对物流企业绩效的作用方式主要有以下几个方面：一是制造企业的业务外包构成了物流企业盈利和发展的基础；二是企业间的知识转移加强了物流企业知识的吸收和积累；三是双方资源和能力的互补促成了物流企业服务水平与创新能力的提升。有据于此，提出以下研究假设：

H1a：物流—制造企业协作对物流企业绩效具有正向影响。

15.1.2　物流—制造企业协作与制造企业绩效

当前阶段，制造企业与物流企业的协作主要表现形式为物流业务的外包。可以认为，制造企业物流业务的外包形成了制造企业与物流企业协作的起点和主要内容。长期以来，物流外包的动因、边界及决策等问题一直备受学者关注，并取得了一定的研究成果。总体而言，以物流外包为主要形式的协作，能够为制造企业带来诸多优势。一是实现物流资源的合理配置；二是突破组织内部资源与能力的瓶颈，通过与专业化物流企业的协作降低企业物流成本和时间成本；三是专注打造核心业务。有据于此，提出以下研究假设：

H1b：物流—制造企业协作对制造企业绩效具有正向影响。

15.2　服务创新与绩效

物流服务创新（Logistics Service Innovation）是指物流企业在提供服务的过程中运用新的思想或技术，或者对现有服务流程进行改进，甚至开发或引进全新的服务。

研究表明，物流服务创新不仅能够提高物流企业的服务质量和能力，而且构成了物流企业的核心竞争力和重要利润源泉。物流服务创新可以为物流企业建立竞争优势（Persson，1991），物流服务的动态创新可以满足制造企业不断变化的服务需求，物流服务质量和水平的提升进一步促进了企业整体经营效率的优化。通过物流服务创新能够实现价值共创。

有学者按照其新颖性，将创新分为渐进式创新和突破式创新（Song，2008）。从不同的维度进行区分，可将创新分为服务产品创新、服务过程创新、服务概念创新、服务传递创新等。然而，伴随社会大发展以及科学技术的突飞猛进，物流企业服务创新的边界日益模糊，尤其是随着互联网、物联网等在物流行业的普遍应用，很难将物流服务创新区分为产品创新、传递创新或是其他。渐进式创新和突破式创新二分法是一种较为常见的服务创新分类方法，能够严格地将物流服务创新区分为两个显著不同的类型。而且，这种分类方法往往能够为启发式研究或系统的比较分析提供依据（Smith，2002），因此适合用于本篇研究。本篇将从渐进式物流服务创新和突破式物流服务创新两个维度研究物流服务创新与绩效的关系。

15.2.1　渐进式物流服务创新与绩效

渐进式创新（incremental innovation）是指生产者及用户基于现有资源共同研发新的产品和服务，或者通过改进现有产品和服务以解决他们的问题（Song & Thieme，2009）。渐进式物流服务创新（incremental logistic service innovation) 是物流服务创新中层次较低的创新形式, 主要是对现有服务内容或服务方式的调整和改进, 处于事物变化发展过程的 "量变" 阶段。通常情况下, 物流企业也较多地采取渐进式创新策略, 因为这种创新方式的成本和风险都较低。

例如, 为了满足制造企业提出的个性化或定制化服务需求, 物流企业将对现有服务进行改进或者拓展服务范围。这种形式的创新一方面可以提升企业经营效益, 另一方面能为客户企业创造价值。根据现有研究, 提出以下研究假设:

H2a: 渐进式物流服务创新对物流企业绩效具有正向影响;

H2b: 渐进式物流服务创新对制造企业绩效具有正向影响。

15.2.2　突破式物流服务创新与绩效

突破式物流服务创新 (radical logistic service innovation) 是物流服务创新中层次较高的创新形式, 是指对原有服务种类或传递过程的颠覆和创新, 处于事物变化发展过程的 "质变" 阶段。通常情况下, 由于服务创新活动固有的高成本和高风险特征, 企业并不会轻易尝试开展这种类型的创新活动。此外, 突破式物流服务创新是引入一种全新的物流服务, 是为了挖掘潜在客户需求或者开辟新的市场。根据已有研究, 服务创新是一种独特的企业能力, 能够为客户创造更多价值 (Moller et al. , 2008)。如果物流企业的突破式服务创新实践取得成功, 将给自身带来更多的市场份额和企业盈利, 并为客户创造出更多的价值。因此, 提出以下研究假设:

H3a: 突破式物流服务创新对物流企业绩效具有正向影响;

H3b: 突破式物流服务创新对制造企业绩效具有正向影响。

15.3　物流—制造企业协作与服务创新

对于物流企业的服务创新而言, 内部的资源、知识和技术构成了其创新的基础, 而外部关系网络同样能够产生促进作用 (Soosay, 2012)。而且, 相比于供应商或者其他合作伙伴而言, 客户是物流企业创新想法最重要的来源 (Flint et al. , 2008)。此外, 相较于短期外包关系, 长期关系能使物流企业更具创新性, 关系资本的建立成为物流企业开展创新的先决条件 (Busse,

2011）。与供应商或其他物流服务供应商相比，客户是物流企业最重要的合作伙伴，是服务创新想法的重要来源（Flint et al.，2008）。以客户为导向的企业往往可以使用市场数据和信息来开发新服务，始终将客户服务与客户需求置于首位（Juga，Juntunen & Grant，2010）。物流企业与制造企业的跨组织协作对物流企业服务创新能力有着显著的正向交互作用。物流企业与制造企业不仅通过直接的创新投入推动物流服务创新，二者之间的协作还会产生互补的协同效应。因此认为，物流企业与制造企业的跨组织协作正向影响渐进式物流服务创新和突破式物流服务创新，据此，提出以下研究假设：

H4a：物流—制造企业协作对渐进式物流服务创新具有正向影响；

H4b：物流—制造企业协作对突破式物流服务创新具有正向影响。

15.4　服务创新的中介作用

当前阶段，企业面临着更为复杂的竞争环境，为客户创造价值的要求日益提高（Sa′nchez et al.，2009）。但是当前研究中，关于物流服务创新对协作与价值共创中介作用的探讨仍然处于空缺状态。

本篇认为，物流—制造企业协作不仅对双方绩效有直接作用，还能通过物流服务创新产生间接影响，物流服务创新（渐进式物流服务创新、突破式物流服务创新）在协作与绩效的关系中发挥了中介作用。据此，提出以下研究假设：

H5a：物流—制造企业协作通过渐进式物流服务创新作用于物流企业绩效；

H5b：物流—制造企业协作通过渐进式物流服务创新作用于制造企业绩效；

H5c：物流—制造企业协作通过突破式物流服务创新作用于物流企业绩效；

H5d：物流—制造企业协作通过突破式物流服务创新作用于制造企业绩效。

15.5　概念模型构建

本篇概念模型如图 15-1 所示。

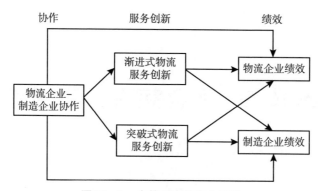

图 15 - 1　本篇研究的概念模型

资料来源：作者绘制。

第16章　概念模型的实证检验

基于前述的机理分析和概念模型，接下来将采用多元线性回归与结构方程模型等实证研究方法对模型及假设进行检验和验证。其中，实证研究所需的数据通过问卷调查获得。研究总体遵循以下思路和逻辑，即调查问卷的设计、变量的测量指标开发、样本来源及数据收集、问卷回收及数据处理、实证分析及结果讨论。

16.1　研究方法

16.1.1　问卷设计

（1）调查内容方面。问卷内容将主要涉及以下几个方面：一是受访者和企业的基本信息；二是物流—制造企业协作的水平（广度和深度）；三是物流服务创新的产出（渐进式和突破式）；四是物流企业与制造企业的绩效。

（2）设计流程方面。首先，初步确定此次问卷的调查范围和主要变量，然后，梳理现有研究是如何对这些变量进行测量的，并结合专家学者的意见，进一步确定变量的测量题项，以致形成问卷的初稿。其次，请导师及其他组员提出修改意见（包括调查设计的逻辑性、变量测量指标的系统性和合理性、问题表述的清晰性等方面），根据反馈进一步修改完善；再次，邀请几家物流企业的管理者对问卷进行评价，并根据他们的建议深化修改问卷。最后，进行问卷的试发放（pilot test），根据探索性因子分析的结果，删除或修改一些内部一致性差的题项，最终确定调查问卷。

16.1.2　变量测度

1. 解释变量

物流—制造企业协作是指物流企业和制造企业通过协调与配合，从而实现预期目标的过程。二者之间的协作涉及范围较为广泛，通常认为一个组织为了实现其目标而要获取的外部组织配合和支持，就成为二者协作的内容。总体而言，物流—制造企业协作主要包括技术、信息、资源与知识等方面。现有研究就协作的有关问题也进行了一些探讨。（1）协作双方关系质量的衡量。例如，试图通过信任、沟通、满意度和长期导向来衡量双方的关系质量（Lages，2005）。（2）参与协作的主体多样性。在企业服务创新过程中，不仅客户及其资源发挥了重要作用，网络中其他主体的参与同样能够促进创新（Bo et al.，2011）。（3）协作关系的内容。协作关系包括以下主要形式和内容：为了获取信息的偶然联系；有组织的信息和经验交流；参与规划和项目运作；创新成果的试用；设备或实验室的联合使用以及合作研发（Fritsch and Lukas，1998）。（4）协作的构成维度。在供应链协作模型中，协作被划分为协作规划（collaborative planning）、协作执行（collaborative execution）与协作决策（collaborative decision making）三个维度（Ramanathan and Gunasekaran，2014）。据此，我们可以从协作的广度（Breadth）与深度（Depth）两个维度来理解物流—制造企业协作。其中，协作的广度是指制造业合作伙伴数量、双方协作涉及的范围、参与协作的其他供应链节点企业，而协作的深度是指协作过程中物流企业与制造企业的合作次数、信息交流共享的程度。

物流企业与制造企业协作的广度和深度很大程度上决定了资源、能力和知识的交互作用，进而影响物流企业服务创新活动及价值创造。本篇主要参照拉赫斯（Lages，2005）、柏等（Bo et al.，2011）与印拉纳坦（Ramanathan，2014）等学者的观点，开发了物流—制造企业协作的测量量表（见表 16 - 1）。对物流—制造企业协作的测量共有 2 个维度及 8 个对应指标和题项。其中，协作广度由合作伙伴数量（我们与很多其他制造企业建立了紧密联系）、双方协作涉及的范围（我们和对方的协作覆盖范围很大）、参与协作的其他供应链节点企业（很多其他伙伴企业参与到我们之间的协作）、外部协作（我们和对方都注重加强与其他主体的联系）4 个指标（题项）来衡量；协作深度由合作次数（我们和对方的协作非常频繁）、信息及资源共享程度（我们和对方的信息共享及资源共享程度高）、沟通交流程度（我们和对方的沟通交流十分密切）、共同开展任务（我们和对方实现了共同计划、执行与决策）4 个指标（题项）来衡量。

表 16 - 1　　　　　　　　　　物流—制造企业协作的测量量表

构念维度	测量题项	主要来源
协作广度	我们和很多其他制造企业建立了紧密联系	柏等（2011）
	我们和对方的协作覆盖范围很大	
	很多其他伙伴企业参与到我们之间的协作	
	我们和对方都注重加强与其他主体的联系	
协作深度	我们和对方的协作非常频繁	拉赫斯（2005）、印拉纳坦（2014）
	我们和对方的信息共享及资源共享程度高	
	我们和对方的沟通交流十分密切	
	我们和对方实现了共同计划、执行与决策	

资料来源：根据相关文献整理。

2. 中介变量

为了达到更好的研究效果，鉴于相关理论和研究成果，进一步将物流服务创新划分为渐进式物流服务创新和突破式物流服务创新，并开发了相应的测量量表（见表 16 - 2）。其中，渐进式物流服务创新的衡量主要是借鉴苏西等（Susi et al. 2016）以及玛格丽特（Margaret，2016）的研究成果，共有 4 个指标；突破式物流服务创新的衡量主要是借鉴玛格丽特（2016）以及麦克德莫特等（McDermott et al.，2013）的研究成果，同样共 4 个指标。

表 16 - 2　　　　　　　　　　物流服务创新测量量表

构念维度	测量题项	主要来源
渐进式物流服务创新	我们通过轻微的适应解决对方的紧迫问题	苏西等（2016）；玛格丽特（2016）；克里斯多夫（Christopher，2012）
	我们定期地对现有服务进行小的调整	
	我们努力提高为对方服务的效率	
	我们扩大对现有客户的服务范围	

构念维度	测量题项	主要来源
突破式物流服务创新	我们在当地市场上实验并推出了新的服务	玛格丽特（2016）；麦克德莫特等（2013）
	我们研发了全新的物流服务并实现商业化	
	我们经常寻求潜在的市场和新的创新机遇	
	我们能够接受超越现有服务的客户新要求	

资料来源：根据相关文献整理。

3. 控制变量

总体而言，除了双方协作能够影响服务创新，物流企业的规模及信息技术能力同样有可能产生关键影响。因此，为了保证本篇的准确性及可靠性，将对这些关键变量进行控制。

一是物流企业规模。根据现有研究，中小型企业（SMEs）在创新过程中更加关注的是渐进式创新，而不是突破式创新（Oke et al., 2007）。企业规模与创新指标之间呈现正相关关系（Tether, 2005）。

二是信息技术能力。信息技术（IT）在服务创新过程中发挥了非常重要的作用（Rai and Sambamurthy, 2012）。一些以顾客为导向的第三方物流企业为了促进信息流通及信息共享，通常采用不同类型的 IT 改进服务过程中的相关操作，如提前装运通知、自动存储和检索系统、电子数据交换（EDI）、可扩展标记语言、条码、射频识别、语音输入服务、门户技术的互联网、射频通信、企业应用集成、电子市场、外部网、内部网、卫星通信技术、决策支持系统、仓库管理系统（Lai et al., 2007）。物流企业的信息技术能力能够对其服务创新产生较大影响。

4. 被解释变量

本篇的分析主要是基于企业协作层面，因此被解释变量也是通过协作层面的双方企业绩效来衡量。

价值共创方面。从构成来看，价值创造是一个多阶段的过程，包含处于不同节点的各种价值使用者（Bowman and Ambrosini, 2000）。从结构来看，价值创造是一个复合结构，企业要从以下几个方面努力：提供客户寻求的卓越性能；定价要让客户愿意并乐意支付；为客户提供无忧的购买体验并建立有益关系；通过与客户互动共同创建消费体验（O'Cass and Ngo,

2010）。

　　企业绩效方面。有学者将顾客满意度、顾客忠诚度、市场份额、盈利能力及品牌形象等的提升作为衡量企业绩效的重要方面（Chen，2012）。企业绩效可以分为运营绩效、财务绩效和战略绩效三个层面（Fabbe - Costes and Jahre，2008）。其中，运营绩效（operational performance）可以通过成本、质量、灵活性、交付等方面的一个或多个来衡量（da Silveira and Cagliano，2006）。财务绩效（financial performance）表现为以下几个方面：毛利率、销售回报率、营业利润率、资产报酬率、净资产收益率、应收账款周转率、流动比率和债务比（Ellinger et al.，2003）。进一步的研究区分了关系绩效和战略绩效，认为关系绩效（relational performance）是以客户为导向满意度、忠诚度和保持率的提高，而战略绩效（strategic performance）是纯粹基于收入的销售额、市场占有率、销量和市场份额的测度（Woojung Chang et al.，2016）。此外，有学者从供应链产出的几个维度（信息化成果、操作成果、客户成果）对企业绩效进行了较为全面的衡量（Jung Sik Jeong and Paul Hong，2007）。信息化成果表现为实时解决问题、创新解决问题、合作解决问题；操作成果表现为成本优势、质量优势、时间优势；客户成果表现为客户响应、维持忠诚的客户群、扩展新的客户群。

　　对于物流企业而言，物流服务能使企业更具竞争力，具体表现在速度、可靠性、灵活性和成本收益等方面（Sahin，2007）。在第三方物流方面，物流服务质量体现为及时性、灵活性、准确性、响应性、解决问题能力和兑现承诺等重要服务质量和性能维度（Lai，2004）。据此，本篇将从物流企业绩效、制造企业绩效2个层面来衡量基于双方协作的价值创造，并主要借鉴希尔韦拉（Da Silveira，2006）、章等（Woojung Chang et al.，2016）、荣格（Jung，2007）等学者的研究成果开发了量表（见表16－3）。其中，对于物流企业绩效的衡量主要采用运营绩效（我们能为对方提供更为优质的服务）、战略绩效（我们的市场份额与盈利能力得到了提升）、关系绩效（我们的顾客满意度和忠诚度都得以提高）、市场绩效（我们的盈利能力高于行业平均水平）4个测量指标（题项）。对于制造企业绩效的衡量主要，同样相应地采用运营绩效（对方的需求响应或者问题解决时间缩短）、财务绩效（对方获得了物流成本或时间方面的优势）、战略绩效（对方可以更好地集中精力打造核心能力）、市场绩效（对方的盈利能力高于行业平均水平）4个测量指标（题项）。

表 16 - 3 绩效测量量表

构念维度	测量题项	主要来源
物流企业绩效	我们能为对方提供更为优质的服务	希尔韦拉（2006）；帕尼斯（2006）；荣格（2007）；章等（2016）
	我们的市场份额与盈利水平得到了提升	
	我们的顾客满意度和忠诚度都得以提高	
	我们的盈利能力高于行业平均水平	
制造企业绩效	对方的需求响应或者问题解决时间缩短	帕尼斯（2006）；荣格（2007）；章等（2016）
	对方获得了物流成本或时间方面的优势	
	对方可以更好地集中精力打造核心能力	
	对方的盈利能力高于行业平均水平	

资料来源：根据相关文献整理。

16.1.3　样本回收

本研究问卷发放对象主要为物流企业内部参与过本企业与制造企业协作项目的相关负责人员。在数据收集的过程中，注意对以下两方面的控制：其一，扩大调查的区域范围，以增加研究的概化效度。其二，增加问卷的发放途径，以扩大研究的样本容量。

此次问卷共发放约 520 份，回收问卷 312 份，回收率为 60%，有效问卷 273 份，有效率为 87.5%。总体而言，本次调查问卷的有效率较高，因此可以忽略问卷未填答引起的偏差（见表 16 - 4）。

表 16 - 4 问卷发放与回收情况

问卷发放与回收方式	发放数量	回收数量	回收率（%）	有效数量	有效率（%）
笔者直接发放	20	18	90	17	94.4
在线问卷形式	约 300	176	58.7	153	86.9
委托研究机构	100	53	53	46	86.8
委托朋友个人	100	65	65	57	87.7
总计	520	312	62.4	273	87.5

注：回收率 = 回收数量/发放数量；有效率 = 有效数量/回收数量。
资料来源：作者整理。

16.1.4　分析方法

本篇采用统计模型分析与结构方程模型分析相结合的方法展开实证研究。分析方法主要有描述性统计、信度与效度分析、相关分析、多元线性回归、结构方程模型等，相应地运用了 SPSS 和 AMOS 软件。

（1）描述性统计分析。本篇描述性统计分析主要是用于对样本企业进行基本特征分析，主要包括企业的规模、经营年限、主营业务、年营业额。

（2）信度与效度分析。本篇采用 SPSS 处理问卷数据，进而做信度和效度检验。其一，信度检验是基于 Cronbach's α 系数。其二，效度检验的内容不仅包括了构念效度，还分别通过验证性因子分析（Confirmatory factor analysis）进行聚合效度检验。

（3）相关分析。本篇通过 Pearson 相关性分析来考察物流—制造企业协作、渐进式物流服务创新、突破式物流服务创新、物流企业绩效、制造企业绩效及控制变量的相关系数矩阵，并以此作为多元线性回归分析的基础。

（4）多元线性回归。本篇多元线性回归分析（Multiple linear regression analysis）主要用于检验以下三方面的效应：其一，物流—制造企业协作对绩效的影响；其二，物流—制造企业协作对物流服务创新的影响；其三，物流服务创新在物流—制造企业协作与绩效的中介作用。

（5）结构方程模型（Structural Equation Modeling）。结构方程模型主要包含两个部分：一是测量模型（Measurement model）；二是结构模型（Structure model）。其中，测量模型研究潜在变量和观测变量之间的关系，因子分析就是一种常见的测量模型。结构模型用于研究潜变量之间（或者说因子之间）的关系，模型中只有因子而没有测量因子的指标（题项），较为常见的是路径分析。通常，测量模型和结构模型合起来就是一个完整的结构方程模型（当然二者也可以独立开来）。本篇中，一是运用结构方程模型分析物流—制造企业协作、物流服务创新与绩效等构念的聚合效度；二是分析协作广度与协作深度、渐进式物流服务创新与突破式物流服务创新、物流企业绩效与制造企业绩效这些相似构念之间的区别效度；三是检验本篇研究的概念模型与研究假设，并通过多群组比较分析不同类型的协作对服务创新与绩效的作用路径。

16.2　信度效度检验

本篇采用因子分析法对多指标项的潜变量进行效度检测。在对物流—制造企业协作、渐进式物流服务创新、突破式物流服务创新、物流企业绩效与制造企业绩效进行因子提取之前，首先进行样本充分性检验，即样本充分性测试系数（KMO）检测和巴特莱特球形度（Bartlett）检验，以判断是否适合做进一步的因子分析。通常认为，KMO > 0.9 时非常适合；0.8 < KMO < 0.9 时很适合；0.7 < KMO < 0.8 时适合；0.6 < KMO < 0.7 时勉强；0.5 < KMO < 0.6 时不太适合；KMO < 0.5 时不适合。与此同时，当 Bartlett 检验统计值显著异于 0 时，适合做因子分析。

在检验变量测度的信度和效度之前，还检验了非回应偏差及共同方法偏差两大问题。其一，非回应偏差问题的检验。通过统计软件检验前期回收问卷与后期回收问卷是否存在显著差异，对两组样本的企业年龄、企业规模等进行检验，结果表明这两组样本在企业年龄、企业规模等方面均不显著，可以认为不存在应答偏差的问题。其二，共同方法偏差问题的检验。一方面，在问卷设计的时候，尽可能使用清晰而且无歧义的语句，避免题项设置的模糊性。另一方面，采用哈曼单因子检验方法检验了共同方法偏差，将控制变量（企业规模、信息技术）、解释变量（协作广度、协作深度）、中介变量（渐进式物流服务创新、突破式物流服务创新）、被解释变量（物流企业绩效、制造企业绩效）包括的所有题项综合地进行因子分析。未旋转时，第一个因子方差解释率为27.625%，而所有涉及变量的总解释率为61.759%，未出现单一因子方差解释率过高的情况（27.625/61.759 = 0.447 < 0.5）。可以认为，本篇中共同方法偏差问题并不突出。综上所述，问卷数据通过了样本充分性检验，接下来对有关变量进行信度和效度检验。主要方法有两个：一是在 273 份有效问卷中随机抽取 80 份，用于探索性因子分析；二是采用剩余的 193 份问卷进行验证性因子分析。

16.2.1　解释变量

1. 探索性因子分析

首先是运用 SPSS19.0 进行 KMO 和 Bartlett 检验，以判断是否适合进一步做因子分析。结果显示，物流—制造企业协作的 KMO 值为 0.882，大于 0.8，而且 Bartlett 统计值显著异于 0，表示适合进一步做因子分析。

根据特征根大于 1、最大因子载荷大于 0.5 的要求，提取出 2 个因子，累积解释变异为 56.999%。接下来进行探索性因子分析，得到旋转后的因子载荷矩阵（见表 16 – 5）。

表 16 – 5 　　　　物流—制造企业协作的探索性因子分析结果（N = 80）

题项（简写）	因子载荷	
	因子 1	因子 2
协作广度 1	0.789	0.624
协作广度 2	0.805	0.352
协作广度 3	0.739	0.323
协作广度 4	0.688	0.301
协作深度 1	0.359	0.625
协作深度 2	0.337	0.551
协作深度 3	0.503	0.549
协作深度 4	0.314	0.480

注：旋转方法为具有 Kaiser 标准化的正交旋转法。
资料来源：SPSS 统计输出。

由表 16 – 5 可知，题项"协作广度 1"和"协作深度 3"在因子 1（协作广度）和因子 2（协作深度）下的载荷系数均大于 0.5，因此要将这两个题项予以去除。接下来，再次进行探索性因子分析。仍然需要进行 KMO 和 Bartlett 检验，结果显示 KMO 值为 0.841，Bartlett 统计值同样也显著异于 0，因此适合进一步做因子分析。此时，根据特征根大于 1、最大因子载荷大于 0.5 的要求，提取出 2 个因子，累积解释变异为 60.865%。相应地，得到旋转后因子载荷矩阵（见表 16 – 6）。

接下来，对因子 1（协作广度）、因子 2（协作深度）进行信度分析，以检验各题项之间的内部一致性。结果如表 16 – 7 所示，所有的题项总体相关系数均大于 0.35，同时两大因子的克隆巴赫系数均大于 0.70。因此，修正后的物流—制造企业协作各维度的题项之间具有较好的内部一致性（见表16 – 7）。

表 16 - 6　　　修正后物流—制造企业协作的探索性因子分析结果 （N = 80）

题项 （简写）	因子载荷	
	因子 1	因子 2
协作广度 2	0.798	0.192
协作广度 3	0.791	0.179
协作广度 4	0.592	0.380
协作深度 1	0.286	0.773
协作深度 2	0.149	0.844
协作深度 4	0.305	0.608

资料来源：SPSS 统计输出。

表 16 - 7　　　修正后物流—制造企业协作的信度检验 （N = 80）

变量	题项	题项—总体相关系数	克隆巴赫系数
协作广度	协作广度 2	0.721	0.748
	协作广度 3	0.747	
	协作广度 4	0.899	
协作深度	协作深度 1	0.711	0.726
	协作深度 2	0.829	
	协作深度 4	0.969	

资料来源：SPSS 统计输出。

2. 验证性因子分析

对物流—制造企业协作进行验证性因子分析之前，首先检验 193 份样本中题项之间的信度，如表 16 - 8 所示，所有的题项—总体相关系数均大于 0.35，同时两大因子的克隆巴赫系数均大于 0.70。因此，探索性因子修正后的物流—制造企业协作各维度的题项之间具有较好的内部一致性。

表 16 - 8　　　修正后物流—制造企业协作的信度检验 （N = 193）

变量	题项	题项—总体相关系数	克隆巴赫系数
协作广度	协作广度 2	0.508	0.739
	协作广度 3	0.623	
	协作广度 4	0.596	

续表

变量	题项	题项—总体相关系数	克隆巴赫系数
协作深度	协作深度 1	0.489	0.706
	协作深度 2	0.627	
	协作深度 4	0.505	

资料来源：SPSS 统计输出。

对物流—制造企业协作进行验证性因子分析，测量模型及验证结果如图 16 - 1 所示。

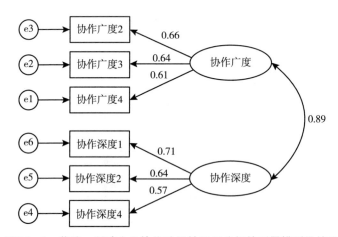

图 16 - 1　物流—制造企业协作验证性因子分析的测量模型及结果

资料来源：SPSS 统计输出。

运行 AMOS 软件后，得到测量模型的拟合结果，如表 16 - 9 所示。

表 16 - 9　　物流—制造企业协作测量模型的拟合结果（N = 193）

	标准化估值	非标准化估值	S. E.	C. R.	P
协作广度 4←协作广度	0.608	1.000			
协作广度 3←协作广度	0.642	0.953	0.125	7.599	***
协作广度 2←协作广度	0.662	1.031	0.133	7.728	***
协作深度 4←协作深度	0.568	1.000			

续表

	标准化估值	非标准化估值	S. E.	C. R.	P
协作深度 2←协作深度	0.638	1.209	0.167	7.263	***
协作深度 1←协作深度	0.715	1.258	0.164	7.653	***

CMIN = 10.153；DF = 8；CMIN/DF = 1.269；RMSEA = 0.031；GFI = 0.988；CFI = 0.994；IFI = 0.994

资料来源：AMOS 输出结果。

由表 16 - 9 可知：CMIN 值为 10.153，自由度 DF 值为 8，CMIN/DF 的值为 1.269（小于建议值 3）；RMSEA 的值为 0.031（小于建议值 0.05）；GFI 的值为 0.988（大于建议值 0.9）；CFI 的值为 0.994（大于建议值 0.9）；IFI 的值为 0.994（大于建议值 0.9）。因此，该模型的拟合效果较好。与此同时，各测量题项对构念的路径系数均大于或接近于 0.6，说明具有较好的聚合效度。

可以发现，经探索性因子分析和验证性因子分析修正与检验后，物流—制造企业协作的最终测度变量有一定的变动。具体而言，协作广度维度中剔除了"协作广度 1"（我们和很多其他制造企业建立了紧密联系），主要原因在于本篇研究主要关注的是物流企业与某一特定制造企业的协作项目及其对服务创新与绩效的影响，因此与其他制造企业合作伙伴协作这一维度在协作广度中并不显著；协作深度维度中剔除了"协作深度 3"（我们和对方的沟通交流十分密切），主要原因在于有些互动项目虽然过程中的沟通和交流较多，但是并不能反映协作的强度，因此与制造企业的沟通交流在协作强度中也并不显著。

16.2.2　中介变量

1. 探索性因子分析

首先是运用 SPSS19.0 进行 KMO 和 Bartlett 检验，以判断是否适合进一步做因子分析。结果显示，物流服务创新的 KMO 值为 0.895 大于 0.8，而且 Bartlett 统计值显著异于 0，表示适合进一步做因子分析。

根据特征根大于 1、最大因子载荷大于 0.5 的要求，提取出 2 个因子，累积解释变异为 61.185%。接下来进行探索性因子分析，得到旋转后的因子载荷矩阵（见表 16 - 10）。

表16-10　　　　　　　物流服务创新的探索性因子分析结果（N=80）

题项（简写）	因子载荷	
	因子1	因子2
渐进式创新1	0.479	0.512
渐进式创新2	0.669	0.337
渐进式创新3	0.696	0.366
渐进式创新4	0.652	0.360
突破式创新1	0.190	0.835
突破式创新2	0.291	0.786
突破式创新3	0.372	0.612
突破式创新4	0.840	0.124

注：旋转方法为具有 Kaiser 标准化的正交旋转法。
资料来源：SPSS 统计输出。

由表16-10可知，题项"渐进式创新1"在因子1（渐进式创新）下的载荷小于0.5，而在因子2（突破式创新）下的载荷大于0.5，因此要将该题项去掉。同样地，"突破式创新4"在因子1（渐进式创新）下的载荷大于0.5，而在因子2（突破式创新）下的载荷系数均小于0.5，所以也要将这个题项予以去除。接下来，再次进行探索性因子分析。仍然需要进行 KMO 和 Bartlett 检验，结果显示 KMO 值为0.851，Bartlett 统计值同样也显著异于0，因此适合进一步做因子分析。此时，根据特征根大于1、最大因子载荷大于0.5的要求，提取出2个因子，累积解释变异为66.430%。相应地，得到旋转后因子载荷矩阵（见表16-11）。

表16-11　　　　修正后物流服务创新的探索性因子分析结果（N=80）

题项（简写）	因子载荷	
	因子1	因子2
渐进式创新2	0.719	0.462
渐进式创新3	0.764	0.339
渐进式创新4	0.722	0.281
突破式创新1	0.420	0.749
突破式创新2	0.248	0.790
突破式创新3	0.173	0.708

资料来源：SPSS 统计输出。

接下来，对因子 1（渐进式创新）、因子 2（突破式创新）进行信度分析，以检验各题项之间的内部一致性，所有的题项总体相关系数均大于 0.35，同时两大因子的克隆巴赫系数均大于 0.70。因此，修正后的物流服务创新各维度的题项之间具有较好的内部一致性（见表 16 - 12）。

表 16 - 12　　　　　　修正后物流服务创新的信度检验（N = 80）

变量	题项	题项—总体相关系数	克隆巴赫系数
渐进式创新	渐进式创新 2	0.892	0.769
	渐进式创新 3	0.738	
	渐进式创新 4	0.944	
突破式创新	突破式创新 1	0.883	0.761
	突破式创新 2	0.769	
	突破式创新 3	0.965	

资料来源：SPSS 统计输出。

2. 验证性因子分析

对物流服务创新进行验证性因子分析之前，首先检验 193 份样本中题项之间的信度，如表 16 - 13 所示，所有的题项—总体相关系数均大于 0.35，同时两大因子的克隆巴赫系数均大于 0.70。因此，经上述探索性因子修正后的物流服务创新各维度的题项之间具有较好的内部一致性。

表 16 - 13　　　　　　修正后物流服务创新的信度检验（N = 193）

变量	题项	题项—总体相关系数	克隆巴赫系数
渐进式创新	渐进式创新 2	0.613	0.799
	渐进式创新 3	0.528	
	渐进式创新 4	0.696	
突破式创新	突破式创新 1	0.798	0.805
	突破式创新 2	0.667	
	突破式创新 3	0.709	

资料来源：SPSS 统计输出。

对物流服务创新进行验证性因子分析，测量模型及验证结果如图 16 - 2 所示。

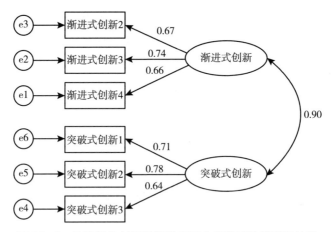

图 16 – 2   物流服务创新验证性因子分析的测量模型及结果

资料来源：SPSS 统计输出。

运行 AMOS 软件后，得到测量模型的拟合结果，如表 16 – 14 所示。

由表 16 – 14 可知：CMIN 值为 23.792，自由度 DF 值为 8，CMIN/DF 的值为 2.974（小于建议值 3）；RMSEA 的值为 0.049（小于建议值 0.05）；GFI 的值为 0.973（大于建议值 0.9）；CFI 的值为 0.971（大于建议值 0.9）；IFI 的值为 0.945（大于建议值 0.9）。因此，该模型的拟合效果较好。各测量题项对构念的路径系数均大于或接近于 0.7，说明具有较好的聚合效度。

表 16 – 14   物流服务创新测量模型的拟合结果（N = 193）

路径	标准化估值	非标准化估值	S. E.	C. R.	P
渐进式创新 4←渐进式创新	0.661	1.000			
渐进式创新 3←渐进式创新	0.738	1.144	0.120	9.537	***
渐进式创新 2←渐进式创新	0.669	0.942	0.106	8.911	***
突破式创新 3←突破式创新	0.637	1.000			
突破式创新 2←突破式创新	0.783	1.563	0.161	9.703	***
突破式创新 1←突破式创新	0.710	1.374	0.150	9.169	***
CMIN = 23.792；DF = 8；CMIN/DF = 2.974；RMSEA = 0.049；GFI = 0.973；CFI = 0.971；IFI = 0.945					

资料来源：AMOS 统计输出。

可以发现，经探索性因子分析和验证性因子分析修正与检验后，物流服务创新的最终测度变量有一定的变动。具体而言，渐进式物流服务创新维度中剔除了"渐进式创新 1"（我们通过轻微的适应解决对方的紧迫问题），主要原因在于制造企业的紧迫问题往往需要更加具有创新性的服务或解决方案，因此轻微适应以解决对方紧迫问题这一维度在渐进式物流服务创新中并不显著；突破式创新维度中剔除了"突破式创新 4"（我们能够接受超越现有服务的客户新要求），原因在于无论是何种程度或形式的创新，接受客户的服务新要求可以说是创新的先决条件，因此这一题项在突破式物流服务创新中也并不显著。

16.2.3　被解释变量

1. 探索性因子分析

首先是运用 SPSS19.0 进行 KMO 和 Bartlett 检验，以判断是否适合进一步做因子分析。结果显示，物流企业绩效的 KMO 值为 0.865，大于 0.8，而且 Bartlett 统计值显著异于 0，表示适合进一步做因子分析。其次，根据特征根大于 1、最大因子载荷大于 0.5 的要求，提取出 1 个因子，累积解释变异为 56.504%。接下来进行探索性因子分析，得到旋转后的因子载荷矩阵（见表 16 – 15）。

表 16 – 15　　　　　　物流企业绩效的探索性因子分析结果（N = 80）

题项（简写）	因子载荷
	因子 1
物流企业绩效 1	0.729
物流企业绩效 2	0.788
物流企业绩效 3	0.778
物流企业绩效 4	0.710

注：旋转方法为具有 Kaiser 标准化的正交旋转法。
资料来源：SPSS 统计输出。

相应地，对首先是运用 SPSS19.0 进行 KMO 和 Bartlett 检验，以判断是否适合进一步做因子分析。结果显示，制造企业绩效的 KMO 值为 0.832，大于 0.8，而且 Bartlett 统计值显著异于 0，表示适合进一步做因子分析。其次，根据特征根大于 1、最大因子载荷大于 0.5 的要求，提取出 1 个因子，累积解释变异为 53.580%。接下来进行探索性因子分析，得到旋转后的因子载荷矩阵（见表 16 – 16）。

表 16 – 16　　　　　　制造企业绩效的探索性因子分析结果 （N = 80）

题项（简写）	因子载荷
	因子 1
制造企业绩效 1	0.635
制造企业绩效 2	0.785
制造企业绩效 3	0.769
制造企业绩效 4	0.729

注：旋转方法为具有 Kaiser 标准化的正交旋转法。
资料来源：SPSS 统计输出。

接下来，对物流企业绩效、制造企业绩效进行信度分析，以检验各题项之间的内部一致性。结果如表 16 – 17 所示，所有的题项总体相关系数均大于 0.35，同时两大因子的克隆巴赫系数大于 0.70。由此可知，物流企业绩效和制造企业绩效各维度的题项之间具有较好的内部一致性（见表 16 – 17）。

表 16 – 17　　　　　物流企业绩效与制造企业绩效的信度检验 （N = 80）

变量	题项	题项—总体相关系数	克隆巴赫系数
物流企业绩效	物流企业绩效 1	0.608	0.762
	物流企业绩效 2	0.513	
	物流企业绩效 3	0.704	
	物流企业绩效 4	0.672	
制造企业绩效	制造企业绩效 1	0.597	0.735
	制造企业绩效 2	0.524	
	制造企业绩效 3	0.699	
	制造企业绩效 4	0.702	

资料来源：SPSS 统计输出。

2. 验证性因子分析

对物流企业绩效和制造企业绩效进行验证性因子分析之前，首先检验 193 份样本中题项之间的信度，如表 16 – 18 所示，所有的题项—总体相关系数均大于 0.35，同时两大因子的克隆巴赫系数均大于 0.70。由此可知，物流企业绩效和制造企业绩效各维度的题项之间具有较好的内部一致性（见表 16 – 18）。

表 16-18　　　　物流企业绩效与制造企业绩效的信度检验（N = 193）

变量	题项	题项—总体相关系数	克隆巴赫系数
物流企业绩效	物流企业绩效 1	0.517	0.803
	物流企业绩效 2	0.624	
	物流企业绩效 3	0.689	
	物流企业绩效 4	0.576	
制造企业绩效	制造企业绩效 1	0.583	0.819
	制造企业绩效 2	0.627	
	制造企业绩效 3	0.598	
	制造企业绩效 4	0.669	

资料来源：SPSS 统计输出。

对物流企业绩效和制造企业绩效进行验证性因子分析，测量模型及验证结果如图 16-3 和图 16-4 所示。

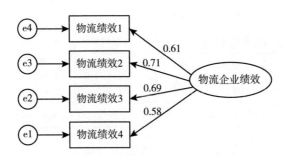

图 16-3　物流企业绩效验证性因子分析的测量模型及结果

资料来源：SPSS 统计输出。

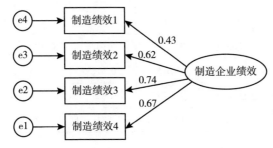

图 16-4　制造企业绩效验证性因子分析的测量模型及结果

资料来源：SPSS 统计输出。

运行 AMOS 软件后，得到测量模型的拟合结果（如表 16 - 19 和表 16 - 20 所示）。由表 16 - 19 可知：CMIN 值为 5.866，自由度 DF 值为 2，CMIN/DF 的值为 2.974（小于建议值 3）；RMSEA 的值为 0.044（小于建议值 0.05）；GFI 的值为 0.989（大于建议值 0.9）；CFI 的值为 0.983（大于建议值 0.9）；IFI 的值为 0.983（大于建议值 0.9）。由此可知，该模型的拟合效果较好。与此同时，各测量题项对构念的路径系数均大于或接近于 0.6，说明物流企业绩效具有较好的聚合效度。由表 16 - 20 可知：CMIN 值为 17.292，自由度 DF 值为 6，CMIN/DF 的值为 2.882（小于建议值 3）；RMSEA 的值为 0.032（小于建议值 0.05）；GFI 的值为 0.912（大于建议值 0.9）；CFI 的值为 0.972（大于建议值 0.9）；IFI 的值为 0.975（大于建议值 0.9）。因此，该模型的拟合效果较好。各测量题项对构念的路径系数均大于或接近于 0.6，说明制造企业绩效具有较好的聚合效度。

表 16 - 19　　　　　物流企业绩效测量模型的拟合结果（N = 193）

	标准化估值	非标准化估值	S. E.	C. R.	P
物流企业绩效 4←物流企业绩效	0.578	1.000			
物流企业绩效 3←物流企业绩效	0.687	1.013	0.137	7.412	***
物流企业绩效 2←物流企业绩效	0.714	1.011	0.135	7.497	***
物流企业绩效 1←物流企业绩效	0.613	0.922	0.132	7.009	***

CMIN = 5.866；DF = 2；CMIN/DF = 2.974；RMSEA = 0.044；GFI = 0.989；CFI = 0.983；IFI = 0.983

资料来源：AMOS 统计输出。

表 16 - 20　　　　　制造企业绩效测量模型的拟合结果（N = 193）

	标准化估值	非标准化估值	S. E.	C. R.	P
制造企业绩效 4←制造企业绩效	0.665	1.000			
制造企业绩效 3←制造企业绩效	0.739	0.948	0.123	7.709	***
制造企业绩效 2←制造企业绩效	0.615	0.818	0.110	7.430	***
制造企业绩效 1←制造企业绩效	0.429	0.681	0.121	5.639	***

CMIN = 17.292；DF = 6；CMIN/DF = 2.882；RMSEA = 0.032；GFI = 0.912；CFI = 0.972；IFI = 0.975

资料来源：AMOS 统计输出。

16.3　相　关　分　析

通过相关分析考察不同变量之间的相关关系（见表 16 – 21），结果显示解释变量（协作广度、协作深度）与中介变量（渐进式服务创新、突破式服务创新）以及被解释变量（物流企业绩效、制造企业绩效）存在正相关关系；中介变量（渐进式服务创新、突破式服务创新）与被解释变量（物流企业绩效、制造企业绩效）也存在正相关关系。解释变量、中介变量与被解释变量之间的相关系数最大为 0.68，均小于的临界值 0.7，初步支持了本篇的相关假设。

表 16 – 21　　　　　描述性统计分析及各变量间相关关系（N = 193）

变量	均值	标准差	协作广度	协作深度	渐进式创新	突破式创新	物流企业绩效	制造企业绩效
解释变量								
协作广度	14.2015	3.07499	1					
协作深度	14.7473	2.89622	0.254 *	1				
中介变量								
渐进式创新	14.3993	2.99355	0.583 *	0.637 **	1			
突破式创新	14.2491	3.09474	0.575 **	0.619 **	0.554 **	1		
被解释变量								
物流企业绩效	14.5201	2.97918	0.344 **	0.542 **	0.604 **	0.680 **	1	
制造企业绩效	14.0330	3.03818	0.285 **	0.439 **	0.500 **	0.586 **	0.511 **	1

注：** 和 * 分别表示在 $P < 0.01$ 及 $P < 0.05$ 水平上显著（双尾检验）。
资料来源：SPSS 统计输出。

16.4　多元线性回归分析

16.4.1　多元线性回归三大问题检验

多重共线性、异方差和序列相关是影响多元线性回归分析结论科学性的主要问题，因此在进行多元回归之前需要检验回归模型是否存在这些问题，排除这些问题后的回归模型结果才具有稳定性与可靠性（马庆国，2002）。据此，将对多元回归的三大问题逐一进行检验。

（1）多重共线性问题检验。多重共线性指解释变量（包括控制变量）之间存在严重的线性相关，即多个变量有共同的变化趋势，通常可用方差膨胀因子（variance inflation factor，VIF）指数来判断。一般来说，当 $0 < VIF < 10$ 时不存在多重共线性；当 $10 \leqslant VIF < 100$ 时存在较强的多重共线性；当 $VIF \geqslant 100$ 时存在严重的多重共线性。

（2）异方差问题检验。异方差问题是指随着解释变量的变化，被解释变量的方差存在明显的变化趋势（不具有常数方差的特征），通常可用散点图进行判断。以标准化预测值为横轴，以标准化残差为纵轴，进行残差项的散点图分析，若散点分布呈现无序状态，则可认为不存在异方差。

（3）序列相关问题检验。序列相关指不同期的样本值（不同编号的样本值）之间存在相关关系，通常可用 Durbin – Watson（DW 值）来判断。一般认为，当 DW 值介于 1.5 与 2.5 之间，则模型不存在序列相关。

经检验，本篇各回归模型的 VIF 指数均大于 0 且小于 10，可以判定本篇解释变量之间不存在多重共线性问题；各模型的散点图均呈无序状，可以判定本篇各模型均不存在异方差问题；各回归模型的 DW 值均非常接近于 2，可以判定本篇各模型中不存在序列相关问题。

16.4.2　物流—制造企业协作对绩效的影响

首先，通过多元线性回归模型对物流—制造企业协作与绩效的关系进行检验（见表 16 – 22）。其中，解释变量为物流—制造企业协作（协作广度与协作深度），被解释变量为绩效（物流企业绩效与制造企业绩效）。

1. 物流—制造企业协作对物流企业绩效的影响

模型 1 中的投入变量仅包含控制变量（企业规模、信息技术），以检验企业规模、信息技术能力对物流企业绩效产生的影响。模型 2 在模型 1 的基础上加入解释变量（协作广度），以检验物流—制造企业协作的广度对物流企业绩效的影响。结果显示，模型 2 在模型 1 的基础上加入解释变量（协作广度）后，R^2 值有显著提高（增加值为 0.053，$P < 0.001$）。结果表明协作广度对物流企业绩效具有重要的解释作用，协作广度的回归系数为正且在 $P < 0.001$ 的

水平上显著，说明物流—制造企业协作的广度对物流企业绩效具有显著正向影响。模型 3 在模型 1 的基础上加入解释变量（协作深度），以检验物流—制造企业协作的深度对物流企业绩效的影响。结果显示，模型 3 在模型 1 的基础上加入解释变量（协作深度）后，R^2 值有显著提高（增加值为 0.108，$P < 0.001$）。结果表明协作深度对物流企业绩效具有重要的解释作用，协作深度的回归系数为正且在 $P < 0.001$ 的水平上显著，说明物流—制造企业协作的深度对物流企业绩效具有显著的正向影响。综上所述，研究假设 H1a 得到验证，即物流—制造企业协作对物流企业绩效具有正向影响。

表 16 – 22　　　　　　　物流—制造企业协作对绩效的影响（N = 193）

变量	被解释变量：物流企业绩效			被解释变量：制造企业绩效		
	模型 1	模型 2	模型 3	模型 4	模型 5	模型 6
控制变量						
企业规模	0.092	0.086	0.072	0.003	0.016	0.013
信息技术	0.079	0.069	0.085	0.025	0.062	0.079
解释变量						
协作广度		0.305 ***			0.153 *	
协作深度			0.407 ***			0.207 **
模型统计						
R^2	0.025	0.078	0.133	0.019	0.037	0.058
调整后 R^2	0.006	0.066	0.171	0.003	0.023	0.039
F 统计值	1.016	5.035 ***	9.866 ***	1.217	2.156 *	3.016 **
VIF 最大值	1.337	1.498	1.521	1.473	1.466	1.509

注：*** 、** 和 * 分别表示在 $P < 0.001$、$P < 0.01$ 和 $P < 0.05$ 水平上显著（双尾检验）。
资料来源：SPSS 统计输出。

2. 物流—制造企业协作对制造企业绩效的影响

模型 4 中的投入变量仅包含控制变量（企业规模、信息技术），以检验企业规模、信息技术能力对制造企业绩效产生的影响。模型 5 在模型 4 的基础上加入解释变量（协作广度），以检验物流—制造企业协作的广度对制造企业绩效的影响。结果显示，模型 2 在模型 1 的基础上加入解释变量（协作广度）后，R^2 值有显著提高（增加值为 0.018，$P < 0.01$）。结果表明协作广度对制

造企业绩效具有重要的解释作用，协作广度的回归系数为正且在 P < 0.01 的水平上显著，说明物流—制造企业协作的广度对制造企业绩效具有显著的正向影响。模型 6 在模型 4 的基础上加入解释变量（协作深度），以检验物流—制造企业协作的深度对制造企业绩效的影响。结果显示，模型 3 在模型 1 的基础上加入解释变量（协作深度）后，R^2 值有显著提高（增加值为 0.039，P < 0.01）。结果表明协作深度对制造企业绩效具有重要的解释作用，协作深度的回归系数为正且在 P < 0.01 的水平上显著，说明物流—制造企业协作的深度对制造企业绩效具有显著正向影响。综上所述，研究假设 H1b 得到部分验证，即物流—制造企业协作对制造企业绩效具有正向影响。

16.4.3　物流—制造企业协作对服务创新的影响

通过多元线性回归模型对物流—制造企业协作与物流服务创新的关系进行检验（见表 16 - 23）。其中，解释变量为物流—制造企业协作（协作广度与协作深度），被解释变量为物流服务创新（渐进式物流服务创新与突破式物流服务创新）。

表 16 - 23　　　　物流—制造企业协作对服务创新的影响（N = 193）

变量	被解释变量：渐进式物流服务创新			被解释变量：突破式物流服务创新		
	模型 1	模型 2	模型 3	模型 4	模型 5	模型 6
控制变量						
企业规模	0.037*	0.041*	0.036*	0.009*	0.017*	0.015*
信息技术	0.043**	0.039**	0.031**	0.029*	0.031**	0.024*
解释变量						
协作广度		0.176**			0.103*	
协作深度			0.223***			0.155**
模型统计量						
R^2	0.046	0.073	0.098	0.026	0.053	0.061
调整后 R^2	0.03	0.069	0.083	0.025	0.032	0.046
F 统计值	2.608	4.996**	6.503***	2.201*	2.889*	3.306**
VIF 最大值	1.399	1.401	1.502	1.335	1.406	1.447

注：***、** 和 * 分别表示在 P < 0.001、P < 0.01 和 P < 0.05 水平上显著（双尾检验）。
资料来源：SPSS 统计输出。

1. 物流—制造企业协作对渐进式物流服务创新的影响

模型 1 中的投入变量仅包含控制变量（企业规模、信息技术），以检验企业规模、信息技术能力对渐进式物流服务创新。模型 2 在模型 1 的基础上加入解释变量（协作广度），以检验物流—制造企业协作的广度对渐进式物流服务创新的影响。结果显示，模型 2 在模型 1 的基础上加入解释变量（协作广度）后，R^2 值有显著提高（增加值为 0.027，P < 0.01）。结果表明协作广度对渐进式物流服务创新具有重要的解释作用，协作广度的回归系数为正且在 P < 0.01 的水平上显著，说明物流—制造企业协作的广度对渐进式物流服务创新具有显著的正向影响。模型 3 在模型 1 的基础上加入解释变量（协作深度），以检验物流—制造企业协作的深度对渐进式物流服务创新的影响。结果显示，模型 3 在模型 1 的基础上加入解释变量（协作深度）后，R^2 值有显著提高（增加值为 0.052，P < 0.001）。结果表明协作深度对渐进式物流服务创新具有重要的解释作用，协作深度的回归系数为正且在 P < 0.001 的水平上显著，说明物流—制造企业协作的深度对渐进式物流服务创新具有显著的正向影响。综上所述，研究假设 H4a 得到验证，即物流—制造企业协作对渐进式物流服务创新具有正向影响。

2. 物流—制造企业协作对突破式物流服务创新的影响

模型 4 中的投入变量仅包含控制变量（企业规模、信息技术），以检验企业规模、信息技术能力对突破式物流服务创新产生的影响。模型 5 在模型 4 的基础上加入解释变量（协作广度），以检验物流—制造企业协作的广度对突破式物流服务创新的影响。结果显示，模型 2 在模型 1 的基础上加入解释变量（协作广度）后，R^2 值有显著提高（增加值为 0.027，P < 0.001）。结果表明协作广度对突破式物流服务创新具有重要的解释作用，协作广度的回归系数为正且在 P < 0.001 的水平上显著，说明物流—制造企业协作的广度对突破式物流服务创新具有显著的正向影响。模型 6 在模型 4 的基础上加入解释变量（协作深度），以检验物流—制造企业协作的深度对突破式物流服务创新的影响。结果显示，模型 3 在模型 1 的基础上加入解释变量（协作深度）后，R^2 值有显著提高（增加值为 0.035，P < 0.01）。结果表明协作深度对突破式物流服务创新具有重要的解释作用，协作深度的回归系数为正且在 P < 0.01 的水平上显著，说明物流—制造企业协作的深度对突破式物流服务创新具有显著的正向影响。综上所述，研究假设 H4b 得到部分验证，即物流—制造企业协作对物流

服务创新具有正向影响。与此同时，控制变量（企业规模、信息技术）在回归模型中的回归系数为正且显著，意味着物流企业的规模及信息技术能力对其服务创新具有显著的正向影响。

16.4.4　服务创新对物流—制造企业协作与绩效的中介作用

通过多元线性回归模型分别检验了物流服务创新对物流—制造企业协作与绩效的中介效应（见表16-24、表16-25）。其中，解释变量为物流服务创新（渐进式物流服务创新与突破式物流服务创新），被解释变量为绩效（物流企业绩效与制造企业绩效）。具体来看，分别以物流企业绩效与制造企业绩效为被解释变量建立两组多元回归模型。

表16-24　　　　　服务创新对物流—制造企业协作与物流企业
绩效的中介作用（N=193）

变量	模型1	模型2	模型3	模型4	模型5	模型6	模型7	模型8
控制变量								
企业规模	0.081	0.076	0.083	0.087	0.068	0.059	0.062	0.057
信息技术	0.113	0.105	0.109	0.201	0.305	0.278	0.299	0.316
解释变量								
协作广度	0.219 ***	0.201 **	0.217 ***	0.195 **				
协作深度					0.369 ***	0.399 ***	0.374 ***	0.386 ***
中介变量								
渐进式创新		0.199 **		0.106 **		0.187 **		0.104 **
突破式创新			0.305 ***	0.285 **			0.256 ***	0.229 ***
模型统计量								
R^2	0.069	0.107	0.148	0.172	0.156	0.213	0.335	0.401
调整后 R^2	0.057	0.899	0.133	0.16	0.183	0.193	0.301	0.319
F统计值	3.576 ***	5.025 **	7.886 ***	9.873 ***	9.669 ***	9.551 ***	10.533 ***	12.558 ***
VIF最大值	1.298	1.403	1.357	1.506	1.496	1.502	1.511	1.517

注：***、**和*分别表示在 $P < 0.001$、$P < 0.01$ 和 $P < 0.05$ 水平上显著（双尾检验）。
资料来源：SPSS统计输出。

表 16 – 25　　　　　　　服务创新对物流—制造企业协作与制造企业
绩效的中介作用（N = 193）

变量	模型 1	模型 2	模型 3	模型 4	模型 5	模型 6	模型 7	模型 8
控制变量								
企业规模	0.003	0.001	0.005	0.013	0.258	0.209	0.216	0.335
信息技术	0.011	0.021	0.019	0.025	0.226	0.235	0.304	0.406
解释变量								
协作广度	0.103 *	0.079	0.201 **	0.213 **				
协作深度					0.115 **	0.089	0.172 *	0.195 *
中介变量								
渐进式创新		0.068		0.089		0.186		0.131
突破式创新			0.505 **	0.489 **			0.445 **	0.378 **
模型统计量								
R^2	0.035	0.031	0.205	0.305	0.060	0.307	0.506	0.446
调整后 R^2	0.027	0.019	0.177	0.206	0.049	0.887	0.324	0.395
F 统计值	2.015 *	2.339	5.368 **	6.541 **	3.081 **	2.532	7.985 **	8.223 **
VIF 最大值	1.336	1.117	1.745	1.602	1.668	1.673	1.605	1.591

注：***、** 和 * 分别表示在 $P < 0.001$、$P < 0.01$ 和 $P < 0.05$ 水平上显著（双尾检验）。
资料来源：SPSS 统计输出。

1. 物流服务创新对物流—制造企业协作与物流企业绩效的中介效应检验（见表 16 – 24）

模型 1 中的投入变量仅包含控制变量（企业规模、信息技术）和解释变量协作广度。模型 2 在模型 1 的基础上加入中介变量（渐进式物流服务创新），以检验渐进式物流服务创新在协作广度与物流企业绩效关系中的作用。结果显示，模型 2 在模型 1 的基础上加入中介变量（渐进式物流服务创新）后，R^2 值有显著提高（增加值为 0.038，$P < 0.05$）。结果表明渐进式物流服务创新对物流企业绩效具有重要的解释作用，渐进式物流服务创新的回归系数为正且在 $P < 0.05$ 的水平上显著，支持了研究假设 H2a，即渐进式物流服务创新对物流企业绩效具有正向影响。模型 2 在模型 1 的基础上加入中介变量（渐进式物流服务创新）后，协作广度的回归系数为正且在 $P < 0.05$ 的水平上显著，然而回归系数和显著性水平较模型 1 明显都减小了，意味着

渐进式物流服务创新在协作广度与物流企业绩效关系中没有起到显著的部分中介作用。模型3在模型1的基础上加入中介变量（突破式物流服务创新），以检验突破式物流服务创新在协作广度与物流企业绩效关系中的作用。结果显示，模型3在模型1的基础上加入中介变量（突破式物流服务创新）后，R^2 值有显著提高（增加值为 0.079，$P < 0.001$）。结果表明突破式物流服务创新对物流企业绩效具有重要的解释作用，突破式物流服务创新的回归系数为正且在 $P < 0.001$ 的水平上显著，支持了研究假设 H3a，即突破式物流服务创新对物流企业绩效具有正向影响。模型3在模型1的基础上加入中介变量（突破式物流服务创新）后，协作广度的回归系数为正且在 $P < 0.001$ 的水平上显著，回归系数和显著性水平较模型2明显都增强了，意味着突破式物流服务创新在协作广度与物流企业绩效关系中起着显著的部分中介作用。模型4在模型1的基础上加入中介变量（渐进式物流服务创新、突破式物流服务创新）后，R^2 值有显著提高（增加值为 0.103，$P < 0.01$）。此时，协作广度的回归系数为正且在 $P < 0.01$ 的水平上显著，渐进式物流服务创新的回归系数为正且在 $P < 0.01$ 的水平上显著，突破式物流服务创新的回归系数为正且在 $P < 0.01$ 的水平上显著。结果表明，物流服务创新在物流—制造企业协作广度与物流企业绩效关系中发挥了显著的部分中介作用。模型5中的投入变量仅包含控制变量（企业规模、信息技术）和解释变量协作深度。模型6在模型5的基础上加入中介变量（渐进式物流服务创新），以检验渐进式物流服务创新在协作深度与物流企业绩效关系中的作用。结果显示，模型6在模型5基础上加入中介变量（渐进式物流服务创新）后，R^2 值有显著提高（增加值为 0.057，$P < 0.001$）。其中，渐进式物流服务创新的回归系数为正且在 $P < 0.001$ 的水平上显著，表明渐进式物流服务创新对物流企业绩效具有显著的正向影响。与此同时，协作深度的回归系数为正且在 $P < 0.001$ 的水平上显著，模型6中协作深度的回归系数较模型5中的回归系数有所增大，说明渐进式物流服务创新在协作深度与物流企业绩效中发挥了部分中介作用。模型7在模型5的基础上加入中介变量（突破式物流服务创新），以检验突破式物流服务创新在协作深度与物流企业绩效关系中的作用。结果显示，模型7在模型5的基础上加入中介变量（突破式物流服务创新）后，R^2 值有显著提高（增加值为 0.079，$P < 0.001$）。其中，突破式物流服务创新的回归系数为正且在 $P < 0.001$ 的水平上显著，表明突破式物流服务创新对物流企业绩效具有显著的正向影响。与此同时，协作深度的回归系数为正且在 $P < 0.001$ 的水平上显著，模型7中协作深度的回归系数较模型5

中的回归系数也有所增大，说明突破式物流服务创新在协作深度与物流企业绩效中发挥了部分中介作用。模型8在模型5的基础上同时加入了中介变量渐进式物流服务创新、突破式物流服务创新后，R^2值有显著提高（增加值为0.245，$P < 0.001$）。此时，协作深度的回归系数为正且在$P < 0.001$的水平上显著，渐进式物流服务创新的回归系数为正且在$P < 0.01$的水平上显著，突破式物流服务创新的回归系数为正且在$P < 0.001$的水平上显著。结果表明，物流服务创新在物流—制造企业协作深度与物流企业绩效关系中发挥了显著的部分中介作用。综上所述，研究假设H5a和H5c得到验证，即物流—制造企业协作通过渐进式物流服务创新作用于物流企业绩效、物流—制造企业协作通过突破式物流服务创新作用于物流企业绩效。

2. 物流服务创新对物流—制造企业协作与制造企业绩效的中介效应检验（见表16-25）

模型1中的投入变量仅包含控制变量（企业规模、信息技术）和解释变量协作广度。模型2在模型1的基础上加入中介变量（渐进式物流服务创新），以检验渐进式物流服务创新在协作广度与制造企业绩效关系中的作用。结果显示，模型2在模型1的基础上加入中介变量（渐进式物流服务创新）后，R^2值并没有提高。此时，渐进式物流服务创新的回归系数为正（不显著），表明渐进式物流服务创新对制造企业绩效的解释作用并不明显，研究假设H2b（渐进式物流服务创新对制造企业绩效具有正向影响）未获支持。与此同时，模型2在模型1的基础上加入中介变量（渐进式物流服务创新）后，协作广度的回归系数为正，然而并不显著，意味着渐进式物流服务创新在协作广度与制造企业绩效关系中没有起到显著的部分中介作用。模型3在模型1的基础上加入中介变量（突破式物流服务创新），以检验突破式物流服务创新在协作广度与制造企业绩效关系中的作用。结果显示，模型3在模型1的基础上加入中介变量（突破式物流服务创新）后，R^2值有显著提高（增加值为0.170，$P < 0.01$）。结果表明突破式物流服务创新对制造企业绩效具有重要的解释作用，突破式物流服务创新的回归系数为正且在$P < 0.01$的水平上显著，支持了研究假设H3b，即突破式物流服务创新对制造企业绩效具有正向影响。与此同时，模型3在模型1的基础上加入中介变量（突破式物流服务创新）后，协作广度的回归系数为正且在$P < 0.01$的水平上显著，回归系数和显著性水平较模型1明显都增强了，意味着突破式物流服务创新在协作广度与制造企业绩效关系中起着显著的部分中介作用。模型4在模型1的基础上加入中介变量（渐进式物流服务创

新、突破式物流服务创新）后，R^2 值有显著提高（增加值为 0.270，$P < 0.01$）。此时，协作广度的回归系数为正且在 $P < 0.01$ 的水平上显著，渐进式物流服务创新的回归系数为正且在 $P < 0.01$ 的水平上显著，突破式物流服务创新的回归系数为正且在 $P < 0.01$ 的水平上显著。结果表明，物流服务创新在物流—制造企业协作广度与制造企业绩效关系中发挥了部分中介作用。模型 5 中的投入变量仅包含控制变量（企业规模、信息技术）和解释变量协作深度。模型 6 在模型 5 的基础上加入中介变量（渐进式物流服务创新），以检验渐进式物流服务创新在协作深度与制造企业绩效关系中的作用。结果显示，模型 6 在模型 5 的基础上加入中介变量（渐进式物流服务创新）后，R^2 值没有提高，渐进式物流服务创新的回归系数为正（不显著），表明渐进式物流服务创新对制造企业绩效没有显著的正向影响。与此同时，协作深度的回归系数为正（不显著），意味着渐进式物流服务创新在协作深度与制造企业绩效中没有发挥中介作用。模型 7 在模型 5 的基础上加入中介变量（突破式物流服务创新），以检验突破式物流服务创新在协作深度与制造企业绩效关系中的作用。结果显示，模型 7 在模型 5 基础上加入中介变量（突破式物流服务创新）后，R^2 值有显著提高（增加值为 0.446，$P < 0.01$）。其中，突破式物流服务创新的回归系数为正且在 $P < 0.01$ 的水平上显著，表明突破式物流服务创新对制造企业绩效具有显著的正向影响（验证了研究假设 H3b）。与此同时，协作深度的回归系数为正且在 $P < 0.05$ 的水平上显著，模型 7 中协作深度的回归系数较模型 5 中的回归系数也有所增大，说明突破式物流服务创新在协作深度与制造企业绩效中发挥了部分中介作用。模型 8 在模型 5 的基础上同时加入了中介变量渐进式物流服务创新、突破式物流服务创新后，R^2 值有显著提高（增加值为 0.386，$P < 0.01$）。此时，协作深度的回归系数为正且在 $P < 0.05$ 的水平上显著，突破式物流服务创新的回归系数为正且在 $P < 0.01$ 的水平上显著。结果表明，研究假设 H5b 和 H5d 得到了部分验证。

16.5　结构方程模型检验

结构方程模型分析主要可以分为 6 个阶段，即定义个别的构念、发展及界定测量模型、设定研究以得出实证结果、评估测量模型的效度、界定结构模型、评估结构模型的效度。不难发现，通过探索性因子分析和验证性因子分析，本篇中构建的测量模型具有良好的表征效果，适合进一步的结构分析。接下来，将运用结构方程建模的方法试图打开物流—制造企业协作对服务创新与绩效作用机制的黑箱，一方面对本篇的概念模型与假设进行验证，另一方面对物流—制造企业协作影响服务创新与绩效的路径进行分析。

16.5.1　初步数据分析

结构方程模型（structural equation modeling，SEM）是社会科学研究中的一个非常实用的方法，用于处理多个原因、多个结果的关系，能够解决一些传统统计方法无法有效解决的问题，因此成为多元数据分析的重要工具。

通常情况下，进行数据分析以前，首先要检验数据的合理性和有效性。根据吴明隆（2013）的建议，为了保证 SEM 参数估计的稳定性，一般最少的样本需求为 200 以上。本篇的有效样本数量为 273 份，已超过最低样本容量要求。与此同时，由于结构方程模型中采用极大似然法进行估计，还要检验样本数据是否服从正态分布。一般认为，当样本数据符合中值与中位数相近、偏度（skew）<2 以及峰度（kurtosis）<5 的要求时，即可认为其服从正态分布。据此，笔者首先使用 SPSS19.0 对样本数据的偏度和峰度进行分析，结果表明各题项样本数据均服从正态分布。此外，前述已经对样本数据的信度和效度进行了检验，并对构念所涉及的主要变量进行了相关分析。结果表明，本篇样本数据的分布状态、效度与信度均符合结构方程建模的要求。而且，物流—制造企业协作（协作广度与协作深度）、物流服务创新（渐进式物流服务创新与突破式物流服务创新）以及绩效（物流企业绩效与制造企业绩效）之间均有显著的相关关系（见表 16 – 21）。

16.5.2　初始模型构建

总体而言，此部分将基于第五章中的机理分析和概念模型，首先，采用结构方程建模的方法构建物流—制造企业协作对服务创新与绩效影响的初始结构方程；其次，进一步检验该模型与问卷回收获取的数据是否拟合；最后，基于样本数据分析，调整并修正模型中拟合效果较差的部分，通过同一数据或替代的样本数据检查修正后模型的拟合程度，进而产生一个既符合理论推演又切合现实情况的最佳模型。

具体来看，本篇基于图16-1，构建了用于结构模型检验的初始结构方程（见图16-5）。初始结构方程模型中，该模型通过6个观测变量（经过探索性因子分析和验证性因子分析后确定的协作广度1、协作广度2、协作广度3、协作深度1、协作深度2、协作深度3）对物流—制造企业协作（协作广度与协作深度）进行测量；通过6个观测变量（经过探索性因子分析和验证性因子分析后确定的渐进式物流服务创新1、渐进式物流服务创新2、渐进式物流服务创新3、突破式物流服务创新1、突破式物流服务创新2、突破式物流服务创新3）对物流服务创新（渐进式物流服务创新与突破式物流服务创新）进行测量；通过8个观测变量（经过探索性因子分析和验证性因子分析后确定的物流企业绩效1、物流企业绩效2、物流企业绩效3、物流企业绩效4、制造企业绩效1、制造企业绩效2、制造企业绩效3、制造企业绩效4）对物流企业绩效与制造企业绩效进行测量。接下来，将对模型中设定的关于物流—制造企业协作对服务创新与绩效影响的12条初始假设和作用路径进行检验和分析。

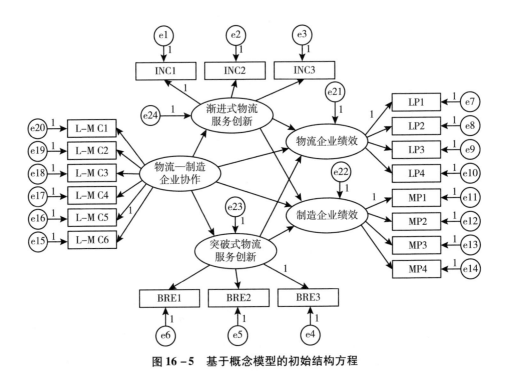

图16-5　基于概念模型的初始结构方程

资料来源：AMOS统计输出。

16.5.3　模型初步拟合

通常情况，模型与数据的拟合效果是通过评估模型适配度来反映的。输出结果中，综合统计检验量（自由度）、绝对适配度指数（CMIN 等）、比较适配度指数（NFI 等）与简约适配度指标（PGFI 等）中的几个主要指标值用来检验模型适配度。根据吴明隆（2013）的建议，模型适配度检验的一些关键指标和临界值（如表 16 - 26 所示）。构建了初始结构方程后，运用 AMOS软件对样本数据进行处理和分析，初始结构模型的拟合结果如表 16 - 27 所示。其中，CMIN 值为 316.9，自由度为 DF 为 230，CMIN/DF 为 1.378（<2.00）；RMSEA 值为 0.045（<0.05）；GFI 值为 0.872（<0.95）；CFI 值为 0.809（<0.95）；IFI 值为 0.903（<0.95）；TLI 值为 0.886（<0.95）。对照表 16 - 26可以发现，初始结构模型的拟合指标中，仅有绝对适配度指标值（CMIN/DF、RMSEA 值）在建议范围内，而比较适配度指数（GFI 值、CFI 值、IFI 值、TLI值）不在建议范围内。可以认为，初始结构模型没有通过检验。初始模型拟合效果差的可能原因主要有两个方面，一是概念模型构建本身存在的一些问题，二是问卷调查数据质量不高造成的偏差。据此，将对初始模型中部分未通过检验的路径进行检查和修正，调整并修正模型中拟合效果较差的部分，并检查修正后模型的拟合程度是否符合建议标准。

表 16 - 26　　　　　　　　**模型适配度检验指标概要表**

统计检验量	绝对适配度指数	备注
自由度	呈现模型自由度	
绝对适配度指数		
CMIN 值	P>0.05（未达显著性水平）	大多情况下，仅作为参考指标
CMIN/DF	<2.00（严谨）或 <3.00（普通）	数值越接近于 0，模型适配度愈佳
RMR 值	<0.05	数值越接近于 0，模型适配度愈佳
RMSEA 值	<0.05（良好）或 <0.08（普通）	90% 置信区间介于 0.06～0.08
SRMR 值	<0.05（良好）或 <0.08（普通）	<0.05（良好）或 <0.08（普通）
GFI 值	>0.90	数值越接近于 1，模型适配度愈佳
AGFI 值	>0.90	数值越接近于 1，模型适配度愈佳
CN 值	>200	数值越大，模型适配度愈佳

续表

统计检验量	绝对适配度指数	备注
比较适配度指数		
NFI 值	≥0.95（普通适配度为0.90）	数值越接近于1，模型适配度愈佳
RFI 值	≥0.95（普通适配度为0.90）	数值越接近于1，模型适配度愈佳
IFI 值	≥0.95（普通适配度为0.90）	数值越接近于1，模型适配度愈佳
TLI 值（NNFI 值）	≥0.95（普通适配度为0.90）	数值越接近于1，模型适配度愈佳
CFI 值	≥0.95（普通适配度为0.90）	数值越接近于1，模型适配度愈佳
MFI 值（Mc）	≥0.95	AMOS 软件未提供 MFI 值
简约适配度指标		
PGFI 值	>0.50	数值越接近于1，模型适配度愈佳
PNFI 值	>0.50	
PCFI 值	>0.50	

资料来源：作者整理。

16.5.4　模型修正与确定

不难发现，初始结构模型拟合效果还没有达到最佳。从表 16 - 27 可知，其中个别路径需要进行修正。运行 AMOS 软件时，在分析属性（analysis properties）中的 output 选项下勾选修正指数（modification indices）。可以认为，计算出的修正指数可以提供使得 CMIN 拟合指数减小的有用信息。通常情况下，去掉最大修正指数的路径，并进一步观察修正后新模型的拟合情况，从而使初始模型得到修正和完善。

表 16 - 27　　　　　　　　　初始结构模型的拟合结果

路径	非标准路径系数	标准化路径系数	C. R.	P
渐进式物流服务创新←物流—制造企业协作	0.405	0.389	4.516	***
突破式物流服务创新←物流—制造企业协作	0.335	0.401	3.761	0.045

续表

路径	非标准路径系数	标准化路径系数	C. R.	P
物流企业绩效←渐进式物流服务创新	0.266	0.305	2.861	0.039
制造企业绩效←渐进式物流服务创新	-0.014	-0.025	-0.317	0.722
物流企业绩效←突破式物流服务创新	0.309	0.413	3.822	***
制造企业绩效←突破式物流服务创新	0.299	0.371	3.524	0.048
物流企业绩效←物流—制造企业协作	0.386	0.407	4.669	***
制造企业绩效←物流—制造企业协作	0.311	0.433	3.071	0.806

CMIN = 316.9；DF = 230；CMIN/DF = 1.378；RMSEA = 0.045；GFI = 0.872；
CFI = 0.809；IFI = 0.903；TLI = 0.886

注：*** 表示在 $P < 0.001$ 水平上显著。

资料来源：AMOS 输出结果。

由表 16 – 27 可知，路径"制造企业绩效←渐进式物流服务创新"的 C. R. 值为 – 0.317（< 1.96），而且其标准化回归系数为 – 0.025（不显著），初步认为可以删除该路径。与此同时，依据最大修正指数调整并修正初始结构模型。最终，确定删除路径"制造企业绩效←渐进式物流服务创新"，最终模型的拟合情况如表 16 – 28 所示。

表 16 – 28　　　　　　　　最终结构模型的拟合结果

路径	非标准路径系数	标准化路径系数	C. R.	P
渐进式物流服务创新←物流—制造企业协作	0.311	0.276	3.417	***
突破式物流服务创新←物流—制造企业协作	0.269	0.305	2.993	0.004
物流企业绩效←渐进式物流服务创新	0.258	0.324	2.792	0.002
物流企业绩效←突破式物流服务创新	0.325	0.401	3.596	***
制造企业绩效←突破式物流服务创新	0.251	0.308	2.934	0.006
物流企业绩效←物流—制造企业协作	0.375	0.426	3.998	***

续表

路径	非标准 路径系数	标准化 路径系数	C. R.	P
制造企业绩效←物流—制造企业协作	0.324	0.411	3.014	0.005

CMIN = 305.6；DF = 226；CMIN/DF = 1.352；RMSEA = 0.039；GFI = 0.952；
CFI = 0.950；IFI = 0.953；TLI = 0.966

注：*** 表示在 P < 0.001 水平上显著。
资料来源：AMOS 统计输出。

由表 16 - 28 可知，经过第一次修正的结构模型的 CMIN/DF、RMSEA、GFI、CFI、IFI、TLI 等各项拟合指标都有所改进，意味着模型适配度更佳。结果表明，修正后模型的各项拟合指标都符合要求，总体拟合效果良好。初始结构模型经过修正产生最终的结构模型（如图 16 - 6 所示）。

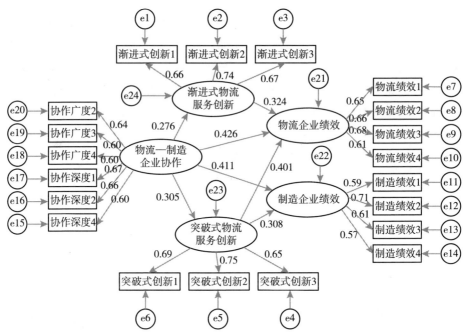

图 16 - 6   物流—制造企业协作对服务创新与绩效影响的最终结构模型
资料来源：AMOS 统计输出。

16.6　多群组分析

16.6.1　分析方法

此部分中，将结合疏离型协作、依附型协作、主导型协作与亲密型协作类型的特征分析和判别维度，在调查问卷中设置一些能够有效识别不同协作类型的问题。数据回收后，通过查验这些关键维度对样本进行区分，进而实证检验不同类型的物流—制造企业协作对服务创新与绩效作用路径的异同。用于数据处理的软件同样是 SPSS19.0，路径分析同样是通过结构方程模型实现，而不同协作类型情境下物流—制造企业协作对服务创新与绩效的影响研究则是采用了多群组分析的方法。

一般而言，完整结构方程模型的检验模型包括测量模型和结构模型。测量模型是观察变量与潜变量之间的关系，而结构模型是测度潜变量之间的关系。可以认为，当样本数据与假设模型拟合程度较高时，可以探究此研究模型是否同时适配于不同样本群组，以验证模型的稳定效度和跨群组效度。多群组分析（multiple group analysis）同样是一种 SEM 架构，主要功能在于检验相似模型在不同群组受试者间的差异。

16.6.2　样本选择

此部分中，将重点检验不同类型的物流—制造企业协作对服务创新与绩效的作用路径、服务创新在物流—制造企业的不同类型协作与绩效之间的中介效应。为了更清晰地检验以上问题，此部分中物流—制造企业协作由协作广度与协作深度来衡量。其中，物流—制造企业协作的广度与深度分别由相应题项的得分均值来计算。据此，基于多群组样本的路径分析涉及物流—制造企业协作、渐进式物流服务创新、突破式物流服务创新、物流企业绩效与制造企业绩效共 5 个变量。而且，本章中已进行了探索性因子分析、验证性因子分析和相关分析，结果表明，各变量已通过了信度和效度检验，变量间呈现显著的相关关系，在此不再赘述。此外，用于分析的样本数据同样是使用物流—制造企业协作对服务创新与绩效的影响调查问卷。从内容看，解释变量、中介变量与被解释变量的测度指标（题项）完全相同，不再赘述。

问卷中采用多题项的李克特 5 点量表来区分物流—制造企业协作的不同类型。通过分析问卷中设置的识别题项，采用均值作为划分样本的区分点，保证各题项得分都高于均值 3。由于多题项对应着识别不同协作类型的四个维度，题项的设置都是反向而且非常清晰的表述，因此很容易通过各维度下题项打分情况来进行样本区分。据此，回收的 273 份问卷被划分为四类，对应物流—制造企业协作的四种类型，即疏离型（57 份）、依附型（83 份）、主导型（62 份）和亲密型（71 份）。

16.6.3　数据分析

1. 物流—制造企业的疏离型协作对服务创新与绩效的作用路径

（1）初步数据分析。由于结构方程模型中采用极大似然法进行估计，首先要检验样本数据是否服从正态分布。一般认为，当样本数据符合中值与中位数相近、偏度（skew）<2 以及峰度（kurtosis）<5 的要求时，即可认为其服从正态分布。据此，笔者首先使用 SPSS19.0 对样本数据的偏度和峰度进行分析，结果表明各维度的样本数据均服从正态分布（见表 16-29）。

表 16-29　　　　　疏离型协作样本数据的峰度与偏度（N=57）

维度	峰度	偏度	是否服从正态分布
物流—制造企业协作广度	-0.056	-0.640	服从
物流—制造企业协作深度	0.109	0.005	服从
渐进式物流服务创新	-0.411	-0.352	服从
突破式物流服务创新	-0.624	-0.571	服从
物流企业绩效	-0.116	0.017	服从
制造企业绩效	-0.287	0.203	服从

资料来源：SPSS 统计输出。

（2）初始模型构建。综上所述，本篇样本数据的信度、效度、偏度与峰度检验都已通过。与此同时，结合第五章中的机理分析和概念模型，此部分将构建物流—制造企业的疏离型协作对服务创新与绩效影响的初始结构模型（见

图 16 - 7）。模型中，没有引入多元线性回归模型中已经分析过的控制变量，以保证结构模型的简约性。

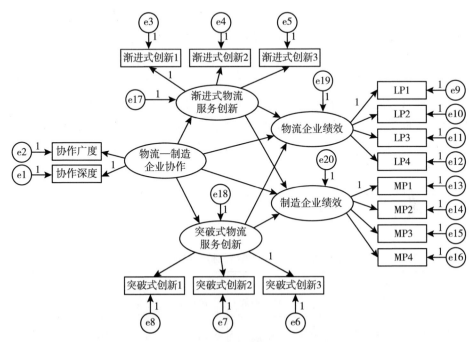

图 16 - 7　疏离型协作对服务创新与绩效的影响初始结构模型

资料来源：AMOS 统计输出。

（3）模型初步拟合。运行 AMOS 软件后，得到初始结构模型的适配度指数值（见表 16 - 30）。可知，物流—制造企业的疏离型协作对服务创新与绩效影响的初始结构模型的 CMIN 值为 380.6，自由度为 DF 为 252，CMIN/DF 为 1.510（<2.00）；RMSEA 值为 0.049（<0.05）；GFI 值为 0.899（<0.95）；CFI 值为 0.871（<0.95）；IFI 值为 0.872（<0.95）；TLI 值为 0.890（<0.95）。对照表 16 - 26 可以发现，初始结构模型的拟合指标中，仅有绝对适配度指标值（CMIN/DF、RMSEA 值）在建议范围内，而比较适配度指数（GFI 值、CFI 值、IFI 值、TLI 值）不在建议范围内。因此，需要对模型进行调整与修正。

（4）模型修正与确定。不难发现，初始结构模型拟合效果还没有达到最佳。从表 16 - 30 可知，其中个别路径需要进行修正，路径"突破式物流服务创新←物流—制造企业协作"的 C. R. 值为 1.761（<1.96），而且其标准化回归系数为 0.201（不显著），初步认为可以删除该路径。路径"制造企业绩

效←渐进式物流服务创新"的 C. R. 值为 - 0.536（<1.96），而且其标准化回归系数为 - 0.031（不显著），初步认为可以删除该路径。路径"物流企业绩效←突破式物流服务创新"的 C. R. 值为 1.756（<1.96），而且其标准化回归系数为 0.210（不显著），初步认为可以删除该路径。路径"制造企业绩效←突破式物流服务创新"的 C. R. 值为 - 1.361（<1.96），而且其标准化回归系数为 - 0.281（不显著），初步认为可以删除该路径。路径"制造企业绩效←物流—制造企业协作"的 C. R. 值为 1.076（<1.96），而且其标准化回归系数为 0.210（不显著），初步认为可以删除该路径。与此同时，依据最大修正指数调整并修正初始结构模型。最终，确定删除路径"突破式物流服务创新←物流—制造企业协作""制造企业绩效←渐进式物流服务创新""物流企业绩效←突破式物流服务创新""制造企业绩效←突破式物流服务创新""制造企业绩效←物流—制造企业协作"，最终模型的拟合情况如表 16 - 31 所示。

表 16 - 30　　　　　疏离型协作初始结构模型的拟合结果（N = 57）

路径	非标准路径系数	标准化路径系数	C. R.	P
渐进式物流服务创新←物流—制造企业协作	0.206	0.311	3.417	*
突破式物流服务创新←物流—制造企业协作	0.134	0.201	1.761	0.702
物流企业绩效←渐进式物流服务创新	0.388	0.422	3.005	0.026
制造企业绩效←渐进式物流服务创新	- 0.027	- 0.031	- 0.536	0.803
物流企业绩效←突破式物流服务创新	0.103	0.210	1.756	0.903
制造企业绩效←突破式物流服务创新	- 0.134	- 0.281	- 1.361	0.912
物流企业绩效←物流—制造企业协作	0.315	0.413	3.820	**
制造企业绩效←物流—制造企业协作	0.115	0.210	1.076	0.851

CMIN = 380.6；DF = 252；CMIN/DF = 1.510；RMSEA = 0.049；GFI = 0.899；
CFI = 0.871；IFI = 0.872；TLI = 0.890

注：*** 、** 和 * 分别表示在 P < 0.001、P < 0.01 和 P < 0.05 水平上显著（双尾检验）。
资料来源：AMOS 统计输出。

表 16 – 31　　　　　　疏离型协作最终结构模型的拟合结果（N = 57）

路径	非标准化路径系数	标准化路径系数	C. R.	P
渐进式物流服务创新←物流—制造企业协作	0.188	0.203	2.557	*
物流企业绩效←渐进式物流服务创新	0.299	0.306	3.690	*
物流企业绩效←物流—制造企业协作	0.301	0.371	4.051	*

CMIN = 380.6；DF = 252；CMIN/DF = 1.510；RMSEA = 0.038；
GFI = 0.955；CFI = 0.911；ILI = 0.971；TLI = 0.962

注：***、**和*分别表示在 P < 0.001、P < 0.01 和 P < 0.05 水平上显著（双尾检验）。
资料来源：AMOS 统计输出。

表 16 – 31 可知，经过第一次修正的结构模型的 CMIN/DF、RMSEA、GFI、CFI、IFI、TLI 等各项拟合指标都有所改进，意味着模型适配度更佳。结果表明，修正后模型的各项拟合指标都符合要求，总体拟合效果良好。初始结构模型经过修正产生了最终的结构模型，如图 16 – 8 所示。

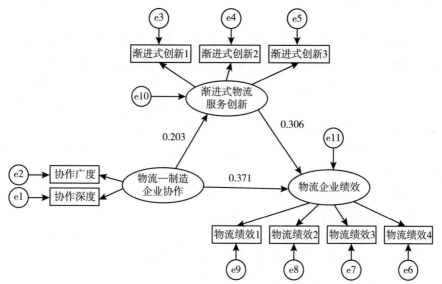

图 16 – 8　疏离型协作对服务创新与绩效的影响最终结构模型

资料来源：AMOS 统计输出。

2. 物流—制造企业的依附型协作对服务创新与绩效的作用路径

（1）初步数据分析。由于结构方程模型中采用极大似然法进行估计，首先要检验样本数据是否服从正态分布。一般认为，当样本数据符合中值与中位数相近、偏度（skew）<2以及峰度（kurtosis）<5的要求时，即可认为其服从正态分布。据此，笔者首先使用 SPSS19.0 对样本数据的偏度和峰度进行分析，结果表明各维度的样本数据均服从正态分布（见表16–32）。

表 16 – 32　　　　　依附型协作样本数据的峰度与偏度（N = 83）

维度	峰度	偏度	是否服从正态分布
物流—制造企业协作广度	0.087	0.441	服从
物流—制造企业协作深度	− 0.291	− 0.706	服从
渐进式物流服务创新	− 0.355	− 0.416	服从
突破式物流服务创新	0.672	0.489	服从
物流企业绩效	− 0.613	− 0.098	服从
制造企业绩效	0.305	0.403	服从

资料来源：SPSS 统计输出。

（2）初始模型构建。综上所述，本篇的样本数据的信度、效度、偏度与峰度检验都已通过。与此同时，结合前述机理分析和概念模型，此部分将构建物流—制造企业的依附型协作对服务创新与绩效影响的初始结构模型（见图16–9）。模型中，没有引入多元线性回归模型中已经分析过的控制变量，以保证结构模型的简约性。

（3）模型初步拟合。运行 AMOS 软件后，得到初始结构模型的适配度指数值（见表16–33）。可知，物流—制造企业的疏离型协作对服务创新与绩效影响的初始结构模型的 CMIN 值为 450.9，DF 为 311，CMIN/DF 为 1.450（<2.00）；RMSEA 值为 0.041（<0.05）；GFI 值为 0.951（>0.95）；CFI 值为 0.955（>0.95）；IFI 值为 0.976（>0.95）；TLI 值为 0.952（>0.95）。对照表 16 – 26 发现，初始结构模型的拟合指标中，绝对适配度指标值（CMIN/DF、RMSEA 值）、适配度指数（GFI 值、CFI 值、IFI 值、TLI 值）均在建议范围内。可以认为，模型和数据拟合情况良好，不需要对模型进行调整与修正。

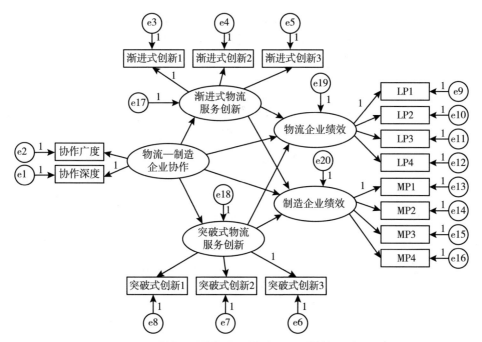

图 16 - 9 依附型协作对服务创新与绩效的影响初始结构模型

资料来源：AMOS 统计输出。

表 16 - 33 依附型协作初始结构模型的拟合结果（N = 83）

路径	非标准路径系数	标准化路径系数	C. R.	P
渐进式物流服务创新←物流—制造企业协作	0.415	0.506	3.998	***
突破式物流服务创新←物流—制造企业协作	0.372	0.399	1.983	***
物流企业绩效←渐进式物流服务创新	0.261	0.328	2.879	**
制造企业绩效←渐进式物流服务创新	0.336	0.259	3.005	*
物流企业绩效←突破式物流服务创新	0.263	0.287	2.162	**
制造企业绩效←突破式物流服务创新	0.337	0.401	3.055	***
物流企业绩效←物流—制造企业协作	0.374	0.405	3.015	**
制造企业绩效←物流—制造企业协作	0.417	0.483	3.089	***

CMIN = 450.9；DF = 311；CMIN/DF = 1.450；RMSEA = 0.041；GFI = 0.951；
CFI = 0.955；IFI = 0.976；TLI = 0.952

注：*** 、** 和 * 分别表示在 P < 0.001、P < 0.01 和 P < 0.05 水平上显著（双尾检验）。
资料来源：AMOS 统计输出。

　　由表 16 - 33 可知，模型适配度较佳，模型的各项拟合指标都符合要求，总体拟合效果良好。运行软件后得到了最终的结构模型，如图 16 - 10 所示。

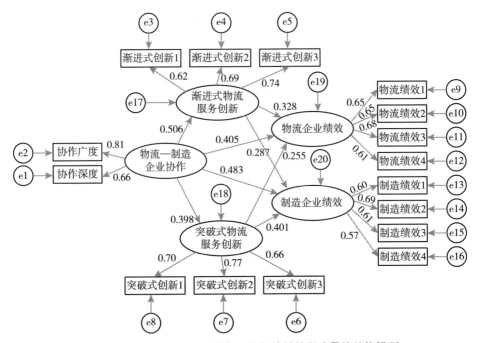

图 16 - 10　依附型协作对服务创新与绩效的影响最终结构模型

资料来源：AMOS 统计输出。

3. 物流—制造企业的主导型协作对服务创新与绩效的作用路径

　　（1）初步数据分析。由于结构方程模型中采用极大似然法进行估计，首先要检验样本数据是否服从正态分布。一般认为，当样本数据符合中值与中位数相近、偏度（skew）< 2 以及峰度（kurtosis）< 5 的要求时，即可认为其服从正态分布。据此，笔者首先使用 SPSS19.0 对样本数据的偏度和峰度进行分析，结果表明各维度的样本数据均服从正态分布（见表 16 - 34）。

表 16 - 34　　　主导型协作样本数据的峰度与偏度（N = 62）

维度	峰度	偏度	是否服从正态分布
物流—制造企业协作广度	0.134	0.980	服从
物流—制造企业协作深度	0.901	0.816	服从

续表

维度	峰度	偏度	是否服从正态分布
渐进式物流服务创新	1.352	1.603	服从
突破式物流服务创新	2.728	1.806	服从
物流企业绩效	0.828	0.316	服从
制造企业绩效	0.576	0.413	服从

资料来源：SPSS 统计输出。

（2）初始模型构建。综上所述，本篇的样本数据的信度、效度、偏度与峰度检验都已通过。与此同时，结合前述机理分析和概念模型，此部分将构建物流—制造企业的主导型协作对服务创新与绩效影响的初始结构模型（见图 16–11）。模型中，没有引入多元线性回归模型中已经分析过的控制变量，以保证结构模型的简约性。

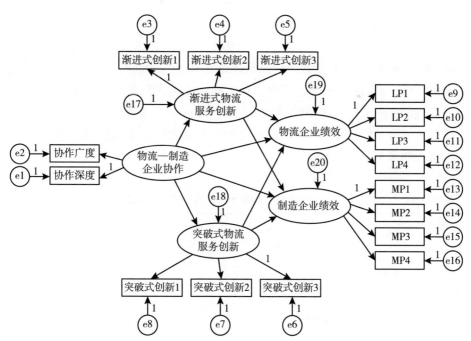

图 16–11　主导型协作对服务创新与绩效的影响初始结构模型

资料来源：AMOS 统计输出。

（3）模型初步拟合。运行 AMOS 软件后，得到初始结构模型的适配度指数值（见表 16 - 35）。可知，物流—制造企业的疏离型协作对服务创新与绩效影响的初始结构模型的 CMIN 值为 415.7，DF 为 269，CMIN/DF 为 1.545（＜2.00）；RMSEA 值为 0.059（＞0.05）；GFI 值为 0.802（＜0.95）；CFI 值为 0.13（＜0.95）；IFI 值为 0.857（＜0.95）；TLI 值为 0.869（＜0.95）。对照表 16 - 26 可以发现，初始结构模型的拟合指标中，仅有 CMIN/DF 在建议范围内，而 RMSEA 值、GFI 值、CFI 值、IFI 值、TLI 值均不在建议范围内。因此，需要对模型进行调整与修正。

（4）模型修正与确定。不难发现，初始结构模型拟合效果还没有达到最佳。从表 16 - 35 可知，其中个别路径需要进行修正，路径"突破式物流服务创新←物流—制造企业协作"的 C. R. 值为 1.693（＜1.96），而且其标准化回归系数为 0.203（不显著），初步认为可以删除该路径。路径"制造企业绩效←渐进式物流服务创新"的 C. R. 值为 1.405（＜1.96），而且其标准化回归系数为 0.261（不显著），初步认为可以删除该路径。路径"物流企业绩效←突破式物流服务创新"的 C. R. 值为 1.520（＜1.96），而且其标准化回归系数为 0.147（不显著），初步认为可以删除该路径。路径"制造企业绩效←突破式物流服务创新"的 C. R. 值为 0.659（＜1.96），而且其标准化回归系数为 0.132（不显著），初步认为可以删除该路径。与此同时，依据最大修正指数调整并修正初始结构模型。最终，确定删除路径"突破式物流服务创新←物流—制造企业协作""制造企业绩效←渐进式物流服务创新""物流企业绩效←突破式物流服务创新""制造企业绩效←突破式物流服务创新"。最终模型的拟合情况如表 16 - 36 所示。

表 16 - 35　　　　主导型协作初始结构模型的拟合结果（N = 62）

路径	非标准路径系数	标准化路径系数	C. R.	P
渐进式物流服务创新←物流—制造企业协作	0.211	0.289	2.506	*
突破式物流服务创新←物流—制造企业协作	0.156	0.203	1.693	0.811
物流企业绩效←渐进式物流服务创新	0.305	0.366	3.614	**

续表

路径	非标准 路径系数	标准化 路径系数	C. R.	P
制造企业绩效←渐进式物流服务创新	0.198	0.261	1.405	0.917
物流企业绩效←突破式物流服务创新	0.135	0.147	1.520	0.866
制造企业绩效←突破式物流服务创新	0.101	0.132	0.659	0.764
物流企业绩效←物流—制造企业协作	0.458	0.512	4.208	***
制造企业绩效←物流—制造企业协作	0.187	0.206	1.973	*

CMIN = 415.7；DF = 269；CMIN/DF = 1.545；RMSEA = 0.059；GFI = 0.802；
CFI = 0.813；IFI = 0.857；TLI = 0.869

注：*** 、** 和 * 分别表示在 P < 0.001、P < 0.01 和 P < 0.05 水平上显著（双尾检验）。
资料来源：AMOS 统计输出。

表 16 – 36   主导型协作最终结构模型的拟合结果（N = 57）

路径	非标准化 路径系数	标准化 路径系数	C. R.	P
渐进式物流服务创新←物流—制造企 业协作	0.211	0.258	2.557	**
物流企业绩效←渐进式物流服务创新	0.285	0.317	2.950	**
物流企业绩效←物流—制造企业协作	0.425	0.509	4.521	***
制造企业绩效←物流—制造企业协作	0.299	0.324	3.968	**

CMIN = 393.37；DF = 278；CMIN/DF = 1.415；RMSEA = 0.041；
GFI = 0.960；CFI = 0.953；ILI = 0.972；TLI = 0.958

注：*** 、** 和 * 分别表示在 P < 0.001、P < 0.01 和 P < 0.05 水平上显著（双尾检验）。
资料来源：AMOS 统计输出。

由表 16 – 36 可知，经过修正的结构模型的 CMIN/DF、RMSEA、GFI、CFI、IFI、TLI 等各项拟合指标都有所改进，意味着模型适配度更佳。结果表明，修正后模型的各项拟合指标都符合要求，总体拟合效果良好。初始结构模型经过修正产生了最终的结构模型，如图 16 – 12 所示。

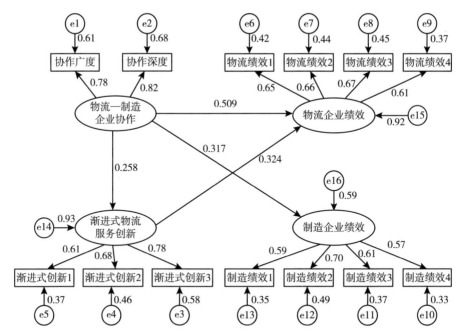

图 16 – 12　主导型协作对服务创新与绩效的影响最终结构模型

资料来源：AMOS 统计输出。

4. 物流—制造企业的亲密型协作对服务创新与绩效的作用路径

（1）初步数据分析。由于结构方程模型中采用极大似然法进行估计，首先要检验样本数据是否服从正态分布。一般认为，当样本数据符合中值与中位数相近、偏度（skew）< 2 以及峰度（kurtosis）< 5 的要求时，即可认为其服从正态分布。据此，笔者首先使用 SPSS19.0 对样本数据的偏度和峰度进行分析，结果表明各维度的样本数据均服从正态分布（见表 16 – 37）。

表 16 – 37　　　　　　亲密型协作样本数据的峰度与偏度（N = 71）

维度	峰度	偏度	是否服从正态分布
物流—制造企业协作广度	0.032	0.407	服从
物流—制造企业协作深度	0.902	0.508	服从
渐进式物流服务创新	0.637	0.519	服从
突破式物流服务创新	0.756	0.668	服从
物流企业绩效	0.324	0.258	服从
制造企业绩效	0.119	0.086	服从

资料来源：SPSS 统计输出。

（2）初始模型构建。综上所述，本篇的样本数据的信度、效度、偏度与峰度检验都已通过。与此同时，结合第五章中的机理分析和概念模型，此部分将构建物流—制造企业的亲密型协作对服务创新与绩效影响的初始结构模型（见图 16 - 13）。模型中，没有引入多元线性回归模型中已经分析过的控制变量，以保证结构模型的简约性。

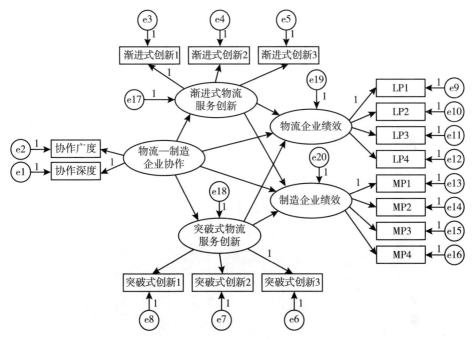

图 16 - 13　亲密型协作对服务创新与绩效的影响初始结构模型

资料来源：AMOS 统计输出。

（3）模型初步拟合。运行 AMOS 软件后，得到初始结构模型的适配度指数值（见表 16 - 38）。可知，物流—制造企业的疏离型协作对服务创新与绩效影响的初始结构模型的 CMIN 值为 530.56，DF 为 320，CMIN/DF 为 1.658（< 2.00）；RMSEA 值为 0.049（< 0.05）；GFI 值为 0.955（> 0.95）；CFI 值为 0.960（> 0.95）；IFI 值为 0.958（> 0.95）；TLI 值为 0.962（> 0.95）。对照表 16 - 26 可以发现，初始结构模型的拟合指标中，绝对适配度指标值（CMIN/DF、RMSEA 值）、适配度指数（GFI 值、CFI 值、IFI 值、TLI 值）均在建议范围内。可以认为，模型和数据拟合情况良好，不需要对模型进行调整与修正。由表 16 - 38 可知，模型适配度较佳，模型的各项拟合指标都符合要求，总体拟合效果良好。运行软件后得到了最终的结构模型，如图 16 - 14 所示。

表 16 - 38　　　　　　亲密型协作初始结构模型的拟合结果（N = 71）

路径	非标准路径系数	标准化路径系数	C. R.	P
渐进式物流服务创新←物流—制造企业协作	0.467	0.603	4.001	***
突破式物流服务创新←物流—制造企业协作	0.389	0.511	3.976	***
物流企业绩效←渐进式物流服务创新	0.352	0.397	3.156	**
制造企业绩效←渐进式物流服务创新	0.337	0.369	3.008	**
物流企业绩效←突破式物流服务创新	0.393	0.401	4.521	***
制造企业绩效←突破式物流服务创新	0.315	0.332	3.786	***
物流企业绩效←物流—制造企业协作	0.501	0.627	5.156	***
制造企业绩效←物流—制造企业协作	0.493	0.514	5.002	***

CMIN = 530.56；DF = 320；CMIN/DF = 1.658；RMSEA = 0.049；GFI = 0.955；
CFI = 0.960；IFI = 0.958；TLI = 0.962

注：***、** 和 * 分别表示在 P < 0.001、P < 0.01 和 P < 0.05 水平上显著（双尾检验）。
资料来源：AMOS 统计输出。

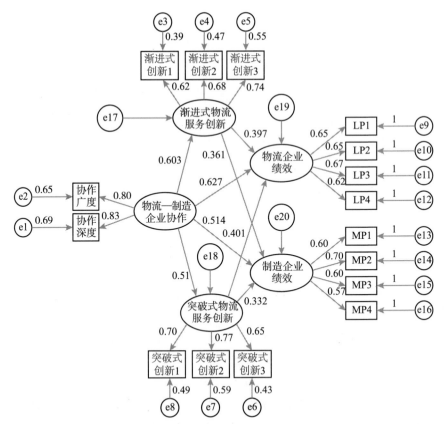

图 16 - 14　亲密型协作对服务创新与绩效的影响最终结构模型

资料来源：AMOS 统计输出。

16.7　结果与讨论

16.7.1　本篇的假设检验结果

本篇探讨了物流—制造企业协作对服务创新与绩效的影响，深入剖析了物流—制造企业协作对双方企业绩效的作用机理，进一步检验了物流服务创新在协作与绩效关系中的中介作用。可以认为，物流—制造企业协作对服务创新与绩效的影响是一个重要的研究议题，能够为深入理解"协作—创新—绩效"三元关系奠定基础。总体来说，本篇通过机理分析、模型构建与实证分析等关键步骤，采用多元线性回归与结构方程模型等方法对研究中构建的概念模型及相关假设进行了实证检验，本篇研究假设的验证情况总结于表16 – 39。

表 16 – 39　　　　　　　　　　　本篇研究假设检验结果

序号	假设内容	验证结果
H1a	物流—制造企业协作对物流企业绩效具有正向影响	通过
H1b	物流—制造企业协作对制造企业绩效具有正向影响	部分通过
H2a	渐进式物流服务创新对物流企业绩效具有正向影响	通过
H2b	渐进式物流服务创新对制造企业绩效具有正向影响	未通过
H3a	突破式物流服务创新对物流企业绩效具有正向影响	通过
H3b	突破式物流服务创新对制造企业绩效具有正向影响	通过
H4a	物流—制造企业协作对渐进式物流服务创新具有正向影响	通过
H4b	物流—制造企业协作对突破式物流服务创新具有正向影响	部分通过
H5a	物流—制造企业协作通过渐进式物流服务创新作用于物流企业绩效	通过
H5b	物流—制造企业协作通过渐进式物流服务创新作用于制造企业绩效	部分通过
H5c	物流—制造企业协作通过突破式物流服务创新作用于物流企业绩效	通过
H5d	物流—制造企业协作通过突破式物流服务创新作用于制造企业绩效	部分通过

资料来源：作者整理。

16.7.2　物流—制造企业协作与绩效的关系

可以认为，物流企业与制造企业协作是提升双方绩效的关键途径。在我国大力推行两业联动的背景下，物流企业与制造企业协作的重要性已然成为共识。本篇中，假设 H1a 和 H1b 分别强调了物流—制造企业协作对物流企业绩效、制造企业绩效的作用。其中，物流—制造企业协作分为协作广度与协作深度两个层面，物流企业绩效和制造企业的衡量主要由运营绩效、关系绩效与市场绩效等维度测量。

总体而言，本篇通过探索性因子分析和验证性因子分析检验了各构念指标测度的合理性和有效性，然后采用相关分析、多元线性回归分析与结构方程模型检验了变量间相关关系和以上假设。结果显示，假设 H1a 验证通过，即物流—制造企业协作对物流企业绩效具有正向影响；假设 H1b（即物流—制造企业协作对制造企业绩效具有正向影响）部分通过。

具体来说，物流—制造企业协作影响物流企业绩效主要有以下几方面的体现或途径：一是制造企业的业务外包，构成了物流企业盈利和发展的基础；二是企业间的知识转移，加强了物流企业知识的吸收和积累；三是双方资源和能力的互补促成了物流企业服务水平与创新能力的提升。物流—制造企业协作影响制造企业绩效主要有以下几方面的体现或途径：一是实现物流资源的合理配置，制造企业将一些自身并不擅长或者非核心的业务外包给专业化物流企业，不仅可以实现资源的有效配置，还能够集中精力打造企业自身的核心竞争力；二是突破组织内部资源与能力的瓶颈，通过与专业化物流企业的协作降低企业物流成本和时间成本，进而提升企业的经营效益；三是专注打造核心业务，核心业务及高附加值业务的打造对于现代制造业至关重要，而且对企业市场响应能力提出了更高要求，与专业的物流服务供应商之间的协作往往能够满足制造企业的新需求。

16.7.3　服务创新与绩效的关系

可以认为，物流企业的服务创新是提升双方绩效的主要动力。对于物流企业而言，物流服务创新不仅能够提高物流企业的服务质量和能力，而且构成了物流企业的核心竞争力和重要利润源泉，从而为企业建立持续的竞争优势。对于制造企业而言，物流服务的动态创新可以满足其不断变化的服务需求，物流服务质量和水平的提升进一步促进了企业整体经营效率的优化。本篇中，假设 H2a、H2b、H3a 和 H3b 分别强调了物流服务创新对物流企业绩效、制造企业绩效的作用。其中，物流服务创新分为渐进式物流服务创新与突破式物流服务创新两个维度，物流企业绩效和制造企业的衡量主要由运营绩效、关系绩效与市场绩效等维度测量。

总之，本篇通过探索性因子分析和验证性因子分析检验了各构念指标测度的合理性和有效性，然后采用相关分析、多元线性回归分析与结构方程模型检验了变量间相关关系和以上假设。结果显示，假设 H2a 验证通过，即渐进式物流服务创新对物流企业绩效具有正向影响；假设 H2b（即渐进式物流服务创新对制造企业绩效具有正向影响）验证未通过；假设 H3a 验证通过，即突破式物流服务创新对物流企业绩效具有正向影响；假设 H3b 验证通过，即突破式物流服务创新对制造企业绩效具有正向影响。

具体来说，物流服务创新影响物流企业绩效主要有以下几个方面的体现或途径：一是服务创新能够提高顾客满意度和忠诚度，进而构成了企业持续竞争优势和盈利能力；二是服务创新可以增强企业的服务能力和水平，从而可以获得更大的市场份额；三是服务创新能力一定程度上也反映了企业总体运营效率和成本方面的优化，因此会对物流企业绩效产生较大影响。物流服务创新影响制造企业绩效主要有以下几个方面的体现或途径：一是物流企业提供的创新服务能够更好地满足自身需求，从而可以进一步盘活资源，通过更大范围的业务协作打造企业核心竞争力；二是创新的物流服务往往呈现更好更快更优质的特征，能够给制造企业带来时间和成本方面的独特优势，进而提升其运营绩效；三是增值和创新的物流服务有助于制造企业集中精力打造核心业务和竞争优势，尤其是在全球化日益激烈的市场环境之中。

16.7.4　物流—制造企业协作与服务创新的关系

可以认为，与制造企业协作是物流企业提升服务创新能力的重要途径。对于物流企业的服务创新而言，客户是其创新想法的重要来源。而且，长期的协作关系能使物流企业更具创新性。开放式创新下，物流—制造企业协作能够降低企业服务创新的成本和风险。本篇中，假设 H4a 和 H4b 分别强调了物流—制造企业协作对渐进式物流服务创新和突破式物流服务创新的作用。总体而言，本篇通过探索性因子分析和验证性因子分析检验了各构念指标测度的合理性和有效性，然后采用相关分析、多元线性回归分析与结构方程模型检验了变量间相关关系和以上假设。结果显示，假设 H4a 验证通过，即物流—制造企业协作对渐进式物流服务创新具有正向影响；假设 H4b（即物流—制造企业协作对突破式物流服务创新具有正向影响）部分通过。

具体来说，物流—制造企业协作影响物流企业服务创新主要有以下几个方面的体现或途径：一是信息关键数据与信息的共享提供了物流企业服务创新的方向；二是组织间知识转移，促成了服务创新想法和专业知识的消化与吸收；三是资源互补与整合，形成了强有力的外部支撑。与此同时，以制造企业客户为导向的物流企业往往可以使用市场数据和信息来开发新服务，并了解制造企业是如何评估服务的，因而他们始终将客户服务与客户需求置于首位。如前所述，物流企业与制造企业的跨组织协作对物流企业服务创新能力有着显著的正向交互作用。物流企业与制造企业不仅通过直接的创新投入推动物流服务创新，二者之间的协作还会产生互补的协同效应：一方面，物流企业通过个人激励、专利保护等方式促进服务创新；另一方面，制造企业通过对物流企业服务创新活动的支持、组织间知识转移、信息共享等方式参与到物流企业服务创新过程中，进而提升物流企业的服务创新产出和能力。

16.7.5　服务创新的中介作用

可以认为，服务创新在物流—制造企业协作与绩效关系中发挥了重要的中介作用。物流—制造企业协作不仅直接作用于双方企业绩效，还通过物流服务创新间接作用于双方企业绩效。本篇中，假设 H5a、H5b、H5c、H5d 分别强调了物流服务创新对物流—制造企业协作与绩效的中介作用。

总体而言，本篇通过探索性因子分析和验证性因子分析检验了各构念指标测度的合理性和有效性，然后采用相关分析、多元线性回归分析与结构方程模型检验了变量间相关关系和以上假设。结果显示，假设 H5a 验证通过，即物流—制造企业协作通过渐进式物流服务创新作用于物流企业绩效；假设 H5b（即物流—制造企业协作通过渐进式物流服务创新作用于制造企业绩效）部分通过；假设 H5c 验证通过，即物流—制造企业协作通过突破式物流服务创新作用于物流企业绩效；假设 H5b（即物流—制造企业协作通过突破式物流服务创新作用于制造企业绩效）部分通过。

16.7.6　不同协作情景下的作用路径比较

总体而言，物流—制造企业不同类型的协作对服务创新与绩效的影响方式和程度不尽相同。本篇通过结构方程建模与多群组分析的方法验证了模型的稳定效度和跨群组效度，并检验概念模型在不同协作类型样本间的差异。结果表明，不同协作情境下，物流—制造企业协作对服务创新与绩效的影响方式和程度存在明显差异。为了方便分析和比较，将多群组分析基础上的结构方程模型输出结果进行汇总（见表 16 - 40）。

表 16 - 40　　　　　　　　　不同协作情境下的作用路径比较

物流—制造企业协作对服务创新与绩效的影响	疏离型	依附型	主导型	亲密型
对渐进式物流服务创新的影响	0.203 *	0.506 ***	0.258 **	0.603 ***
对突破式物流服务创新的影响	—	0.399 ***	—	0.511 **
对物流企业绩效的影响	0.371 *	0.405 **	0.509 ***	0.627 ***
对制造企业绩效的影响	—	0.483 ***	0.324 **	0.514 ***
通过渐进式物流服务创新对物流企业绩效的影响	0.06 *	0.166 **	0.082 *	0.240 **
通过渐进式物流服务创新对制造企业绩效的影响	—	0.131 *	—	0.223 **
通过突破式物流服务创新对物流企业绩效的影响	—	0.115 *	—	0.205 **
通过突破式物流服务创新对制造企业绩效的影响	—	0.160 **	—	0.170 **

注：表中数字为标准化路径系数；*** 、** 和 * 分别表示在 $P < 0.001$、$P < 0.01$ 和 $P < 0.05$ 水平上显著；—表示不显著的作用路径。

资料来源：AMOS 统计输出。

由上可知，物流—制造企业不同类型的协作对服务创新与绩效作用方式与路径的差异体现在以下三个方面。第一，不同类型协作对服务创新的影响不同。其中，疏离型协作对渐进式物流服务创新有一定的影响，对突破式物流服务创新的作用并不显著；依附型协作对渐进式物流服务创新有显著的正向影响，对突破式物流服务创新也有积极作用；主导型协作对渐进式物流服务创新有正向影响，对突破式物流服务创新的作用却并不显著；亲密型协作对渐进式物流服务创新有显著的正向影响，对突破式物流服务创新也有积极作用。第二，不同类型协作对绩效的影响不同。其中，疏离型协作对物流企业绩效有一定的影响，对制造企业绩效的作用并不显著；依附型协作对物流企业绩效有显著的正向影响，对制造企业绩效也有积极作用；主导型协作对物流企业绩效有积极作用，对制造企业绩效也有正向影响；亲密型协作对物流企业绩效有显著的正向影响，对制造企业绩效也有积极作用。第三，不同类型协作通过服务创新影响绩效的路径不同。其中，疏离型协作通过渐进式物流服务创新对物流企业绩效有一定的影响，疏离型协作通过渐进式物流服务创新对制造企业绩效的作用并不显著，疏离型协作通过突破式物流服务创新对物流企业和制造企业绩效的影响均不显著。依附型协作通过渐进式物流服务创新对物流企业绩效有显著影响，依附型协作通过渐进式物流服务创新对制造企业绩效也有一定的积极作用，依附型协作通过突破式物流服务创新对物流企业和制造企业绩效均有正向影响。主导型协作通过渐进式物流服务创新对物流企业绩效有一定的影响，主导型协作通过渐进式物流服务创新对制造企业绩效的作用并不显著，主导型协作通过突破式物流服务创新对物流企业和制造企业绩效的影响均不显著。亲密型协作通过渐进式物流服务创新对物流企业绩效有一定的影响，亲密型协作通过渐进式物流服务创新对制造企业绩效也有积极作用，亲密型协作通过突破式物流服务创新对物流企业和制造企业绩效均有显著的正向影响。

第 17 章　结论与展望

17.1　结　　论

17.1.1　产业层面研究的结论

1. 关于物流产业及细分，两业联动机理

（1）物流的本质是整合，物流产业具有非均质与复合性的特点。现有的"交通运输、仓储与邮政"统计不足以代表物流产业，物流产业的不同成分与制造业联动的机理与作用是不同的。

（2）物流产业可以划分为传统物流服务与高端物流服务，它们与制造业联动创造价值的机理是不同的；促进发展的因素、推动发展的政策着力点等也不同。

（3）推动传统物流、高端物流与制造业联动发展的政策建议。

我国"传统物流"产业政策的着力点是促进市场成熟，包括规范市场主体行为，消除不公平竞争与不正当竞争，改善政府市场监管中还存在的不到位、执法不公正与不依法的方面，完善监管执法体系与诚信体系，健全社会监督制度与发挥行业协会作用。

我国"高端物流"推进与政策的着力点一是在国家层面营造良好的营商环境、人才辈出的环境、激励创新的环境；二是在企业层面加大研发投入及人才支持。

2. 关于全球物流产业发展现状的结论

（1）传统物流市场。社会物流成本代表了传统物流服务的市场规模，

2006～2015 年的 10 年间，全球传统物流市场规模增长了 41.5%，但是增速在逐渐放缓；全球社会物流成本占 GDP 的比重在近十年中没有发生较大的变化，稳定在 10%～12%。从以上数据可以看出，全球范围内的传统物流市场发展较稳定。从各地区看，2015 年亚太地区传统物流市场规模最大（32899 亿美元），高于欧洲（14713 亿美元）与北美发达地区（17545 亿美元）；传统物流产业效率方面，欧洲（9.2%）与北美（8.6%）地区效率最高。亚太地区中，中国的传统物流市场最大（20484 亿美元），约是亚太其他地区总和（12410 亿美元）的 1.7 倍，但社会物流成本占 GDP 比重最高（18%）；中国香港（8.5%）、新加坡（8.5%）、韩国（9%）、澳大利亚（10.5%）、中国台湾（9%）、日本（8.5%）等国家或地区社会物流成本占 GDP 比重较低，物流效率较高。

（2）高端物流市场。第三方物流业营收可以在一定程度上反映高端物流的市场规模。截至 2015 年底，全球第三方物流营收已经达到 7530 亿元，相比于 2006 年的 4710 亿美元增长了 57%，同比 2014 年收入增加了 3.6%，且增长率有逐年增加的趋势。从以上数据可以看出，全球范围内的高端物流市场正逐渐发展起来。从地区看，亚太地区第三方物流市场规模最大（2769 亿美元），超过欧洲（1545 亿美元）及北美发达地区（1901 亿美元），亚太地区中，中国高端物流市场规模最大（1638 亿美元）。

（3）第三方物流营收占社会物流成本的比重反映高端物流市场占传统物流市场的比重。全球范围内，2006～2015 年的 10 年间比重一直稳定在 8% 左右，呈相对稳定状态。从各地区看，2015 年虽然亚太地区第三方物流营收最高（2769 亿美元），超过欧洲（1545 亿美元）及北美（1901 亿美元）地区，但是亚太地区第三方物流营收占社会物流成本比重（8.42%）却低于欧洲（10.5%）和北美地区（10.83%）。亚太地区中，新加坡最高（11.5%），中国（数据不包括港澳台）较低（8.0%）。

（4）全球范围内，货主外包第三方物流的比例一直稳步增长，2007～2017 年，货主外包传统物流服务一直保持较大且相对稳定的比例（52%）；近几年，货主外包高端物流服务的比例逐步提升（18%）。

（5）全球范围内，大部分货主企业（2016 年数据为 91%）都要求第三方物流企业能够提供基于 IT 的服务，65% 的货主对该服务表示满意（2016 年数据），近几年差距正在逐年缩小且趋于稳定。

（6）第三方物流通过兼并和收购扩大业务范围，提升行业竞争力。

（7）值得关注的是，货主企业越来越重视大数据在供应链中的作用，第三方物流应该拓展基于大数据方面的服务，更好地满足货主对信息技术服务的需求。

（8）全球范围内，第三方物流提供者能够提供的高端物流服务（49%，2013 年）的比例远高于货主实际使用（13%，2013 年）的比例，高端物流提供方与使用方的互动还有待提高。货主没有充分利用第三方物流的专长来提升自己所在供应链的效率，只是将一些交易型重复性的物流活动进行外包。一方面是由于第三方物流与货主之间缺乏必要的信任，没有建立战略联盟关系；另一方面，第三方物流提供的高端物流服务和货主需要的高端物流服务存在一定差距，不能很好地满足货主的需求，未来第三方物流企业应该更加关注货主企业真正的需求，从而更好地服务于货主企业。

（9）本书采用行业集中率（CR_n）和赫希曼指数（HHI）来衡量全球第三方物流（高端物流）市场的集中度。计算发现，目前全球第三方物流市场（高端物流市场）属于市场集中度低的分散竞争型市场。这一市场的特点表现为市场中企业数量众多，而规模都比较小；在该行业内没有哪家企业拥有重大市场占有率并对行业产生重要影响。

（10）物流绩效指数（LPI）很好地表示出了不同国家（地区）间的物流绩效的差异。2016 年德国的综合得分最高（4.23），排在第一位，后面依次为：卢森堡、瑞典、荷兰、新加坡、比利时、奥地利、英国、中国香港、美国等。我国在全球 160 个国家与地区中的综合物流绩效的排名是第 27 位，得分为 3.61。2016 年我国缩小了与排名第一的国家之间的差距。

3. 关于我国物流产业发展现状的结论

（1）我国物流产业的宏观发展现状。

第一，2016 年我国社会物流总额为 229.7 万亿元，同比增长 6.1%，增速继续呈现趋缓态势。从社会物流总额的构成看，2016 年工业品物流总额仍然是社会物流总额的重要组成部分，为 214 万亿元（占比 93.8%）。进口货物总额为 10.5 万亿元（占比为 4.6%），农产品物流等为 3.6 万亿元（占比为 1.6%）。

第二，2016 年全国社会物流总费用为 11.1 万亿元，较 2015 年增长 2.7%，增速比上年回落 0.1 个百分点。

第三，2016 年社会物流总费用与 GDP 的比率为 14.9%，比 2015 年下降 1.1 个百分点。2015 年全球社会物流成本占 GDP 比重为 11.7%，美国为 8.2%。

第四，我国前 50 家物流企业中，37 家为国有企业，9 家为外资企业，4

家为民营企业。国有企业比重很大。

（2）我国物流产业及两业联动深度调研结果。

第一，目前我国传统物流业企业规模小，面临竞争层次低，以低价竞争为主，且存在竞争不规范等问题。

第二，我国能够提供高端物流服务的物流企业较为缺乏，大部分物流企业还不善于与制造企业建立双赢战略联盟以及提供专业化、个性化、一站式整合服务；从为制造企业创造价值的角度提供服务的意识较薄弱。

第三，我国物流企业和制造企业之间互动程度低，且不够深入。物流企业通常是单方面进行物流方案设计、制定运作流程和绩效指标等，较少主动、系统、深入地研究客户的供应链物流及改进空间，较少主动地调查与满足客户的物流需求。同时，货主企业也很少主动寻求物流方案设计、运营管理的专业服务。

第四，我国"两业"联动的外部营商环境需要进一步改善。市场准入方面还存在准入门槛较高、行政审批事项多、地区封锁、行业垄断等问题；市场行为监管方面还存在物流企业的某些违法行为得不到有效监管、监管标准体系不完善、执行不严肃、垄断与不正当竞争行为得不到严惩、市场风险得不到严格监测预警与防控等问题。市场信用监管方还存在市场主体信用平台缺失、守信激励和失信惩戒机制缺失的问题。市场监管执法方面还存在行政机关不能严格依法履行职责、市场执法行为不够规范、市场监管执法信息不公开、执法考核与行政问责制度不够健全的问题。监管执法体系还存在多头执法、监管与执法协调配合机制不够完善、市场监管执法与司法衔接不好的问题。社会监督机制还存在行业协会自律作用没有发挥、公众参与和舆论监督作用不够的问题。

4. 关于营商环境对物流业及两业联动的影响

营商环境对传统物流业以及高端物流业的发展均有正向影响，传统物流业以及高端物流业的发展将会促进"两业"联动发展水平的提升，尤其是高端物流业的发展对"两业"联动发展的促进作用更为明显；营商环境从八个方面影响物流业的发展，进而对"两业"联动发展起到间接的促进作用。

为了促进我国物流业健康、协调、有序发展，提出以下对策与建议。

第一，加强行政监督，完善审批制度，规范行政执法和行业标准，建立健全物流行业法律、法规体系，不断提升各级政府行政管理水平。

第二，构建合理的市场准入"门槛"，消除地区封锁，打破行业垄断，形成公平、有序的市场竞争环境，促进传统物流业向高端物流业转型升级，实现制造业与物流业高效联动。

第三，加快物流市场征信系统建设，构建物流企业信用平台，营造良好的信用环境。现阶段，我国物流业仍以传统物流业为主，诚信缺失、监管不力的现象仍较为普遍；征信系统的建设可以整合交通、运管、路政、工商、税务、银行、保险、司法等信用信息，推动物流信用信息的共享和应用，这能够对构建守信激励和失信惩戒机制起到一定的保障作用。

第四，营商环境的改善和成熟是一个复杂、漫长的过程，既需要政府的努力，也需要企业的配合与参与；企业应当加强对政策环境的整体性认识，转变认识误区。政策要解决市场公平、公正运作问题，至于如何提高市场的运作效率，则是企业家们应当思考和解决的问题。

17.1.2　企业层面双边联动研究的结论（见表 17 - 1）

（1）企业间关系特征因素对企业形成紧密合作关系有重要影响，企业间关系资本在此起到重要的中介作用。

（2）企业间的信任和承诺可以通过长期的合作获得积聚，物流企业与制造企业相比较，其影响因素的显著性和重要性不同。

（3）双方企业在企业间关系资本积聚以及形成紧密合作关系的作用路径上存在差异。

（4）物流企业创新能力的提升可以促进双方企业的结构性嵌入与合作关系的深化。

（5）物流企业创新能力的提升可以促进双方企业互动合作的深化。

（6）物流企业应着重提升技术创新能力和服务创新能力。

（7）物流企业的内部整合与外部整合无明显关联；制造企业的内部整合与外部整合相互促进。

（8）物流企业内部整合与外部整合可以有效创造客户价值。

（9）制造企业内部整合可以有效创造客户价值。

（10）制造企业外部整合这一因素本身会抑制客户价值的创造，但其与物流企业内部整合、制造企业内部整合之间存在交互作用，此交互作用能够创造客户价值，共同作用下最终表现为制造企业外部整合能够创造客户价值。

表 17 – 1　　　　　　　　　　　实证研究结果汇总

研究问题		实证结果
物流企业与制造企业形成紧密的合作关系	物流企业视角	（1）相互依赖对企业间信任无显著影响，对企业间承诺有正向影响 （2）主动参与度对企业间信任有正向影响，对企业间承诺无显著影响 （3）信息交流对企业间信任和承诺均有正向影响 （4）企业间信任和承诺（企业间关系资本）对企业间形成紧密合作关系有正向影响
	制造企业视角	（1）相互依赖对企业间信任和承诺均有正向影响 （2）主动参与度对企业间信任有正向影响，对企业间承诺无显著影响 （3）信息交流对企业间信任无显著影响，对企业间承诺有正向影响 （4）企业间信任和承诺（企业间关系资本）对企业间形成紧密合作关系有正向影响
	双方企业视角	（1）物流企业的参与度对制造企业增加对物流企业信任的作用，优于制造企业的参与度对物流企业增加对制造企业信任的作用 （2）物流企业的依赖对制造企业增加对物流企业承诺的作用，优于制造企业的依赖对物流企业增加对制造企业承诺的作用 （3）制造企业的信息交流对物流企业增加对制造企业承诺的作用，优于物流企业的信息交流对制造企业增加对物流企业承诺的作用 （4）物流企业对制造企业的信任对物流企业视角下双方形成紧密合作关系的作用，优于制造企业对物流企业的信任对制造企业视角下双方形成紧密合作关系的作用 （5）制造企业对物流企业的承诺对制造企业视角下双方形成紧密合作关系的作用，优于物流企业对制造企业的承诺对物流企业视角下双方形成紧密合作关系的作用
物流企业与制造企业互动合作形成路径		（1）物流企业的市场创新能力和服务创新能力正向作用于企业互动合作的结构维度，且市场创新能力的作用大于服务创新能力 （2）物流企业的技术创新能力和服务创新能力正向作用于企业互动合作的关系维度，且技术创新能力的作用大于服务创新能力 （3）物流企业的技术创新能力和服务创新能力正向作用于企业互动合作的过程维度，且技术创新能力的作用大于服务创新能力 （4）物流企业创新能力中的技术创新能力对企业互动合作的影响最大（$\sum = 1.180$） （5）物流企业的服务创新能力对企业互动合作的作用仅弱于技术创新能力，且相差较小，服务创新能力对企业互动合作的三个构成维度均有促进作用，且作用程度大小较为均衡（结构维度：0.401；关系维度：0.443；过程维度：0.317） （6）过程创新能力对企业互动合作无影响 （7）企业互动合作的结构维度和关系维度受物流企业创新能力的影响相差不大 （8）企业互动合作的过程维度受物流企业创新能力的影响最大
物流企业与制造企业整合创造客户价值	物流企业视角	（1）对客户价值创造的作用，物流企业内部整合的一次项系数为正，二次项系数为负，但二次项系数较小（−0.0134），曲线近似于直线，不存在明显的拐点；同时，物流企业内部整合、制造企业内部整合、物流企业外部整合三个因素之间不存在两两交互回馈 （2）制造企业内部整合和物流企业外部整合的一次项系数为负，二次项系数为正，制造企业内部整合的作用曲线存在较明显的拐点、物流企业外部整合的作用曲线拐点不明显

续表

研究问题		实证结果
物流企业与制造企业整合创造客户价值	制造企业视角	（1）物流企业内部整合本身对客户价值创造有正向的促进作用，但其与制造企业内部整合的交互作用会抑制（-0.0828）客户价值创造，与制造企业外部整合的交互作用会促进（0.0445）客户价值创造；随着物流企业内部整合程度的加强、对客户价值创造的促进，制造企业内部整合的作用由促进变为抑制，制造企业外部整合的促进作用逐渐增强（K 变大） （2）制造企业内部整合本身对客户价值创造有正向的促进作用，但其与物流企业内部整合的交互作用会抑制（-0.0828）客户价值创造，与制造企业外部整合的交互作用会促进（0.0770）客户价值创造；随着制造企业内部整合程度的加强、对客户价值创造的促进，物流企业内部整合的促进作用逐渐放缓（K 减小），制造企业外部整合的促进作用逐渐增强（K 变大） （3）制造企业外部整合本身对客户价值创造有抑制作用，但其与物流企业内部整合和制造企业内部整合的交互作用均会促进客户价值创造；随着制造企业外部整合程度的加强、对客户价值创造的促进，制造企业内部整合的作用由抑制变为促进

资料来源：作者整理。

17.1.3　企业层面多边研究的结论

（1）社会资本累积对供应链价值创造具有显著的正向影响作用。实证研究结果显示，物流企业与供应链成员多边合作过程中，社会资本累积对于供应链价值创造呈现出显著影响（无论是作为单因素的直接影响，还是与流程协同及组织间学习等多因素共同作用下的综合影响）。因此，在供应链管理实践上，物流企业与供应链成员多边合作中要求合作伙伴间的紧密合作及充分的信任，由于供应链中管理层级的存在，供应链中的信息具有不完全性的特征，多边合作需要依赖成员间谈判和沟通，这在一定程度上增加了各成员间的交易成本。此外，物流企业需要通过在硬件、软件等关系资产上加大投入，才能为其服务的上下游客户提供长期服务承诺，通过与合作伙伴建立稳固的合作关系而获得收益。最后，社会资本累积还为供应链交易各方提供了柔性机制来协同各种不确定性问题，可降低供应链成员多边合作过程中机会主义的倾向。

（2）组织间学习对供应链价值创造具有显著的正向影响作用。无论是作为单因素的直接影响作用，还是与流程协同及社会资本累积等多因素共同作用下的综合影响作用，实证研究结果证明多边合作过程中组织间学习对供应链价值创造均呈现出显著的直接影响作用。在供应链管理实践上，物流企业供应链成员的多边合作需要从"为顾客解决问题"（知识共享）与创新视角出发，因为供应链的知识共享与创新是实现供应链价值创造的重要途径。

（3）流程协同对社会资本累积具有显著的正向影响作用。通过协同可以大大降低外部环境不确定性给供应链造成的影响，从而最大限度地克服"牛鞭效应"对供应链的影响。同时，流程协同可以提升供应链伙伴间交易的重复性及信息沟通的频率，使供应链产生明显的社会资本累积效应，并由此在供应链中建立起基于互惠、信任、合作的伙伴关系。此外，流程协同会促进供应链成员间的异质性资源和能力互补，流程协同和社会资本累积在具体实施过程中可以使供应链更具柔性，使供应链中的信息更具可视性。

（4）流程协同对组织间学习具有显著的正向影响作用。物流企业与上下游合作伙伴在多边合作中实现流程协同能促使整个系统中显性知识和隐性知识的转移及扩散，扫清上下游企业间知识沟通中的阻碍，从而使组织间学习得以实现。

（5）流程协同对供应链价值创造具有间接影响作用。检验结果显示，仅考虑流程协同单一因素，流程协同对供应链价值创造具有直接的正向影响，但是在社会资本累积、组织间学习等多因素综合影响下，流程协同对供应链价值创造不存在直接影响，而是作为完全中介变量通过社会资本累积、组织间学习影响供应链价值创造。物流企业与供应链伙伴多边合作过程中，流程协同通过社会资本累积以及组织间学习这两个潜变量影响供应链价值创造，不仅提高了供应链整体的服务水平和质量，而且大大提升了供应链的可视性与响应性。供应链管理实践中，物流企业与供应链成员在流程协同中采用有效的信息治理方式将有助于改变供应链系统自组织的状态，是供应链系统转向有序的重要推动力量。

由于流程协同、组织间学习以及社会资本累积这三者之间的依赖关系在物流企业与供应链成员多边合作中都有体现。因此，根据实证结果提出，供应链的多边合作在战略上应该构建更为紧密的合作关系，使合作伙伴间能更加充分地分享供应链的超额收益，与此同时还能共担风险，以最大限度地实现价值共创。

17.1.4　物流服务创新研究的结论

（1）物流—制造企业协作分为疏离型、依附型、主导型与亲密型四类，可以通过关系特征、信息共享、共同投资和长期导向四个关键维度进行协作类型识别。具体而言，关系特征维度，疏离型协作表现为"总体来说双方权力对等但无依赖性"；依附型协作表现为"对方的权力更大且我们依赖于对方"；主导型协作表现为"我们的权力更大且对方依赖于我们"；亲密型协作表现为

"总体来说双方权力对等且相互依赖"。信息共享维度，疏离型协作表现为"仅为数不多的交易层面的信息共享"；依附型协作表现为"我们竭力满足对方提出的信息需求"；主导型协作表现为"对方主动向我们提供一些关键信息"；亲密型协作表现为"双方在战略层面上实现了信息共享"。共同投资维度，疏离型协作表现为"双方都没有投入多少时间与资源等"；依附型协作表现为"我们投入了更多的时间与资源等"；主导型协作表现为"对方投入了更多的时间与资源等"；亲密型协作表现为"双方都投入很多的时间与资源等"。长期导向维度，疏离型协作表现为"并不打算与对方建立长期紧密联系"；依附型协作表现为"保持并维护与对方的业务合作关系"；主导型协作表现为"在今后协作中要掌握更多的话语权"；亲密型协作表现为"双方都希望组建物流战略联盟关系"。

（2）物流服务创新包括渐进式服务创新和突破式服务创新两个维度。具体而言，渐进式物流服务创新主要通过"我们定期地对现有服务进行小的调整""我们努力提高为对方服务的效率""我们扩大对现有客户的服务范围"来衡量和测度；突破式物流服务创新主要通过"我们在当地市场上实验并推出了新的服务""我们研发了全新的物流服务并实现商业化""我们经常寻求潜在的市场和新的创新机遇"来衡量和测度。

（3）物流—制造企业协作对双方企业绩效具有积极的影响作用。具体而言，物流—制造企业协作影响物流企业绩效主要有三方面的体现或途径。一是制造企业的业务外包构成了物流企业盈利和发展的基础。二是企业间的知识转移加强了物流企业知识的吸收和积累。三是双方资源和能力的互补促成了物流企业服务水平与创新能力的提升。物流—制造企业协作影响制造企业绩效主要有三方面的体现或途径。一是实现物流资源的合理配置，制造企业将一些自身并不擅长或者非核心的业务外包给专业化物流企业，不仅可以实现资源的有效配置，还能够集中精力打造企业自身的核心竞争力。二是突破组织内部资源与能力的瓶颈，通过与专业化物流企业的协作降低企业物流成本和时间成本，进而提升企业的经营效益。三是专注打造核心业务，满足制造企业的新需求。

（4）物流—制造企业协作对物流服务创新具有积极的影响作用。具体而言，物流—制造企业协作影响物流企业服务创新主要有以下体现或途径。一是关键数据与信息的共享提供了物流企业服务创新的方向。二是组织间知识转移促成了服务创新想法和专业知识的消化与吸收。三是资源互补与整合形成了强有力的外部支撑。与此同时，以制造企业客户为导向的物流企业往往可以使用市场数据和信息来开发新服务。物流企业与制造企业的跨组织协作对物流企业的服务创新能力有着显著的正向交互作用。物流企业与制造企业不仅通过直接的创新投入推动物流服务创新，二者之间的协作还会产生互补的协同效应：一方面，物流企业通过个人激励、专利保护等方式促进服务创新；另一方面，制造企业通过对物流企业服务创新活动的支持、组织间知识转移、信息共享等方式参与到物流企业服务创新过程中，进而提升物流企业的服务创新能力。

（5）服务创新在物流—制造企业协作与绩效的关系中发挥了中介作用；渐进式服务创新、突破式服务创新在物流—制造企业协作与绩效的关系中具有不同程度的中介作用；不同协作类型下，物流—制造企业协作对物流服务创新（渐进式物流服务创新、突破式物流服务创新）与绩效（物流企业绩效、制造企业绩效）的影响机制和路径存在差异。

具体而言，表现在三个方面。第一，不同类型的协作对服务创新的影响不同。其中，疏离型协作对渐进式物流服务创新有一定的影响，对突破式物流服务创新的作用并不显著；依附型协作对渐进式物流服务创新有显著的正向影响，对突破式物流服务创新也有积极作用；主导型协作对渐进式物流服务创新有正向影响，对突破式物流服务创新的作用却并不显著；亲密型协作对渐进式物流服务创新有显著的正向影响，对突破式物流服务创新也有积极作用。第二，不同类型协作对绩效的影响不同。其中，疏离型协作对物流企业绩效有一定的影响，对制造企业绩效的作用并不显著；依附型协作对物流企业绩效有显著的正向影响，对制造企业绩效也有积极作用；主导型协作对物流企业绩效有积极作用，对制造企业绩效也有正向影响；亲密型协作对物流企业绩效有显著的正向影响，对制造企业绩效也有积极作用。第三，不同类型协作通过服务创新影响绩效的路径不同。其中，疏离型协作通过渐进式物流服务创新对物流企业绩效有一定的影响，疏离型协作通过渐进式物流服务创新对制造企业绩效的作用并不显著，疏离型协作通过突破式物流服务创新对物流企业和制造企业绩效的影响均不显著；依附型协作通过渐进式物流服务创新对物流企业绩效有显著影响，依附型协作通过渐进式物流服务创新对制造企业绩效也有一定的积极作用，依附型协作通过突破式物流服务创新对物流企业和制造企业绩效均有正向影响；主导型协作通过渐进式物流服务创新对物流企业绩效有一定影响，主导型协作通过渐进式物流服务创新对制造企业绩效的作用并不显著，主导型协作通过突破式物流服务创新对物流企业和制造企业绩效的影响均不显著；亲密型协作通过渐进式物流服务创新对物流企业绩效有一定影响，亲密型协作通过渐进式物流服务创新对制造企业绩效也有积极作用，亲密型协作通过突破式物流服务创新对物流企业和制造企业绩效均有显著的正向影响。

17.2　展　　望

17.2.1　产业层面研究的展望

（1）本书较多地从物流产业角度着眼，根据两业联动中采用"交通运输、仓储与邮政"作为物流产业研究与制造业联动的不足，通过分析物流产业的特点，提出了传统物流、高端物流与制造业联动的机理不同。进一步研究，可以分析制造业的本质及考虑细分制造业的可能，研究细分制造业与生产性服务（物流业）联动是否有区别，以针对不同类别的制造企业寻找规律，提出更加有针对性的建议。

（2）本书把物流产业分为传统与高端物流，能够从投入、价值创造原理、产出及机理方面区分两业联动的不同，进而提出更有针对性的建议。因为物流产业的复合型，进一步研究还可以细分物流产业，如传统物流环节、增值物流服务、物流优化及战略性物流、基于新一代信息技术的物流服务等，进而研究不同细分物流服务的发展、与制造业联动的机理及政策等。

（3）目前国民经济统计中，能反映物流产业的数据主要是交通运输、仓储与邮政，还不能反映物流产业作为复合产业的各个侧面。针对这种情况，进一步研究可以从如何建立相应的统计体系入手，完善物流产业的统计体系。

17.2.2　企业层面双边联动研究的展望

（1）调整问卷的题项与扩大样本量。进一步修正变量测量题项；进一步扩大样本量，包括地域和数量。

（2）企业互动合作形成路径的研究。本书只分析了物流企业创新能力对企业互动合作的作用，对其他影响因素未做全面的分析，如企业战略、双方企业的文化相融性等方面，后续研究可进一步完善。

（3）从双方合作发展到多方合作研究。双方视角只考查了物流企业与制造企业的合作，没有考虑物流企业与制造企业供应链网络中其他成员的合作。进一步的工作可将研究对象选取为物流企业与供应链中的核心企业，以及与核心企业上、下游企业的合作（即多方合作）研究，进而拓展到与整个供应链网络合作的研究。

17.2.3　企业层面多边联动研究的展望

（1）调查问卷指标选择可涵盖更多新的影响因素。本书以社会资本理论、组织间学习理论、协同论和价值创造理论为基础，为满足数据可获得性要求，在不影响研究结果的情况下调查问卷更多参照以往量表的设计经验，可能会忽略部分问题，造成一些调查问卷指标未能纳入指标体系。因此，在后续的研究中可尽可能考虑更多新的影响因素，进一步丰富和拓展本书的指标体系。

（2）社会资本累积、组织间学习、流程协同对供应链价值创造的影响可能受到企业性质、规模等不同因素的影响，本书在这方面没有做更加深入的研究，后续的研究可将这些因素作为控制变量，通过结构方程模型进一步分析其影响作用。

（3）由于研究面向供应链层面，问卷调查涉及面大，但存在人、财、物等资源限制，获取的样本数量仅满足了统计分析的最低样本需求。此外，采用截面数据进行实证分析得到的结论可能存在误差。因此，在后续的研究中，可加大样本采集力度，完善数据收集方法与手段，以获取更加全面的数据信息，使分析结果更加准确、可靠。

17.2.4　物流服务创新研究的展望

（1）进一步完善样本数据和变量测度的准确性。本书中，由于没有可用的二手数据，用于实证分析的数据为单一来源的第一手调查数据。展望未来，研究者可以考虑综合运用一手数据和二手数据，做到主观数据与客观数据相结合，避免共同方法偏差。与此同时，在变量测度方面，应当针对以下两方面进行改进和完善。第一，确立变量测度指标时，尽可能多地征询企业中高层管理者的意见，以提高变量测度和问卷调查的准确性、可靠性。第二，增加预测样本数量以更好地修改问卷语句，增加样本数据以提高研究结果的稳定性和普适性。

（2）进一步分析物流—制造企业协作的动态演化。本书构建了识别物流—制造企业协作的分析框架，最终得到用于识别不同协作类型的关键维度和方法。具体而言，以物流企业的角度进行界定，物流—制造企业协作可以细分为疏离型协作、依附型协作、主导型协作与亲密型协作。在此基础上，运用多群组分析与结构方程模型建模的方法，比较了不同类型协作对服务创新与绩效作用路径的异同。可以认为，协作关系的动态发展机制是未来研究中应当关注的重要议题。例如，如何实现由疏离型协作向亲密型协作的演进，对于企业构建和管理合作伙伴关系具有一定的参考意义。展望未来，研究者可以从物流企业与制造企业协作的内在属性和本质特征出发，进一步研究不同协作类型之间的相互联系与动态演化。

参 考 文 献

[1] 边燕杰，丘海雄. 企业的社会资本及其功效 [J]. 中国社会科学，2000.

[2] 曹旭光. 互联网思维视角下物流商业模式发展探究 [J]. 物流技术，2015，34（10）.

[3] 陈国权. 组织学习和学习型组织：概念、能力模型、测量及对绩效的影响 [J]. 管理评论，2009.

[4] 陈劲，李飞宇. 社会资本：对技术创新的社会学诠释 [J]. 科学学研究，2001.

[5] 陈劲，阳银娟. 协同创新的理论基础与内涵 [J]. 科学学研究，2012.

[6] 陈宇，钟诗韵，陈钢. 基于 DEA 分析的京津冀物流业与制造业协调发展研究 [J]. 价值工程，2015（15）.

[7] 戴建平，骆温平. 供应链异质性资源、能力与绩效关系研究：基于物流企业与供应链成员间多边合作的视角 [J]. 企业经济，2016（12）.

[8] 戴建平，骆温平. 物流企业与供应链成员多边合作价值创造机理研究 [J]. 商业研究，2015.

[9] 戴万亮，张慧颖，金彦龙. 内部社会资本对产品创新的影响：知识螺旋的中介效应 [J]. 科学学研究，2012（8）.

[10] 樊春，胡胜蓉，魏江. 知识密集型服务企业与制造企业互动创新绩效影响因素的实证研究 [J]. 技术经济，2010.

[11] 费蓬煜，路遥. 健全和完善我国物流市场准入相关法律体系问题的研究 [J]. 物流技术，2013.

[12] 洑建红，汪标. 物流业与制造业联动发展研究综述 [J]. 生产力研究，2012.

[13] 高峰. 全球价值链视角下制造业与服务业的互动 [J]. 现代管理科学，2007.

[14] 高觉民，李晓慧. 生产性服务业与制造业的互动机理：理论与实证

[J]. 中国工业经济，2011（6）.

[15] 高巍，田也壮，姜振寰. 基于供应链联盟的知识整合研究 [J]. 管理工程学报，2005.

[16] 国家发展和改革委员会. 关于我国物流业信用体系建设的指导意见 [R]. 北京：国家发展和改革委员会，2014.

[17] 国家发展和改革委员会. 物流业降本增效专项行动方案（2016—2018 年）[R]. 北京：国家发展和改革委员会，2016.

[18] 胡晓鹏，李庆科. 生产性服务业与制造业共生关系研究：对苏、浙、沪投入产出表的动态比较 [J]. 数量经济技术经济研究，2009（2）.

[19] 李柏洲，赵健宇，苏屹. 基于能级跃迁的组织学习：知识创造过程动态模型研究 [J]. 科学学研究，2013（2）.

[20] 李振华，赵黎明. 企业之间基于价值创造关系的合作竞争博弈研究 [J]. 工业技术经济，2006.

[21] 刘明宇，芮明杰，姚凯. 生产性服务价值链嵌入与制造业升级的协同演进关系研究 [J]. 中国工业经济，2010（8）.

[22] 刘寿先. 企业社会资本与技术创新关系研究 [M]. 北京：经济管理出版社，2009.

[23] 刘伟，高志军. 物流服务供应链：理论架构与研究范式 [J]. 商业经济与管理，2012.

[24] 刘小明. 以"互联网＋"促进运输服务业转型升级 [J]. 宏观经济管理，2015（10）.

[25] 骆温平，戴建平. 物流企业与供应链成员多边合作价值创造机理及实现：基于组织间学习效应视角 [J]. 吉首大学学报（社会科学版），2016.

[26] 骆温平. 第三方物流与供应链管理互动研究 [M]. 北京：中国发展出版社，2007.

[27] 骆温平. 基于制造业与物流业联动分析的物流产业划分 [J]. 企业经济，2015.

[28] 吕政，刘勇，王钦. 中国生产性服务业发展的战略选择：基于产业互动的研究视角 [J]. 中国工业经济，2006（8）.

[29] 马庆国. 管理统计：数据获取、统计原理、SPSS 工具与应用研究 [M]. 北京：科学出版社，2002.

[30] 马士华. 供应链管理（Supply Chain Management）[Z]. 武汉：华中科技大学出版社，2005.

［31］彭本红. 现代物流业与先进制造业的协同演化研究［J］. 中国软科学，2009（S1）.

［32］邱国栋，白景坤. 价值生成分析：一个协同效应的理论框架［J］. 中国工业经济，2007（6）.

［33］宋华. 新兴技术与"产业供应链＋"："互联网＋"下的智慧供应链创新［J］. 人民论坛·学术前沿，2015（22）.

［34］苏秦，张艳. 制造业与物流业联动现状分析及国际比较［J］. 中国软科学，2011（5）.

［35］苏中锋，谢恩，李垣. 基于不同动机的联盟控制方式选择及其对联盟绩效的影响：中国企业联盟的实证分析［J］. 南开管理评论，2007.

［36］孙晓波，骆温平. 供应链整合维度间互动关系研究［J］. 运筹与管理，2014.

［37］谭云清，马永生，李元旭. 社会资本、动态能力对创新绩效的影响：基于我国国际接包企业的实证研究［J］. 中国管理科学，2013（S2）.

［38］唐颖，张慧琴，李璞，等. 社会资本、企业技术创新能力与企业绩效的实证分析［J］. 统计与决策，2014（16）.

［39］佟成军. 关于网络调查与传统纸质调查差异的比较分析［J］. 中国统计，2017（1）.

［40］万伦来，达庆利. 企业柔性的本质及其构建策略［J］. 管理科学学报，2003.

［41］汪标. SCM 环境下制造业与物流业联动发展物流战略联盟模式探析［J］. 物流工程与管理，2010.

［42］汪鸣，张潜. 我国物流发展的宏观问题分析［J］. 北京交通大学学报（社会科学版），2007.

［43］王雎. 跨组织资源与企业合作：基于关系的视角［J］. 中国工业经济，2006（4）.

［44］王珍珍，陈功玉. 基于 Logistic 模型的制造业与物流业联动发展模式研究［C］. 第十一届中国管理科学学术年会论文集，2009.

［45］魏作磊，邝彬. 制造业对服务业的产业依赖及其对促进我国就业增长的启示：一项基于投入产出表的比较分析［J］. 经济学家，2009.

［46］吴价宝. 组织学习能力测度［J］. 中国管理科学，2003.

［47］吴明隆. 问卷统计分析实务：SPSS 操作与应用［M］. 重庆：重庆大学出版社，2010.

［48］吴明隆．结构方程模型：AMOS 的操作与应用［M］．重庆：重庆大学出版社，2009.

［49］吴群．制造业与物流业联动共生模式及相关对策研究［J］．经济问题探索，2011（1）.

［50］武志伟，茅宁，陈莹．企业间合作绩效影响机制的实证研究：基于148 家国内企业的分析［J］．管理世界，2005（9）.

［51］谢莉娟．互联网时代的流通组织重构：供应链逆向整合视角［J］．中国工业经济，2015（4）.

［52］杨申燕．物联网环境下物流服务的创新与定价策略研究［D］．华中科技大学，2014.

［53］叶飞，薛运普．供应链伙伴间信息共享对运营绩效的间接作用机理研究：以关系资本为中间变量［J］．中国管理科学，2011.

［54］于渝飞．基于供应驱动的供应链协同研究［J］．统计与管理，2016.

［55］原毅军，刘浩．中国制造业服务外包与服务业劳动生产率的提升［J］．中国工业经济，2009（5）.

［56］朱健梅，何娟．关于我国物流产业发展的思考［J］．经济经纬，2008（5）.

［57］朱莉．基于超网络的制造业与物流业协调优化模型［J］．系统工程，2011.

［58］朱瑞博．价值模块整合与产业融合［J］．中国工业经济，2003（8）.

［59］A，Skjøtt - Larsen T. Developing logistics competencies through third party logistics relationships［J］．International Journal of Operations & Production Management，2004.

［60］Adams，R，Bessant，J and Phelps，R. Innovation management measurement：a review［J］．International Journal of Management Reviews，2006.

［61］Agarwal R，Selen W. An Integrated view of service innovation in service networks［M］．Service Systems Implementation. Springer US，2011.

［62］Agarwal R，Selen W. dynamic capability building in service value networks for achieving service innovation［J］．Decision Sciences，2009.

［63］Agarwal R，Selen W. Multi-dimensional nature of service innovation：operationalisation of the elevated service offerings construct in collaborative service organizations［J］．International Journal of Operations & Production Management，2011.

［64］Agarwal R, Selen W. The incremental and cumulative effects of dynamic capability building on service innovation in collaborative service organizations ［J］. Journal of Management & Organization, 2014.

［65］Aija Leiponen. Organization of knowledge and innovation: the case of finnish business services ［J］. Industry & Innovation, 2005.

［66］Alam I, Perry C. A customer-oriented new service development process ［J］. Journal of Services Marketing, 2002.

［67］Anand V H, Glick W C, Manz C. Capital social: explorando a rede de relações da empresa ［J］. Revista De Administração De Empresas, 2002.

［68］Anderson E, Jap S D. The dark side of close relationships ［J］. Mit Sloan Management Review, 2005.

［69］Anderson J C, Narus J A. A model of distributor firm and manufacturer firm working partnerships ［J］. Journal of Marketing, 1990.

［70］Autry C W, Griffis S E. Supply chain capital: the impact of structural and relational linkages on firm execution and innovation ［J］. Journal of Business Logistics, 2008.

［71］Baker G, Gibbons R, Murphy K J. Relational contracts and the theory of the firm ［J］. The Quarterly Journal of Economics, 2002.

［72］Berglund M, Van Laarhoven P, Sharman G, et al. Third-party logistics: is there a future ［J］. The International Journal of Logistics Management, 1999.

［73］Bhatnagar R, Viswanathan S. Re-engineering global supply chains: alliances between manufacturing firms and global logistics services providers ［J］. International Journal of Physical Distribution & Logistics Management, 2000.

［74］Bo E, Tronvoll B, Gruber T. Expanding understanding of service exchange and value co-creation: a social construction approach ［J］. Journal of the Academy of Marketing Science, 2011.

［75］Bolumole Y A. The supply chain role of third-party logistics providers ［J］. The International Journal of Logistics Management, 2001.

［76］Bourdieu P. The forms of capital ［J］. Handbook of Theory & Research of for the Sociology of Education, 1986.

［77］Bowman C, Ambrosini V. Value creation versus value capture: towards a coherent definition of value in strategy ［J］. British Journal of Management, 2000.

［78］Burt R. Structural holes: The social structure of competition ［M］. Cambridge: Harvard University Press, 1992.

[79] Busse C, Wallenburg C M. Innovation management of logistics service providers: Foundations, review, and research agenda [J]. International Journal of Physical Distribution & Logistics Management, 2011.

[80] Busse C. A procedure for secondary data analysis: innovation by logistics service providers [J]. Journal of Supply Chain Management, 2010.

[81] Busse, Christian et al. Firm-level innovation management at logistics service providers: an exploration [J]. International Journal of Logistics: Research & Applications, 2014.

[82] Calantone R J, Cavusgil S T, Zhao Y. Learning orientation, firm innovation capability, and firm performance [J]. Industrial Marketing Management, 2002.

[83] Cao M, Zhang Q. Supply chain collaboration: impact on collaborative advantage and firm performance [J]. Journal of Operations Management, 2011.

[84] Chang W, Ellinger A E, Kim K, et al. Supply chain integration and firm financial performance: a meta-analysis of positional advantage mediation and moderating factors [J]. European Management Journal, 2016.

[85] Chapman, R L, Soosay, C and Kandampully, J. Innovation in logistic services and the new business model-a conceptual framework [J]. International Journal of Physical Distribution & Logistics Management, 2003.

[86] Chatain O. Value creation, competition, and performance in buyer-supplier relationships [J]. Strategic Management Journal, 2011.

[87] Chen I J, Paulraj A, Lado A A. Strategic purchasing, supply management, and firm performance [J]. Journal of Operations Management, 2004.

[88] Chen S, Li J, Jia M. The relationship between producer service and local manufacturing industry: empirical evidence from Shanghai [J]. Journal of Service Science and Management, 2009, 2 (3): 209 – 214.

[89] Chesbrough H, Spohrer J. A research manifesto for services science [J]. Communications of the Acm, 2006.

[90] Chesbrough H. Bringing open innovation to services [J]. Mit Sloan Management Review, 2011.

[91] Chesbrough, H. Open innovation: where weve been and where were going [J]. Research – Technology Management, 2012.

［92］Chieh‐Yu Lin et al. Influencing factors on the innovation in logistics technologies for logistics service providers in Taiwan ［J］. Journal of American Academy of Business, 2006.

［93］Christian Busse, Carl Marcus Wallenburg. Innovation management of logistics service providers foundations, review, and research agenda ［J］. International Journal of Physical Distribution & Logistics Management, 2010.

［94］Christopher M. Logistics and supply chain management ［M］. London 1992.

［95］Closs D J, Savitskie K. Internal and external logistics information technology integration ［J］. The International Journal of Logistics Management, 2003.

［96］Cohen W M, Levinthal D A. Absorptive capacity: a new perspective on learning and innovation ［J］. Administrative Science Quarterly, 1990.

［97］Coleman J S. Social capital in the creation of human capital ［J］. American Journal of Sociology, 1988.

［98］Collins R, Dunne T, O Keeffe M. The "locus of value": a hallmark of chains that learn ［J］. Supply Chain Management, 2002.

［99］Cousins P D, Menguc B. The implications of socialization and integration in supply chain management ［J］. Journal of Operations Management, 2006.

［100］Croom S, Romano P, Giannakis M. Supply chain management: an analytical framework for critical literature review ［J］. European Journal of Purchasing & Supply Management, 2000.

［101］Cui L, Su S I, Hertz S. Logistics innovation in China ［J］. Transportation Journal, 2012.

［102］Cyert R M, March J G. A behavioral theory of the firm ［J］. Englewood Cliffs, NJ, 1963, 2.

［103］Daniel J. Flint, Everth Larsson, Britta Gammelgaard, et al. Logistics innovation: a customer value-oriented social process ［J］. Journal of Business Logistics, 2005.

［104］Daniel J Flint, Everth Larsson, and Britta Gammelgaard. Exploring processes for customer value insights, supply chain learning and innovation: an international study ［J］. Journal of Business Logistics, 2008.

［105］Daniels B. Integration of the supply chain for total through-cost reduction ［J］. Total Quality Management, 1999.

[106] Danneels E, Kleinschmidtb E J. Product innovativeness from the firm's perspective: its dimensions and their relation with project selection and performance [J]. Journal of Product Innovation Management, 2001.

[107] Das S, Sen P K, Sengupta S. Strategic alliances: a valuable way to manage intellectual capita [J]. Journal of Intellectual Capital, 2003.

[108] Das T K, Teng B. A resource-based theory of strategic alliances [J]. Journal of Management, 2000.

[109] Daugherty P J, Chen H, Grawe S J. The relationship between strategic orientation, service innovation, and performance [J]. International Journal of Physical Distribution & Logistics Management, 2009.

[110] Daugherty P J, Chen H, Ferrin B G. Organizational structure and logistics service innovation [J]. The International Journal of Logistics Management, 2011.

[111] De Carolis D M, Saparito P. Social capital, cognition, and entrepreneurial opportunities: A theoretical framework [J]. Entrepreneurship Theory and Practice, 2006.

[112] Deepen J M, Goldsby T J, Knemeyer A M, et al. Beyond expectations: an examination of logistics outsourcing goal achievement and goal exceedance [J]. Journal of Business Logistics, 2008.

[113] Dhanaraj, C. and Parkhe, A. Orchestrating innovation networks [J]. Academy of Management Review, 2006.

[114] Duarte M, Davies G. Testing the conflict-performance assumption in business-to-business relationships [J]. Industrial Marketing Management, 2003.

[115] Dyer J H, Dong S C, Chu W. Strategic supplier segmentation: the next "best practice" in supply chain management [J]. California Management Review, 1998.

[116] Dyer J H, Nobeoka K. Creating and managing a high-performance knowledge-sharing network: the toyota case [J]. Strategic Management Journal, 2000, 21 (3): 345 – 367.

[117] Dyer J H. Effective Interfirm Collaboration: How firms minimize transaction costs and maximize transaction value [J]. Strategic Management Journal, 2015.

[118] Ellram L M. A managerial guideline for the development and implementation of purchasing partnerships [J]. Journal of Supply Chain Management, 1991.

[119] Elmuti D, Kathawala Y. An overview of strategic alliances [J]. Man-

agement Decision, 2001.

[120] Ende J V D. Modes of governance of new service development for mobile networks – A life cycle perspective [J]. Research Policy, 2003.

[121] Ende J V D, Jaspers F, Gerwin D. Involvement of system firms in the development of complementary products: The influence of novelty [J]. Technovation, 2008.

[122] Ernst, H. Success factors of new product development: a review of the empirical literature [J]. International Journal of Management Reviews, 2002.

[123] Ettlie JE, Rosenthal SR. Service innovation in manufacturing [J]. Journal of Service Management, 2012.

[124] Evangelista, P. and Sweeney, E. Technology usage in the supply chain: the case of small 3PLs [J]. International Journal of Logistics Management, 2006.

[125] Flint D J, Larsson E, Gammelgaard B, et al. Logistics innovation: a customer value-oriented social process [J]. Journal of Business Logistics, 2005.

[126] Flint D J, Larsson E, Gammelgaard B. Exploring processes for customer value insights, supply chain learning and innovation: an international study [J]. Journal of Business Logistics, 2008.

[127] Flint, D. J., Larsson, E., Gammelgaard, B. and Mentzer, J. T. Logistics innovation: a customer value-oriented social process [J]. Journal of Business Logistics, 2005.

[128] Flynn B B, Huo B, Zhao X. The impact of supply chain integration on performance: A contingency and configuration approach [J]. Journal of Operations Management, 2010.

[129] Franke N, Piller F. Value creation by toolkits for user innovation design: the case of watch market [J]. Journal of Product Innovation Management, 2004.

[130] Fukuyama F. Social capital, civil society and development [J]. Third World Quarterly, 2001.

[131] Fynes B, Voss C, Búrca S D. The impact of supply chain relationship dynamics on manufacturing performance [J]. International Journal of Production Economics, 2005.

[132] Gabbay S M, Zuckerman E W. Social capital and opportunity in corporate R&D: the contingent effect of contact density on mobility expectations [J]. So-

cial Science Research, 1998.

[133] Gadde L E, Håkansson H, Jahre M, et al. "More instead of less"-strategies for the use of logistics resources [J]. Journal on Chain and Network Science, 2002.

[134] Gadde L, Hulthén K. Improving logistics outsourcing through increasing buyer-provider interaction [J]. Industrial Marketing Management, 2009.

[135] Gale B, Wood R C. Managing customer value: creating quality and service that customers can see [M]. Simon and Schuster, 1994.

[136] Genchev S E, Richey R G, Daugherty P J. The role of resource commitment and innovation in reverse logistics performance [J]. International Journal of Physical Distribution & Logistics Management, 2005.

[137] Glenn Richey R, Genchev S E, Daugherty P J. The role of resource commitment and innovation in reverse logistics performance [J]. International Journal of Physical Distribution & Logistics Management, 2005.

[138] Grawe S J, Autry C W, Daugherty P J. Organizational implants and logistics service innovation: a relational social capital perspective [J]. Transportation Journal, 2014.

[139] Grawe S J, Chen H, Daugherty P J. The relationship between strategic orientation, service innovation, and performance [J]. International Journal of Physical Distribution & Logistics Management, 2009.

[140] Grawe Scott J, Daugherty Patricia J, Ralston Peter M. Enhancing dyadic performance through boundary spanners and innovation: an assessment of service provider-customer relationships [J]. Journal of Business Logistics, 2015.

[141] Grawe, Scott J et al. Organizational implants and logistics service innovation: a relational social capital perspective [J]. Transportation Journal (Pennsylvania State University Press), 2014.

[142] Grönroos C. Service logic revisited: who creates value? And who co-creates? [J]. European Business Review, 2008.

[143] Gulati R, Nohria N, Zaheer A. Strategic networks [J]. Strategic Management Journal, 2000.

[144] Gulati R, Sytch M. Does familiarity breed trust? Revisiting the antecedents of trust [J]. Managerial and Decision Economics, 2008.

[145] Håkansson H, Persson G. Supply chain management: the logic of sup-

ply chains and networks [J]. International Journal of Logistics Management, 2004.

[146] Haken H. Information and self-organization: a macroscopic approach to complex systems [M]. Springer – Verlag New York, Inc. , 2000.

[147] Halldórsson Golicic S L, Mentzer J T. An empirical examination of relationship magnitude [J]. Journal of Business Logistics, 2006.

[148] Hammer M. Reengineer work: don't automate, obliterate [J]. Harvard Business Review, 1990.

[149] Handfield R B, Bechtel C. Trust, power, dependence, and economics: can SCM research borrow paradigms? [J]. International Journal of Integrated Supply Management, 2004.

[150] Hansen N. Do producer services induce regional economic development? [J]. Journal of Regional Science, 1990.

[151] Harrigan Kathryn Rudie, Newman William H. Bases of interorganization co-operation: propensity, power, persistence [J]. Journal of Management Studies, 1990.

[152] Hausman A, Johnston W J. The impact of coercive and non-coercive forms of influence on trust, commitment, and compliance in supply chains [J]. Industrial Marketing Management, 2010.

[153] Hausman, A. Innovativeness among small businesses: theory and propositions for future research [J]. Industrial Marketing Management, 2005.

[154] He Q, Ghobadian A, Gallear D. Knowledge acquisition in supply chain partnerships: the role of power [J]. International Journal of Production Economics, 2013.

[155] Herskovits R, Grijalbo M, Tafur J. Understanding the main drivers of value creation in an open innovation program [J]. International Entrepreneurship & Management Journal, 2013.

[156] Hertog P D, Aa W V D, Jong M W D. Capabilities for managing service innovation: towards a conceptual framework [J]. Journal of Service Management, 2010.

[157] Hertz S, Alfredsson M. Strategic development of third party logistics providers [J]. Industrial Marketing Management, 2003.

[158] Herzog, P. Open and closed innovation: different cultures for different strategies [M]. Wiesbaden: Gabler, 2008.

[159] Hidalgo A, Molero J. Technology and growth in Spain (1950 – 1960): an evidence of schumpeterian pattern of innovation based on patents [J]. World Patent Information, 2009.

[160] Hillebrand B, Biemans W G. The relationship between internal and external cooperation: literature review and propositions [J]. Journal of Business Research, 2003.

[161] Hipp C, Grupp H. Innovation in the service sector: the demand for service-specific innovation measurement concepts and typologies [J]. Research Policy, 2005.

[162] Huo B. The impact of supply chain integration on company performance: an organizational capability perspective [J]. Supply Chain Management: An International Journal, 2012.

[163] Inkpen A C, Tsang E W. Social capital, networks, and knowledge transfer [J]. Academy of Management Review, 2005.

[164] Ireland R D, Hitt M A, Vaidyanath D. Alliance management as a source of competitive advantage [J]. Journal of Management, 2002.

[165] Jaw C, Lo J Y, Lin Y H. The determinants of new service development: service characteristics, market orientation, and actualizing innovation effort [J]. Technovation, 2010.

[166] Jayaram J, Tan K. Supply chain integration with third-party logistics providers [J]. International Journal of Production Economics, 2010.

[167] Jelinek M. Institutionalizing innovation: a study of organizational learning systems [M]. Praeger Publishers, 1979.

[168] Jeong J S, Hong P. Customer orientation and performance outcomes in supply chain management [J]. Journal of Enterprise Information Management, 2007.

[169] Johnsen R E, Ford D. Exploring the concept of asymmetry: a typology for analysing customer-supplier relationships [J]. Industrial Marketing Management, 2008.

[170] Johnsen T E, Johnsen R E, Lamming R C. Customer-supplier relationship evaluation: the relationship assessment process (RAP) and beyond [J]. European Management Journal, 2008.

[171] Kale P, Singh H. Managing strategic alliances: what do we know now,

and where do we go from here [J]. The Academy of Management Perspectives, 2009.

[172] Kent J L, Flint D J. Perspectives on the evolution of logistics thought [J]. Journal of Business Logistics, 1997.

[173] Kern T, Willcocks L. Exploring information technology outsourcing relationships: theory and practice [J]. The Journal of Strategic Information Systems, 2000.

[174] Khazanchi S, Lewis M W, Boyer K K. Innovation-supportive culture: the impact of organizational values on process innovation [J]. Journal of Operations Management, 2007.

[175] Kim B, Oh H. The impact of decision-making sharing between supplier and manufactureon their collaboration performance [J]. Supply Chain Management: An International Journal, 2005.

[176] Kim W C, Mauborgne R. Strategy, value innovation, and the knowledge economy [J]. Sloan Management Review, 1999.

[177] Klein R, Rai A. Interfirm strategic information flows in logistics supply chain relationships [J]. Mis Quarterly, 2009.

[178] Knemeyer A M, Murphy P R. Evaluating the performance of third-party logistics arrangements: a relationship marketing perspective [J]. Journal of Supply Chain Management, 2004.

[179] Knudsen M P. The relative importance of inter-firm relationships and knowledge transfer for new product development Success [J]. Journal of Product Innovation Management, 2007.

[180] Kohn J W, Mcginnins M A. Logistics strategy: a longitudinal study [J]. Journal of Business Logistics, 1997.

[181] Kothandaraman P, Wilson D T. The future of competition: value-creating networks [J]. Industrial Marketing Management, 2001.

[182] Kuo J, Chen M. Developing an advanced multi-temperature joint distribution system for the food cold chain [J]. Food Control, 2010.

[183] Kwon I G, Suh T. Trust, commitment and relationships in supply chain management: a path analysis [J]. Supply Chain Management: An International Journal, 2005.

[184] Kwon I W G, Suh T. Factors affecting the level of trust and commitment in supply chain relationships [J]. Journal of Supply Chain Management, 2004.

[185] Kwon S, Adler P S. Social capital: maturation of a field of research [J]. Academy of Management Review, 2014.

[186] La Forme F G, Genoulaz V B, Campagne J. A framework to analyse collaborative performance [J]. Computers in Industry, 2007.

[187] Lages C, Lages C R. Louis Filipe Lages. The relqual scale: a measure of relationship quality in export market ventures [J]. Journal of Business Research, 2005.

[188] Lambert D M, Cooper M C, Pagh J D. Supply chain management: implementation issues and research opportunities [J]. The International Journal of Logistics Management, 1998.

[189] Lambert D M, Emmelhainz M A, Gardner J T. Building successful logistics partnerships [J]. Journal of Business Logistics, 1999.

[190] Lane P J, Lubatkin M. Relative absorptive capacity and interorganizational learning [J]. Strategic Management Journal, 1998.

[191] Langley J C. The state of logistics outsourcing: results and findings of the 13th annual study [J]. The 14th Annual Third – Party Logistics Study, 2008.

[192] Large R O, Kramer N, Hartmann R K. Customer-specific adaptation by providers and their perception of 3PL-relationship success [J]. International Journal of Physical Distribution & Logistics Management, 2011.

[193] Lawson B, Tyler B B, Cousins P D. Antecedents and consequences of social capital on buyer performance improvement [J]. Journal of Operations Management, 2008.

[194] Leavy, B. Design Thinking-a new mental model of value innovation [J]. Strategy & Leadership, 2010.

[195] Lee C J, Johnsen R E. Asymmetric customer-supplier relationship development in Taiwanese electronics firms [J]. Industrial Marketing Management, 2012.

[196] Lee H L, Padmanabhan V, Whang S. The bullwhip effect in supply chains [J]. Sloan Management Review, 1997.

[197] Lee R P, Ginn G O, Naylor G. The impact of network and environmental factors on service innovativeness [J]. Journal of Services Marketing, 2009.

[198] Lee S, Park G, Yoon B, et al. Open innovation in SMEs—An intermediated network model [J]. Research Policy, 2010.

［199］Lee Y I, Trim P R J. How mutuality reinforces partnership development: Japanese and Korean marketing perspectives ［J］. Industrial Marketing Management, 2012.

［200］Leiponen A, Helfat C E. Innovation objectives, knowledge sources, and the benefits of breadth ［J］. Strategic Management Journal, 2010.

［201］Leonidou L C, Barnes B R, Talias M A. Exporter-importer relationship quality: the inhibiting role of uncertainty, distance, and conflict ［J］. Industrial Marketing Management, 2006.

［202］Leonidou L C, Talias M A, Leonidou C N. Exercised power as a driver of trust and commitment in cross-border industrial buyer-seller relationships ［J］. Industrial Marketing Management, 2008.

［203］Lichtenthaler, U. Open innovation: past research, current debates, and future directions ［J］. The Academy of Management Perspectives, 2011.

［204］Lieb K J, Lieb R C. The european third party logistics industry in 2009: the provider ceo perspective ［J］. Supply Chain Forum An International Journal, 2010 (3).

［205］Lieb R C, Randall H L. A comparison of the use of third-party logistics services by large American manufacturers, 1991, 1994, and 1995 ［J］. Journal of Business Logistics, 1996.

［206］Lieb R C. The 3PL industry: where it's been, where it's going ［J］. Supply Chain Management Review, Vol. 9, No. 6 (Sept. 2005), pp. 20 – 27: ill, 2005.

［207］Lin C. Determinants of the adoption of technological innovations by logistics service providers in China ［J］. International Journal of Technology Management & Sustainable Development, 2008.

［208］Lin C. Factors affecting innovation in logistics technologies for logistics service providers in China ［J］. Journal of Technology Management in China, 2007.

［209］Lin N, Cook K S, Burt R S. Social Capital: Theory and Research ［J］. Contemporary Sociology, 2001.

［210］Logan M S. Using agency theory to design successful outsourcing relationships ［J］. The International Journal of Logistics Management, 2000.

［211］Love J H, Mansury M A. External linkages, R&D and innovation performance in US business services ［J］. Industry & Innovation, 2007.

［212］ Lusch R F, Nambisan S. Service innovation: a service-dominant (S - D) logic perspective ［J］. Mis Quarterly, 2015.

［213］ Lusch R F, Brown J R. Interdependency, contracting, and relational behavior in marketing channels ［J］. The Journal of Marketing, 1996.

［214］ Macneil I R. The new social contract: an inquiry into modern contractual relations ［M］. Yale University Press, 1980.

［215］ Maggs, Derek. Plan, source, procure, store, and deliver quicker and easier ［J］. MHD Supply Chain Solutions, 2012.

［216］ Mahmud N, Hilmi M F. TQM and malaysian SMEs performance: the mediating roles of organization learning ［J］. Procedia - Social and Behavioral Sciences, 2014.

［217］ Marcus Wallenburg C, Lukassen P. Proactive improvement of logistics service providers as driver of customer loyalty ［J］. European Journal of Marketing, 2011.

［218］ Matsuo M. Customer orientation, conflict, and innovativeness in Japanese sales departments ［J］. Journal of Business Research, 2006.

［219］ Mcdermott C M, Prajogo D I. Service innovation and performance in SMEs ［J］. International Journal of Operations & Production Management, 2013.

［220］ Melton H L, Hartline M D. Customer and frontline employee influence on new service development performance ［J］. Journal of Service Research, 2010.

［221］ Moller K, Westerlund M. Service innovation myopia? a new recipe for client-provider value creation ［J］. California Management Review, 2008.

［222］ Monika Golonka, Dominika Latusek. Alliance portfolio formation and configuration by small and medium ICT firms: uncertainty, growth and managerial perspective ［J］. Baltic Journal of Management, 2016.

［223］ Moore K R, Cunningham W A. Social exchange behavior in logistics relationships: a shipper perspective ［J］. International Journal of Physical Distribution & Logistics Management, 1999.

［224］ Mun J, Shin M, Lee K, et al. Manufacturing enterprise collaboration based on a goal-oriented fuzzy trust evaluation model in a virtual enterprise ［J］. Computers & Industrial Engineering, 2009.

［225］ Myers M B, Cheung M. Sharing global supply chain knowledge ［J］. MIT Sloan Management Review, 2008.

[226] Nahapiet J, Ghoshal S. Social capital, intellectual capital, and the organizational advantage [J]. Academy of Management Review, 1998.

[227] Nambisan S, Baron R A. Different roles, different strokes: organizing virtual customer environments to promote two types of customer contributions [J]. Organization Science, 2010.

[228] Narayandas D, Rangan V K. Building and sustaining buyer-seller relationships in mature industrial markets [J]. Journal of Marketing, 2004.

[229] Ngo L V, O'Cass A. Creating value offerings via operant resource-based capabilities [J]. Industrial Marketing Management, 2009.

[230] Nonaka I. The theory of the knowledge-creating firm: subjectivity, objectivity and synthesis [J]. Industrial & Corporate Change, 2005.

[231] Nordin F. Identifying intra-organizational and inter-organizational alliance conflicts—A longitudinal study of an alliance pilot project in the high technology industry [J]. Industrial Marketing Management, 2006.

[232] Nyaga G N, Whipple J M, Lynch D F. Examining supply chain relationships: do buyer and supplier perspectives on collaborative relationships differ? [J]. Journal of Operations Management, 2010, 28 (2): 101 – 114.

[233] O'Cass A, Ngo L V. Examining the firm's value creation process: a managerial perspective of the firm's value offering strategy and performance [J]. British Journal of Management, 2011.

[234] Oke A, Burke G, Myers A. Innovation types and performance in growing UK SMEs [J]. International Journal of Operations & Production Management, 2007.

[235] Otto P. Dynamics in strategic alliances: a theory on interorganizational learning and knowledge development [J]. International Journal of Information Technologies & Systems Approach, 2012.

[236] Panayides P M. The impact of organizational learning on relationship orientation, logistics service effectiveness and performance [J]. Industrial Marketing Management, 2007.

[237] Panayides P. Enhancing innovation capability through relationship management and implications for performance [J]. European Journal of Innovation Management, 2006.

[238] Park S, Chan K S. A cross-country input-output analysis of intersectoral

relationships between manufacturing and services and their employment implications [J]. World Development, 1989.

[239] Paswan A, D'Souza D, Zolfagharian M A. Toward a contextually anchored service innovation typology [J]. Decision Sciences, 2009.

[240] Payne A F. Managing the co-creation of value [J]. Journal of the Academy of Marketing Science, 2008.

[241] Pim Den Hertog. Knowledge-intensive business services as co-producers of innovation [J]. International Journal of Innovation Management, 2001.

[242] Porter M E. Location, competition, and economic development: local clusters in a global economy [J]. Economic Development Quarterly, 2013.

[243] Powell W W, Koput K W, Smith - Doerr L. Interorganizational collaboration and the locus of innovation: networks of learning in biotechnology [J]. Administrative Science Quarterly, 1996.

[244] Power D, Sharafali M, Bhakoo V. Adding value through outsourcing: contribution of 3PL services to customer performance [J]. Management Research News, 2007.

[245] Prahalad C K, Hamel G. The core competence of corporation [J]. Harvard Business Review, 2005.

[246] Prahalad C K, Ramaswamy V. Co-creation experiences: the next practice in value creation [J]. Journal of Interactive Marketing, 2004.

[247] Ramanathan U, Gunasekaran A. Supply chain collaboration: impact of success in long-term partnerships [J]. International Journal of Production Economics, 2014.

[248] Richardson G B. The organization of industry [J]. Cooperative Forms of Transnational Corporation Activity, 1994.

[249] Roper S, Arvanitis S. From knowledge to added value: a comparative, panel-data analysis of the innovation value chain in Irish and Swiss manufacturing firms [J]. Research Policy, 2012.

[250] Rossi S, Colicchia C, Cozzolino A, et al. The logistics service providers in eco-efficiency innovation: an empirical study [J]. Supply Chain Management, 2013.

[251] Sanchez R., Iniesta M A. and Holbrook M B. The conceptualization and measurement of consumer value in services [J]. International Journal of Market Re-

search, 2009.

[252] Sahin E. Ensuring supply chain safety through time temperature integrators [J]. International Journal of Logistics Management, 2007.

[253] Scannell T V, Vickery S K, Droge C L. Upstream supply chain management and competitive performance in the automotive supply industry [J]. Journal of Business Logistics, 2000.

[254] Scott G J. Entrepreneurship and open innovation in an emerging economy [J]. Management Decision, 2012.

[255] Scott J. Grawe, Haozhe Chen, Patricia J. Daugherty. The relationship between strategic orientation, service innovation, and performance [J]. International Journal of Physical Distribution & Logistics Management, 2009.

[256] Semeijn J. Service priorities in international logistics [J]. The International Journal of Logistics Management, 1995.

[257] Sheng M L, Chien I. Rethinking organizational learning orientation on radical and incremental innovation in high-tech firms [J]. Journal of Business Research, 2016.

[258] Soosay C. Innovation in logistic services and the new business model: a conceptual framework [J]. International Journal of Physical Distribution & Logistics Management, 1991.

[259] Stank T P, Goldsby T J, Vickery S K, et al. Logistics service performance: estimating its influence on market share [J]. Journal of Business Logistics, 2003.

[260] Stank T P, Keller S B, Daugherty P J. Supply chain collaboration and logistical service performance [J]. Journal of Business Logistics, 2001.

[261] Stuart F I, Tax S. Toward an integrative approach to designing service experiences: Lessons learned from the theatre [J]. Journal of Operations Management, 2004.

[262] Sueyoshi T, Goto M, Shang J. Core business concentration vs. corporate diversification in the US electric utility industry: synergy and deregulation effects [J]. Energy Policy, 2009.

[263] Teece D J, Pisano G, Shuen A. Dynamic capabilities and strategic management [J]. Strategic Management Journal, 1997.

[264] Tether, B. S. Do services innovate (differently)? Insights from the Eu-

ropean innobarometer survey [J]. Industry and Innovation, 2005.

[265] Thi Nguyen H. Social interaction and competence development: learning the structural organization of a communicative practice [J]. Learning, Culture and Social Interaction, 2012.

[266] Tian Y, Ellinger A E, Chen H. Third-party logistics provider customer orientation and customer firm logistics improvement in China [J]. International Journal of Physical Distribution & Logistics Management, 2010.

[267] Tienari J, Tainio R. The myth of flexibility in organizational change [J]. Scandinavian Journal of Management, 1999.

[268] Trott P. The role of market research in the development of discontinuous new products [J]. European Journal of Innovation Management, 2001.

[269] Tu C. Balancing exploration and exploitation capabilities in high technology firms: a multi-source multi-context examination [J]. Industrial Marketing Management, 2010.

[270] Tuominen M, Anttila M. Strategising for innovation and inter-firm collaboration: capability analysis in assessing competitive superiority [J]. International Journal of Technology Management, 2006.

[271] Uzzi B. The sources and consequences of embeddedness for the economic performance of organizations: the network effect [J]. American Sociological Review, 1996.

[272] Van der Valk W, Wynstra F, Axelsson B. Effective buyer-supplier interaction patterns in on-going service exchange [J]. International Journal of Operations & Production Management, 2009.

[273] Vargo S L, Maglio P P, Akaka M A. On value and value co-creation: a service systems and service logic perspective [J]. European Management Journal, 2008.

[274] Venkatesh V, Chan F K Y, Thong J Y L. Designing e-government services: key service attributes and citizens' preference structures [J]. Journal of Operations Management, 2012.

[275] Verma R. Customer experience modeling: from customer experience to service design [J]. Journal of Service Management, 2012.

[276] Vickery S K, Droge C, Stank T P, et al. The performance implications of media richness ina business-to-business service environment: Direct versus indi-

rect effects [J]. Management Science, 2004.

[277] Villalonga – Olives E, Kawachi I. The measurement of social capital [J]. Gaceta Sanitaria, 2015.

[278] Villena V H, Revilla E, Choi T Y. The dark side of buyer-supplier relationships: a social capital perspective [J]. Journal of Operations Management, 2013.

[279] Wagner S M, Sutter R. A qualitative investigation of innovation between third-party logistics providers and customers [J]. International Journal of Production Economics, 2012.

[280] Wagner S M. Partners for business-to-business service innovation [J]. IEEE Transactions on Engineering Management, 2013.

[281] Wagner, S. M. Innovation management in the german transportation industry [J]. Journal of Business Logistics, 2008.

[282] Wagner, Stephan M. et al. A qualitative investigation of innovation between third-party logistics providers and customers [J]. International Journal of Production Economics, 2012.

[283] Wallenburg C M. Innovation in logistics outsourcing relationships: proactive improvement by logistics service providers as a driver of customer loyalty [J]. Journal of Supply Chain Management, 2009.

[284] Wang X H, Ming X G, Kong F B, et al. Collaborative project management with supplier involvement [J]. Concurrent Engineering, 2008.

[285] Wassmer U, Dussauge P. Network resource stocks and flows: how do alliance portfolios affect the value of new alliance formations? [J]. Strategic Management Journal, 2012.

[286] Whipple J M, Roh J. Agency theory and quality fade in buyer-supplier relationships [J]. The International Journal of Logistics Management, 2010.

[287] Yan X, Sun L, Wang K. Research on performance evaluation and characteristics in logistics service supply chain [J]. China Mechanical Engineering, 2005.

[288] Yang C, Fang S, Lin J L. Organisational knowledge creation strategies: a conceptual framework [J]. International Journal of Information Management, 2010.

[289] Yang C, Marlow P B, Lu C. Assessing resources, logistics service capabilities, innovation capabilities and the performance of container shipping services

in Taiwan [J]. International Journal of Production Economics, 2009.

[290] Yang C. Assessing the moderating effect of innovation capability on the relationship between logistics service capability and firm performance for ocean freight forwarders [J]. International Journal of Logistics Research and Applications, 2012.

[291] Zagenczyk T J, Murrell A J, Gibney R. Effects of the physical work environment on the creation of individual-and group-level social capital [J]. International Journal of Organizational Analysis, 2008.

[292] Zaheer A, Mcevily B, Perrone V. Does trust matter? Exploring the effects of interorganizational and interpersonal trust on performance [J]. Organization Science, 1998.

[293] Zahra S A, George G. Absorptive capacity: a review, reconceptualization, and extension [J]. Academy of Management Review, 2002.

[294] Zeithaml V A. Consumer perceptions of price, quality, and value: a means-end model and synthesis of evidence [J]. Journal of Marketing, 1988.

[295] Zhao X, Huo B, Flynn B B, et al. The impact of power and relationship commitment on the integration between manufacturers and customers in a supply chain [J]. Journal of Operations Management, 2008.

[296] Sampson S E, Spring M. Customer roles in service supply chains and opportunities for innovation [J]. Journal of Supply Chain Management, 2012.